Contents

	Introduction	**1**
1	Linda: 'Now I feel complete'	9
2	Junice: 'Everything's hard unless you give it a try'	25
3	Jasminder: 'Love at first sight'	34
4	Bunmi: 'Go for it'	44
5	Nita: 'It was obviously meant to be'	58
6	Hudson: 'There is more than one black'	78
7	Nikki: 'You have to be honest'	96
8	Christine: 'Trust your instincts'	106
9	Melanie: 'I want the best for her'	119

Acknowledgements

I would like to thank the parents – Ali Layne, Janet McDermott, Yemisi Osolake, Hudson Richards, Junice Shaw, Harvinder Watson, Claudette Williams and Olivette Cole Wilson – for trusting me with their precious stories. I would also like to thank Shaila Shah, Jo Francis and Miranda Davies at BAAF for their patient help and support; and Nakissa Campbell, for help with transcribing the interviews. Finally, I would like to thank my 'wide support network,' also known as my friends and family, especially Ondina, Melisa, Sharon, Beverley and Burt.

Hope Massiah
June 2005

Note about the editor

Hope Massiah is a writer and adoptive mother. Her stories and poems have been published in a number of anthologies including *IC3 – The Penguin Book of New Black Writing in Britain* (Penguin, 2000), *Bittersweet* (Women's Press, 2000) and *Playing Sidney Poitier* (Saks Media, 1999). Hope has also worked as a secondary school teacher, voluntary sector manager, freelance trainer and management consultant. Hope now writes mainly for the theatre and was Theatre Royal Stratford East's Writer in Residence for 2004.

Note about terminology

A number of terms are currently used to describe people born to parents of different ethnicities. It is the preference of the editor and contributors to this collection to use the term "mixed race".

Introduction

This book is a collection of stories by black adopters of African, Asian and Caribbean descent. It aims to give potential black adopters a realistic picture of what might be involved in adopting a child or children. I am an adoptive parent myself and when I was going through the assessment process I subscribed to BAAF's family-finding newspaper, *Be My Parent*, and became aware of the large numbers of black and mixed-race children in need of families. After my daughter was placed with me, I carried on getting the paper and noticed some of the same faces appearing after months or even years. I felt like I had watched some children grow up on the pages of *Be My Parent*: babies became toddlers, toddlers became pre-schoolers. I wanted to do something more, but dealing with my own daughter's needs meant that adopting again was not a realistic option for me. So when I was approached by Shaila Shah from BAAF to get involved in this project, I was thrilled at the prospect of having a chance to do something more.

Many black people who might consider adoption are often put off by the assessment process. A recent study published by NCH and the Hadley Centre for Adoption and Foster Care Studies found that barriers to black people coming forward to adopt include 'reluctance . . . to approach social services departments' and that 'the impact of racism has affected [black] people's willingness to approach agencies' (Selwyn *et al*, 2004). This anthology aims to give potential adopters an insight into what this process involves, as adoptive parents talk in depth about their experience of being assessed.

| **Who we are**

The nine adopters who share their stories in this collection live in various parts of England, in large cities, towns and villages. All but one have had children placed with them since 1995, so they largely reflect recent or current social work practice.

Two of the parents are of African descent, two of Asian descent and five of Caribbean descent. I contacted them by advertising in *Be My Parent* and *Children Who Wait*, and by writing directly to adoption agencies and groups and social services departments. The children adopted by them ranged in age from nine months to 17 years.

The interviews were conducted mostly in their own homes, sometimes with young children playing on the floor or older children playing in the room next door. The interviews lasted up to three hours. I went with a sheet of questions, but often this wasn't needed as the parents were happy to tell their stories in their own words. The areas we covered were:

- how they felt about adoption and how adoption was seen in their community;
- what made them consider adoption;
- the assessment process, including preparation training;
- the matching process;
- introduction and meeting their child for the first time; and
- life after placement, including contact with birth families and the legal adoption.

Some parents have used their own names but others felt the need to change them to protect their family's privacy. Some had completely positive experiences, some had initial or ongoing difficulties but all of them are keen to let others know that, in spite of any problems, adoption is worth it.

Demystifying the assessment process

Most of the parents stated that some form of adoption or fostering was a norm or tradition in their communities. However, where these traditional fostering and adoption arrangements differ from "formal" adoption is in the assessment process. NCH found that in spite of advertising and publicity, 'myths and stereotypes around adoption are still prevalent in minority ethnic communities' (Selwyn *et al*, 2004).

It may be significant that all but one of the parents worked in the social care or education sectors; several interviewees said that their knowledge of social services helped them to get through the process. This reflects my own observation that most of the black adopters I know (including myself!) have worked in these areas and therefore feel confident and comfortable around dealing with social services. We understand how they work, know the right language and know what is required of us in the assessment process. NCH's report recommends that adoption agencies 'understand the recruitment process from the [black] adopter's point of view, (Selwyn *et al*, 2004). Although some social services departments have worked hard to attract black carers, there is clearly a need for more to be done if the people who feel most confident to approach social services are those who understand the process from the agency's point of view!

In other words, adoption agencies need to find a way of letting "ordinary" black people in on what those of us with a background in social care and education know: that there is a good reason why the assessment process is so in depth; that they are not looking for simple, right answers to their questions; and that, in general, prospective adopters won't be rejected for trivial reasons, because the agency's job is to find suitable parents for children in care.

Adopters need support

All but one of the African and Caribbean women who tell their stories here are single adopters. This reflects the well-documented trend that black women are more likely to be single parents. This, taken together with the fact that 'children from black, Asian and black mixed-parentage communities remain longer in the care system' (Selwyn *et al*, 2004), raises issues about the practical, financial and emotional support needs of these families.

While some of us may be middle-class professionals, few of us come from middle-class backgrounds with money to cushion any prolonged time off work. Recent legal changes giving maternity-type benefits to new adopters are very welcome, but some adopters find that they need to take a longer period of time off work or move to part-time work to help a child settle.

There is also a need for more consistent post-adoption support. The Post Adoption Centre states that

Due to the government initiative to place more children more quickly, we are seeing families with younger children exhibiting attachment difficulties as a result of early neglect or abuse. (PAC Annual Review, 2003–4)

Although recent changes in the law mean that local authorities in England and Wales have to provide post-adoption support, the support offered varies greatly from borough to borough and some parents found that getting support for their children's needs could be a lengthy, time-consuming and frustrating process.

Many adopters mentioned the importance of support from family and friends. I remember in the assessment process being asked about my support structure, and while I understood why I needed it, it felt as though producing a good support structure was required to get through the assessment process. But since I have had my daughter, I have lost count of how many times I have had to cast pride aside, and lean all over my family and friends to get through some tough times.

The stories of these adopters give us many clues to what helps adoptions to succeed – for prospective adopters to navigate their way through the process and for the placement to be successful.

For some, the adoption process was trouble free, but stories highlight the need at times for perseverance. One adopter had been assessed and turned down by one agency, only to be successfully assessed by another later on; another had a placement flounder at the last minute, after a year of introductions; a third went through a lengthy high court battle to adopt her son. These stories illustrate that difficulties with assessment or the placement of children can be overcome and that you can go on to adopt successfully. It is possible to refer to another agency or request a different social worker if you are experiencing serious difficulties.

Interviewees also talked about the importance of good foster carers. Again and again, they recounted how experienced foster carers, who worked to prepare the child for the move, contributed significantly towards a smooth transition and helped to minimise the trauma of the move for the child.

| The social worker's role

Adopters' perceptions of the assessment process and post-adoption support were greatly influenced by their treatment by the social worker. Agencies often have good policies in place, but it was the practice of social workers that made a difference to adopters. These stories also illustrate the point that social workers who were culturally aware, open minded and flexible, who gave accurate information and were honest about what was possible and how long things would take, were key to adopters having a positive experience of the assessment and matching process.

The stories that follow highlight the importance of good practice in relation to racism and cultural awareness. NCH found that 'where agencies recruited more minority ethnic social work staff, there was an increase in [black] applicants' (Selwyn *et al*, 2004). In the interviews there was one report of overt racism, but more often the issue was a lack of cultural awareness, or an absence of understanding of black cultures. For example, one adopter asked about the colour of the child she was being matched with and the (white) worker had no idea. In the white community, hair and eye colour are commonly used to describe physical appearance; in the African and Caribbean communities, where there is great variety of skin tones, this is usually referred to. Another adopter, who told her (black) social worker that she wanted a child who was dark-skinned like herself, received a very different response.

Another issue can stem from social workers having narrow, set ideas about what constitutes African, Caribbean or Asian culture. For example, an Asian lesbian carer was turned down for certain children because the social worker thought that they needed traditional Hindu carers, when it was clear from the information that their background was quite different. Agencies should be aware of cultural norms, but also of diversity within cultures and that African, Caribbean and Asian people are as individual and can be as unconventional as anyone else.

Preparing to live with a traumatised child

As well as increasing the number of adopters, there needs to be more action to reduce the number of adoptions that break down. There is no indication that more black adoptions tend to be disrupted, but as black children are over-represented in the system and stay in care longer, this is something that must be addressed. Black adopters need to prepare for the possibilities of living with a traumatised child.

Interviewees remembered thinking through and talking about what sort of special needs and disabilities they could cope with and were encouraged to carefully consider how they might deal with these. However, while their preparations covered why children come into care, what behaviour they might display and how to help them settle in, none of the adopters seemed to be encouraged to think about how these behaviours might impact on them or how they might cope with such difficulties in the long term.

This is particularly relevant for black people of African, Caribbean and Asian descent, for whom showing respect to our parents is much more the norm than for the white community. The general public know very little about attachment difficulties; it is important that adoption agencies spell out the implications for adopters and ensure that families are offered culturally appropriate support services. This comes back to the issue of understanding the process from the adopter's point of view.

| **Looking after our own**

For many black people the extended family has traditionally been part of our culture. Some of us may have had parents who came to this country and left us with relatives or "dear aunts". Some of us may have grown up with cousins (blood relatives or not) staying with us for short or longer periods. These experiences of fitting into a new family, or having someone new fitting into our family, mean the concept of adoption is not alien to our cultures. This may explain why only one of the parents had come to adoption after trying unsuccessfully to get pregnant.

However, in spite of the changes in adoption law, policy and practice in the last decade, concerns about the adoption assessment process still stop many black people from coming forward as potential adopters. Adoption agencies therefore still have much to do to demystify the assessment process, so that more black people can feel confident to approach social services. There is no point denying that the assessment process is intensive and can feel intrusive, but the experiences of some of the interviewees show that when they were clear about why questions were being asked and how the information would be used, they were less likely to be put off.

I hope that this book will encourage more people of African, Asian and Caribbean descent to consider adoption; to look beyond the assessment process to the children who need our love and care; and recognise that adoption is in keeping with our communities' tradition of looking after our own.

| References

Post Adoption Centre, *Annual Review, 2003–04*, London: PAC, 2004

Selwyn J, Frazer L and Fitzgerald A, *Finding Adoptive Families for Black, Asian and Black Mixed Parentage Children: Agency policy and practice*, London/Bristol: NCH/Hadley Centre for Adoption and Foster Care Studies, 2004

Linda: 'Now I feel complete'

Linda, 35, is a Human Resources
Director for a pharmaceutical
company. She was brought up in
Barbados and now lives in
Hertfordshire with her nine-month-
old daughter, Natalie.

I have always had a very positive view of adoption. I grew up in
Barbados with my grandmother who used to do respite foster care,
so I got used to children coming to stay. Then about four to five
years ago, I saw a press campaign to get black and mixed-race
people to adopt and foster. I remember thinking that I would really
like to do that, whether I had birth children or not, mostly because
there are a disproportionate amount of black and mixed-race
children in care who need a good, loving home.

I started thinking seriously about adoption when my marriage
ended quite unexpectedly. I had been with my husband for ten
years. Before we got married we had had a two-minute
conversation along the lines of: 'So, do you think we'll have kids
one day?'; 'Yeah.' So I thought we were going to have kids, until
that one day came.

We had been married for a few years, we had a nice home, we were
both doing very well in our jobs, and it seemed to be a good time to
take some time out of work. I raised the question with my husband,
and he asked me to give him six months to think about it. This
seemed reasonable. Then we had the conversation again six months
later and he asked for another six. In the end, it took a further five
years for him to tell me that he didn't want to have children and had
never wanted any. I come from a large family and I always assumed

that I would have three or four children, so it came as a really big
blow.

| 'I want to be a mum.'

We tried for a while: he thought about what it would be like to have
children and I tried to consider what it would be like to not have
them. However, I realised that there just wasn't room for
compromise.

This came home to me on a holiday flight, when I was reading an
article on work/life balance in the *Harvard Business Review*, which
suggested that you make a list of 22 things you want do before you
die. I wrote my list and the seventh thing I wrote down was 'I want
to be a mum'. This surprised me because I had spent the last two or
three years trying to school myself into thinking that this wasn't
going to happen. I was going to be a professional, with a very happy
marriage, but I wasn't going to have children. Only when I saw it
written down did I realise how important it was to me. So while we
were on holiday we decided to divorce.

I had written 'I want to be a mum,' not 'I want to give birth,' and
realised that I didn't feel that I had to give birth to be a mother. As
soon as I came back home, I sat down at the computer and typed in
'adoption agencies' on Google. I got the BAAF link which displays
a map and clicked onto my region. An agency called PACT (Parents
and Children Together) stood out because they are a Christian
organisation and I am a practising Christian. In addition, they were
particularly looking for black and mixed-race adopters.

I did have worries about them seeing me as suitable. I wasn't yet
divorced and thought that would go against me. Up until then I had
had a very successful professional career; I was concerned that they
might see me as one of those superwomen who think they can have
it all.

> **'I don't know what I was scared of. Not being good enough I suppose.'**

I contacted PACT by email and a few days later someone called to say that they were having an open evening at a local church and asked me if I'd like to come along. They also sent me a brochure and the annual report. I went along to this session after work. It was so strange. I sat in the car park for ages, trying to pluck up the courage to get out of the car. I don't know what I was scared of. Not being good enough I suppose. Once I got in it was fine. Everyone was welcoming and they were a very diverse group of people. I had thought it would be all couples, all white, but there was a real mixture.

We were given a lot of statistics around the adoption of black and mixed-race children. This was my first confirmation of the disproportionate number of children from minority ethnic backgrounds who need fostering and adoption. They talked about the process and why children need adopting, which was useful to me as I still thought you adopted babies. They spoke about children who had been taken into care and the reasons why they might be looked after, and told us quite categorically that most of these children are older – they are not babies. That was news to me.

I decided that I wanted to go ahead and was visited by a wonderful woman. We talked for about three hours about why I was looking to adopt, the sort of child I was hoping for, what my values were, how I would bring my child up. It really got me thinking about issues I had never thought about deeply. I didn't consider the sort of child I wanted, only that I would prefer a girl.

> **'I remember running round the living room feeling, "Wow, they think I'd be OK!"'**

The lady who interviewed me went back to the agency and shared the report on our meeting, so they could decide if they felt I would be a good adoptive parent. I was quite blasé about it. I thought, 'Well, if they don't want me, I'll just try something else', but when they called a week later to say yes, I remember running round the living room feeling, 'Wow, they think I'd be OK!' It was a really great sensation. And it was at that point that I suddenly thought, 'This is going to happen.'

I was assigned a social worker – again, a great lady. The adoption process can be quite torturous, but all the way through we had a good laugh. We had fun, so I've appreciated having her as my social worker. I also signed up for a set of pre-adoption workshops.

I was thrown into the process quite deeply: there was the social worker and doing the home study, which involved spending between 15 and 20 hours with her, and the adoption classes. I was also given a reading list which I was working my way through in my spare time. I enjoy research. I like to gather a lot of information up front to help me make decisions, so I tried to find whatever books I could about what it is like to adopt and to be adopted – anything at all around adoption, trying to increase my knowledge.

The assessment process was very intrusive. My family and the black people I know are extremely secretive. For my mum, this comes from growing up on a very small island where everyone knows your business, so there are certain things that you want to keep to yourself. Now I was being asked questions that I am not sure I had even asked myself. For example, I was asked to describe my sexuality. I said 'heterosexual,' whereupon my social worker asked if I was sure. When I replied that I was, she asked me how I knew. I said, 'Because I am. I don't fancy girls.' One part of my brain was thinking, 'Don't be defensive. There must be a reason why this question is being asked.' Another part of me was thinking, 'How dare you suggest this? What is it about me that makes you think that I might be a lesbian?' And I remember this going round in my mind for weeks afterwards.

> **'If I thought any question was unreasonable . . . she was always able to explain why the information was needed.'**

There were also a lot of questions about why my marriage had failed, how I came to the decision to adopt and how I felt about future relationships. Since I was going through a divorce at the time it was all a bit raw.

If I thought any question was unreasonable, I asked why she wanted to know and she was always able to explain why the information was needed. I also understood that this information was going into the report. It was really important that it gave as accurate a picture of me as possible, since it was going to be used to make decisions about what sort of child would be right for me and vice versa. I had to put aside my natural tendency to be defensive, as how I responded was going to be of benefit in the long term.

We had three preparation sessions. The first was about why children need adopting and what adoptive parents can offer over and above what birth parents provide for their children. It was also a chance to get to know other people who were going through the same process. I've got some great friendships out of that. The thing that stands out from that first session was the additional needs of an adoptive parent and I remember thinking, 'I haven't even been a birth parent yet. How am I going to learn all this stuff?'

In the second session speakers came in: a couple who had adopted children with special needs and a woman who had given her child up for adoption. Up until that point I had been really uncomfortable with the idea of contact with birth parents, but through listening to this woman and asking her questions, I felt more at ease with the idea.

Another part of the process was thinking about the kind of needs a child might have and what you could cope with. When I started reading *Be My Parent* (*BMP*) newspaper and saw how many children needed homes, I wanted to build an extension and adopt 15!

Somewhere in the form you go through there was a great long list of issues that the child might have. I remember looking at it and thinking, 'You can't choose a child based on ticking boxes. That seems wrong.' At first I kept blocking it but the form was a much-needed dose of reality: it made me think very carefully about what I could handle as a single mum, what I could provide for a child and the sorts of needs they might have.

I started from the basis of age. I thought that since I had to work to pay the mortgage, I would go for a slightly older child – three to five – sleeping through the night, going to nursery or about to go to school. I work for a good company so I hoped to be able to do a term-time contract or change my hours so I could take my daughter to school.

Then we went on to special needs. My mum is a special needs teacher and I trained as a primary school teacher, so I was pretty confident that I could support a child who had a slow start or had some physical disability. However, a child with a motor disability probably wasn't an option because of where I live. We also talked about sickle cell anaemia and cerebral palsy. It was a good chance to think through all of those things.

In all, it took six months, which I am told is quite quick. It was the luck of the draw. I think the training prepared me as much as it could; there is a point where you just need to get in there and do it. They did a great job, tackled some real issues very well, very professionally.

My social worker started bringing me details of children, even before I was approved. I also subscribed to *BMP* and *Children Who Wait*. There was one little girl – everything looked good, we thought it might be going ahead and I began to get quite excited – and right at the last moment, after I had been approved, it fell through. She was no longer available for adoption. That was a real blow. It set me back mentally quite a bit. I remember thinking, 'I am going to give myself a break and not look at *BMP*.'

I was sitting at my desk, one day in August, when a social worker rang up and said she had details of another little girl who they thought would be fantastic for me. I said it was interesting, but I wasn't sure that I was looking at that moment. She told me a bit about her and suggested I think about it, before saying, 'By the way, she's ten weeks old.'

I was approved for a child aged one to five but was looking for a three- to five-year-old, so I was in shock. I thought, 'A ten-week-old baby! I don't do babies! I haven't got any of the stuff. All my friends' kids are five now. What am I going to do with a baby?'

I didn't do any work that afternoon. I was on the phone talking to everyone I could, asking them whether they thought I could cope with a baby. Finally one of my great friends said to me, 'For Heaven's sake, woman, stop being such a wuss! You've prayed for this, you've wanted this so much and someone is handing you a ten-week-old child. You go for it. We'll support you, and we'll do whatever we need to.' When the social worker phoned back, I asked her to send me the details and we went from there.

> **'I explained that black covers a range. Was she, for example, like milky coffee?'**

Later, the child's social worker came to see me face to face and look at my house and see if it was suitable, talk about my experience of babies, things like that. I didn't see a picture of my daughter until quite late. I had met with the social worker and seen the Form E, but the local authority would not release photos of the child until she was matched, so I had no idea who I was getting.

When I asked the social worker, who was white, what colour the baby was she replied, 'black'. I explained that black covers a range. Was she, for example, like milky coffee? The poor woman looked at me and repeated, 'She's black'. As it turns out, she is near enough the same sort of complexion as all of us in our family. It's not a big deal because we have a range in our wider family. If she had been lighter or darker it wouldn't have been a problem. But it was strange, not having a picture and not knowing what she was going to look like.

Everything went fine, so next there was a formal matching panel. I wasn't invited to go which was nerve-racking. What if they asked a question my social worker couldn't answer? They rang me the afternoon of the panel and said they believed it was going to be a good match but they couldn't ratify it for two weeks. I think that is quite cruel: either don't say anything for two weeks or tell the person there and then.

I can see why they have these checks and balances, but I think one of the things social workers could do to help people get through it is to think carefully about what they say about timing. I could wait 48 hours for a decision, but to wait two weeks was frustrating, especially as I had already been told that if the decision was positive, the introductions would begin within five days. I would be given five days to prepare! That was really, really difficult. I remember being exceptionally frustrated by it all.

In the end it wasn't two weeks, because I made it quite clear that I wasn't happy. Five days later, I received the official letter saying that the match had been agreed.

I then had to go back to panel to be approved for a nought to five-year-old. Another section was added to my forms, related to the experience I'd had with babies and why it was felt that I would be able to provide care for a child so young – another nerve-racking afternoon.

We were finally matched and I suddenly realised that I hadn't met my baby. I arranged to travel down to her foster mum, so I could meet her and formally say that I definitely wanted to go ahead.

> **'She opened the front door with the baby in her arms and just handed her over to me.'**

That was a strange journey. I remember thinking, 'Goodness, I am going to meet a child and in two weeks' time she could be coming to live with me. What if she looks at me and cries? What if her foster mum wants to adopt her and thinks, "Who is this woman?"' But it wasn't the case at all. Her foster mum is the most wonderful woman. She had fostered 40 children and it was obvious that my daughter was very much part of the family and really loved. There was no sense that she was just looking after her and doing the bare minimum.

When I arrived she opened the front door with the baby in her arms and just handed her over to me. My daughter is a very inquisitive little girl and she simply sat and stared at me. For ten minutes she sat stock still on my lap peering at me, taking it all in. I think it was because I was black and her foster family were white. I don't know how many black people she had seen, but she really looked me over.

My first impression of her was this little ball of energy. By this point she was four-and-a-half months old. I didn't know what babies that age did. I didn't think they did anything except lie there and cry, but she was very interested in toys, singing along to things on the radio and television. She was a very sociable, tactile baby, and just in that hour I spent with her it was really interesting to see the sorts of things that made her laugh.

I wrote my letter and said that I wanted to go ahead. After that, we all went to a planning meeting and it was agreed that, as she was so young, a nine-day introduction period would be suitable.

This started with me just going round to her foster mum's when she was having her lunch and changing her nappy. The next day, I went for a morning, the next day I went for a whole day and it built up so that by the end of those nine days, I was the person primarily feeding her, changing her and looking after her, with her foster mum on hand to answer any questions and help me get an understanding of her routine.

On the eighth and ninth days, it was decided that she would come to my house with her foster mum and social worker, so she could see the new environment she was going to be living in. That first day she came to me was very strange because she knew something was up, and it was the first time I saw her really crying. She seemed very distressed and kept looking around for her foster mum. I remember thinking, 'She doesn't like me. She isn't going to settle.' The only person who could calm her down was the foster mum she was used to. After they went I thought, 'It's not going to happen. They won't place her with me because she is obviously so upset by it all.'

> 'I couldn't believe it was actually happening, that she was going to come home and live with me.'

The next day, they brought Natalie in the morning and left her with me and she was fine. It was almost as if she had got all the anxiety out the previous day. We had a lovely day together and the following day my mum came and we drove down to her foster mum's, packed her stuff up, put her in the car seat for the first time and brought her home. I was probably driving dangerously that day because I spent the entire journey trying to look at her in my windscreen mirror. I couldn't believe it was actually happening, that she was going to come home and live with me. It was marvellous, just marvellous.

The first night my mum stayed with me and in a way it was just like being at her carer's. She has a very good routine: she eats at 8am, 12noon, 4pm, then bath at 6 and bed at 6.30. For a while I was simply doing the routine with my mum there.

Natalie sleeps 13 hours every night, but I didn't sleep for the first two weeks because I was up every hour, going down to her room to make sure she was breathing, and also through a general sense of wonder that she was there. It was almost like I was going to check that there was a baby in the spare room that I had cleared out two weeks before.

It was a strange few days. I felt happy but numb. I was going through things on autopilot. Then my mum had to go home and that was it. I was on my own with a five-month-old baby.

Because of changes to the law in April 2003, I was able to take adoption leave and pay. My employer matched exactly what is granted for maternity leave, so I was entitled to a longer period of full pay. I'll also get a returner's bonus when I go back. I was really grateful for that. When I had first looked into adoption this wasn't the case, so I had started to save, but it has been a lot less hard financially than I had expected.

My daughter has been with me for four months now. She settled quite quickly after that first day when she was so upset. I remember the first morning she woke up about seven o'clock. Her foster mother and I had replicated her cot, all the toys that she had at her carer's were brought to my home, even though the room was different. I remember waking up and hearing her talking to her toys, gurgling away, playing with her animals and mobiles. When I went in to get her after 45 minutes she gave me a big beaming smile and wanted to be picked up.

'I had not appreciated how alone I would feel.'

I think I had underestimated how lonely and isolated I would feel. I thought, 'I'm going to have the baby, of course I'm going to have company,' but there have been times when I have felt so isolated. I have great friends, great family and all I have to do is pick up the phone and someone will be there, but I had not appreciated how alone I would feel.

Initially I was going two or three days without seeing anyone at all. I had gone from having a very active social life, working in the sort of job where you are in contact with people so much that I am normally trying to find five minutes of peace, rather than actively seeking conversation. Now though, I had to make sure I got out and about and saw people and did things.

I started doing that every day, but after a couple of weeks I wore myself out. Now we do about three or four mother-and-baby activities every week. My gym has a crèche, so I go to the gym and do something for me. I've also got a good network of approved babysitters, so I have a night off every week, and go and do something by myself. I have quite a few friends who work part-time or are on maternity leave and we meet up for lunch. I don't have a husband or partner to come home to at 6.30 each night and, especially if I've had a tough day with Natalie, I want someone to talk things through with. I've got one good friend in particular who I can ring. She doesn't have children, so she doesn't say much, but she listens, and then she'll tell me about her day at work.

> 'It's very different to what I expected but good different.'

Natalie is nine months and she is trying to walk and talk. She is very active. In my mind she was going to be a baby; it's very different to what I expected but good different. My family have accepted her. Everyone is very short and we have a joke that we all have to marry tall people to get some height in the family. Natalie's birth parents are very tall, so the family are happy with that! They totally accept her. My mother loves being a granny – she's waited a long time for this – and my grandmother in Barbados is dying to meet her great-granddaughter.

I am hoping to return to work part-time if possible. I am single, so I have to pay my bills and keep a roof over our heads. Staying at home is not an option. Also, in the last few weeks I have realised that I need to interact with other adults. I know some people struggle with having to go back to work and leaving their child, but I think it will be best for both of us to have some time away from each other. I want to go back.

We are supposed to have letterbox contact with Natalie's birth parents. We have tried to contact her birth mother, but she seems to have gone to ground. I was hoping to meet her before Natalie was placed with me, but we weren't able to do that. I am not sure if her birth mother is going to be able to do letterbox contact, but I am putting things aside and keeping a note of the dates when things happen, so I can put together a newsletter after Natalie has been with me a year. I just hope that her birth mother will be able to do the same.

We are now well on the way to her being adopted. My daughter was voluntarily put up for adoption. She isn't under a care order; in theory, her mother could have come back and said she wanted her daughter back, and I would have had no legal recourse. Therefore, I was advised by my social worker to submit my application as soon as Natalie was placed with me.

> **'I would encourage anyone to adopt, but you need resilience and support to get through the assessment process.'**

The case goes to court for the final hearing in a few weeks' time. That is the only area of uncertainty, but I am not dwelling on it. I am going to spend a month in Barbados with my family, eating mangoes and swimming in the sea and getting to know the family over there, then go back to work after that. By that time Natalie should be well settled into nursery.

I would encourage anyone to adopt, but you need resilience and support to get through the assessment process. The thing I found hardest was when I would contact a social worker to express an interest in a child and not hear anything for three weeks. In my job I get back to people in 24 hours, even if I can't answer their question, so I found it very hard to be left in limbo over something so important.

You also need support; you need people you can go and have a coffee with and who will just listen. You need people not to ask you every five minutes how it's going, because there will be great periods of time when it doesn't seem like anything is happening. You have to prepare yourself. I think if you are pregnant, you have time to get your head around the fact that your life is going to change because your body is changing and there are lots of other things going on that signal what's coming. When you adopt you have to mentally do this for yourself.

I am not sure what stops more black people from adopting. I grew up with the concept of an extended family, that there are always neighbours and people to help out. I had assumed that if a child was in need someone in the family would come to the rescue. Why would you need to go outside of the family group to find someone to care for a child?

> 'People at work . . . had very set ideas about who could adopt and who couldn't, but until I started, they were my views too.'

I think a lot of people's views of adoption are based on things that happened years ago. I was no different until I got into the adoption process. For example, when I told people at work that I was thinking of adopting they would say, 'Ooh, I didn't realise you could adopt if you were single'. They had very set ideas about who could adopt and who couldn't, but until I started, they were my views too.

I don't fully understand why black children are not placed with white families. On the other hand, I was quite badly bullied and experienced a lot of racist abuse when I was at school; one of the things that helped me get through it was knowing that I could go home and talk to my parents about it, because they had been through something similar. I hope that won't be the case when Natalie goes to school but I think there are times when you need to identify with someone like you. I came to England from Barbados when I was seven. If it hadn't been for my parents and their friends, I don't think I would have such a balanced sense of self. I know people get bullied for all sorts of reasons, but whatever these are reason it helps to talk to someone who is going through a similar experience themselves.

> **'For the first time in ages I am totally content.'**

There are also cultural differences: I am quite anglicised but during Christmas, holidays and when things happen in our family, I revert to being Bajan. I think you can miss out on that if you are not of the same "race" as the people who look after you. And there is all the history and the culture that goes with it. I had a little bit of experience of not being brought up by my mum but by my grandmother. That sense of identity is really important if you don't have a mum or dad. There are a lot of mixed-race and black children in care, so if you are thinking about it, do adopt because you are going to help that child build their identity.

Now I feel complete. I was talking to a friend who has a life coach and she asked me if I had thought of doing it. I told her that for the first time in ages I am totally content. There is nothing I need or want. It's a real change for me because I'm a bit of a control freak! There is some uncertainty about developments in my workplace, but hopefully it will sort itself out. I feel truly content.

Junice: 'Everything's hard unless you give it a try'

Junice, 37, is a qualified Youth and
Community Worker and Children's
Centre Co-ordinator. She is of
African-Caribbean descent and
lives in Hertfordshire with her six-
and-a-half-year-old son, Jacob.

I've always worked with children in various settings; I've managed
childcare provisions and I was a nanny for two years. Adoption has
always been something that's been there. I remember when I was in
my teens saying flippantly that I wasn't going to have children, I
was going to adopt. I've always thought if you wanted to have
children and you can't for whatever reason, then why not adopt?
Why not adopt a child who has had a difficult start or whose parent
couldn't look after them? I see adoption not just from a personal
viewpoint, but from a Christian perspective as well. As a Christian,
when you're going to have a baby, you need to have the partner
there and you do it in marriage, in a loving environment.

'I got up one morning and thought,
"I might as well do it now".'

I'd gotten to a point in my life where I felt I could devote my time
to raising a child. I've always been surrounded by and have looked
after other people's children, so for me, it's not about giving birth.
Anybody can do that; it's what comes after. Also, in African-
Caribbean culture we've always had informal adoption. I have a
cousin and her godmother didn't have children. Her mother had
seven, so she gave one of her children to the godmother. It's never
been formal but we've always looked after other people's children.
As for me, when I finally decided to take the plunge, I didn't really
think about it that long. I got up one morning and thought, 'I might

as well do it now,' and that was it. I contacted social services and within a year of preparation group and going through the home study, Jacob was matched with me.

First of all, I approached a local authority and was invited to attend a six-week preparation group with fosters carers, prospective foster carers and prospective adoptive parents. The preparation group was informative, but because I've always worked with children and I've worked closely with social services on child protection issues and case conferencing, I took a back seat. I didn't want to seem like the person who knew it all. The group was useful but, at the end of the day, nothing can prepare you for motherhood. I knew nothing about babies. At least when you're pregnant you have nine months to prepare. Being an adoptive parent means you're thrust in at the deep end. One day you could be childless, the next day you have a child.

Then there was the home study. Because I had formed quite a good relationship with the social worker who did my home study, I didn't worry about whether I'd be seen as a good parent or not. Most of it was done in my office, although my social worker came to my home twice. Also, because I've worked with social services, I understand the jargon and you tend to know the right answers to their questions.

The sort of things I was asked about during my home study visits were, 'When your child becomes a teenager, what would you do if your child came home and said that he/she was homosexual?' I told my social worker that as a Christian, I didn't believe in that, but I knew she couldn't write that down. Obviously on the adoption panel you've got people from various backgrounds and the correct answer would be to always support your child through the process, ensure that they know exactly what they are doing and talk your child through their feelings. You answer the questions according to what is expected – you know, non-judgemental and equal opportunities – and that's what I did. But I think for some people that might have been a difficult question to answer.

'I don't think all of the detail they went into was warranted.'

In the past, issues like homosexuality would have been seen as negative by an adoption panel. An answer like that would have been read and seen as you not understanding or needing more training, and they would stop you at that point. I think they still need to have standard questions but also adapt questions to individuals. I don't think all of the detail they went into was warranted. One of the panel members asked whether or not I could have children and, because I could, they asked why I wanted to adopt. For me it wasn't necessarily about giving birth to a child because that's just the beginning; it's the parenting that comes after.

When you fill out the application you go through the tick box exercise about what sort of child you feel you could provide a home for. Before I went through the assessment process I thought about this and I always wanted a baby. I thought as a lone parent, it would probably be easier to adjust to. I didn't want a child with a disability because I think, for me, children with disabilities need to have two parents so that both parents can support the child and also support each other. However, I did feel very uncomfortable with the tick box exercise and having to make decisions around this. It just didn't feel right. Having said that, the process of thinking about what sort of child I would consider did help me to get to a point where I realised that I could be open about having a child with disabilities, as long as social services could support me through that process.

Overall, given that lots of people find the assessment process tiresome and hard, I found it straightforward. I think it was OK because I've worked with social services and I understand the process.

I was finally matched with Jacob and went from our first meeting to him moving in three weeks later. I was told that he had gone straight from hospital into foster care at six days old. His birth mother was quite helpful because she had given a lot of information about his father, so the social worker was able to tell me quite a bit about Jacob's family. At that time I felt this was all the information I needed. I met Jacob in October and I think we went to matching panel in November; then we started day visits every other day for a week until he came home at the end of November.

| 'He's got dimples like me.'

The night before I went to meet Jacob I couldn't sleep. My sister drove me to east London to the foster carer's house and, in the car, I was really horrible to her because I was so nervous. When I finally got to meet Jacob it was strange because he's got dimples like me. He sat on my lap and played with my keys.

The day that I took him home, I parked my car, brought him inside and put him on the floor. I had to go back to the car to get his suitcase and he started crying. I said, 'Mummy's coming,' and came back in and he was fine. He settled in straight away. I think maybe it was because we had spent those days together. He was a very placid baby. I took adoption leave so we just hung out. We went into London every day and visited girlfriends. I was having a good time. I'd worked for 15 years so this was my break and I really enjoyed it.

After working for so many years, making the adjustment to a baby was a bit of a shock though. During the first two weeks I didn't get dressed until lunch-time because I had gone from having only myself to look after to suddenly having this baby. It was constant feeding, changing, pooping and cleaning up. I was used to my own routine, but having a baby means you can't have a routine as such and keeping your house tidy is not easy. I was used to order and suddenly I'd got this little baby who had toys everywhere. The first couple of weeks were chaos. It took me probably about a month to get into the swing of things and settle, and I was off work for four months.

When I returned to work, I had a nanny. Then I thought, 'I'm leaving my child in the care of a nanny and I'm going to manage childcare provision looking after other people's children.' It just didn't make any sense. I felt as if I needed to be home with my child. Two months later, I was made redundant. At that time I felt that I just wanted to be a parent, so I didn't look for another job. In the end I was off for three years.

Everything went fine, with the preparation, the assessment and bringing Jacob home. Then the whole process started going horribly wrong when I first handed in my adoption papers. I made my application on his first birthday, so he had been with me four months by this time, and the clerk at the County Court said, 'We can't accept this because you're a lone parent'. I had to argue with the clerk to get him to accept my application, which he finally did.

When I went to court the judge said to the social worker, 'You've got all this information about his father. Have you approached the father to see if he wanted to have him?' By this time I had a new social worker dealing with my case. International Social Services got involved and within six weeks they found his birth father. At this point, I asked the social worker if I needed to get myself a solicitor, but she said not to worry, social services would sort it out. We went back to court again and this time his birth father had decided to be party to the hearing. At one point we were headed off to the high courts to fight for Jacob.

When Jacob was matched with me, I told my social worker, that we always went to Jamaica to see my parents at Christmas. Would it be a problem? They said 'no', so I booked my fare and a ticket for Jacob, only to be told that I couldn't take him because his birth mother wouldn't sign the passport application.

I became extremely distressed. I developed Bells Palsy due to the stress, which they say is a viral infection. No one could assure me that Jacob would remain with me. I ended up having to get myself legal representation.

We went to court four times and the whole thing lasted over two years. The judge that we'd seen on the first three occasions wanted Jacob to go to his birth father, but the last time we went to court we had a different judge who was concerned about all the delay. I said to myself, 'This is all going to go horribly wrong and Jacob's going to be taken from me,' and I started to cry. I felt so relieved when he said, 'This has gone on long enough. Let's put this woman out of her misery.' The adoption order was granted. I finally got Jacob's passport and took him to Jamaica to see my parents.

> 'What kept me going throughout this whole time was my faith and my family.'

That was when I shut the door on social services. Before then, I didn't have a choice. I did it through gritted teeth but I had to have a dialogue with them because I hadn't legally adopted Jacob. As soon as it was over I shut the door on them and never looked back. I didn't want any post-adoption support. I thought, 'Well if you haven't seen me through the most critical part of it, why would I want any help or support from you in post adoption?'

What kept me going throughout this whole time was my faith and my family. I got Jacob blessed at church and my sister's Minister prayed for us all. At times like that your faith can fall out the window but everyone had faith for me and that was a support in itself. That sort of faith from all my family around me gave me the strength to keep going.

When Jacob was about three-and-a-half, he got his life story book and in it was a photo of his dad. I've got photographs of my family around the house; he found an empty frame and put the picture of his birth father in it and asked, 'Why doesn't my dad come?' I went through the whole thing of saying, 'You're adopted and I've never seen your birth dad, I've never seen your birth mum,' and just talked to him again about what adoption means. You can try to explain and our children can quite easily say, 'Oh I'm adopted,' and not really properly understand what it means. I think having that photograph of his birth father brought it home to him. It's in his bedroom on the wall now.

> **'He's comfortable with only having one parent and being adopted because we've always talked about it.'**

Jacob and I talk about his adoption all the time. He goes to Stanborough (Seventh Day Adventist Church) school and I'd say 99.9 per cent of the children there have mothers and fathers. So quite often his friends ask, 'Where's Jacob's dad?' and Jacob flippantly says, 'I haven't got a dad. I'm adopted'. He's comfortable with only having one parent and being adopted because we've always talked about it. Many of my mother's friends have said, 'Why are you telling him? You shouldn't tell him.' I just think that if I don't tell him, someday he'll find out and that's going to hurt him more than me telling him now and him growing up in the knowledge that he's adopted.

Jacob has fitted in very well into the family. We're a package. I have a brother who has two children, Joshua and Michaela. The three of them are like brothers and sister. I have a sister, Jackie, who lives in Wolverhampton. To all of them Jacob is just Jacob. He's a member of our family. My parents live in Jamaica and when Jacob was younger we'd go two or three times a year. My parents love him, and he has my mum and dad wrapped round his little finger.

Jacob doesn't have any contact, whether direct or indirect, with his birth family because they didn't ask for letterbox contact.

In spite of the difficulties, I'd adopt again . . . for Jacob. Not necessarily for me but for Jacob. I grew up with a brother and a sister and have a cousin who's an only child and I know that she missed out on so much, not having siblings. I didn't really want Jacob to miss out in this way so I'd do it again for him.

Also, I think I've gained a lot from the experience of adopting. I've given a child a chance and an opportunity. I've seen the stages that he's gone through to reach where he is today. We're still moving forward and excelling, and I am seeing him achieve every day. He has decided that he wants to be an architect and, God willing, he will do that because then I will know that I've done a good job as a mother.

Considering he's still only six years old, I'm already extremely proud of him. Because of my background, I've parented Jacob with discipline and that's been good for him, as well as for me. Every now and then he steps outside the boundaries – as a parent, you need to have boundaries in place but you also need balance. You need to be loving and fair as well. I hope I have this with Jacob. My girlfriends tell me I do but sometimes I question myself, like any loving parent.

Now he's a wonderful little boy but in the mornings we're a nightmare. I end up screaming and shouting like any parent, so we have a star chart going: if he gets dressed and doesn't give me any grief he gets a sticker; if he does his homework, he does his reading, he gets a sticker. He also gets rewards. I'm taking him to Disneyland Paris. He goes to Jamaica often. When we finished one star chart we went to Hawai. We do things like that. He's enriched my life, he really has. I enjoy being a parent.

I think other black people should consider adoption because there are children out there who need good homes. They also enrich our lives. Society has failed our children because they're in the care system, and the only way we can address that is by providing homes for them.

It's not easy. Everything's hard unless you give it a try. I think, if you've got good systems in place and good support structures, it's worth taking the plunge. I'm a lone parent and I've never one day said, 'Oh it's too hard. I've had enough!' I've always been on my own and, because I know that I've got a very good family support network and very good girlfriends, when I've had enough – which is very rare – I can say, 'Help me out with Jacob,' or 'Take him for a night,' or whatever. Nine times out of ten though, I end up having Jacob and everybody in my house, but that's just the person I am.

> **'Some black people think, "Do you want to have social services in your life?"'**

I am on an adoption panel now. One prospective couple came to panel one month and the following month we found them a child. The look on this woman's face when we told her that she'd got this six-week-old baby . . . We'd made a family and that was wonderful. We all cried. Many people probably think the panel is just made up of professionals who are hard faced and don't necessarily understand the adoption process or do not have the child's best interest at heart, but there are also people like myself on the panel. Obviously there are applicants that you think, 'Oh no, this match just won't work,' but my wish is for all the children on our list to be placed with good people. We've seen how the system works against us and some black people think, 'Do you want to have social services in your life?' because they're failing us and they're failing our children. One way of addressing this is for more black people to adopt these children and take them out of the care system.

I don't know if I could love Jacob any more if I'd given birth to him. Sometimes I'm really stern with him. I ask myself if I'd be as stern if I had given birth to him and I always think I would. That's just who I am. For me, I think there's no difference whatsoever.

Jasminder: 'Love at first sight'

Jasminder is a social worker. She is Sikh Punjabi and lives in a village in Surrey with her husband and their seven-year-old son, Matthew.

I had always thought I would get married in my early thirties, have a child in my mid-thirties, and life would be wonderful. I got married when I was 33, but I couldn't conceive, and by my late thirties we started to panic. We had the usual investigations and they couldn't find anything specific. There were a few issues that could have been contributing factors but they said it could be anything. We went for IVF, but we couldn't get it on the NHS at the time – I was considered too old – so we used our savings and paid for one cycle and gave it a go. If we had had more money we might have had another try, but I felt I didn't want to go through it again because it felt horrible having all these drugs pumped into you. So we started to think about what other choices we had. We left things for a while and then a friend of mine who had similar problems decided that she wanted to adopt. That's what triggered it off for me.

In my community, some people see adoption as a stigma and others consider it to be a positive thing to do – a good deed in life. Different people think differently. I didn't know anything about adoption – I hadn't been aware of it – so I started reading up on it and finding out what was involved. I didn't think it was going to be as invasive as it was. I thought that it would be OK. I am Asian Sikh, my husband is white and I thought there were lots of mixed-raced children needing homes. At this point, I wanted a baby or a young child, ideally with the same background as us. This was 13 years ago.

> **'The problem started when medical reports were sought.'**

I approached the same authority as my friend, and a social worker started coming to see us. She was very nice, very positive and she didn't think that there would be any problems. The assessment took seven months. We were enthusiastic and honest. We told her that we had had problems in our marriage and had gone for counselling, and she was very positive about it.

The problem started when medical reports were sought. Our GP copied notes out of our file. There wasn't anything major – all to do with past depression, problems in the marriage, all the things we had talked to our doctors about over the years – and a lot of information was inaccurate, but he just put it all in without checking with us. We were turned down, the feedback being that we presented as not a strong couple, or strong individuals. We were devastated and very angry; the social worker was flabbergasted. She thought that it should be seen as positive that we had gone for help. I was furious. It was like someone telling us we were not good enough to be parents when we had so much to offer. We decided to forget about it. We moved house, we got two dogs and decided we'd have two children in the form of animals! After two years, when we had calmed down a bit, we thought that maybe we should try again for the last time.

We approached NCH six years ago. We talked to them about things in the past and decided to start the whole process again. It was harrowing because we were extra nervous. We felt that we had to be more careful this time, but it was difficult since we are open people, we don't disguise things and if there's a problem we say. The process took two years and we had three different social workers, due to their own changes. We talked about the usual things – our early childhood, family and friends and how we deal with conflict and problems. She opened our minds a lot more about things. When you don't have a child you give the answers you think of at the time, but as you haven't been in the situation, you cannot be sure.

By this time we were a lot older. We were told quite clearly that we would be unlikely to have a baby but we thought, 'OK, fair enough. We'd be quite happy with a toddler. Maybe a baby would be too much now.' The yearning for a baby had gone for me; it felt like it was too late. We thought that we would consider any child up to six or seven. We felt that a younger child would gel more quickly with us and, although I had experiences with friends' children, I felt I had a lot to learn. Having a younger child would give me a chance to do this. The social workers agreed.

While this was happening, another prospective adopter from our induction group had told NCH that I had stated that I would say something that wasn't true, just to make things easier. I can't exactly remember what it was but NCH took it very seriously. We thought, 'Here we go again. We're in for another bumpy ride.' We had to go along to NCH and justify ourselves. We explained that what I said had been misunderstood. They thought about it and decided to go ahead.

> **'We knew straight away that this was the child we wanted.'**

Next came the report complicated by what had happened in the past. We had new medicals and spoke to the GP and asked to make sure that the information in the report was accurate. We felt we had to be extra vigilant and query and check everything. In spite of the hitches, it went to panel. It took about 13–14 months. Then the panel wanted more information about my husband. He had been married over 20 years ago and his wife had left him. They wanted to meet his grown-up daughter and his ex-wife. That held things up again, but we persevered. It went back to panel and this time it went OK. We were approved for a child aged three to five.

We saw Matthew's picture in the Adoption UK magazine. He was two-and-a-half at the time, younger than we were approved for. We knew straight away that this was the child we wanted. The social worker tried to introduce other children – she didn't want us to get too stuck on one – and we tried to keep an open mind. We saw pictures of a sibling group and received the forms giving all their information, but decided they weren't for us. We looked at their complex background and weren't sure we would be able to cope, so we carried on looking. You do feel under pressure to take on a child and if social workers think you are being too fussy, they start to get impatient. This is what happened. We met social workers for another child, but his nationality didn't reflect ours. He was mixed race, Asian and possibly Caribbean, and it didn't feel as right. We had seen Matthew's picture and were drawn to him all the time. His background and his age felt right, and he looked a bit like my nephew. It was love at first sight. We said we had identified the child we wanted, so we went back to panel to be approved for a younger child, and after that it was smooth sailing.

> 'The foster carer was very good, very experienced; she brought him out of himself.'

When we got Matthew's Forms E and learnt about his background, we discovered that he had had lots of moves – six or seven in the first two years of his life. He had been put in foster care because he was neglected. Then social services gave him back three or four times while they tried to work with his mother. I think this was the first mistake they made: all these moves were terribly damaging for him. After that he was in several different foster homes. He was placed for adoption, but it broke down, traumatising him further before there was another foster placement. His last foster carer said that when he came to them he would sit there frozen; he wouldn't play; he wouldn't cry if he was hurt; he wouldn't show any emotions. The foster carer was very good, very experienced; she brought him out of himself. Her house had all these animals – cats, dogs, rabbits, guinea pigs, everything was everywhere! But the care was good and just what he needed. There were other children around, which helped to bring him out of himself. He was there for a year and they wanted him to spend Christmas with his foster carers because he had been moved around so much. It made sense to us, but we were so impatient. We just wanted to get him home.

What worried us was they didn't do any work to prepare Matthew for the move. The paediatrician at the time had identified that he formed attachments indiscriminately, and that there might be serious problems ahead, that it would help to do some work with him about his losses. Social services said they were going to do this, but it never happened. The social worker was quite inefficient, there were mistakes throughout, and even to this day we don't have all his paperwork. It was disappointing.

The first time we met him, we went to the foster carers' home. We were sitting there and he came in and went straight to my husband with a broken toy and said, 'Daddy can you fix this please?' He ignored me and seemed totally absorbed with my husband. He knew who we were because we had made a video and a book for him to look at. His foster mum had talked about us to prepare him. Initially he said he wanted to stay with her, but she told him he was going to have a forever dad as well as a mum. He was glad that he was going to have a dad, which he had never had before. I wanted to cuddle him so much, but I had to restrain myself and wait until he came over and talked to me.

He was very easy and came to us straight away. There were no problems; he was ready to come to us. The last day of introductions, when we went to pick him up, he said 'Come on, come on, let's go!' There was no hesitation or anything. Looking back now I can see that it was to do with the indiscriminate attachment issue. He would just go with anyone, but for me the bond started from the day I saw his picture.

| 'It was like a gift, a miracle.'

We adopted him nine months after he was placed. That bit was fairly straightforward. The social worker involved would visit, but they took a step back after the initial stages. Once he was here, things went very smoothly.

When he first came home it felt so strange: there was a child in our house, and he was staying here. It was like a gift, a miracle. Finally it's happened; we have our own child! It was lovely. We had decorated his room and he slept right through. I used to be amazed because he would just sleep through the night. I used to wonder how any child could adjust that easily. Now of course he is worse, he doesn't sleep as well, but in those days if it was time to go to sleep, he would go to sleep. It was like he had always lived here; he just adapted and made himself at home.

But of course all isn't perfect. He does push us a lot, he is very stubborn, determined and independent – very strong minded. He was always very affectionate, but sometimes it felt superficial, not deep. It still feels like that sometimes.

What amazed us is how he came here and became part of our household. It never felt awkward. If you are in someone's house you don't feel comfortable straight away, but he was at home immediately. It was good in one sense, but it also worried me. He would go off with anyone I told him to and even of his own accord. I now know that this is typical of indiscriminate attachment. At times it felt hurtful and frustrating, as if we weren't really that important to him. It still is a bit like that. I can't imagine life without him and he is mine, but still there are moments when I feel like he isn't mine completely.

> **'I have read up on attachment quite a bit, and it helps me to make sense of his behaviour.'**

One weekend he went to stay at my brother's house and he couldn't settle and kept saying, 'I want Mummy'. That felt really good. I look forward to those bits. There are times when he does and times when he doesn't want to come home. I don't want him to be too independent. I want him to miss us. I have read up on attachment quite a bit, and it helps me to make sense of his behaviour. Some things have changed – as he is getting older, he is understanding more – but the underlying issues are still there. I think they will always be there with Matthew.

It would help to have post-adoption support. I have asked NCH and his placing authority if he can have play therapy with Family Futures. I looked into it a year ago because I wanted him to have therapy from counsellors who know about attachment issues. I think it could be more destructive than constructive, if things are stirred up and the counsellors don't know what they are doing or don't deal appropriately with the issues. Family Futures are the experts in attachment, but they are expensive and I can't get the money. NCH have said no. Our borough has said no, unless I make a really good case. But how do I make a good case? I don't know what they want and they don't tell me. There is a brick wall. It makes me feel so helpless: you identify a resource that is the right one, but unless you have your own money you don't get it. So as for post-adoption support, it just isn't there.

I did talk to the social workers about Matthew's attachment difficulties. They said all the right things, but I wanted practical support and I never received it. This is when they say, 'OK, let's look at what the issues are and let's identify a resource to help you with them.' The resource then identified is what is cost effective for the agency. We also went to the GP when Matthew was having serious problems with his behaviour at school. We were referred to a paediatrician, who referred us to a social worker. She came to see us a few times and again she said the right sort of things but that was it.

At the moment things are fine, but there have been times, and there will be other times, when we need help. So much happened to him in the first three years of his life, and I want to help him, but I don't always know how to deal with his pain.

He gets very angry and very sad. He becomes so sad that he cries and he is inconsolable. He talks about animals a lot. In his last foster placement there was a horse and last year it died. Matthew built a fantasy around this horse. He misses him and has a picture of him by his bed. He did help look after the horse, but it was nothing like the fantasy he now has. We also had a dog that died last year and he cries for the dog and gets really down. But I think crying for these animals is symbolic for his own underlying losses. I am aware of this, but I don't know how to support him. And when he has to go back to school after breaks it's like having to start afresh; he plays up and misbehaves and is disruptive. He is a very lively, big boy, which makes him stand out.

At home, to begin with, if he hurt himself he would try to be very brave, but I encourage him to do the opposite. And now he cries about his little pains and I see that as very positive. But you can still see the barriers and it is hard to get through them. I try to talk to him and get him to speak about his feelings. I think he fantasises and it is all complex and difficult.

He is a very strong boy. He doesn't give up. He really perseveres. If he wants to do something he will do it. He is very lovable, he looks for affection and is very kind. He doesn't have any malice in him. If another child falls over he would go and say, 'Are you alright?' He would really make an effort. He has a very kind heart.

> **'We always talk about the fact that he is half English and half Indian.'**

Most of my family have been very welcoming. There have been no issues. Relatives in India know and it is an open thing and it's fine. We send an annual letter to his birth family, but there is nothing back.

We always talk about the fact that he is half English and half Indian, that his tummy mummy is Indian like me and his father was English like Daddy. He knows I want him to like Indian things and he'll be interested, but sometimes he'll side with Daddy and say, 'I'm English as well'. He is close to his cousins who live nearby. They are also half Indian and half English. My father lives further away, but he knows Grandad and that he wears a turban, and we try to speak Punjabi to him. He likes Indian breads, but not curries. He doesn't like spicy food!

When I think about the whole process I cannot help but feel angry and bitter about it. I am glad we got Matthew, we got our child, but I feel that we had to go through hell and high water. I thought it was going to be easy for us, being a mixed-race family, and it wasn't. I felt that we weren't given encouragement and support. If things had gone through the first time, we could have adopted two children or even three.

It has been a long, hard struggle but I was brought up to believe that families are very important. Both my husband and I were lucky to be brought up in fairly stable families. It is important to have families, and children are the ultimate achievement – your purpose in life.

You have to be very clear and very determined. We are all different, but if you want to have a child you should not give up, no matter how hard the going gets. I also think social workers and all other professionals involved need to put aside their own prejudices, their own feelings, and be objective and non-judgemental. By that I mean that you have to accept that where this person is coming from may be totally different to where you are coming from; that people are different and people have various ways of coping. In theory, this is pretty standard stuff, but it seems to be harder to do in practice.

> **'It's given us a purpose. We do things
> we didn't used to do and we enjoy
> them.'**

Having Matthew has made us more of a complete family; you have
to get involved and think about him. It hasn't been easy. It has been
very hard, especially as we are that much older, but on the plus side
it has been fulfilling. It's given us a purpose. We do things we didn't
used to do and we enjoy them. It's like there is someone here with
us and someone we are going to leave behind us, who is going to
continue our name and memories and who is part of our family.

I think it would be helpful if there were more resources to deal with
attachment problems: a place you could go to, or ring to talk to
people who specialise in attachment and who could advise on how
to cope with different attachment problems. We do need a separate
resource. It ought to be available to everyone and be free. We
shouldn't have to pay for it. Attachment is the main issue for
children in the adoption process, so there should be a resource that
deals with it as a matter of course.

4

Bunmi: 'Go for it!'

Bunmi, 37, a civil servant, is Nigerian. She lives in the North of England with her seven-year-old son, Nathan.

When I first called social services asking if I would be able to adopt I really believed they were going to say no. I thought you had to be a certain type of person to adopt. I had this image in my head of someone middle class, wearing Laura Ashley, with a husband and 2.4 children. To my surprise they were quite keen. I rang up and said, 'I'm black, I'm single, I'm a lesbian and I want to adopt,' and they said, they didn't see why not, so I replied, 'Are you sure you heard what I just said?' The response was 'Yeah, we can come round and talk to you about it.' Even after they first came to see me to talk about the possibilities, it took a while for me to believe it was actually going to happen.

'Some people don't understand the concept of people who could have children but who choose to adopt.'

I initially wanted to do long-term fostering but changed to adoption. I thought they might be more willing to let me foster because they often monitor you and see how you're getting along. But then my social worker asked me how I would feel if the child had to go back home a year down the line and I didn't like that idea at all. I wanted my child, so my social worker and I talked it through and eventually I realised that adoption was for me.

Some people don't understand the concept of people who could have children but who choose to adopt. At the time I was working for social services, with kids who'd been taken into care and placed in a children's home. They went off one day, never to be seen again. It made me wonder about where they went and that started me thinking that I could give a good home to a child. I was ready to have a family so I just went for it.

I believed I would grow up, get married and have children, but I'm gay so I was never going to fall pregnant accidentally. Whichever way I decided to have a child, it would have to be planned. Having my own birth child is an option if I want to, but for me, adoption meant that I was choosing to have Nathan as my own child. I don't think I could be any closer to Nathan now if I'd given birth to him.

Adoption in my community is seen as a complete no no. When I told my dad he could not get his head around why I was taking someone else's child. He said that if I wanted a child he would go and get one from Nigeria. When I went to Nigeria with Nathan, no one could believe that I had adopted him because they could not conceive the idea of adopting outside the family. They're all convinced he's my birth child. Our culture, my parents' generation, are really into blood connections. For the first year of Nathan's life my sister kept getting his name wrong. It used to make me so angry; it felt like his name wasn't important enough to remember because he wasn't really mine. Now, five years later, it's all OK but it took a long time to get them to accept Nathan as family.

When social services' adoption department came round to visit me, they told me about the adoption process. I had a choice of either writing my life story or answering questions. At the end of that meeting we just arranged to meet again and then we started getting together on a weekly basis for the next ten weeks.

> 'The hardest thing about going back
> into my past was being totally honest.'

Those ten weeks were a bit like going to counselling. You sit there and talk about your childhood, your past and your first memories. They want to know everything about you. I was surprised at how in-depth it was. I was a bit nervous about saying the wrong thing. I was worried that if I said my childhood wasn't this happy bed of roses, they would think I wasn't suitable. The hardest thing about going back into my past was being totally honest. I mean, I had this woman sitting in front of me deciding whether I was going to make a good parent. It was really hard waiting for her reactions, waiting to see what she was going to say next or whether she was going to turn up for our next meeting.

I had to fill in a questionnaire and part of that was putting down what I wanted from a child and what kind of child I wanted to adopt. Before I made initial contact with the adoption agency, all I knew was that I wanted to be a mum. I didn't care about gender but I wanted a child under three years of age because I thought the younger the child, the less history there'll be to deal with.

I was also very clear that I didn't want a child with any kind of disabilities. Having worked in social services and with children, I had observed that once a child goes through the system, they can start developing more and more behavioural problems the longer they're in care. I was adopting as a single parent. I had to be honest with myself and look at my own limitations, and thought a younger child might be easier for me to deal with. As I worked with children with disabilities, I didn't feel I could give myself completely at home as well.

> 'At the parenting classes I found that I was the only black lesbian.'

After we finished the ten weeks' assessment process, everything just stopped. They were very bad when it came to telling me what was going on – it was very sporadic. I then had to go to parenting classes for six weeks, one evening a week.

At the parenting classes I found that I was the only black lesbian. I'm really quiet when people first meet me so I didn't actually say very much. They would throw in a scenario and you would have to discuss how you would deal with that situation. There were about ten of us in the room including three social workers or teachers; two of us were single and the rest were couples. The foster parents came and gave us a talk about fostering and what to expect from the children. It seemed like heart-wrenching stuff, and in that sense it was useful. That was the only class that stayed in my mind.

Having worked with children in care, I felt that other adopters weren't realistic in their expectations. They had the notion of 'all you need is love', and some of them expected the children to behave perfectly. There was one guy who couldn't get his head around why I didn't have a husband and, in his words, 'These kids have been through enough. They have enough issues. They should go to happy stable families.' Why should a single woman be allowed to adopt?

During that time I rang the social worker every month to ask about being matched with a child, and they'd just say they were still writing out the report. I kept phoning up and asking what was happening. It was very one-sided and frustrating. I used to work for social services so I know how many kids go into care. I used to think, 'How hard can it be with the multitude of kids out there?' I was in limbo and it was especially difficult because I couldn't plan anything. I couldn't plan to go on holiday, or to have anything done to my house, or to find a new job because I was waiting for them to find me a match.

I think the last time I saw the social worker after the initial ten-week process was in February and we didn't go to panel until August of that year. Then I finally met them at the end of March the following year, to see if panel would approve me, after which there was more hanging around. Finally, at the end of April 1998, Nathan moved in. The whole process took about 18 months.

A few months before I found out about Nathan, I got a phone call from the social worker asking if she could come and talk to me about a two-and-a-half-year-old girl they wanted me to meet. I was delighted. I skipped about the house going, 'Yes, at last!' She said she would be in touch the following week.

Well, the next week came and went and I didn't hear anything. When I finally rang up to ask what had happened they told me they couldn't place her with me because they thought I might know her. It turns out I do actually know her – she lives just down the road – and, more to the point, the child's mother was contesting the whole thing and could have bumped into us at Safeway. That's how close we were to each other. I was very angry that they had not worked that out before talking to me about her.

> **'Nathan was freed for adoption a few days after he was born. Then they forgot that they actually had him and he was just left with his foster carer.'**

It was after this awful incident that I was introduced to the prospect of meeting Nathan. I was a bit disillusioned by the system by then, but when they told me they'd found me a child I was just so overjoyed. I think I'd have said yes to whoever I'd been offered.

Nathan was freed for adoption a few days after he was born. Then they forgot that they actually had him and he was just left with his foster carer. They completely forgot he was there and this woman had this child for six months. One day she had a visit from a social worker who turned and asked her if Nathan was her nephew. She had to remind them that he was in the care of social services. The foster carer then had to make a few phones calls to remind people that he was with them. I suppose in a way this was very lucky for me because I eventually got him, but he could have been placed for adoption months ago. I'm very annoyed about how long the adoption process took because Nathan had been in care since the day he was born. I could have met him in August, the first day I was approved.

The first time I met Nathan was a bit overwhelming. There was his social worker, his foster carer's social worker and my social worker, plus the foster carer, her husband and me. There were seven adults in the room and Nathan was playing and pretty much clinging onto Irene, his foster carer, whom he'd been with since he was about three days old. I was so happy but nervous as well. I was looking at this one-and-a-half-year-old boy and thinking, 'This could be my little boy'. He had blue jeans on and a checked shirt, and sat next to this toy car the whole time.

After that initial meeting, because I was about to go on holiday, they decided to go to panel while I was away. I was so anxious that I rang them while I was away to check whether it had gone OK. It had been approved, so I got back from holiday on the Saturday and went straight round to see him on Sunday. I spent the whole week going to see him every day. I spent the week with Nathan and his foster carer just watching his routine.

The first couple of days I simply sat on the floor with him and played. It was me and him on our own. I remember thinking I just wanted to hold him, but he wouldn't let me because obviously he didn't know me. By Wednesday we started walking to the shops on our own and went to the park. Then on Saturday I brought him to my house and showed him his bedroom. He didn't understand it because he was too little but I was just so proud to have him. Then, Tuesday morning, I went with my social worker to pick him up and bring him home. It was the best feeling in the world.

When I first got Nathan home, the first few weeks were euphoric. I had six weeks off work so I could be at home full time. It was like a party every day. We just went out to places like the park; we would play every day; we did everything together. It was just me and him, so I took him round to introduce him to all my friends. Those first few weeks were really nice. Everything seemed OK. We got on really well at first because I think it wasn't real for either of us, but after the honeymoon period was over it was hell on earth.

Nathan had been with his foster carer from day one. He knew her family and friends and was at home with her. I had taken six weeks off work between April and June to be with him but I had to go back to work. I was now a single parent and had the mortgage to pay so I couldn't afford not to be working.

I put him in nursery and he just couldn't cope. I started receiving phone calls at work on a daily basis from his nursery, asking me to come and take him home because he was so poorly. He had either had an asthma or eczema attack. It was a real struggle having to stay up all night looking after him, then taking him to nursery the next morning and going straight to work, then having to leave early to collect him because he had got ill again, then staying up all night again with him. It was a vicious circle.

> 'His whole world had changed; in effect
> it had turned upside down.'

I think he was wondering where his real mummy was (i.e. his foster carer). He had come to live in this little flat with just me, as opposed to the house he was living in with all the people he knew around him. His whole world had changed; in effect it had turned upside down. I'm presuming that one day he just got up and thought, 'Hang on a minute – where's my mum gone and what's happening here?' Then everything changed, literally overnight. He became seriously ill. He had never had an asthma attack or a blemish on his skin before, but he got severe eczema to the point where he used to bleed from top to bottom, and became severely asthmatic. I became best friends with every single nurse at St Mary's Hospital. He stopped sleeping so I didn't get any sleep for two years.

I ended up on anti-depressants. I lost all my friends and had to give up work after six months. It was horrible. It was the worst two years of my life. I had the neighbours knocking on the door thinking I'd left him on his own because he was just screaming for hours and hours on end. I was so exhausted because he wouldn't let me sleep. It was like he had some kind of radar: as soon as my head touched a pillow he would start screaming again. For a while it was hard to cuddle and hold him. I could see him coming towards me and I could see him holding back as well. The eczema was so bad that he had bandages all over his body. Nurses were coming to see him about three days a week. For a time I thought he was actually self-abusing because he would just scratch himself until he was raw. Even when he had his gloves on it would seem like he was doing it on purpose. It was like he was just so angry inside.

I 'My personal life went out the window.'

After being told I could be a mum I had just imagined that every other part of my life would carry on as normal, but my personal life went out the window. My friends were fine in the first few weeks but then I didn't sleep for weeks on end and I couldn't go out anywhere. Everyone initially promised to help out but one by one they just dropped off, not always intentionally, but I was on anti-depressants and didn't return their calls. He was so ill that I couldn't keep up with people. I did have a couple of good friends I could talk to and one good mate in particular who doesn't have any children of her own. I didn't see her very much during that time, but when I did speak to her she always had time to listen.

All I could do was look after him. There were times when I couldn't even wash in the morning because I was continuously caring for him. I was miserable and began to blame myself. I started asking myself questions like 'What am I not doing right? Why doesn't he like me? Why is he so unhappy with me?' It was hard for people to understand. They'd want you to be at their party as usual and I could barely smile and look after myself, much less socialise. Nothing had prepared me for this experience. It was a complete shock. No one had mentioned that I might not be able to sleep properly for two years. I knew he would miss his foster mum – to him she was his mum. I just thought cuddles, lots of love, care and attention and eventually he would be fine. I wasn't prepared for him to be that ill.

I didn't get any support from social services during this time. I got Nathan in April and went to court for his adoption in December. I didn't see the social worker at all. They say she should come to visit every six weeks, but I didn't see her for dust!

Once I'd given up my job I went onto income support and by January I was at home, just me and Nathan, and I was really falling apart. It was hard. I mean really hard, so I rang up social services and said I needed to get him a free nursery place, even one day a week, just so I could have a break. We got Nathan a place for two days a week and she happened to mention the adoption allowance. That was the first time I'd heard of it, which was about £34 a fortnight. But after that I never saw her again. I also finally found a homeopath through a friend who started treating Nathan. We still see her now and she's helped Nathan a lot.

Social services also gave me the details of a post-adoption agency based in Manchester. They were very good because at this point I was at the end of my tether. I started seeing them one day a week. We'd go and sit on the floor and Nathan and I would just play. Me and this woman would just talk about what it was like. She had adopted children of her own and that was very helpful. It was just one to one over a coffee. She was really supportive so I saw her for quite a while.

There were times when I was so low that I had horrible thoughts. I remember one day when I was really bad. I sat on the bathroom floor and – it's an awful thing to say but it went through my head – I thought, 'If I'd given birth to him it would be different. If this was really my child and I'd given birth to him he'd sleep.' I remember thinking that once and I still feel bad about it. I thought it was all my fault. I wondered why he was so unhappy, why it was happening, what I was doing wrong. But I never thought I wanted to give him back. I just wanted it to be different.

> 'We are mother and son now whereas at
> first we were complete strangers.'

I was on anti-depressants for six months and at home full time for him then. Once he started at nursery I got to sleep two days a week. There was no one thing that happened but I think we just got to be friends again. His health improved a lot and we grew to like each other and we really bonded. He's not used an inhaler for a whole year or so now. We've been on holiday together. I mean he's naughty sometimes and I have to tell him off. We're not unrealistically perfect but we are actually a unit. We are mother and son now whereas at first we were complete strangers. We were expected to just get on with life as a family and that was totally unrealistic, whereas now we actually like each other and care about each other. I now know that his behaviour is because he's a seven-year-old and not due to some angst around us being together.

I'd say it took a good couple of years for him to settle. I think if he'd been younger maybe it would have been different, but for him, he was already a little man with his own sense of direction and purpose and his whole world was completely ripped apart. So it took him a lot longer to settle than I thought it was going to. Now I feel that he's totally and absolutely my child.

I think it was when he was about four that he started to come into his own. He has a fantastic sense of humour and he's very cheeky. I had decided that I wasn't going to be sexist and that I'd buy him mixed gender toys and mixed gender books, but that's not Nathan. He's completely into trucks, trains, construction and building sites. He's totally obsessed with machinery. He makes me get up and watch the rugby on Sunday morning. I'd never watched rugby in my life before Nathan encouraged me to. He's a very happy little boy; he's always smiling; he's loved by everyone. He's a joy and he talks constantly, from the moment he wakes up until he goes to bed.

By the time he was three he was learning to speak very quickly. I think it's because we spent so much time on our own together. He can be lazy; he doesn't like reading or writing. It's a struggle to make him do it but he's getting better now. He's physically very fast and loves running. Yesterday morning I made him clean up his room and he was angry at me, but by the afternoon we were pillow fighting on the bed. That's what seven-year-olds do, they shout and scream when they don't get their own way, but he's an absolute joy really.

Things have changed with my family too. My sister calls him by his name, and my father has been the biggest change because he's really grown fond of Nathan. We spent last year in Nigeria with the whole family. My father had met Nathan before but he had always treated him as this outside child, rather than his grandson, whereas last year he was really proud and took him all over the place to show him off. My dad rings up and asks for him and checks to see how he's doing and my brother gets on really well with him too.

> 'It can be hard sometimes when you go to these coffee mornings with parents and everyone's talking about what their child did at four months old.'

I kept a couple of good friends that I had before Nathan, including an ex-boyfriend from years ago. We remained good friends and now he and Nathan are best mates. He is like a role model for Nathan; they go off for weekends to do manly things. I've also made new friends. You get talking to people in the playground and I have a couple of really good new friends who have kids. Nathan has a really good friend in the same class at school and his mother and I have become really close. It can be hard sometimes when you go to these coffee mornings with parents and everyone's talking about what their child did at four months old. Well I wasn't there when my child was four months old. It's difficult because sometimes you feel a bit lost.

There was an eight-month gap between being approved and actually getting Nathan. By the time I got him I'd started seeing someone, but it finished quickly, mostly because she was the wrong person. Since then I've had a couple of little relationships, but it's hard juggling parenting and a relationship. It's got to be the right person and it hasn't really worked for me so far. I mean it's hard being at the school gates for 3.30pm and then having to be sexy by 7pm! It's too much of a struggle to fit it all in. I'm still trying to find a way of getting it to work really. Hence, I'm still single. I'm a civil servant now, and it works well for me and Nathan. I work part-time about 14 hours a week.

I've gained so much from adopting. It's definitely the best thing I ever did. I have a perfect little boy, he is my whole world. I feel a lot happier and I can feel that he's happy too. We're like best mates as well as mother and son, which is why we argue. Sometimes I'm rolling around the floor playing with him and the next minute I'm being stern and telling him to do his homework. It was very bad at one time but I met lots of nice new mates through him. I think your whole life changes. Now, I hang out with people who also have children, so I don't have to explain why I have to go home early and that sort of thing.

I 'I really would like another child.'

Adoption is very rewarding in the long term. I cannot measure how much my life has been enriched by it. I'm such a different person from who I was several years ago. What I'd say to other African, Caribbean and Asian people considering adoption is 'Go for it!' But consider that if you're having a birth child the bonding process starts while you're carrying the baby. You don't get that with adoption. The bonding process has to happen after you've got the child. You've got to be prepared not to be instantly in love. You have to accept that it may not all come naturally, you might have to work things through. People need to be told the truth, because if they don't know what to expect things will break down. It isn't easy, but it is do-able! It was hell, but I got through it and I'll do it again.

I've been thinking about it for three years now because I really would like another child. But I'm so scared. I'm still a single parent and to have a second child and be expecting to do it on my own again would be terrifying. Also, I have to think about how it would affect Nathan. I can't break down this time because I still have to be there for him. Last time I needed to collapse but this time I'd have to keep going for Nathan's sake.

On the other hand I'm a bit more clued up this time. I'm more aware of the things I can get, such as free nursery places. I didn't want the contact with Nathan's birth family, but next time around I'd like a bit more information about background and medical history. He had to have a few operations as well, so I'd want to know more this time.

When I was being assessed the questions that kept coming up were, 'Why are you adopting if you can have your own? and 'What's going to happen when you have your own child?'Is he going to be pushed out?' I just think there are so many kids out there who need a home, especially black children. If you look at the numbers of how many kids are in care and how many are in foster homes, with black kids the list is enormous. They go through the system and end up with no future or not a very good future. It's a grim start for them. I think if I can take one child out of that system then it's something. Also, I've got a very happy young man in my house and I love him to bits.

| **Postscript**

Since my interview and the writing of this chapter, I have been approved for adoption again and I am thrilled to think that another person is coming into our lives. Whatever the early difficulties I faced with Nathan, the joys far outweigh these and I can say from the heart to anyone thinking of adopting: 'Go for it!'

5

Nita: 'It was obviously meant to be'

> Nita is a 43-year-old counsellor of Anglo-Asian descent. She lives in Yorkshire, with her long-term partner and their three adopted daughters: 17-year-old Lubna, seven-year-old Neelam and three-year-old Saima.

I grew up with an idea that I might have children myself. That's what you do. Then I went to university and started a career and having children wasn't in my field of vision until I was in my early thirties and had settled down with my present partner. We started to talk about adoption when we'd been together for about two years, which was in 1991. As we are both women we knew that if we decided to have a family our issue was about how we would do it. The first thing we thought of was adopting. We didn't really talk about having children, we talked about adopting. One of the reasons was that we knew another lesbian couple who had adopted around that time and I suppose that put the idea into our heads. I think it was also because we were both in teaching and we'd worked quite a lot with children in foster care.

When we decided to go ahead, the biggest question for us was whether we should be out about our relationship. At that point, although we knew other lesbians who were fostering and had adopted in our own city, none of them had been out. They had all chosen one of the partners to front things and be the adopter, and the social workers to a certain extent colluded with them.

In the lesbian community, and especially at that time and the way that we wanted to do it, which was to be out, it was seen as a big risk. People asked us if we'd tried insemination, as there was a clinic in a neighbouring town that was very receptive to lesbian applicants for anonymous donor insemination. A lot of people were going down that road at the time. We were seen as making life unnecessarily difficult for ourselves, because, by choosing adoption, we would have the intrusion of social workers in our lives and also of having to face a lot of prejudice about being a lesbian couple. We were asked if we thought anyone would ever give us a child.

> **'We knew that it was going to be a very hard struggle so the sooner we got the ball rolling the better.'**

In the Asian community in this part of the city where we live and have always worked, it was seen as quite ordinary, or not particularly unusual, for me to adopt because I didn't have a man. I was perceived as being someone who was interested in being with children because of my teaching experience. I also took a particular role in working with the children in the women's refuge. I'd always worked with young people there. When I said I was thinking of adopting, everyone said, 'Oh, what a good idea' or 'Yes, that's a good thing for you to do, seeing as you can't have your own children', but I think there was always this edge of, 'Oh it's a shame you can't have your own children because you'd make a good mother.'

We had been thinking about adoption for a matter of two to three months and it gathered momentum once it had been articulated between us. We just couldn't stop thinking about it. We knew that it was going to be a very hard struggle so the sooner we got the ball rolling the better. We were right about that because from first contacting the local social services department to having our first child placed took three years. It was a very long time. As I said, we thought it was going to be a problem because of deciding to be out with them and it was.

There was an advertising campaign by the local authority for foster carers and adopters. It was very prominent, with lots of billboards all over the city. That was another trigger for us: the message was 'We want different kinds of families'. It was a strong, positive message and, although we knew that people say all sorts of things on paper and don't really mean it, the fact that they had been pro-active about saying they wanted different kinds of families was encouraging. There were pictures of single carers and black carers on the adverts, and so on. We thought this might be a good moment to really test the system but we didn't want to expose ourselves in the first instance to the whole department so we decided that I would ring up.

I didn't want to lie but I gave the impression that I was a single Asian woman. They were very excited about that, as in the past they'd had a lot of complaints from single carers and black carers about negative experiences on their preparation courses, primarily because they were often the only black person or the only single person in a room full of white heterosexual couples. They hit on the bright idea of running a mini preparation course just for people in the minority groups. I went on one of these courses and it turned out to be very interesting. It was a nice group – only three of us and was quite short because they were able to condense a lot of the material.

This was a long time ago, but most of what I remember from the course is information about the experiences that children will have had, leading to why they ended up in care, the kind of children that are likely to be placed with you, the issues that they'll bring and all the different things that you need to have thought about. It included thinking about how your life was going to change and really taking these issues on board and fully understanding them. Those were the main areas, but a lot of the issues weren't new to us because we were used to working with children and young people in refuges and schools.

> **'I explained that I had a partner and she was a woman and that we wanted to adopt as a couple.'**

After the preparation course you say if you want to go ahead and they allocate you a social worker. Because we knew people in the department and knew a bit about the agency, I rang up to ask for the only black social worker in the department by name. I was aware that she was fairly newly qualified but I also knew that she had friends who were friends of lesbians and I hoped that she would be OK about that issue. I think they didn't really know what to say, because they weren't used to people being assertive about identifying the social worker they wanted, but they couldn't think of a reason why not so they agreed.

When she came on the first visit, the first thing I said to her was, 'I haven't quite given you the full picture; I need to tell you now that I'm not single'. My partner wasn't present at the time, but I explained that I had a partner and she was a woman and that we wanted to adopt as a couple. The social worker took a very deep breath and said, 'OK, well I need to go back and speak to my manager but I'll see what I can do. As far as I'm concerned, I'd like to continue with the assessment and obviously the next thing I need to do is to meet your partner.' She was very willing to take it on and full of enthusiasm for us as a couple and what we had to offer. The department, on the other hand, struggled a little bit because they had never taken a lesbian or gay couple to panel. We were the first, over ten years ago.

They got a bit confused about the format and how to proceed with us because they knew that, when it came to the legal adoption, only one of us could be the legal adopter and they didn't know whether to do two single forms or to assess us as a couple. Then, they got themselves into a bit of a pickle because they were aware that they had at least one panel member who was extremely homophobic and they wanted to flag up their new policy to them. They delayed us going to panel because they wanted to do some equal opportunities training with them. In fact, that person resigned before we were taken to panel so it all sorted itself out in the end, but it was quite a complicated issue for them, and for us, and the process was very slow. Our social worker was great and very supportive throughout this time.

During this time she began speaking with us about the whole process and the sort of child we might be able to adopt, and one of the first things they had to establish was my heritage. Even though our social worker was a black woman, it took her quite a long time to understand my heritage. She found it complicated to think about what kind of children would be appropriate to place with us. I then had to explain my heritage to panel because both my parents are Anglo-Indians, from a mixed-race community in India. In other colonies the children of mixed relationships were often just absorbed back into the black community. However, in the Indian situation, the British tried to have different strata in society; they used certain groups for the army, for the police, for key jobs, where they needed a group of people they thought they could rely on more. Also, at that time, any Hindu woman who had a child with a white soldier or colonialist lost her caste, and the only hope for her children was for them to enter the Church. Consequently, they all became Christians and a lot of them ended up with English or European names. My parents were from this separate group, a bit like the "coloured" community in South Africa. The Anglo-Indians barely exist as a community in India now and a lot of the people I know there are effectively Indian. They don't even call themselves Anglo-Indian anymore, but they are Christian because it was a Christian community.

We were seen as an Asian woman and a white woman and said we were happy to take Asian or Asian mixed-race children and that we could work with any religion. We didn't have any particular faith but we knew a lot about various religions; the local community is primarily Muslim so that's probably the one we know most about. I don't speak an Asian language fluently. I do speak some Hindi and Urdu but I was brought up speaking English. My parents came from opposite ends of India and always spoke English to one another; we spoke English to each other and always spoke it at home.

> **'She said that she couldn't really get us through panel unless we would consider boys as well.'**

When you come to the placement of Asian children there are often lots of religious and language requirements about what sort of adopters they're looking for – more so than for any other group. We knew that these were always going to be big issues and we spent a lot of time talking about it. The other thing we talked about a lot in the assessment, and what was a real sticking point for our social worker, was that we wanted to adopt girls. She thought that might be a problem with panel and that somewhere there might be a suspicion that, as lesbians, we wanted to create a new lesbian community or that we wanted to have little apprentice lesbians! She said that she couldn't really get us through panel unless we would consider boys as well. In the end, she presented a scenario to us where she said, 'What if you adopted a girl and her birth mother had another child who was a boy? Would you consider taking your child's sibling?' We said we would consider it and that's how it eventually went to panel. There was also the issue of where the children would get male role models from. We know men and have a lot to do with my parents, so we presented them and it wasn't too big an issue, though obviously these are things that matter a lot to panels.

The whole process, from the time we made the first call to being allocated a child, took three years. It took a year from contacting them to it actually going to panel. We first phoned up in the summer and then we were assessed up until about Christmas time. Then there was this issue of re-training the panel. Then they came back and wanted a third referee because they felt they needed us to have referees who were a heterosexual couple with children and who could vouch for our child-caring abilities. Therefore, from being approved to having our first child placed or moving in was another

two years. During this time a number of attempts failed. At one
stage, we went all the way to a matching panel for a sibling group of
seven girls. They were looking for long-term foster placements. It
wouldn't have been adoption because they wanted to provide
financial support throughout their childhood because it was such a
big family. That was the only reason it wasn't going to be adoption,
but long-term fostering means they would have stayed with us
throughout their childhood. We were both going to give up work; we
committed ourselves to them in a big way and thought through how
we could reorganise our lives to look after this family; but when it
went to panel, the panel said that they couldn't place the girls with
lesbians. At the time, the girls were split up and placed in three
different foster homes. In fact, they were never ever placed together
long term. We were the only ones who came forward for them so it
was heart-breaking because they ended up staying in care.

> **'We were still convinced that we could
> provide a really good home for some
> children.'**

This matching process took about a year, so when it failed we were
extremely disappointed. We complained and took it to the
ombudsman, but we didn't get anywhere. It was a huge
disappointment, but basically we were still convinced that we could
provide a really good home for some children. We kept looking in
the magazines and seeing children who needed placements. We
explored other options as well and applied to be foster carers. We
thought that we would at least start something, so that if we didn't
get an adopted placement we could think about fostering instead. It
was a hard decision because we didn't really want to go down that
road, but we began a preparation group just in case.

Shortly after this experience we saw Lubna's details and were going
to contact the authority, but as we were about to go away to India,
we decided to leave it to fate and see what happened when we came
back.

We didn't know this, but at the time our social worker sent a round-robin letter to all local authority agencies with a one-page profile about us, saying that we were two women and outlining our experience. She did it off her own back, taking an additional initiative on our behalf. Initially, she had told us that we wouldn't have any problems adopting a child because she had looked at our skills and suitability as parents. She was newly qualified, idealistic and optimistic about equal opportunities issues generally. She hadn't realised how entrenched homophobic attitudes are, especially when it comes to placing children.

Lubna's social worker saw this profile and thought we would be ideal. When we got back from India, our social worker said that a local authority had contacted them about an eight-year-old child and it was Lubna. At that point we thought it was obviously meant to be. It took about six months to come to fruition and, by the time she moved in, she was nearly nine years old. We had to readjust our sights a bit, as well as our thinking, but when you see the details of a child who feels right, suddenly it doesn't matter about all that other stuff anymore. It really didn't.

Usually when adopters are approved they have children offered to them by their local authority, but that didn't happen to us because we live in the middle of an Asian community. The communities in our city are so closely linked that we didn't feel it appropriate to adopt locally as it would be difficult to maintain any distance from the birth family. I think social services must have had past experiences with Asian adopters, so they were probably the first to suggest it and we agreed. As we are lesbians, we thought we especially might need space, as this might prove a reason for added resistance from birth families.

The details we read about Lubna in the magazine were incorrect, but we found out very early on that she had connections with some of the same parts of India as me. This felt like a link from our point of view, with the potential for taking her there ourselves. The other thing that came through was that Lubna had quite unusual access to education and books and needed to be in an environment that would stimulate her. She liked reading, stories and other activities and, with us both having been teachers and in education, this also appeared to be a connection. Another major factor was that she was hard to place because there was a history of mental illness in her birth family and social services were struggling to get anybody to take an interest in her. That's all I can say about that.

Although Lubna was born in Britain, when her birth mother became ill she went back to India. Her birth father had never been to this country, he was always in India. Lubna's birth mother's godmother, a white professional who had always had contact with the family, was the person who came with the social workers to vet us. Actually, she and her husband facilitated a lot of the introductions and we still have a lot of contact with them, even now. Lubna goes and stays with them for weekends.

It moved pretty quickly because once Lubna's social worker and godmother had visited us for the first time they were convinced we were the right couple, so they pushed it through as quickly as they could.

> **'Lubna had a very strong and solid sense of herself; she had a lot more resources than the therapist working with her understood.'**

Lubna was in therapy at a prestigious psychotherapy centre at the time and the centre were saying that she was unadoptable, that she was too attached to her birth mother to ever bond with anyone else. Lubna had herself been adamant that she didn't want to be adopted. She had lived with her birth mother until she was four-and-a-half-years old and then lived with the same foster family for the next four years, so she was really lucky. She'd just been in one placement with an African-Caribbean family where the grandmother was the foster carer. There were about a dozen or so grandchildren, some of whom lived all the time with Granny, plus Lubna and another foster child. It was a big extended family with a very solid, caring figure at the centre. There was lots of discussion in the house about racism and about being black and sticking up for each other at school and dealing with stuff. Therefore Lubna had a very strong and solid sense of herself; she had a lot more resources than the therapist working with her understood.

When the centre found out that Lubna was being placed with lesbians they were appalled and a very strong message came through to us, and to the social workers, that they were taking a big risk in placing her with us.

In the end, we all went ahead and ignored all that advice. But they were still a bit worried and wanted to spread the introductions over a whole six-week summer holiday. We said no, we preferred the introductions to happen while she was still at school and wanted her to move in at the beginning of the holiday, so we could spend the summer as a family. I could take adoption leave and my partner would be off for six weeks anyway because she's a teacher, and we thought it was a real opportunity for us to develop and bond as a family. We didn't want to lose that.

At this point, we pushed for the introductions to happen very quickly and the foster carer supported us. She was a Catholic and an elderly woman and we didn't know how she would feel about us being lesbians, but from the moment she met us she was very supportive and helpful in talking things over with Lubna. She explained to her that she thought she would be very happy with us, reassuring her that she could have contact with her (grandmother) whenever Lubna wanted. In fact, one of her children – I think her eldest grandchild who was a teenager at the time – said, 'I'd rather die than go to live with lesbians.' Her grandmother gave her a good

talking to, so all the issues about the placement were aired very
openly in the foster family. There was no kind of embarrassment
about the placement and it was just what Lubna needed.

Lubna was very clear about what she wanted and by the time she
met us she already had her own list of demands. She wanted to
know what supermarket we shopped at and whether she could do the
washing up because she wasn't allowed to do it in the foster home.
Not that she ever does any washing up now! She was very well
prepared and I think the credit for that goes to the foster parent.

> **'By the time she'd started school she
> wanted us both to come to everything
> and was very clearly bonded to each of
> us.'**

When Lubna moved in, it was very intense for us all because,
probably more than a lot of other children, she was used to being
with adults and having her say with them. She regarded it as a kind
of a three-way partnership and expected to have the same level of
decision-making as us. She was quite strong willed, but it was
lovely. We had a very good time that summer but we had some very
stormy moments. There were many ups and downs. We went
through a lot of emotions, just working things out between the three
of us. It was hard because it started off with her bonding with me
first. There was a bit more of a connection, probably to do with my
being Asian. When we went to public places, people would tend to
assume that I was the parent and not my partner. But, by the time
she'd started school she wanted us both to come to everything and
was very clearly bonded to each of us. It was very exhausting, but it
was a bit of a honeymoon too. It went better than we could ever
have expected, given that we had been told that she was unadoptable
and would never bond with anybody. In fact, it all happened very
quickly.

For Lubna, I think it was a bit of a rollercoaster ride because in the four years that she had been in foster care, she had lived in a very big family. She had shut down emotionally because she had had a very traumatic parting from her birth mother and then gone into care, and that was it. She was told she would be in care for a couple of weeks and it turned out to be four years. She was very helpful in the foster home, helping to look after the little ones and was very good at school.

About three or four weeks after Lubna had moved in, we watched a film together and she was really scared; we were all really scared. It was *Jurassic Park*. After the movie she said, 'I saw that when I was five at Granny's and I wasn't scared at all, but I didn't have any feelings then.' She herself identified that she hadn't let any feelings through. When she came to us we did a lot of work with her about talking through her feelings and realising when they were happening. That meant a lot of changes for her in how she was, how she behaved and what she did with conflicts. It was a long journey for Lubna because she was so used to bottling everything up, or just sitting on it, and we wouldn't let her. She would just go off to her room when things got difficult and we would both follow her and sort things out. It was hard work for her. I'd say it took us all about six months to settle into family life, but by the time she'd started school, after the six weeks holiday, we were established as a family. It felt quite quick and she had been waiting a long time, so she was very ready to go for it.

During this time we had a lot of support from my parents and from friends with children. I have a good friend who is a Sri Lankan Tamil and Lubna's birth mother is an Indian Tamil. One of Lubna's very best friends is this friend's daughter who is a year younger. They have never been to the same school but they became very close and still are. I would say it was mainly friends who supported us.

'She didn't want a child close to her in age – she didn't want any competition.'

We were fairly clear that we wanted more than one child. Initially Lubna was very adamant that she didn't want any siblings. I think that was partly because she had been one of a lot of children and had to struggle a bit for attention. She was so excited about having two adults totally focused on her and didn't want to let go. Also, from the time she moved in, it took 18 months for her adoption to go to court. It was quite complicated trying to notify the birth parents. The communications with India took a long time and sometimes got lost, and there were also immigration issues. Lubna's birth mother had a British passport but it wasn't available. It wasn't clear whether Lubna had a British passport or not, although she had. Also her adoption had to go through the high courts in London; it couldn't be done locally. It took forever. All through that period she was saying, 'I don't want another sibling,' but after she had been adopted and everything was sorted out, and she was secure and we were finally together as a family, she changed her mind.

She decided that she didn't want a child close to her in age – she didn't want any competition – and was adamant about us having a baby, so we went back to our local authority and made this request. There are ten years between Lubna and Neelam. Lubna had been placed with us two years and it was another year before Neelam joined us.

We had to be assessed again because this time Lubna had to be interviewed too. The process was much shorter than before since we didn't need to go over our relationship again or our own experiences of being children or our ideas about parenting. Most of it was about the impact of Lubna coming into our lives and how she felt about the arrival of another child. Also how we felt about having a much younger child. So it wasn't such a big deal and it wasn't very long after being approved before we were matched with Neelam.

We saw Neelam's details in one of the magazines. She was hearing impaired and had come into care because of drug use in the family.

They wanted Asian adopters for her and had an expectation of a heterosexual Asian couple, but they were struggling a little bit because no one was coming forward. Her white foster family were not keen at all on us, they were very opposed to the placement, so we had quite a difficult time with Neelam's introductions. Neelam had been with them since she was three weeks old and was now over a year. They had three teenage boys and I think the mother had always wanted a girl. Somebody had suggested that maybe they would end up keeping Neelam because they wouldn't be able to find appropriate adopters. It was a big mistake for anyone to suggest this to a white foster family living in a white area.

> 'Neelam's adoption was very
> straightforward.'

The agency had a very strong policy of placing black children in black families and was energetic about trying to find someone suitable. The family were extremely disgruntled that anybody had turned up and when they found out we were lesbians they were horrified and very angry. We had three weeks of introductions. These had to happen at a family centre since they didn't want us coming to their house and we didn't want them coming to ours. We didn't want them to know where we lived. Initially it was very prickly but by the end of it we all got on really well and they turned out to be very positive. It was very hard and painful for the foster mother but she was finally convinced that Neelam was going to be fine with us and that she would have a lovely big sister and two very competent parents. We had managed to keep in touch with them so it turned out alright although it was hard going.

It wasn't long after Neelam moved in with us that we realised that she was going to end up being a bit of an only child. Lubna had had the opportunity of having a child nearer her own age and said, 'No, I don't want that. I want my own space.' On the other hand, Neelam liked being with other children and we were fairly clear, very quickly, that she needed another sibling closer to her in age. By this time Lubna was already staying overnight with friends and spending a lot of time outside the house with her peer group. She would find Neelam entertaining but didn't really have a lot of time to spend on her.

Neelam's adoption was very straightforward and went through within a few months of her being placed but, even before it had all gone through, the social worker actually asked us if we would take another child. And that's how it happened the third time.

Initially we had to explain to Neelam about having a sister, after which she was expecting her to come next week and that just went on and on, with no sister so that was quite difficult for her. Then we had the experience of nearly being taken to panel for a child that didn't happen.

They had got the matching panel booked for Monday and on the Friday before, there was a court hearing to do with the care order. In the meantime, the birth family had found out that the prospective adopters were lesbians and told the judge that a grandmother was prepared to take the child and that she needed to be assessed. The judge said that they would have to hold the case until that assessment had been done, so we withdrew.

> 'What was nice about Saima's placement was that her mother actually chose us.'

After that there was a very long wait before we found out about Saima. What was nice about Saima's placement was that her mother actually chose us. She had given Saima up voluntarily, so she was presented with options: a heterosexual couple who didn't have children, and us. She said she wanted Saima to come to us because she wanted her to have siblings and to be in a house where her father's heritage would be appreciated and where she would find out about his religion and those sorts of things – something she felt that we could offer.

We have been through three different adoption processes and, in terms of our being lesbians and me being a black person, I would say that the processes changed once we had proved ourselves as parents. Once we had a child placed with us who appeared to be thriving, there was a lot less resistance. There were still issues but obviously procedures were a lot easier second and third time round. We were presenting a stronger identity as an Asian family, which changed the dynamics of how we were perceived as well. We were seen as being more rooted in the local Asian community.

I also believe there are more local authorities assessing and approving lesbian carers. For gay men, I think it's still quite an uphill struggle. It's more on the agenda now though, and the adoption bill getting through has changed things a lot too. It has made it more apparent that it's possible for lesbians and gay men to adopt.

I don't know if much has changed for me, as a black person, because all the issues and difficulties about placing children with us were because I couldn't offer an Asian language, nor were we practising an Asian religion. Although I identify as black and Asian, there's no way in which my lifestyle is conventional so it can't be put into any kind of stereotype. That seemed to cause a lot of problems, particularly for white social workers.

They are quite rigid in their ideas. Many of the children who need placements haven't lived in conventional homes. In one family we were considering, the mother had been with quite a few different Asian men from various Asian communities; she had followed a range of religions and obviously lived in quite an unconventional way. Yet the social workers wanted to place the children in a very conventional, traditional Hindu environment because they were identifying them as Hindu. They said that the children couldn't be placed with lesbians because the Hindu religion doesn't allow for lesbian relationships; when actually the Hindu religion is more open minded about anything to do with sex than many other religions. It's really quite laid back in comparison to Islam, Christianity or Judaism. But there was such a need to be seen to be getting it right that they were getting into conflict with the children's best interests.

> **'Social services generally, and most agencies, are quite stuck in attitudes from the 1960s and 1970s.'**

I think that can happen quite a lot for black children. The people making the decisions about what they need are more concerned about following the rule book than they are about looking at the complexity of the children's lives so far and the possibility of different environments being offered to them. A lot of the time social services are still working through those issues and trying to catch up with modern society. Nowadays black communities are so different from those that came here in the sixties. There are all the new refugee communities, many of which are working very quickly to sort things out for themselves. All sorts of relationships between those communities are building up. I think that social services generally, and most agencies, are quite stuck in attitudes from the 1960s and 1970s. Unfortunately, a lot of the understanding that's needed is going to come too late for many children.

All of our three children in their adoption orders only have letterbox contact with their birth families. With Lubna we were advised to keep to that, but we wanted to take her to India to see her birth mother. She had been the only person in her life for those first four years and because they had been parted in such a traumatic way, we felt that we couldn't leave it for her to sort out when she was 18 or 20. As soon as her adoption came through, we took her to India during our next summer holiday. She had been in India for about a year when she was a toddler and she had lots of her own memories, so we wanted to reunite her with all that. She had limited contact with her birth mother – just a couple of days' visits.

The second time we visited, a couple of years later, Lubna and I went on our own. We spent two weeks in South India and she saw her birth mother nearly every day. Sometimes we would do things together and sometimes they would just go off on their own. It was very relaxed. That time, we also managed to make contact with the birth grandfather who lives in a remote North-Eastern state. Lubna has had direct contact with members of her birth family on both sides.

What we have done with Neelam and Saima is ask to meet their birth parents. We weren't able to meet Saima's birth father but we met her mother. She was the person who had chosen us as the family, so it was a very positive occasion. We met both of Neelam's parents as well. Now they have letterbox contact once a year. Because we have had direct contact with their parents we can tell the girls that we have met them and that they said that they loved them very much and were sorry they couldn't look after them . . . and we can describe what they were like. It just makes it a bit more real for them.

What stops more black people from adopting is having to deal with the authorities, the state and the institutions. For me, because I'm middle class and university educated and I work in those professions, it wasn't a big deal. I was of the mind that I'm not going to have anybody messing me about. I know as much as they do and won't let them try it on; but for the majority of black people it's very intimidating to approach social services. It may not be quite the same in London, where there are a lot more black professionals, but this is certainly the case outside. Even in a city that has black communities, when you're getting into professional spheres there are no black workers to speak of. There may be a few unqualified staff or link workers or social work assistants, and so on, but when you're dealing with ranks of white professionals, the situation is very intimidating.

> **'A lot of black people can't get their heads round why they have to be scrutinised when they are doing something so selfless.'**

In many black communities there is a tradition of fostering and adopting in the extended family, but it's something you do as a favour and out of generosity. You don't expect to be vetted beforehand and it's sometimes felt to be quite insulting that you have this generous motive to take a child in, only to be asked questions about whether you are capable of it or whether you are the right person. That jars with people. A lot of black people can't get their heads round why they have to be scrutinised when they are doing something so selfless. I know this actually prevented our first daughter from getting a placement with her paternal grandfather in India. He offered to take her but social services in the borough where she was placed wanted to assess him. It all fell apart because he was very affronted that anybody should want to vet him. I think an education task needs to be carried out in the black community about child protection issues.

To other black people considering adoption I would say, go for it if you understand the challenges, but give it lots of time. My experience has been that when placements haven't worked – and I've known friends who have had difficulties – it has been when they have tried to carry on working full time or they have had lots of different childcare arrangements for the child. You need so much time together, especially with older children. I would recommend spending a bit of time thinking through how you would present yourself and what kind of family you think you are and then stand up for that. People may misunderstand or they may put you in a different pigeon-hole, so you need to feel strong yourself about how you feel about your own identity.

We are such a different family now. We did more adult things when there were just the two of us. We have a lot of fun now and I think bringing up children is such a wonderful experience. It's amazing how they take on board the fact that they're adopted and are totally cool about it. Obviously Lubna was involved in and aware of all the decisions around her adoption, and we started talking about it with the younger two as soon as they began their first words. It's not a problem at all so long as you talk about it often and early enough.

6

Hudson: 'There is more than one black'

Hudson, a social worker, is of African-Caribbean/African-American heritage. He lives in the Midlands with his wife Sally, and their three children, Rheis, Jasmine and Leo.

I always thought adoption was a superb idea. It was something that I'd always wanted to do. Whenever I thought of families, I'd had this idea that some part of my family would be adopted. I think it has something to do with upbringing: my mother would always take on other people's children, for weeks or months or whatever. There are grown adults now who still refer to her as 'Mum' or 'Ma' because of the input she has had with them over the years. I was fortunate to meet my wife Sally, who had wanted to adopt even before we met, so, in us coming together, it was something we already had in common.

In the black community I think the concept of adoption is polarised. For some people it's the most natural thing in the world, like any other community and yet for others the response is like, 'Oh my goodness, why would you do that?' I can remember, for example, when I first told my mother I wanted to adopt, one of the first questions she asked was, 'Is it because you feel that you can't have kids of your own?'

I'm not a gene pool bigot. I can love somebody who didn't come from me. Whereas other black people I've spoken to haven't gone down the orthodox route of adoption, we have a culture of looking after each other's and other people's children, sometimes for years, with no social recognition, no financial assistance and no assessment process. This can range from looking after your sister's or your brother's children, to taking children from abroad and raising them as your own. I've grown up in a community with aunties and uncles who are not related to me, but that's the community. The part that most black people find bizarre and weird is the assessment process.

> **'Adoption needs to have a higher profile, like getting into black churches and black media.'**

It is commonly believed that not enough black families come forward to adopt, but you need to take into account that the percentage of black families in the UK is lower than white families, yet there are more black children than white children in care. The thing that stops many other black people from adopting is tied up with the assessment process.

Within the black community, because of oppression, racism and insensitivities around this, people have generally been suspicious of statutory bodies. For many the attitude is, 'Let's do it ourselves. Let's deal with this in house.' The idea of having "white benchmarks" that you have to be seen to be reaching can be immensely offputting. I also think we need to look at where we advertise. It's fine advertising in the general media but adoption needs to have a higher profile, like getting into black churches and black media. That would make – and has made – a significant difference, although some people still treat it suspiciously. Even though they have a heart for children, they might find making that kind of approach difficult.

I'm a social worker. I have worked with children and families, as well as with foster carers, but I've had nothing at all to do with the process. Foster carers were just there; I had no idea how they got there. I just knew that part of their job was to prepare young people for rehabilitation home or adoption. I didn't know anything about adoption or the assessment process and had no idea how complex it would be. At the time I just thought it would be interesting, that it could be intriguing, but I didn't think it would be as intrusive as it was.

Before we started the assessment process we both gave a lot of thought to what sort of child we felt we would be able to offer a home to. We have a mixed-race relationship and we had already had our first birth child, Rheis, who is mixed race, so we definitely wanted to adopt a mixed-race child. We felt we could care for, give a home to and love a black, African-Caribbean child or an Asian child but not a white child. For me, the issue isn't one of discrimination, but of the best use of the resource. If I perceive myself as a resource, why would I go down that road when there is an obvious gap in the market?

Both my wife and I are Christians and we had given some serious thought to taking on a child of an Islamic persuasion. We both agreed that this wouldn't be a problem. We live in a multi-cultural community. Many of our friends are Muslims and we didn't see any difficulty in bringing the child up as a Muslim. When they were of an age to do what they wanted, the choice would be theirs to make.

> **'We decided on having two children and agreed that the next one would be adopted.'**

A whole range of things gave us the impetus to finally go ahead. We had had Rheis and that was awesome. A fantastic experience. Then, later on, when we were talking about ways of extending the family, it was, 'Do we have another birth child or do we adopt?' Before we came together, Sally and I had spoken to each other about adoption. We thought it was rather amusing that we both had this thing about it, so it was quite a natural step in that respect. We're both one of three siblings but Sally was the youngest and didn't like it, so we decided on having two children and agreed that the next one would be adopted.

By the time we had made the decision, Sally was working on a fostering and adoption team. I had just left Children and Families and was a Childcare and Child Protection Training Officer. We didn't want to go through our home borough as we knew too many people there, so we went to a neighbouring one. We phoned first of all to say we were interested in becoming adopters. They informed us about a training session which we went to and where we met other prospective adopters. They were all black and mixed-race prospective adopters and we took it from there.

The training was good. The first day was a getting-to-know-you session. Then we had some training around what adoption was, what it meant and what the process entailed. I didn't envy the trainers at all as they had a very mixed group, but I thought they pitched it just right.

After the training we were allocated two social workers who made provisional arrangements to come out and visit us. They told us that it would take several visits, maybe as many as ten, depending on the level of information they were able to glean. Tentatively, we set about engaging in the process.

The assessment process involved a lot of questioning. The social workers spent a long time getting to know us and finding out about our motivation for adopting. There were those who entertained the pathological model, asking us why, if we could have our own children, we would consider adopting.

On the first day that they came Rheis was playing on the floor with his toys and the social worker looked at Sally and said, 'Why is it you think you can raise and look after a black child?' One of them looked round the house and remarked, 'You've got a lot of African pictures and artefacts, that's really good. So Sally, how do you feel surrounded by all these pictures and African artefacts?' Sally looked a bit confused for a minute, then said, 'They're actually mine. I brought them into this relationship.'

There was lots of stuff around us being a mixed-race couple and how that operated. One of them said to me, 'Hudson, do you understand what racism is?' When I said I did, she asked if I experienced racism. I replied, 'Yes, on a daily basis.' She then questioned how I consolidated my experience of racism and coming home to a white woman. I said, 'You are a woman who experiences sexism every day; you go home to a man.' It's not the same thing. I'm not going home to experience racism in my home. I come home to a loving family.

> 'It takes nine months to make a baby and it's uncomfortable and painful. Why should this be any different?'

We understand, looking back now, that a lot of what they did was valid, but not the entire process. We recognise that, for the most part, if we were going to get through the process, linking us to the right child was important, but it was the way in which they posed the questions. The assessment involved a lot of examination of our lifestyle, our motives, our skills and our abilities. However, we both felt that a certain amount of it was voyeuristic, intrusive and invasive. It was particularly voyeuristic around the fact that we are a mixed-race couple. I thought there were other questions that they could have asked but didn't. They didn't focus very much on how we would present a child to people, how we would deal with their adoptive status, or how we would introduce a child to the world. It was irritating but we both said afterwards that it takes nine months to make a baby and it's uncomfortable and painful. Why should this be any different?

During the assessment process they spoke to us about what sort of child we would be able to offer a home to. We started talking about gender, but then it got into the issue of disability. We found that part emotionally difficult. For example, we would be asked whether we would offer a home to a disabled child. Yes, we could, but I wasn't entirely comfortable with it in myself. We had to look at what our lifestyle could accommodate.

It wasn't that we weren't prepared to change our lifestyle but we had one child already and we had to think about what type of multiple disabilities we could realistically deal with. That was the hard part because, on the one hand, we could have our own child with multiple disabilities. In actual fact later, when Sally was carrying our youngest child, Leo, we were offered a termination twice as there was a strong chance that he would be born with disabilities. We turned them down because it felt like social fascism. We had decided not to have any tests carried out when we were expecting Rheis either; we had already decided that, if our child was disabled we would love and raise that child and yet here we were now talking about adoption and about which disability we would choose. It was kind of weird.

We decided that we could, at that time, have a child who perhaps had Down's Syndrome or something similar. We weren't even entirely sure if there were multiple disabilities inherent within that. I certainly found it morally difficult. I guess it got me to explore some of my own issues. We both got ourselves round the gender issue – we were comfortable with either a boy or a girl – and issues of "race" and class. Also, however old Rheis was at the time of adoption, the child would have to be younger by at least six months because we didn't want them having to compete for the same space. That all seemed pretty straightforward by comparison to the disability question which was a lot harder for me.

> **'We had a shared goal and that was to offer a black or black mixed-race child a home.'**

The assessment process took over a year owing to the number of missed visits that happened. While family and friends were certainly getting exasperated with the process, we kept each other going. There were moments when I'd say, 'This is getting on my nerves now.' Then Sally would have times when she would say, 'This is really dragging', but we had a shared goal and that was to offer a

black or black mixed-race child a home. This was far more
significant than our discomfort.

I feel the preparation training was a good introduction. Sally was
working within the industry and she has organised that sort of
training, so it was no great shakes for her at all. I did learn a few
things. They put together this package on black achievers,
information about Paul Bogel, Buster Mantini, Malcolm X, which
was history that I knew but quite a few people in the group didn't. It
gave people a chance to say, 'Hey, great! We did that. We invented
that.' I thought this was useful preparation and powerful in that
respect.

We were assessed completely independently of any particular child.
Then coming towards the end of the process, we got the brochures
and the magazines and started to look. Since we worked in the
industry, albeit at different levels and in different areas, we viewed it
with some cynicism to be honest. I saw children that I had looked
after in residential care up for adoption, and the articles read like a
car advert: 'Recent model, low mileage, major damage, restoration
needed.' Children were described in such flowery, wonderful terms
that it sickened us a bit, because it was advertising. There was
something about it that didn't sit comfortably with me. Sally was
more used to it, but we phoned up about a few children and
eventually a couple of social workers came out to see us.

It was an awful experience; the racism was almost tangible. The
morning they were coming I took the dogs for a walk. We live in a
village, which means that we know most of the people, even
visitors. I was coming back with the dogs and this car pulled up. I
didn't know who they were since they were about 40 minutes early.
I said, 'Good morning', and they both got out of the car and glared
at me.

I brought the dogs in and while I was washing my hands in the utility room, I heard a knock on the door. I opened it and it was them. They came in and it was absolutely awful. One of them was openly rude and hostile. One of the things she did not like was the way the domestic chores were shared out. We both have busy jobs, so the way it works here is, whoever's in will clean, cook, wash or iron; but they said the child they were looking to match with us was used to seeing the woman doing those tasks. My response was, 'Well, this will be a really good experience for him then, because he won't grow up to be one of those fools who thinks this is women's work.' She was not happy.

She also said that our paperwork stated that we lived in a village, so they thought it would be more rural. They told us that this boy had been in foster care for the last nine months and was used to rural surroundings. I said that we have access to farms and fields and that sort of stuff, and that Sally and I are campers. We're hikers, I'm an ex-survivalist and we're out there in the wilderness a lot, but the response was, 'Oh no. We couldn't possibly work with that.'

A year after we adopted Jasmine, that boy was still up for adoption and it had more to do with their value systems than it had to do with us or our assessment process. We were very close to actually putting in a formal complaint. This wasn't because we'd been turned down – clearly you're not going to make a perfect match with every child – but because of their attitude. Their behaviour was vile. It was terrible. It was really bad and that put us off. The assessment process was drawn out and invasive enough but that was rudeness of the highest order in our home.

Then two more white workers from another area came to talk to us about a little girl they had in foster care. This was a totally different experience. They were very warm, very receptive, very engaging and while they were talking to us, we could see them both looking at each other and getting really excited, especially when we talked about Rheis's medical history; he almost died three times when he was a baby and I had to resuscitate him twice out of those times, which was grim. Later, they explained that they had initially considered us for a different child but realised we were the perfect couple for Jasmine. She had a similar medical history to Rheis and had been through similar stuff.'

> **'As far as they were concerned, she could have been our birth child.'**

This was the difference with these social workers. Their attitude was, 'What does that child actually need and who is best for this?' They came not with blinkers on; they came to process us for one child and recognised a need for another, and that was how it started. They looked at our personalities, our lifestyles, what we'd already been through with Rheis, and thought that we were perfect. They thought we could still work well with this child but no way as well as we could do with Jasmine.

Jasmine was mixed race and had been in foster care for a while. We were told a little bit about her background, not too much, and they felt that we were a perfect match for her. I mean, as far as they were concerned, she could have been our birth child and they were both really giggly and excited about it. They also spoke about disability. There were some developmental and speech issues and, when we were asked how we felt about that, we said 'fine', so a meeting was set up.

I went with the attitude that I was not going to get emotionally involved. I'm going there to meet the foster carer, to talk about the child and to meet her but I'm not going to get suckered. I went there all stoney faced and it turned out to be the best experience. They were right, we clicked with Jasmine almost immediately. I wasn't expecting to feel like that. It was tremendous.

Six months after completing our assessment we found out about Jasmine and felt that the information they gave us and the subsequent meetings were enough for us to want to take it further. As it stands now, the foster carer is an aunt to Jasmine. She comes here with her family and we go there, so Jasmine still has that contact. They're a really nice family.

It all happened so quickly. When we went down to meet Jasmine and the foster family for the first time, the idea was that we'd spend a week or so down there, and we were basically left to get on with them. We introduced ourselves and spoke with them about some of the history and went through some of the stuff around who we were and where we were coming from . . . I think we just hung out there for a while and then left.

'From first hearing about Jasmine to taking her home was three weeks.'

We had the use of another foster carer's house in the area who had a room to let so we went back the following day. I expected Jasmine's foster carer to be overly protective of her but she wasn't. She gave us all the time we needed to get to know her and for Jasmine to get to know us. We spent some time feeding her and changing her and, I think it was the second or third day, we took her out to a shopping mall. Sally, Rheis and I just went off with her. It was great. We were there for a whole week and on the first day we had the introductions planning meeting. Everything went through very quickly and at the end of that we took her home. From first hearing about Jasmine to taking her home was three weeks.

When we finally got Jasmine home it was quite unbelievable. It was exciting and scary all at the same time. I remember driving home at roughly the same speed we drove home when Rheis was born – very, very slowly! We were on the motorway so you can imagine how that must have been. It was awesome. I had my two babies in the back of the car, I had my wife with me. It was the best feeling in the world.

Jasmine settled in very quickly from day one. It was just as the social workers had said. It was like she'd always been here. They had commented before, saying 'We don't want to build your hopes up but it actually feels like she was here already.' They were right: the whole thing was very natural for Jasmine and for us. She was nine months when she came to us. She is nine years old now.

I think one of the things that helped Jasmine to settle in quickly was all the preparation. I had a bit of a whinge about how long the process took but during that whole time, we were getting ourselves ready emotionally, spiritually and financially. Her room was sorted, her bed was done. It was all just waiting for her.

Time-wise, Sally had her leave first, then mine kicked in at the end of hers so we could continue that process. I arranged to have time off work and my employers were very good about it.

Adopting has definitely improved the quality of all our lives. Yes, it meant and means that I've had to think very carefully about my time. I'm a kick boxer and starting a family meant no more fighting abroad and any training that I do I have to do here. When my opponents are running across fields and stuff I'm out on the patio skipping. Or I'm in the conservatory with the windows closed working up a sweat and skipping in a plastic bag. I can do my shadow work in there but it affected my studies much more.

> **'Being a father is something I'm passionate about.'**

When Rheis came along I was doing a social psychology degree. He was then quite ill, so I stopped and didn't pick it up again. It's not a regret, it's just something that happened. Similarly with my MA: other stuff happened and I had to put it to one side. My father was a very qualified individual and, but for my own efforts, I would have buried a stranger. My children are not going to do that. When I die they're going to be sick to the back teeth of me! They didn't ask to be here and Jasmine was the only one that we planned. Rheis was a complete surprise and I was in shock with Leo. They're here now and that's our responsibility.

Being a father is something I'm passionate about and I take time out to go on courses specifically for dads. I can remember one of my students asking for a tutorial and I replied, not on that day because I was doing a course about being a father. This person said, 'Oh, I wouldn't let somebody tell me how to bring up my kids.' I said, 'That's not the point. The point is that chances are I'll go there and I'll learn something that will make me a better father.'

If I'm honest, it's one of the few things that I think I'm any good at. I've been doing it for most of my life, albeit in my head. My mother was a single carer and I helped to raise both of my younger brothers and I'm actually not bad at it. I like my work.

When Jasmine arrived we had several parties which also involved Rheis. Everybody who came brought presents for both of them. All of our friends and family were very supportive. My in-laws and my mother, in particular, are absolutely in love with all the children. In that respect it's been really good, very positive and very powerful.

Jasmine had been with us about six months when we went to court for the adoption hearing. Rheis was there and the judge gave him his wig to wear. It was a fantastic day of celebration.

We've talked to Jasmine about the fact that she's adopted and she sees us very clearly as being her mum and her dad. She'll tell people, 'That's my mum and that's my dad,' in the same way that Rheis does, but she also has an additional thing of having been chosen which seems to be very good for her self-esteem. She has her life story book which she regularly reads. We made one for Rheis as well, before Jasmine arrived. It was always on her agenda but not in a pathological or a destructive way. It's about, 'This is how it is,' and it's quite natural.

The nursery was really good. They were superb. When they found out we were adopting and Rheis was still in the nursery, they did a whole week on families. They had a huge collage on one of the far walls about single parents, foster parents, adopted children; it was all really good for Rheis because it kept it on his agenda too.

Jasmine still has some developmental delay, but she came into a situation where she was expected. The family were expecting her, the kick-boxing club were expecting her, the church were expecting her, my employers were expecting her . . . As a result of this, she's clear about her adoption status. What she's not clear about is some of the history that she can't know about until she's older.

> **'At some point in her future she may very well choose to go and find her birth family and that is fine.'**

The similarities or differences with regard to having a birth child and an adopted child are that, in the first instance, they both have their rich complexities and they both have their blessings, even though they are very different. For example, we don't know a great deal about Jasmine's medical history. She does have health issues and we give the doctors her history as far as we have it. Currently we're engaging our local authority about getting more information.

There are things that have happened within her family that she needs to know about when she's older. She doesn't need to know them yet. She knows she's adopted, and about her birth mum and all that kind of stuff, but there are other issues that she will need to know before she comes of age. Obviously each chunk is given to her in child-appropriate, manageable ways. At some point in her future, she may very well choose to go and find her birth family and that is fine. I haven't got a major problem with that.

I wanted to meet Jasmine's birth mother because, as far as I was concerned, she must be going through some kind of hell. I wanted her to know that her daughter was going to be looked after and be safe and protected, and that we'd still have letterbox contact. I think it was the local authority that stipulated the letterbox because they didn't want the face-to-face thing.

At the moment we still only have letterbox contact with Jasmine's birth family. The contact consists of us writing to them to let them know about her progress. They write back and let her know what they're doing. We don't use our full names. Our address is not passed onto them and any correspondence has to go to their area office and vice versa by recorded delivery. They send photographs but no pictures are sent of Jasmine.

There is a bit of an anomaly between what you say and what you feel. I had always said that whichever child we adopted I wouldn't have any problem about contact, because at that time you're talking about an abstract thing. Then, when it began to happen and I saw pictures of her siblings, I thought 'Oh my gosh.' The similarities were remarkable. I felt something in my stomach. That's just the human side of it. Yes, cerebrally and emotionally we know that Jasmine's an adopted child and that she has another family, but every now and again it's like, 'Good grief!' I have to do some work on that because whatever else happens she must not feel that if she were to contact them she'd be betraying us.

My family and I have gained an awful lot from adopting. It's been a very powerful experience. After the process I felt that anybody who is thinking about having a family should go through it. They should have some training. You can't drive a car without a licence, you can't ride a motorcycle without a licence but anybody can just have a child and go. From that point of view I felt it was useful preparation to have a bit of family training beforehand.

We gained a deeper understanding of ourselves. Some of the things that were discussed would be stuff that we'd either chat about over coffee, if at all, or that would just happen in our heads. You know: 'I know this about you . . . you know this about me . . . we're on a level.' But it gave us the opportunity to be able to externalise some of that.

One of the issues that came up for Sally and I was child-rearing styles. I was raised in an African-Caribbean and African-American household where, if your parents said 'duck' you just ducked, but that was also because we lived in a place where they had a civil war. From that point of view, our child-rearing styles, even around Rheis, were very different.

What we had to do with Rheis before Jasmine came along was to find some grounding. I've seen Rheis benefit hugely from that common ground. I would hear him debating and discussing with his mother why he had to do something and I'd say, 'Son, your mum's asked you to do that, so just do it'. Sally's attitude would be, 'No, he has an opinion, let's hear his opinion.' That was a bit of a culture change because for me this was wet, liberal, wishy-washy stuff. The boy needs structure. This is a mixed-race, black working-class child growing up in an inner-city neighbourhood. He needs to know where the boundaries are.

We had discussions about where our different parenting styles came from and it works really well. From a very early age, Rheis has been able to discuss and debate with anybody. When he was at nursery and they had the yo-yo thing, one of the kids asked him whether he was bringing his yo-yo to nursery and Sally heard him say, 'I haven't negotiated that with my dad yet but I'm going to.' Back in my day it would have been 'What negotiation?'

In another community you can be a little bit wishy-washy if you want to because the world out there is designed for you. My perception as a black man, having experienced racism and having been rousted by the police on numerous occasions, is that my children need to be really clear about where the boundaries are. That isn't about having racist bigots controlling my family, it's about me preparing my children for what's out there, keeping a clean slate and being proud of who you are. It has a knock-on effect.

> 'Our parenting style is based on encouraging our children to know who they are, take strength from it, take strength from us and go out there and do what they have to do.'

When Rheis was in his last school, he was nine. Now we didn't know this but there was an issue where, if you stood on a crack in the playground or if you bent over in the playground, you were gay. Rheis went straight to the deputy head teacher and asked her to take up the issue of homophobia in assembly. We had nothing to do with it. We actually didn't know until parents' evening and his teacher said, 'By the way, did you hear what Rheis did?' It's our value system, in which you recognise who you are and you take strength from that but you also use it in communicating with other people. Our parenting style is based on encouraging our children to know who they are, take strength from it, take strength from us and go out there and do what they have to do.

Jasmine's experience of this is very different because her personality is so different. She loves to be led, especially into trouble. I can remember in her first school year, every teacher was calling me over saying, 'Jasmine's done this . . .' She can be quite determined. Apparently, if a dinner lady asks her to go and stand in a queue she just says no. I never saw this side of her. She never does this in the house.

I saw it for the first time when I took her to dance class and went back to go and get her a bit early. The dance tutor said, 'Jasmine, will you please stop drinking that bottle of water, go and put it down and come and join the group'. She just looked up and ignored him. He squatted down, face to face and asked her again to put the bottle down so the class could get on with the dance, but she ignored him and carried on drinking. Jasmine couldn't see me because I was behind a glass door and she had her back to me. I very gently tapped on the window and she stood up so quick. So I've seen it for myself.

She brings very different things into the family. She's absolutely gorgeous but we do have to be firmer with her. We don't give her as much rope as Rheis had in terms of debating things – not least because she hasn't got the same capacity for doing it and she's quite a young seven-year-old.

Sally gives her much more rope than I do. Sally will say, 'Jasmine can you please take your clothes now and put them in the dirty clothes basket and come downstairs and we'll have a cuddle before bed.' Half an hour later Jasmine is still wiping the banister as she goes up. Rheis was also like that but at a younger age.

They both bring their own stuff. They are equally loved but it's not the same. We have a different love for each of them. We have another birth child, Leo. We love him too but again it's different. They each have their own personalities, so they are all loved differently.

Jasmine now enjoys kick boxing and has already achieved her White belt. This helps with her gross motor skills. I've trained a lot of kids who have been referred by our local GP and their motor skills have improved. Jasmine was held back by some continence issues, so while we're working on that, we decided not to give her too many other extra-curricular activities. She does the dance and other bits and pieces but she really enjoys being part of the kick boxing now.

I would always encourage other black people to go for adoption but

I'd warn them about the process, because, in my experience, black families can be quite secretive. Not in a conspiratorial sort of way – it's our business and we don't talk to strangers about it. Some of the process will have to be demystified because it does feel very Eurocentric. I've spoken to other black people who have gone forward for adoption and pulled out very early on because they were being assessed and processed by people with a completely different cultural frame of reference. Therefore, they end up feeling, and indeed being, pathologised. Sally and I experienced aspects of that pathology from other black people who were voyeuristically interested in mixed-race issues.

An African woman I worked with started the process and also had a negative experience of what she described as 'a very rude woman that came into my house'. She backed out of the process because she didn't want to have to go through anything like that again.

It's important how black carers are assessed. It has to be recognised that there is more than one black; we're not a homogenous group. Even black people who work in the industry need to realise that there are working-class blacks, there are middle-class blacks, there are upper middle-class blacks, there are blacks from Barbados, from Trinidad, from Jamaica, from Africa, and within all of that we each have our own values, cultures, and norms; even within those there is room for individual differences.

Nikki: 'You have to be honest'

> **Nikki, 50, is a counsellor, tutor in counselling and a freelance trainer. Her family come from Sierra Leone and she lives in London with her son Emile, aged 17, and her 14-year-old daughter, Lisa.**

I remember when I was young my father had a book called *Cheaper by the Dozen*, about a family with 12 children, which they have made into a film now. I always liked the idea of having a really big family. I was one of seven and I had a really great childhood. We are a close family and I liked the idea of having lots of people round me. I knew I wanted to have children. I not only found out a lot about adoption and the process, but I also went to work in fostering and adoption as my first social work job.

I went through the adoption process in the early 1980s with New Black Families, a group recently set up for black adopters, but at the last minute it didn't work out. She had come to stay with us, but it fell through for reasons to do with her own background and issues. I had seen her for over a year and I was devastated.

After the first adoption fell through I had my son, but I still wanted to adopt. I wanted several children and I knew that there were many around who needed love. I am of the view that children are children, wherever they come from. I know that many people think that you don't know about their background and history, but difficulties can happen with any child or any person. My mission was to have lots but for financial and practical reasons I had to stop at two. My son was a year old when I started going through the process again and it took two years in all. This time I went to the local authority.

The assessment was pretty thorough. The social worker who assessed me had never done it before whereas I had done quite a few assessments myself, so I felt quite in control and the process was fine. I knew what was expected of me.

The preparation classes could have been a lot more thorough; they were nice enough but very theoretical. The exercises we did were very divorced from reality. There were foster carers there and one of them said she had just the right baby for me. This was my daughter and she was six months old at the time. The social workers were very angry with the foster carer because I shouldn't have been told about Lisa who was initially identified to be placed with a heterosexual couple.

That angered me later because there was a pecking order in terms of who could adopt. If you have a child who is seen as OK, they are offered to a heterosexual couple. The couple didn't go ahead with the adoption because Lisa wasn't their ideal child; she had problems with her skin and her eyes. This couple were given all her photos and all her little things, so when it came to me having her, I only had about three pictures because they had all been given away.

I first heard about Lisa officially through a phone call. There was another child at the time, but we were less of a match culturally. I was told a bit about Lisa's birth mother, her siblings and her family situation, but not enough. They told me lots of positive information and that she had dry skin and a squint, but that was it.

I started to meet Lisa and she moved in permanently on my younger sister's birthday, so we were having a get together. It was great. I always remember that day. It was very strange, a bit surreal. There had been two years of build-up, not knowing what was going to be the outcome, then meeting her in her foster family which is a very artificial situation. After all of that, on the day itself, I had all these mixed emotions. On the one hand, I was excited and elated, and family and friends came round. But once that had subsided, there was a point, after a month, when I thought, 'Oh my lord, what have I done?' I worked in fostering and adoption. I knew some of the difficulties that children can have but I hadn't realised the extent of Lisa's difficulties. It was very early on that it came out that Lisa was very behind with her milestones, she hardly had any words, she didn't really walk and she was obsessed with food.

Our house isn't spick and span – I am quite untidy – but we have basic rules and ways of being, like sitting at the table to eat food. I don't think she was used to that: she would eat and food would be flying everywhere. She wanted food all the time. That in itself was outside of the norm. I felt frustrated. I couldn't think what I was going to do, how I was going to work with her. I had to be very strict, to the point where my son, Emile, said I wasn't being fair; I was being too strict with her.

> 'I wasn't prepared for endless appointments and the way professionals speak to you.'

The other thing is that she must have been used to fighting, so at one point Emile said he wanted me to send her back. I told him I thought he had wanted a sister, but he said he didn't know she would fight so much. All those things . . . I was thinking about the impact on my son and also her behaviour and how she seemed to be.

Another thing I wasn't prepared for was endless appointments and the way professionals speak to you. I am fairly laid back. I am not one of those people who would go and be upfront. I would be a bit acquiescent because they have their jobs to do, but they can be extremely patronising and that frustrated me. There was a round of appointments at the eye hospital and skin specialists. In the end I alerted the professionals to the fact that Lisa wasn't meeting her milestones and the statementing process began. This involved seeing another lot of professionals, some of which was really frustrating.

She had appointments in north London for her eyes and had tests on her ears. Her speech was very delayed and she had speech therapy for over two years. I understood her quite a lot, but other people didn't and I had to translate.

Once the statementing process started, we also had to see the educational psychologist and the clinical psychologist. They all had different views about her eyes and whether she needed an operation or not. We would go and see the optician, then the optometrist. I was having similar appointments with different people and I ended up being totally confused. I still am! At one point the opticians said she didn't need glasses; she bit everything, so they said there're wasn't any point. Then the school were up in arms, saying she had to have glasses. Even though it might not feel like a lot to some people, to me it felt like an awful lot of to-ing and fro-ing, and it hasn't stopped.

Now, she has her glasses because she has no peripheral vision. It took them a long time to tell me that. She would always tread on my mother's toes and my mum has bunions. She would bash into people and if they didn't understand they would think she wasn't being careful. Now I realise that she obviously couldn't see.

A few years ago she nearly got into a fight. The children were walking behind me. I had dashed to the bank and I heard all this fussing and when I came out, my son was off in a daydream and there was this crowd of people circling my daughter about to fight her. Lisa had bumped into a girl and hadn't even realised. I had to apologise and explain.

I do think that more could have been done before my daughter was placed. She was supposed to have had tests all along, but I wonder how thorough the checks they did on her were. I don't want to blame anyone, but it's something that took a long time for me to get sorted. Now that we know that it's something that can't be corrected

I can tell everyone, 'She can't see, so if she knocked into you, that's why. You've just got to be careful and when you see her coming – move out of the way!'

Her eyes are OK but the skin is an ongoing thing. Her school reports are very good except for punctuality, usually due to her having a fuss and a tantrum because she has to put cream on herself before school and between four to six times a day.

Lisa is very overweight, through just eating wherever she can get food, even though we all try to monitor it. I went to a consultant who did some tests. I had an appointment one year and two years later she has written to offer me another appointment. That in itself is ridiculous. I haven't fought it because they are trying to diagnose what she has but if they do, it isn't going to make much difference. They thought she had Prader-Willi Syndrome, but after the tests, they don't think she has it, although a lot of the symptoms she displays in her obsession with food are very similar. In terms of appointments to do with her weight and what is driving her to eat, that is still ongoing.

Slowly, over the years I have been trying to sort all this out. I have felt very frustrated and a bit angry. The social workers said that they didn't know about her learning disabilities but she was two at the time, and when children are six months old you get a sense of how they are doing. Once she came to me, I knew very early on from the way she acted and responded. I felt a bit angry that it hadn't been diagnosed before.

> **'I know from working in the field that social workers are not always honest with prospective carers.'**

It was particularly difficult because when I was going through the assessment, they asked me about taking a child with learning disabilities and I said no. My son and the other children in the family are quite bright and I was concerned about how the child would fit in. Not that I feel negative about disabilities, but they didn't say to me, 'OK, she has learning disabilities, but could you consider her anyway?' If they had said that I don't know what I would have done, but none of that happened.

I know from working in the field that social workers are not always honest with prospective carers. With foster carers, they are desperate for a placement, so they say it's an emergency, 'We'll sort it out later.' I'm not condoning it, but you can see that if you are on duty and you are rushing and you don't give them the full information on day 1, it will come out at some point. But with adopters it's a whole different thing: they are going to be the parents for life and you have to be honest with them. If they decide that they can't cope, you have to deal with it. There are lots of disruptions in adoptions, some of which could be from people not knowing the full extent of the difficulties or prospective difficulties or feared difficulties beforehand.

I felt angry and frustrated and I felt for Lisa. It's been difficult for her, even in terms of dynamics with other children. Although there are all these children around, she plays with adults. Because of her learning difficulties, it is very hard for her to engage and sustain engagement with children. She's got a great personality. Everyone says how lovely she is and she'll get on regardless because of how she is. But I struggle with her having friendships. I have seven nieces and nephews now and when we go on holiday, the children are generally very good. They really try, but sometimes it's hard and they get frustrated because they read, they play Monopoly, and Lisa can't. I can play with Lisa, since I can show her what to do, but they want to get on with the game. It is really hard for her when she sees them getting praise for their achievements.

> 'It is one thing to say you will give love, but you have to think about how they will fit in and how they will feel.'

At one of my birthday parties, my son sang and everyone got up and cheered him. I made a fuss of Lisa so that she would not feel left out, but she sometimes gets jealous because she feels as if I let her brother do things that she can't. I tell her, 'When you learn the words, you can sing it too.' I try to do it gently. It is really hard seeing the difference and as she grows older the differences are more apparent.

These are the things that people need to take into consideration when they are matching and thinking about how children will fit into the family. It is one thing to say you will give love, but you have to think about how they will fit in and how they will feel.

We do special things for Lisa. She loves acting and when she has her shows we go there and we cheer her on; and when she does performances at school we fuss over her; when she gets an award everyone sees it. But the bit I worry about – and I know I should not worry too much – is her feeling that she is not as good, or feeling different, because we do a lot together as a family and she sees and hears about the other children's achievements.

What helped me to get through was a mixture of things. I believe in God and I prayed for help. Also, my mum was very supportive. She is 85 now, so she wasn't even young when I first had Lisa. Now the school bus takes Lisa to her house, which is good for my mum. It's company for her. My dad has passed away, but he had a great sense of humour and he was always great with children.

I also get support from one of my sisters in particular. When I was stressed I could phone her up at 11 or 12 at night and say, 'I don't know what I'm doing,' and she would come round and reassure me. The rest of my family were good too; they would take Lisa out and give me a break. And Lisa has great Godparents, both my children have. I made sure of it. I chose Godparents that I thought they would be able to talk to. I knew that I could phone them up and they would take her out if I was feeling a bit stressed.

So I have got through it by having God and having support, and just having to get on with it, knowing there is no way back. That's not making a judgement about other people. I know someone who adopted at the same time as me and it disrupted after two years. She didn't have the sort of support I had and must have been at the end of her tether. I knew I could ask my sister to have Lisa for the night if I needed to get some sleep. There would be no question of people not supporting me, and it's reciprocal. Having a big support network makes all the difference.

Early on the social worker was also very supportive: she came to see me every fortnight. She was very, very good and would come and chat and play with Lisa. I appreciated that she offered support when she didn't have to. It was nice to have a break.

> 'The social worker was the voice of reason – she would watch me with Lisa and tell me I was doing a good job.'

I used to wonder what was I doing wrong; I thought I must be doing something wrong because my daughter would have lots of tantrums and screaming fits in the supermarket. People would come up and ask if she was alright, thinking I was doing something wrong, but she would be screaming for food. Now she is older she can rationalise, but when she was younger, taking her to the supermarket was a nightmare. She would scream and people would offer her sweets. I would wonder if I was being too strict, but the social worker was the voice of reason – she would watch me with Lisa and tell me I was doing a good job. This was what I needed to hear. It would help me because I had to be so strict with Lisa about food, telling her step by step how to eat and take her time with eating. It was good to have someone telling me that I was doing OK.

Lisa is lively and vibrant. She fits into the family very easily. There are a mixture of characters and she just slots in. She has some similarities to me and to other members of the family. People from early on said she looks just like me and that's nice. I know it shouldn't make a difference, but it is nice when people say that. She has been lovable since day 1. She just has a way about her; she is very complimentary to people. She has always been like that. She is very helpful and thoughtful, which endears people to her. She loves life and she's game for anything. She has just come back from a weekend in France with the school. She had a fantastic time. The teacher said Lisa was the best doing abseiling and lots of sporty things. Before she went she was worried, but she came back all smiles. Everyone was very pleased with her and she got a certificate. She was chuffed with that.

Another time Lisa received an award and the Head said, 'Lisa is like my assistant; if I ask any question I know she is going to have the answer.' That's how she is. She's just so enthusiastic, that's why her learning difficulty is so frustrating, but she manages to weave her way around it. She is very positive in her outlook; she is good fun and really resilient. She likes action, maybe because she can't sit and read and do things like that.

I am not an action person; I am more reflective and laid back. Lisa is the opposite to me in that way, but somehow we manage to get different people to do all the activities I can't do – swimming, cycling, funfairs, all those sorts of things. Lisa goes to drama club and church clubs. She goes to church at least twice on Sunday, sometimes three times. She comes with me, then goes with with her godmother, then with my mother. It's good for her because she loves to be active.

I think our family gained a lot from adopting, by breaking down the stereotypes and the stigma of adoption. If I am honest, adoption is not seen as the number one choice in my community. There is a lot of adoption in Sierra Leone, but it's all unofficial. My family, even the wider family, have all taken Lisa in. They all love her. Some people wonder if something happened to cause her learning disability, but my mother always says that there are issues in all families. It could be anybody. So now they don't associate her disability with her being adopted and that was much better than I expected.

> 'Different children have different issues and it doesn't matter whether they are adopted or not.'

My family have seen Lisa growing up and see that she is OK. A lot of people have negative, second-hand experiences of adoption and it is these negative messages that come across, so whenever I see anyone I am on a mission to sell adoption as a viable option – and not just of babies. People have this idea that if you have a baby you can mould him or her into your own, but that is not a hard and fast rule. We have learned that different children have different issues and it doesn't matter whether they are adopted or not.

Emile is very protective of Lisa now and she of him. They are both Leo and it is like living with two lions sometimes, but they have been able to share that. He is producing CDs and in one of his early ones he recorded her telling a story and mixed it into a song. He does all these little things to make her feel special. They share; it's about sharing and being able to share your love.

Christine: 'Trust your instincts'

> **Christine is a 48-year-old lecturer. She was born in Jamaica, but has lived in London since she was ten years old. Her daughter, Claudia is three-and-a-half and has lived with her for 18 months.**

I have always had children around – nieces, nephews, godchildren, friends' children – but they all grew up, so the need to have children in my own life didn't strike me until me I was in my mid-thirties. By then it was too late to have my own because I had developed endometriosis some time before. I ruled out the idea of artificial insemination. I couldn't afford it and also I didn't like the technology. A combination of all these factors, made adoption a viable option. By the time I was 36 I had come round to it as a real possibility.

I think I have always thought of adoption as a possibility. I grew up in Jamaica where it is quite normal for a family who have lots of children to send one of them to grow up with Auntie so and so, who doesn't have a child. You would go and live with Auntie; she feeds you and clothes you and pays for you to go to school, but you always know who your parents are. There was always that sort of relationship.

Another factor was that I have never been attracted to babyhood. That first 12 months is not for me. I have always liked children when they are starting to come into their own. All of this meant that I wouldn't be upset about not having my own baby.

I didn't research it as much as I thought I would in terms of who I wanted. I was reading a black newspaper and was struck by a full-page advertisement of black children waiting for black parents to adopt them. The local authority turned out to be local to me, so I filled out and returned the slip, saying I was interested in becoming an adoptive parent.

In a way I was worried about whether they would accept me. On the one hand I thought I was a classic candidate. I am a professional woman; I know children, it's part of my work. I've got a place of my own, so I thought they would be foolish not to have me! But I was a bit anxious about my domestic side. I wasn't in a long-established relationship and the person I was seeing made it clear that they weren't interested in adopting.

Before I started, I decided that I wanted a girl because I felt it would be better reflection of me. I am quite strongly woman identified, a lot of my circle are women, and I felt a girl would have a really good time. She would fit in and be contented. That was one decision I made when it came to the "shopping list". I had also decided that I wanted a child between two and five.

I filled out the form in October and they cancelled the preparation group in November, so it wasn't until the next year that I went. There was this wonderful black woman who came to one of the preparation groups and talked about adopting this troubled boy – he's a young man now. She was just so wonderful about it. It wasn't just the success story, but she talked about how hard it was with him, about the struggles that he had to deal with and how she helped him to work through; and the relationship that she now has with this big man who now rings her up and tells her all about his girlfriend and what is happening in his life. It was a really nice, positive story about a difficult situation that she worked at and was committed to. I thought, 'Yes, I'll stay with this.' I have gone back and told my story in preparation groups a few times, and now I am seeing more and more black people coming through, so things are changing.

**'I had to think about issues I hadn't
thought about since childhood.'**

I had sold my one-bedroom flat because I would need a larger place.
I was living in one room, I was working, trying to find a new place
and going to the preparation group. It was hard. There was a really
interesting group of people in the meetings. Unlike some of them, I
was used to sitting down in a circle and talking but I still found it
hard. There were discussions about your views on discipline,
behaviour, sexual abuse. We also covered HIV, medical issues, the
kind of children who come into care and why. They explored our
thinking about these issues.

After that, I started meeting the social worker and we filled out the
forms. This was one of the hardest things I have ever done, mainly
because it was so detailed. It was like going to a therapist: I had to
think about issues I hadn't thought about since childhood, and she
kept coming back to, 'How do you feel about that in relation to
where you are now?' I felt it was none of her business. Sometimes I
felt resentful and sometimes it was interesting to reflect and talk
about it. It was exhausting, an emotional upheaval, particularly
going into all the aspects of my childhood which inform my
parenting style.

I had to write a bit about multi-ethnicity. This was hardest to write
because it was about me. I had to write about having a child with
dual heritage and how I felt about it in relation to living in Britain. I
didn't want to make it up, so it was really challenging. It was a
shame there was such a gap between doing that task and my
daughter arriving. It was hard but it did prepare me.

Part of the preparation process is looking at what sort of child you
can cope with. They asked the questions and I had to answer
straightaway. I thought, 'This is a real person. It isn't, do you like
meat or do you like fish? My decision has implications for a real
person.' I found this process really difficult, but I had to be honest

about what I could manage and what I could live with in the context of the kind of life I have.

I struggled over almost every single one of those decisions and there were a lot of them! It was something I would have liked to take away and think about, and then fill out with the social worker. It felt like a shopping list.

I thought I could manage a child with moderate learning difficulties, but could I manage child with severe learning difficulties, and what does that mean? They also asked about having drug-dependent children or children with Foetal Alcohol Syndrome. I didn't feel like I knew what this would be like day to day. I didn't have a sense of what things would be like in five or ten years time. Would I have the wherewithal to manage? I really struggled with this. I had to come back to, 'You are going to be living with her, you are going to have to provide for her and you are going to be doing this on your own.' I might have made different choices if I had had a live-in partner.

> 'It would have been nice to have someone to talk to who was going through the same process.'

My assessment took a long time. There were several hitches. First, there was a delay in the preparation group starting, then the man I was seeing at the time had to be interviewed and police checked. He didn't fill in the form properly; then he said that he didn't have a police record which he did. That took six months. The social workers had to talk to me, but they wouldn't tell me what the offences were, so I had to talk to him. Then they had to talk to him before talking to me again. I felt as if I couldn't trust him to tell me what happened. This meant that I had to rethink my relationship with him. I think it could have been managed better. As it was, I was cross with him and cross with her. After that six months I had lost confidence in the case worker. Because I fell out of sync with the people in my preparation group, there was no one I could talk with.

It would have been nice to have someone to talk to who was going through the same process.

Then my dad died and that was another big issue to deal with. I went to Jamaica for a month. Before I left I wrote a letter to the social worker telling her what had happened and saying that I was going to use this as an opportunity to consider whether I was going to carry on with the adoption. It was taking so long. I had completed the forms, which was the hardest part, and I felt left in limbo. I really wanted some decisions to be made. When I came back and rang her she said that she had only just got the letter I thought, 'Come on, the post office is bad, but not that bad!'

After my dad died I had to recommit myself to the whole process. I thought, 'This is something in my control, this is something I want,' and I became more assertive about getting things moving. But then there was no panel over summer and the next panel meeting was for emergencies only, so there was a further two-month delay. The night the social worker rang to say that I was approved I thought, 'About time!' I didn't say that but that was how I felt! After going to panel I got another caseworker who really got things done.

> 'I told my caseworker that I wanted a child who looked like me.'

My new caseworker got on the case; she kept in constant touch; she knew all the places to find me if she wanted to get hold of me. Usually you have to wait six months for the agency who approved you to find a child, but once I was approved, I immediately went nationwide as there was no child in the borough who fitted my "shopping list". I started going through the magazines, *Be My Parent* and *Children Who Wait*, and was struck by the number of black children with Jamaican fathers.

My caseworker and I started to get details of children from the magazines, but the ones we looked at were very light skinned. Some were mixed heritage, others not. I am dark skinned, so I told my caseworker that I wanted a child who looked like me, someone I could take home (to Jamaica) without having to explain. She said she would have to take it to supervision. She was black, so she understood what I was talking about.

There was a child we were interested in at the time, but her caseworker was never there. I remember thinking that is why so many children are left in the system. We would ring up and express an interest, and there would be no response. We would leave message after message. There were a couple of children I was interested in, both African-Caribbean. Then I saw a picture of Claudia. She wasn't yet two but my caseworker said she would be by the time it was all completed. At that point I decided to drop the others and try to get her.

Claudia is from a mixed East African and Caribbean background. She had been in the system since she was a baby, but it was taking a long time to find a match because they were trying to find an East African family for her. In her borough, the caseworker for the mother was the same as the caseworker for the child. I think this added to it taking a long time because of the relationship between the caseworker and the mother. Anyway it was my luck, because Claudia had had the same foster carer since birth, which was a real plus. This meant that she was settled and was well prepared for the move. And she was with an experienced foster mother who liked her, so she had a really good start.

I was also struck by the fact that Claudia's profile was well documented. I had read forms about four or five children and there were often massive gaps in the information. Sometimes there was nothing written for eight months, or the information just stopped or there were no doctors' reports. You had no idea what was happening for the child and trying to get up-to-date information was a real struggle. For one little girl from the Midlands, there was a throwaway line in one report about a suspected serious condition and then nothing else about it. I thought, 'Where is the medical report about this condition?'

I saw that girl before I saw Claudia and I was interested in her, but when I read Claudia's notes I could see that somebody knew about this child, somebody was on the case. I had a doctor's report, little notes from the caseworker saying they were waiting for things. It was up to date and there was lots of supplementary information that gave me a full picture and made me feel confident.

I was told that she was meeting all her developmental milestones, that she was lively and talkative. It stated that she was from an East African background – but I had said that I was willing to learn about the child's heritage. There was a lovely picture of her with her hair in two plaits. It showed this animated person and I was quite taken with her; it was a striking picture of a very dark-skinned little girl with a high forehead and she was there, present, and she looked right. We still have the suit the photo was taken in. I saw a few other pictures of her and she looked very involved in what was happening, so I liked the look of her. I have saved these pictures for her with all of her memorable things.

> **'My instincts all kept saying, "Stay with it. She's the right one."**

So we had these photographs and the written documentation. It wasn't until we had completed the match that I got more information. I kept thinking I wanted to meet this child, I wanted to know more about her. I felt that even if it didn't work, I would have liked to know more. After I put in the application for her, it took four months, then I met her, and a month later she moved in.

By that time I had made a video and sent it to her and had seen a video of her at her birthday party. She was out in the hallway, pulling herself up and crawling. She was just into everything and she was "chat-chat-chat". I could see her interaction with her foster carer and my instincts all kept saying, 'Stay with it. She's the right one.'

Then the meeting happened. I met her foster carer, I met Claudia and we played and I ended up staying the whole day. It wasn't clear that I was only meant to stay for an hour. Her foster mother said that if she felt it wasn't working, she would have said something but we were fine. She was an experienced carer, with that kind of eye, and it made a lot of difference to preparing Claudia. She had a way of feeding ideas in very gently and easily. She talked about Claudia and gave me a lot of information about her as a baby.

The next day we had the big planning meeting and they said there would be two weeks of introductions. And I thought, 'two weeks?' From the first meeting and the planning meeting it went quick-quick-quick. There was no looking back. From the first meeting it felt right. Claudia was wary of who I was and took a while to come to me. I thought the way she behaved was very appropriate; she behaved in the way that a child meeting someone new would behave. If she had behaved differently, I would have wondered why.

She initially went to her foster mother for significant things and slowly her foster mother would say to her, 'Go and ask Mummy to do it,' and during the course of that two weeks she transferred responsibility to me. I kept thinking that it must have been very hard for her to let go. I was also aware that she had to like me to do it and she didn't know anything about me. I don't know if there is a better way to work it, but I did feel that she was quite instrumental in whether this was going to work and that she should have been told more about me. So I was a bit anxious about our relationship. I was in her house for two weeks and I wondered about how she was feeling. All she knew was my name and that I was going to take this child whom she had had for two years. But she managed all of that really well. Luckily for me she did a lot to make it work.

> **'Once she learnt to climb out of the cot that was it.'**

When I got Claudia home I was anxious about the whole thing. I have a photo of me then and I look blitzed. A lot of that was to do with my anxiety. Claudia had seen a video of my house and she had been here with her foster carer, so when she arrived the first thing she did was walk through the house in exactly the same way again. She didn't bawl or cry, but I was exhausted. I had lived for two weeks on this high wire, commuting across London every day, two hours each way. It was hard. And then we came home and it continued at the same pitch. But it worked. Claudia wasn't stressed out, she wasn't too upset. We followed the same routines that she had with her foster carer and we kept with that for about three or four months; kept to the same sleeping patterns and then started to change things here and there.

For the first six months she slept wonderfully but then she suddenly decided to get up and walk around the house! Once she learnt to climb out of the cot that was it. It was hard work and it was difficult because it was just the two of us. At the same time, it was hard to get anyone else to come in because I was trying to do all this bonding. So it was just her and me.

She would sleep but sometimes she would get up in the night and want a drink or be hungry. I hadn't got the rhythm of her food quite right so she would wake up at four o'clock wanting a drink, and she wouldn't drink it cold. So I got a bottle warmer but that didn't work well. That was one of the times when having a partner would have made things easier.

I was on adoption leave, which was great, and we went out every day to all the parks and started exploring mother and toddler groups. I didn't get on very well there, because I wanted to sit and read the newspaper, but the other mothers wouldn't let me. They wanted to talk about potty training and changing nappies, which I didn't want to talk about. It was a whole other kind of culture that you know nothing about unless you've been there.

I bought a pushchair but couldn't get it to close. It took me four weeks to work out that it was faulty. It was a real education in something I had never had to deal with. I kept thinking, 'This is ridiculous,' but I couldn't close it. I would walk to the shops because there was no guarantee that I could close it in time to get on the bus.

Once I was going to see the herbalist and I was running late and couldn't close the pushchair. I thought it was because I was anxious and told myself to just calm down. I ended up strapping it into the seat belt in the car next to Claudia! She was fine. She just said, 'Mummy couldn't close the pushchair.' Eventually I rang the shop and they told me to bring it in and lo and behold it was faulty. The lesson from that was to trust your instincts; don't assume that you are doing it wrong because parenting is new.

It took me a good year to settle but Claudia settled pretty quickly. She didn't seem to have a lot of angst, apart from this waking up in the night and checking that the world was still there. Sometimes it seemed to me that she was sorting things out in her sleep. I would take her back to bed and she would seem to be asleep, but when I tried to leave she would ask me to stay and rub her back. I had to understand how children sleep because I sleep for a good long stretch, but she would nap, sleep and wake up, all very quickly. We went to Jamaica at Christmas to see Grandma and after that she seemed more settled. Then she started nursery and that routine became her own bit of life.

> **'It's a whole new way of thinking about the world.'**

She did the transition and she settled so easily that sometimes I worry about it coming out later. But some people said that maybe it won't. Maybe this is how she is. She has her own strategies and she'll just carry on. Overall she is quite content and gets on with what is going on. She does play up when she is hungry and tired but who wouldn't? Other than that, it has to be something out of the ordinary to rattle her. I think that with everything that went before, her having one very experienced foster carer has a lot to do with how settled she is.

The main difference to my life is that I can't be as spontaneous as I used to be. We do see friends, but most of their children are grown up because I am somewhat late to all of this. And of course now I have to consider when we go out, about whether things are child friendly or not. It's a whole new way of thinking about the world. She fits in well with all my friends and family. She likes the idea of having uncles and she gets on well with her cousins, especially my 11-year-old niece. That is a bonus: I see a lot more of my family now. It's really nice.

The best thing is just having this little person who echoes you sometimes. She is just there and involved in everything. She wants to know how everything works. She changes almost every day and just to see her evolving is really nice. She has this sense of humour that is quite sophisticated. I know all these things about children growing and now getting to see them first hand is lovely.

She calls me 'Mummy'. She started that from the very beginning. She had just started calling her foster carer 'Mum' so her foster carer was Mum and I was Mummy and that was how she related. She was quite taken when she found out my name was Christine. She would play around with it, 'Christine, yes Christine'. I think she was quite taken aback that I had a name other than Mummy. Again it was her foster carer's insight, in that two-week slot, that made things OK. All these little things make such a difference.

We went to court five months after she was placed. People had said to me, 'Don't rush to go to court, because once that happens she's yours. You can't go back.'

I was prepared to wait, but I went ahead because I had booked for us to go to Jamaica and her birth mother had no nationality status so Claudia couldn't get a passport. I was a bit cross that the caseworker hadn't done anything about this. What if she had stayed in care? Would she have had no status and not be able to leave the country? She was born here. What if I didn't have British nationality? Would she not have been able to get British nationality?

I found out that she could have got a passport if the authorities had written a covering letter. They were communicating backwards and forwards, but I was getting anxious and wanted it all sorted out. I didn't want to lose my money! A friend of mine suggested I write to the adoption court and tell them that I was going abroad and they wrote back and said they had a slot free next week. They were really lovely. The three judges were trying to do their great formalities and of course Claudia wouldn't sit down; she was wandering around trying to find out what's what. We were approved in five minutes. They did a photo call and gave us a present. It was very lovely, very informal. So we actually speeded up the final adoption process, which was fine, because there were no problems with Claudia.

We have letterbox contact with her birth mother. I am quite happy for Claudia to know about her mother. The authority had set up a meeting between me and Claudia's birth mother, but she didn't turn up. In a way I regret not meeting her. I write a letter every year and I send photographs. It is just one way. We don't get letters back. It is a hard letter to write – it is difficult to know what is relevant – so I just write about Claudia's year. At the moment Claudia doesn't have any input into the contact, but I'll probably ask her when I am doing the next one. She knows that she has a birth mother, she has a life story book, but she tends to flick past the first few pages about her birth mother to pictures of her as a baby. But at the end of last year she started talking about her birth mother. I would like to know more about her, so that I can tell Claudia about her culture, so I have a bit of work to do.

There is a sum of money somewhere, a one-off payment, should she need it. It is for anything, just in case the need arises. I do get an adoption allowance. One of the things I said to them was that I didn't want to do this and be poor, and we receive it until she is five. I haven't been to any of the post-adoption forums, because I don't have a babysitter for the nights they have them.

> **'Go ahead. It might not be as easy as my situation, but it is certainly worth it.'**

It might be cliché, but I really feel that it was the right thing to do. It has enriched my life. It is hard bloody work but you have to be in there to find out about parenting. Now I say things like, 'This child doesn't sleep in her own bed,' and other parents say, 'My nine-year-old comes into my bed.' Nobody told me that. I keep finding out all these little things, these well-kept secrets.

I've got no regrets, except that I'd like someone to take her away every now and again and give me a weekend off! I was used to having my own adult space and I miss it. Now I have to worry about having to get back for 3.15 to pick her up from nursery.

I work in education and occasionally it feels strange sometimes to be on the other side of it. Sometimes I am intimidated, but on the other hand, having that knowledge enables me to get what I want for her.

I think that people should go for it. There are a lot of children out there who would be so much better off with a home, with a family, even if there is only one of you. Black people are used to looking after extended family. Bonding simply comes from just interacting together, doing things, wiping bottoms. Children respond to affection, to being in a caring situation. I say 'Go ahead.' It might not be as easy as my situation, but it is certainly worth it.

Melanie: 'I want the best for her'

> **Melanie is a 40-year-old writer who was born in Barbados. She lives in London with her six-year-old daughter, Rebecca.**

I always wanted to have kids. I remember when I was growing up there was a baby clothes shop by the bus stop where we went to church. Every week I would ooh and ahh over all the cute little baby things. When I was a teenager I used to look after a younger cousin who would come and stay with us, and got to experience the joys of toddler tantrums and manoeuvring a buggy onto the bus.

I went to college and became a teacher. Meanwhile my sister got married and started having kids. Even though I still wanted to have kids, it wasn't urgent, firstly because I had an ever-growing number of nieces and nephews to coo over. Also because, although my sister's kids are all lovely, I saw the level of sacrifice and hard slog that was required to be a good parent. This happy state of affairs carried on into my thirties. I started working as a manager in the voluntary sector, I travelled, I had friends and relationships. Having kids was always something for the future.

Then, when I was 36, I was diagnosed with fibroids and put on the waiting list for an operation to remove them. All the while my fibroids kept growing, I could have tried to get pregnant, but I didn't think any foetus would have a chance against these massive growths that had taken over my stomach. I suddenly realised that with waiting lists being what they were, by the time I had had the operation and recovered I might well be into my early forties. I didn't want the anxiety of desperately trying to get pregnant every month. For a while I felt sad, because I had always assumed I would have a child, but I gave myself time to get over this and talked it over with my friends and my counsellor. After about six months, I started to think about adoption again.

'I read everything I could find about adoption.'

I had always considered adoption as an option. I remember the first adverts in *The Voice* for children to be adopted, but I hadn't really thought it through. It was just something I might do. Now that I had come back to thinking about adoption, I saw that for me it was my number one choice for having a child.

I rang up a few local authorities and followed up the one that answered me first. While I was doing this, I read everything I could find about adoption and went to an adoption group meeting. I was surprised to find that most of the people there had adopted years ago but the majority had children with a number of ongoing difficulties. This was the first time I had an inkling that this could be the case; when I first heard about challenging behaviour and attachment problems. I remember coming away from the group feeling a little shell-shocked and being clear that I didn't want to take on more than I could cope with. I wanted to be a parent, but I didn't want to sign up for endless meetings with social services. I wanted to carry on working and still have a life.

I was contacted by a nearby local authority and I started having the assessment. The first social worker I had would never do what she said she was going to do and then try to act as if I had forgotten what she had said. It really irritated me because this was so important to me that I remembered every date. I remember she said they would discuss my application at the next team meeting next Monday. That date would be fixed in my head, then next Monday would come and go and I wouldn't hear from her, I would give her the rest of the week, then ring her and she would say, 'Oh yes, as I told you we will discuss it at our team meeting in two weeks' time'.

It was so annoying. I would prefer it if she had said, 'Oh, I have been so busy,' or 'I forgot to raise your application.' I missed one lot of preparation meetings because she didn't tell me about it, and by the time she did, the next set of meetings was about to begin and it was too late for me to reschedule my work to attend. I rang up and complained and got assigned another social worker. I got them to agree for me to have the training session with Thomas Coram (now Coram Family), which had a preparation group coming up.

> 'It wasn't said that some children will not settle, or it might take years and years.'

The preparation group was quite good. I remember talking about why children come into care and what they might have gone through. They talked about how children might be feeling, what behaviours they might display and how you could help them settle. My only criticism is that it was implied that, if you do all these good things, the children will settle. It wasn't said that some children will not settle, or it might take years and years, or that you might need specialist help and it might be tough.

I do think that people working in the field, because they are so keen, for good reasons, to portray children in a good light, tend to underplay the difficulties that children may present. Or if they don't underplay them, they don't spell them out; and you put your own interpretation on it, which is often way off the mark.

When they talked about children displaying challenging behaviour, it didn't bother me. I had looked after my cousin, I had been a nanny, I had taught maths to obstreperous 15-year-olds, so I figured I could handle anything a small child could throw at me! I imagined that if I was clear and firm and stood my ground, the child would 'get with the programme' even if it took a little while. I had no frame of reference for imagining challenging behaviour meaning a child who would physically fight you for an hour because you put ketchup on their rice instead of their sausage. And it isn't about ketchup, it's about feeling more comfortable with conflict, so, if you stay calm and firm, they won't stop because they crave conflict.

Anyway, I did my preparation and then started the assessment. My new social worker came round and we chatted and she wrote everything down. It was very detailed and thorough, but I didn't mind. I come from a training voluntary sector background and I was always into self-development and counselling, so I found it quite easy to talk about my childhood and how I saw things. It also helped that I knew a lot of social workers. I even used to manage a social worker in my old job, so I felt comfortable with their way of working. I knew that they wanted not so much right answers but a sense that you had thought about things and had some experience or a realistic idea of what parenting was like. It seemed fair enough: I know that I am a together and sensible person, but they couldn't take my word for it. They do have to check me out!

> **'I wanted the child to be as young as possible.'**

Then we came to talking about the sort of child I could deal with. I was quite adamant about not taking on too much. I was doing this on my own and I knew that, as much experience as I had had with children, parenting was new to me. By this time, I had also worked out that social workers could seriously understate a child's difficulties. I didn't want the child to be perfect, but I thought that if they described a child as having no difficulties, I stood a fighting chance of being able to cope. We discussed a lot of issues that children might have. I felt that I could deal with HIV or mental health issues in the family or a child with some developmental delay.

I wanted a girl, just because I had always wanted one since I was a teenager cooing over baby clothes, and I thought a boy would have a pretty rough deal with me! I wanted the child to be as young as possible since I wanted to experience as much of parenthood as I could. I loved watching babies develop their own little personalities and becoming aware of the world around them. I was told that I couldn't have a baby and accepted that I would get a toddler.

Doing this checklist was a bit odd but necessary. When you have a child it all just happens: you decide to have a child but that child doesn't exist; they are born, either a boy or a girl, healthy or ill, or with special needs; but children who are adopted already exist and have their own strengths and challenges.

We did our forms, through talking and the social worker writing down what I said, and this formed the basis of her report. It all happened very quickly. I contacted the agency in January and by September, when we were near the end of the assessment process, she started to tell me about a two-and-a-half-year-old girl, Rebecca. She was bright and lively and talkative. She showed me her picture and she was light brown with big eyes and tiny little plaits. She was pretty, but not girly, and wore a red fleecy top, blue tracksuit bottom and trainers. She looked serious, determined and a little sad.

The social worker told me that she had moved a few times, mostly with her mother when she was a baby, but she had been with the same foster carer for over a year. I was pleased to hear that she hadn't moved much because I knew that this was something that could make it harder for a child to settle. The more she told me about this girl, the more interested I was. She was a bit lighter than me, but we had similar colouring. She was very bright, lively, spoke very well and was meeting all of her milestones. Then I saw a ten-minute video of her: she was so articulate, she played and chatted to the video non-stop. I had determined to be objective but the more I heard about her, the more attached I started to feel: my family is full of strong-willed, talkative people.

So I went ahead and went to panel. Logically, I knew that if my social worker had any serious concerns I would have been told, but it still was really nerve-wracking. It was strange to have such a big, life-changing decision left in the hands of other people.

Just before we were matched I was shown her forms and saw that she had moved around a lot. She had had 12 moves by the time she was 15 months old. If I had known that earlier, when I was trying to be objective, I probably would have given it more thought, but by the time I saw the forms and counted the moves, I was committed to adopting Rebecca. I went to panel in November and got approved. I was happy but I was already thinking about Rebecca and anxious about being matched with her. We went to panel in December and we were matched; Rebecca was going to move in.

Once it had happened I was in a daze. I gave up work at the end of December and waited for it all to start. I was advised not to buy anything for her until she moved in, but I couldn't help picking up a few things, mostly because I was about to have a child living with me and I wanted to do something to prepare. I had a toddler shower, where I invited all my good friends and the people who would be close to us to watch the video and they all brought gifts. Then in January I met her for the first time.

Up until that point it was strange. My head was so full. I tried to get a sense of her from the little bits of information I had and the picture and the video.

> 'When she called me "Mummy" straightaway, I remember feeling a bit unworthy.'

I remember meeting her for the first time. I drove to south London feeling dazed: I was meeting the child who was going to be my daughter. I was so worried that she wouldn't like me. I got to the door and her foster father was holding her, and she opened the door and said 'Mummy'. I had sent her pictures of me and my family, so she knew what I looked like. When she called me 'Mummy' straightaway, I remember feeling a bit unworthy. I felt that I had got something that I hadn't earned. I went into the foster carers', and Rebecca sat on the sofa, very carefully eating an orange.

I remember we went to the park around the corner with her foster mother, and Rebecca was so friendly and talkative, she came to me immediately. I went back another day and I saw her eat and gave her a bath and put her to bed. And then I took her out for the day. We went to Horniman's Museum but it was closed, so we went to the park and it was so cold that she got very red in the face. She was wearing a green dinosaur hat and her face got redder and redder with the cold and I started ringing round people trying to get ideas of what we could do in the area. In the end I took her to McDonalds, against my principles, because it was warm and they had a play area.

Then she came to my house with her foster carer and I showed Rebecca her room with her bed. I was so proud of this bed because it was about two inches shorter than a normal one to fit into the space, and I had taken a lot of trouble to find it. Luckily yellow and orange were her favourite colours so she loved the room. Then she came to stay with me on her own – it was her third birthday – and we spent the day together, before going back to George and June where she had a leaving/birthday party. In retrospect, this was not a good idea because I feel that her birthday is even more painful than it might have been for her as it is still associated with this loss.

> **'After about six weeks everything changed.'**

I brought her home and it was wonderful. I remember going to Brixton and carrying her around and seeing one of my friends and feeling so happy to say she is finally here. It all seemed so unreal. She seemed to go to the toilet all the time and had a Lady Macbeth-like love of washing her hands. I put her to bed and she went and stayed there until morning. It was great but also exhausting – the shock of being in charge of someone else for 24 hours a day. She followed me around and when I went to the toilet she stood outside and asked me what I was doing. I didn't realise how much time I needed to myself until then.

After about six weeks everything changed. She got very angry and in some ways she hasn't stopped. I think that she was happy to come to me. I was the mummy she had looked forward to having, but she hadn't realised that she was going to lose George and June. Even though she called them by their names, they were the only parents she knew. I think when she started to miss them she got very, very angry and of course this brought up all the other losses that she was not consciously aware of. She started getting into a rage, hitting me a lot, and starting wetting herself again. We are still struggling with both of those issues, nearly four years later.

It was a terrible shock. I remember one day I was holding her on her bed and she was trying so hard to kick me that she kept banging her feet against the bed-frame. I got down on the floor with her so that she wouldn't hurt herself, but she kept up the rage for 45 minutes. I just sat there in shock, holding her and watching the clock. When she finally calmed down she started crying again; while she was trying to kick me she had rubbed her leg raw on the carpet. When she was in a rage she hadn't noticed.

> **'The way I was brought up, children do not hit their parents.'**

I called in her social worker and her response was, 'What did you expect? We told you that she occasionally lashed out at her carer.' She was unsympathetic and exasperated and I had to ask her to leave my house. They were quite blasé about her attacking me.

I don't know if this is a cultural difference or social workers being used to this sort of behaviour and not understanding that, to me, it was totally out of the norm. The way I was brought up, children do not hit their parents, and in all my preparation and assessment no one mentioned it as an issue, but now it seemed that this was quite common behaviour. In the assessment I remember in-depth discussions about how to talk to my child about sex. But no one ever asked how I would cope with a child who won't stop hitting me.

I kept saying that I needed some help and got onto a course for dealing with children with challenging behaviour and Rebecca had some play therapy. Then, over the summer, things settled down and September was a lovely month. Rebecca was a lot of fun to be around and she could make a story or play with any little thing. I really enjoyed being with her and I thought the difficult settling-in time was over. Then we went to Barbados with my sister and her kids and had a great time staying with my mum.

When I came back I finally had my operation for fibroids. I had already put it off once because it would be too unsettling for Rebecca and now my fibroids were so large that I couldn't delay it any longer. I had the operation and Rebecca stayed with my sister while I was in hospital. I persuaded social services to pay for home helps while I was recovering, as I wanted Rebecca back at home as soon as possible and I didn't want to be in a situation where I couldn't physically control her. With home helps in the week and friends helping out at the weekend we managed.

'Support from social services has been patchy.'

Everything settled down until the following January. As I got stronger, Rebecca's behaviour started to get worse, around the time of her birthday. It got worse and worse and by the summer things were awful; she was physically attacking me up to ten times a day. I would be driving and if she got angry she would take off her seat belt and start to hit me from the back of the car. I was shell-shocked. My life seemed to revolve around her fighting. I couldn't work out what to do. When she attacked me I restrained her until she settled down, and I was always firm and calm, but she fought me constantly in spite of any sanctions that I gave her. She told me that she was stronger than me and that she wanted to live by herself. All my experience with children made me think that, if you set firm boundaries and stick to them, children will respond, but this was not my experience. I started to realise that Rebecca felt more comfortable when there was conflict.

Support from social services has been patchy. After the initial play therapy, the focus seemed to be on supporting me and for a while this was really helpful. I went to workshops and conferences and read up on attachment problems. I met with the social services counsellor who helped me find ways of dealing with Rebecca's behaviour. But as I learnt to deal with one difficult behaviour, it was replaced by another and I felt that Rebecca still needed help.

She went through a long phase of running away from me when we went out and on a few occasions, she nearly ran into the road. I finally solved this one by putting her in toddler reins. Then she started spitting at me. I solved this one by pretending to like it, but saying she had to wash whatever she spat on. We have had the lying to me about silly things, then becoming enraged when I didn't agree that she was telling the truth phase, the refusing to eat breakfast or take her lunch to school phase, the putting her clothes in the bin phase, the smashing household appliances phase, the wrecking her bedroom phase, the taking off her clothes while we are out phase, the picking her fingers until they bleed phase, and so on. Most scary of all was the time when Rebecca was so angry with me that she bit the lead of her heater while it was plugged in.

> **'When she is just being herself, she is a lovely child.'**

At other times Rebecca is very distressed and sad. There have been months where she would cry for hours night after night and once she told me that her sad feelings are indestructible.

All of this makes her sound like a monster, but she isn't. She is just a very traumatised and very bright girl who has got used to protecting herself from 'Mummy', who cannot be trusted to look after her. As hard as it is to like her at times, I do love her and I want her to be OK. When Rebecca is not hyper or in a rage or trying to control me, when she is just being herself, she is a lovely child. She is articulate, funny, helpful and affectionate; she shares easily. She is very imaginative, has an enquiring mind and is interested in the world around her. She gets on well with anybody, although some of this may be due to the superficial charm that children with attachment difficulties have; sometimes it feels like a genuine interest in other people. Her friendliness and charm have made it hard for some support agencies to take her needs seriously, but it does mean that family and friends are always happy to see her and have her staying over. I am glad that she is popular and doing well at school and I understand why her anger is directed at me, but at times this makes me feel isolated.

I have pushed to get us the support that we need, but any sort of help seems to require a large number of meetings. There was one point, in 2002, when I was going to two meetings a week, with my social worker, the fostering consultant, the psychologist, the paediatrician from the placing borough, the paediatrician from our home borough, the physiotherapist, the occupational therapist, the psychotherapist, etc. Everything I have read about attachment difficulties fits Rebecca, but we have had blood tests, genetic tests, tests for her hearing and sight, investigations for Foetal Alcohol Syndrome, occupational therapy assessments, physiotherapy assessments, developmental checks, case conferences and reviews. Referrals have led to assessments, and assessments have led to referrals. I know that social services think they have done an awful lot for me, and if being assessed was a cure then my daughter would be the epitome of emotional health.

I was offered individual psychotherapy for Rebecca, but everything I had read said that this did not work for children with attachment difficulties. I held out for something else and we were offered joint sessions with the psychotherapist and the social services counsellor, focusing on attachment issues. Rebecca would fight me in the sessions but afterwards she would be like a baby and be calmer for at least a few days. However, after 12 weeks the counsellor left and she was replaced by a colleague who was just about to go on maternity leave. After that there was no one to replace her. The psychotherapist offered to continue but made it clear that he would take a very different approach, based on individual child psychotherapy. I felt that this would not be right for Rebecca, as her difficult behaviour was directed at me. So, after two years of meetings, I was back to square one.

Around this time I was due to go to court to adopt Rebecca, but when I told my solicitor what was happening she strongly recommended that I put the adoption on hold until Rebecca's support needs were clarified. When I put the adoption on hold things between myself and social services deteriorated. They thought they had given me a lot of support and one manager, whom I had never met, told me that 'nothing would ever please' me. I also sensed in their reaction a disappointment in me: when I was assessed I was seen as a strong, confident, articulate, professional black woman; but if things were hard, I was expected to suffer stoically, hold my head high and be a credit to black women everywhere.

I was encouraged to ask for support, but when I talked about Rebecca's challenging behaviour and how it affected me, I found that the black social workers were uncomfortable. I felt that they perceived my opening up as weakness and letting the side down.

At the next review, there were the psychotherapist and four social workers on one side of the table, and me on the other. Social services questioned my commitment to Rebecca and started to talk about whether this was the best placement for her. I found this ironic: the adoption had taken over 18 months to come to court. Every time I rang my solicitor to check the progress of my application, she would be waiting for some paperwork from the local authority. This did not raise any concerns with social services, but when I put things on hold until support for Rebecca could be clarified, they said the delay was damaging for her.

In the end I decided to go ahead with adoption because I looked forward to not having to deal with social services anymore.

All of this conflict, stress and uncertainty of the last four years have taken their toll, physically, emotionally and financially. I had expected to be back working full time by the time Rebecca started school but thing have not worked out that way. This year my GP was strongly recommending that I take anti-depressants but I have resisted, because I think depression is a logical and sensible response to this situation!

I have coped with St. Johns Wort, daily exercise, too much chocolate, a huge overdraft and a lot of support from my family and friends. My brothers and sister often have Rebecca over and she gets on well with her ten cousins. I have childless friends who can give Rebecca lots of individual attention when I need a break. I also think it is good for Rebecca to have a break from trying so hard to control me. My support system means that I have people I can ring up and cry at, or share the happy moments or my fears for the future. I can tell them the latest awful thing Rebecca has done without worrying that they will judge me, or Rebecca. I honestly don't think we would still be here without them.

> **'I am still here and so is she, so I must be coping.'**

I also feel that I have had to be emotionally resilient and have quite strong internal resources. Years ago I did a counselling skills course and as a result I decided to have counselling myself. I now feel that this has been invaluable because I know myself pretty well, and I can try to understand what issues Rebecca's behaviour brings up for me. It also helps me to keep in touch with Rebecca's underlying sadness, so that I can help her manage her emotions, while trying not to be affected by her constant agitation and anger towards me. Often this feels like an impossible task, but I am still here and so is she, so I must be coping.

We have recently started to have sessions with the Post Adoption Centre. They provide a culturally diverse service and they have lots of experience of dealing with children like Rebecca. My only concern is that the service is time limited. After nearly four years, I don't see how 12 sessions are going to do it, but they have assured me that they are not going to leave us in the lurch. I am trying to be positive, but I have had so many false starts and assurances of services that have fallen through – I am trying not to be cynical.

Sometimes Rebecca pushes me to the limit but, in spite of everything, I am her mother and I want the best for her. I want her to have the chance to deal with her anger and sadness so that, more often, she can be the lovely, lively and loving child that she is.

JULIETTE BENZONI

Juliette Benzoni est née à Paris. Fervente lectrice d'Alexandre Dumas, elle nourrit dès l'enfance une passion pour l'histoire. Elle commence en 1964 sa carrière de romancière avec la série des *Catherine*, traduite en plus de 20 langues, série qui la lance sur la voie d'un succès jamais démenti jusqu'à ce jour. Elle a écrit depuis une soixantaine de romans, réunis notamment dans les séries intitulées *La Florentine* (1988-1989), *Les Treize Vents* (1992), *Le boiteux de Varsovie* (1994-1996) et *Secret d'État* (1997-1998). Outre la série *Catherine* et *La Florentine*, *Le Gerfaut* et *Marianne* ont fait l'objet d'une adaptation télévisuelle.

Du Moyen Âge aux années 30, les reconstitutions historiques de Juliette Benzoni s'appuient sur une documentation minutieuse. Vue à travers les yeux de ses héroïnes, l'Histoire, ressuscitée par leurs palpitantes aventures, bat au rythme de la passion. Figurant au palmarès des écrivains les plus lus des Français, elle a su conquérir 50 millions de lecteurs dans plus de 20 pays.

D0683931

La Florentine

* * * *

FIORA
ET LE ROI DE FRANCE

DU MÊME AUTEUR
CHEZ POCKET

DANS LE LIT DES ROIS
DANS LE LIT DES REINES
LE ROMAN DES CHÂTEAUX DE FRANCE (1 et 2)
UN AUSSI LONG CHEMIN
DE DEUX ROSES L'UNE
LA PERLE DE L'EMPEREUR
REINES TRAGIQUES

LE GERFAUT
(4 tomes)

MARIANNE
(6 tomes)

LE JEU DE L'AMOUR ET DE LA MORT
(3 tomes)

SECRET D'ÉTAT
(3 tomes)

LE BOITEUX DE VARSOVIE
(4 tomes)

LES TREIZE VENTS
(4 tomes)
LES LOUPS DE LAUZARGUE
(3 tomes)

LA FLORENTINE
(4 tomes)

LES DAMES DU MÉDITERRANÉE-EXPRESS
(3 tomes)

CATHERINE
(7 tomes)

JULIETTE BENZONI

La Florentine

＊＊＊＊

FIORA
ET LE ROI DE FRANCE

PLON

© Plon, 2003.

ISBN 2-266-14749-8

Première partie

LA PIERRE ARRACHÉE

CHAPITRE I

UN PRINTEMPS POURRI

Jamais Florence n'avait vu cela. Depuis le monstrueux jour de Pâques – 16 avril 1478 – où le soleil avait éclairé impitoyablement le sacrilège et les massacres dont la ville avait été le témoin puis l'acteur forcené, le ciel emmitouflé de nuages noirs et bas courant d'un bout à l'autre de l'horizon semblait n'avoir plus d'azur à offrir.

Certes, la semaine sainte avait été grise, triste et humide. C'était là chose trop courante pour que l'on s'y attachât. Mais que, dès le lendemain du jour de la Résurrection, le temps fût devenu affreux, il n'en fallait pas plus pour que les Florentins y perçoivent un signe de la colère divine... Car la pluie qui survint et persista n'était pas une de ces pluies de printemps, douces et fines, qui pénètrent bien la terre, font gonfler la sève et surgir, drus et vivaces, l'herbe savoureuse des pâtures, les pousses tendres du blé et du seigle, les feuilles nouvelles des arbres et les minuscules grains verts des olives sous leur chevelure argentée. C'étaient de lourdes averses rageuses, portées par le souffle furieux d'un vent de malheur, qui arrachait la terre aux pentes des collines en dépit des murets de pierre et la faisait couler en ruisseaux jaunes vers la ville et vers un fleuve qui ne cessait de grossir.

L'Arno débordait. Son flot devenait nerveux, agressif, il emportait vers la mer tout ce dont il pouvait s'emparer au passage : barques mal amarrées, filets de pêche, tonnelets, morceaux de bois arrachés aux berges, dépouilles d'animaux et débris de toutes sortes enlevés aux tavernes riveraines ou aux caves des échoppes des ponts. Les palais, grâce aux pierres cyclopéennes sur lesquelles ils reposaient, jouaient les digues ou même les phares. L'eau les contournait et s'insinuait dans les rues, de plus en plus loin, de plus en plus haut. Des prières commençaient à s'élever dans les églises, et surtout, bien sûr, dans le Duomo, Santa Maria del Fiore, pourtant purifié du sang versé à grands renforts d'encens et d'eau bénite. Quant au peuple, il allait à cheval, à dos d'âne ou de mule lorsqu'il en avait les moyens, mais se trempait les chausses dans la plupart des cas s'il lui fallait se rendre dans la partie basse de la ville.

Ce jour-là, Fiora descendit de Fiesole en dépit des efforts de Démétrios pour la retenir. Le sévère isolement auquel l'astreignaient la prudence du médecin grec et la passion ombrageuse de Lorenzo de Médicis lui pesait. Trois semaines depuis qu'un coup de dague avait fait justice de Hieronyma! Trois longues semaines à regarder, du soir au matin, la pluie délaver le paysage et noyer les terrasses de son jardin! La vie continuait, cependant, dans la grande cité étalée à ses pieds. Et elle devait rester là, à attendre la nuit qui lui ramènerait – ou ne lui ramènerait pas! – un amant accablé de soucis et de responsabilités. Réduite au rôle inactif et même passif d'une femme de harem, Fiora venait de décider qu'elle en avait assez et qu'il lui fallait bouger sous peine de devenir folle. Et puis, voilà trop longtemps qu'elle désirait aller prier au tombeau de son père. Ce devoir d'amour ne serait pas différé davantage. Aussi, vers le milieu du jour, se mit-elle en route sous la garde d'Esteban. Mais elle dut promettre de ne point s'attarder car, depuis l'assassinat de Giuliano de Médicis durant la messe de Pâques, Florence n'était pas sûre et pouvait s'enflammer au moindre geste malheureux.

L'église d'Or San Michele où Francesco Beltrami reposait parmi d'autres notables des Arts majeurs aurait ressemblé davantage à un palais médiéval sans les admirables statues de saints, œuvres de Donatello ou de Lorenzo Ghiberti, qui, dans des niches, ornaient ses quatre faces. Construite durant le XIVe siècle à la place de l'ancien oratoire Santa Maria in Orto et d'une halle aux grains, elle était le seul sanctuaire florentin à posséder un grenier au-dessus de sa double nef. Peut-être était-elle aussi la mieux ornée, car les maîtres les plus illustres des quatre grandes corporations avaient contribué de leurs deniers à l'embellir.

Or San Michele eût été très sombre, ses ouvertures étant rares et étroites, si des buissons de cierges allumés n'avaient illuminé de leurs petites flammes dorées la magnificence de son décor intérieur. L'ensemble chatoyait, brillait et auréolait une merveille : le tabernacle gothique d'Andrea Orcagna, incrusté de mosaïques et orné de bas-reliefs. Il faisait la gloire de la nef de droite.

La dalle sous laquelle reposait Francesco Beltrami se trouvait non loin de ce tabernacle, au pied duquel rougeoyait une veilleuse. Avec une émotion profonde, Fiora se laissa tomber à genoux sur la pierre. C'était la première fois qu'elle pouvait venir prier à cet endroit puisqu'elle n'avait même pas eu le droit, au jour de colère des funérailles, d'y accompagner son père [1]. D'abord captive, puis cachée, enfin emportée loin de Florence par la tempête qui avait failli la briser, elle avait souvent songé, avec des larmes dans le cœur, à ce tombeau, profané par la haine superstitieuse de Hieronyma, où reposait un corps dont on avait fouillé la poitrine pour offrir à un démon de bois et de carton la chair qui avait battu au rythme généreux d'un homme de bien.

Se courbant jusqu'à ce que sa bouche et ses pleurs atteignissent la pierre froide, la jeune femme resta prostrée un long moment, ensevelie dans ses voiles noirs – toute la

1. Voir *Fiora et le Magnifique*.

ville portait le deuil de Giuliano de Médicis – qui prenaient à cet instant une double signification.

— Père, murmurait-elle, mon père! Je t'aimais, sais-tu
et je t'aime toujours... Je t'aime, je t'aime, je t'aime... Si
seulement mes larmes pouvaient te redonner la vie! Si
seulement je pouvais partager la mienne! Ô, père, pourquoi nous a-t-on arrachés l'un à l'autre? Nous étions si
bien, tous les deux!...

Secouée de sanglots, elle eût peut-être attendu là la fin
du jour dans sa douleur réveillée si deux mains posées sur
ses épaules n'avaient entrepris de la relever.

— Tu te fais du mal, Fiora! chuchota une voix douce. Il
ne faut pas rester là! Viens avec moi!

Un peu courbatue par sa longue prosternation, Fiora se
redressa, essuyant à sa manche les larmes qui coulaient
encore pour offrir un sourire à la nouvelle venue.

— Chiara! Est-ce toi? Est-ce bien toi?

Un élan la jeta dans les bras de l'amie retrouvée et les
deux jeunes femmes s'embrassèrent avec l'enthousiasme
qui naît toujours d'une longue séparation. Un peu en
arrière, la grosse Colomba, autrefois la gouvernante de
Chiara Albizzi et à présent sa suivante, pleurait d'attendrissement en remerciant le Ciel, avec sa volubilité habituelle, pour cette joie dont elle avait le privilège d'être le
témoin. Fiora l'embrassa elle aussi puis, prenant les deux
femmes chacune par un bras comme si elle craignait de les
voir disparaître, elle les entraîna vers l'un des bancs disposés contre les murs de l'église.

— Quelle joie de vous revoir! soupira-t-elle. Comment
avez-vous pu savoir que j'étais ici? Est-ce le hasard qui
vous a conduites en cet endroit?

— Non, dit Chiara. Tout Florence sait que tu es revenue. On parle de toi presque autant que des Pazzi.

— Moi qui espérais tant passer inaperçue!

— Toi... ou Lorenzo?

— Ah!... Tu sais cela aussi?

Chiara se mit à rire et Colomba, qui s'efforçait d'avoir
l'air de prier, sourit aux anges:

– Comme tout Florence! Chère innocente! Tu as oublié que, lorsque notre prince éternue, la ville entière se demande d'où est venu le courant d'air? On sait que tu es à Fiesole.

– Alors, pourquoi n'es-tu pas venue me voir?

– Par discrétion et aussi... par prudence. Lorenzo n'est plus le même depuis la mort de son frère et tu fais partie d'une vie secrète qu'il préserve jalousement. Ce qui semble facile à comprendre : quand deux êtres s'aiment...

– Mais je ne suis pas du tout certaine que nous nous aimions! Nous sommes tombés dans les bras l'un de l'autre, au soir du meurtre, et nous y sommes restés jusqu'à présent. Mais cette situation tient à ce qu'il avait besoin de moi autant que moi de lui. De toute façon, cela ne saurait durer.

– Pourquoi donc?

– Parce que je dois repartir bientôt. J'ai, en France, un fils de neuf mois.

– Tu as un fils? Oh, mon Dieu! Quelle chance tu as! Un enfant! J'aimerais tant avoir un enfant!

– Mais... n'es-tu pas mariée?

– Non. Bernardo Davanzati que je devais épouser est mort de la peste, à Rome, l'an passé.

– Oh! Je suis désolée!

– Il ne faut pas! Je ne l'aimais pas vraiment d'amour. Pourtant, il représentait ma seule chance de ne pas rester vieille fille, car ma dot est mince.

En dépit de la sérénité du ton, Fiora aurait juré qu'un nuage venait de passer sur le charmant visage de son amie, et elle posa un baiser léger sur sa joue.

– Pardonne-moi! dit-elle.

– Oublions cela! Sans doute as-tu beaucoup à me raconter? Pourquoi ne viendrais-tu pas quelques jours chez nous? Mon oncle serait heureux de te revoir. Et puis... pour dire la vérité, c'est dans ce but que je t'ai fait espionner, conclut Chiara en souriant.

– Espionner?

– N'aie pas peur ! C'est tout à fait innocent. J'étais certaine qu'un jour ou l'autre, tu viendrais prier ici et, dès que j'ai su ton retour, j'ai interrogé le bedeau, mais il ne t'avait pas encore vue. Alors, je l'ai payé pour qu'il vienne me prévenir dès que tu te montrerais... et c'est ce qu'il a fait. Voilà ! A présent, dis-moi si je t'emmène ?

Fiora n'hésita pas. Ce court séjour chez Chiara la ramènerait aux jours heureux d'autrefois. Et puis, elle était secrètement ravie d'affirmer une certaine indépendance vis-à-vis de Lorenzo. La nuit dernière, il s'était montré distrait et, de ce fait, un peu moins ardent. En quittant Fiora, il avait d'ailleurs expliqué cette légère inattention en annonçant qu'il ne viendrait pas le lendemain soir : les pluies incessantes avaient provoqué un glissement de terrain dans la vallée du Mugello. La terre en se retirant avait mis au jour une épaule de marbre blanc appartenant sans doute à une statue antique.

– On m'a prévenu hier soir, dit Lorenzo dont les yeux sombres brillaient d'excitation, et j'ai promis de venir ce matin. Je ne repartirai, comprends-tu, qu'une fois l'ensemble dégagé.

Comprendre ? Il aurait fallu ne pas connaître Lorenzo, sa quête incessante de la beauté, de la rareté, et son amour des vestiges des temps anciens pour ne pas comprendre. Démétrios avait tout à fait raison de comparer Fiora à la fleur précieuse volée au jardin du Magnifique avant qu'il ait pu en connaître le parfum, et revenue par une sorte de miracle. Ce n'était pas l'amour qui unissait les deux amants, mais un désir violent encore exalté par l'orgueil de posséder, l'un une femme d'une exceptionnelle beauté longtemps convoitée, l'autre un homme prodigieux en toutes choses qu'une reine eût été heureuse de voir à ses pieds. Tous deux aimaient l'amour, et les étreintes qui soudaient leurs corps pouvaient atteindre à la perfection d'un poème, mais le cœur de Fiora ne battait pas à l'approche du Magnifique, même quand sa chair s'ouvrait à ses caresses dans l'attente exquise d'un accomplissement dont elle savait qu'il lui ferait toucher les sommets du plaisir. Quant à Lorenzo, comment connaître les pensées qui s'agitaient sous son grand front bosselé ?

Il écrivait des poèmes pour Fiora ; il la comblait de présents et se plaisait à la parer, mais il était rarement satisfait de ces écrins somptueux dans lesquels il s'efforçait de sertir sa beauté parce qu'elle en triomphait toujours. Un soir, même, il n'était pas venu seul : Sandro Botticelli, un carton sous le bras, l'accompagnait et Fiora, rose de confusion, dut poser pour le jeune peintre, nue et debout sur un tabouret bas autour duquel Lorenzo avait allumé des flambeaux pour que la lumière dore sa peau et la fasse vivre plus intensément. Puis, le peintre éclipsé, il l'avait aimée avec une ardeur affamée qui avait un peu effrayé la jeune femme. Et comme elle lui en faisait la douce observation, il avait soupiré :

– Quel homme n'a jamais rêvé de posséder une déesse, dans l'espoir insensé d'atteindre la source de sa beauté et de lui en voler une parcelle ? Hélas, Vénus n'est pas généreuse et garde tout pour elle.

– Ne me dis pas que tu le regrettes ? Tu n'as pas besoin d'être beau, toi. Ce que tu possèdes est bien plus puissant. Elles sont nombreuses, n'est-ce pas, celles qui souhaitent attirer ton regard ?

– Parce que je suis le maître ? Mais si je n'étais qu'un portefaix ou un batelier de l'Arno, combien d'entre elles m'accorderaient leur attention ?

– Beaucoup plus que tu ne le crois. Ou alors, il faudrait n'être pas femme.

Il l'avait remerciée d'un baiser, puis il avait ajouté :

– Néanmoins, je sais que la soif de beauté qui m'habite ne s'éteindra jamais.

À présent, sa recherche incessante l'attirait vers une statue et, si Fiora n'en était pas surprise, elle se sentait tout de même un peu vexée. L'invitation de Chiara tombait à point nommé. Il était bon que Lorenzo connût l'attente durant quelques jours. Elle-même commençait à

éprouver le besoin de prendre une certaine distance avec
cette aventure passionnée qui l'envahissait et occupait un
peu trop son esprit ; en attendant peut-être de s'installer
dans son cœur. Fiora ne voulait pas s'attacher à Lorenzo :
elle savait que ce serait se condamner à souffrir un jour ou
l'autre. En outre sa vie, sa vraie vie l'attendait ailleurs,
auprès de son petit Philippe dont elle avait le devoir de
faire un homme. Et cela n'était pas compatible avec l'existence de favorite officielle qui s'esquissait à son horizon.

Se tenant par le bras, les deux amies sortirent de
l'église, Colomba sur leurs talons. Fiora chercha des yeux
Esteban, parti faire une course dans le quartier et qui
devait revenir l'attendre. Ne l'apercevant pas, elle pensa,
avec une pointe d'agacement, qu'il devait s'attarder dans
l'une de ses chères tavernes. Sans doute n'était-il pas bien
loin car les deux mules étaient restées attachées sous
l'auvent où il les avait abritées. Fiora n'avait guère envie
de le guetter dans la rue, pourtant il fallait bien lui
apprendre qu'elle se rendait chez les Albizzi au lieu de
remonter avec lui à Fiesole.

La pluie avait cessé, mais les nuages qui survolaient la
rue étroite promettaient d'autres averses et il était dommage de ne pas profiter de cette éclaircie pour rentrer :

— Peut-être pourrait-on dire un mot aux garçons qui
travaillent ici ? zozota Colomba en désignant la maison
située en face du porche de l'église et où l'on distinguait,
par une fenêtre ouverte, les têtes appliquées des commis
penchées sur de gros registres. C'était le palais en forme
de tour qui abritait l'Arte della Lana – l'art de la laine –
dont le prieur, messer Buonaccorsi, était un ami des
Albizzi.

Les deux jeunes femmes allaient, en conséquence, gra-
vir les quelques marches conduisant à la porte surmontée
des armes de la corporation, quand elles virent accourir
Esteban. Il arrivait des entrepôts des teinturiers qui se
trouvaient auprès d'Or San Michele. Une ruelle à peine

plus large qu'un boyau l'en séparait, creusée en son milieu par un ruisseau où s'écoulait le surplus des bains de couleur des écheveaux de laine, pendus sur des traverses dans des espèces de cages pourvues d'un toit. Le ruisseau était ainsi violet, incarnat ou bleu foncé selon que les ouvriers avaient employé le tournesol, la garance ou la guède. Ce jour-là, il était d'un rouge profond de rubis quand le Castillan l'enjamba pour rejoindre les dames.

— Pardonnez-moi! dit-il, et son visage bouleversé était blanc comme de la craie. Je vous ai fait attendre et j'en suis désolé.

— Qu'y a-t-il, Esteban? demanda Fiora. Seriez-vous souffrant?

— Non...non, mais je viens de voir une chose tellement affreuse que j'en suis retourné. Entendez-vous ces cris?

Des clameurs, en effet, arrivaient par-dessus les toits et le long des ruelles, indistinctes mais féroces: la haine jointe à une joie sauvage traduite par des rires déments. Les trois femmes se signèrent vivement.

— On dirait que ce tumulte vient de la Seigneurie? dit Chiara. Est-ce qu'on aurait encore trouvé des gens à pendre?

— Non. On a trouvé mieux!

Et Esteban raconta comment une bande d'hommes et de femmes, arrivés de la campagne pour la plupart, venaient d'aller violer, dans l'église Santa Croce, la tombe de Jacopo Pazzi pour en extraire le corps du vieil homme dont on disait qu'avant d'être pendu il avait blasphémé et vendu son âme au diable. Ces gens attribuaient au sacrilège commis en confiant à la terre chrétienne la dépouille d'un suppôt de Satan les violentes intempéries dont souffraient Florence et sa région.

— Que veulent-ils en faire? murmura Fiora avec dégoût.

— Je ne sais pas. Pour l'instant, on traîne cette affreuse et puante dépouille par les rues pour la mener devant les prieurs. Aussi, si vous me pardonnez de vous presser, je pense qu'il vaudrait mieux rentrer.

– Allez sans moi! Je m'en vais passer quelques jours chez donna Chiara au palais Albizzi. Dites à Démétrios qu'il ne se tourmente pas et, si vous voulez bien revenir demain, dites aussi à Samia de préparer quelques vêtements pour moi.

Le sourire d'Esteban approuva l'escapade :

– Cela vous fera du bien de vivre un peu avec des femmes, déclara-t-il. Mais je vais tout de même vous escorter jusqu'au palais Albizzi. Je serai plus tranquille.

– Oh! Regardez! s'écria Colomba, pointant vers le ciel un doigt tremblant d'excitation. Le soleil! Le soleil revient!

En effet, les nuages venaient de s'écarter, comme déchirés par un brusque coup de vent, et la flèche lumineuse d'un chaud rayon alluma des rutilances au fond du ruisseau des teinturiers. Dans la Seigneurie, un immense cri de triomphe, cette fois, salua cette apparition inattendue.

– Ils vont prendre cette éclaircie pour un signe du ciel et un encouragement, grogna le Castillan. D'ici à ce qu'ils aillent en déterrer d'autres...

Quand, en rejoignant la demeure de Chiara, on atteignit le Borgo degli Albizzi dont le palais Pazzi avait été l'un des plus beaux ornements, Fiora ne put se défendre d'un mouvement de pitié. Le magnifique édifice, commencé vers le milieu du siècle par Brunelleschi et achevé par Giuliano da Maiano, avait cruellement souffert de la colère populaire. Les fenêtres avaient perdu leurs carreaux. Au-dessus de la porte éventrée on avait martelé les armes de la famille et partout subsistaient les traces de l'incendie qui avait ravagé l'intérieur. Dans la grande cour carrée, les débris s'amoncelaient, vestiges devenus sans intérêt d'objets naguère précieux que l'on avait brisés faute d'en connaître la valeur. Ce n'était plus qu'une coquille vide, les veuves et leurs enfants s'étant enfuis pour chercher refuge dans la campagne ou dans quelques foyers charitables.

— Ne t'attendris pas! dit Chiara qui avait suivi la pensée de son amie. Ces gens ont fait détruire ton propre palais, aujourd'hui bien plus abîmé encore que celui-ci. En outre, leurs femmes ne seront pas traquées comme tu l'as été. A l'exception toutefois... du moins je l'espère, de l'infernale Hieronyma dont on prétend qu'elle serait revenue.

— Elle est morte, dit Fiora. Poignardée dans le logis de Marino Betti par un de mes amis alors qu'elle essayait de m'étrangler.

— Eh bien, en voilà une nouvelle! s'écria Colomba à qui revenait toujours la palme de la plus fieffée commère de Florence. Pourquoi donc n'en a-t-on pas parlé sur les marchés?

— Parce que Monseigneur Lorenzo l'a voulu ainsi, répondit Fiora. Par ses ordres, Savaglio et quelques-uns de ses hommes ont fait écrouler la maison sur son cadavre qui n'aura pas d'autre sépulture. Il demeurera cloué au sol par la dague qui l'a frappé et que son possesseur a refusé de reprendre. Il paraît qu'un écriteau a été planté sur les décombres.

— Et que dit-il, cet écriteau? demanda Colomba fort intéressée.

— « Ici la justice de Florence a frappé. Passant, éloigne-toi! »

— C'est presque trop beau pour cette abominable créature, remarqua Chiara. Puis, en guise d'oraison funèbre, elle conclut avec satisfaction : de toute façon, c'est une bonne chose qu'elle soit morte.

— Plus encore que tu ne l'imagines! dit son amie.

Se retrouver chez les Albizzi, dans ce cadre familier où elle n'avait connu que de bons moments, donna à Fiora l'impression délicieuse que le temps s'abolissait et que le passé renaissait. Rien n'y avait changé, les objets n'avaient pas bougé et l'odeur de cire vierge et de résine de pin était celle que, de tout temps, elle y avait respirée. Les prunes confites, chef-d'œuvre de Colomba qu'on lui offrit dès l'entrée, restaient aussi exquises. Même l'oncle de Chiara, le vieux ser Lodovico, n'avait pas vieilli d'un cheveu. En rentrant pour le repas du soir, il embrassa Fiora comme s'il l'avait vue la veille, la complimenta sur sa bonne mine et disparut dans son « studiolo » avec la hâte d'un homme dont le temps est précieux. C'était en effet un naturaliste passionné qui considérait comme perdu le temps qu'il ne consacrait pas à la botanique, aux minéraux et aux différentes familles de papillons. Bon et simple, naïf comme un enfant, il ne manquait jamais, avant de se mettre au travail, de prier Dieu de lui donner force et raison. Lorenzo l'aimait bien, comme l'avaient aimé son père et son grand-père, et c'était en grande partie grâce à lui si les autres membres du clan Albizzi, autrefois frappés d'exil, avaient pu revenir à Florence.

Incroyablement distrait aussi, les événements extérieurs passaient sur lui sans guère laisser de traces. Ainsi, durant le souper où Colomba servit des pigeons farcis aux herbes fines, l'une de ses gloires, il se montra extrêmement surpris d'avoir trouvé sur son chemin, en sortant de chez son savant ami Toscanelli, le cadavre du vieux Pazzi qu'une bande d'hommes et de femmes traînaient sur les pavés.

— Il m'a été difficile de le reconnaître, ce cadavre est en fort mauvais état. Je n'ai d'ailleurs pas bien compris ce que ce Pazzi faisait là, car je ne savais même pas qu'il était mort.

— Mon cher oncle, fit Chiara en riant, quel cataclysme serait assez puissant pour t'arracher à tes chères études et t'intéresser à la vie de la cité ? Depuis le meurtre de son frère, Lorenzo de Médicis et la Seigneurie ont entrepris d'exterminer les Pazzi. Oublies-tu que leur palais a brûlé il y a quinze jours ?

— C'est vrai ! Je m'en souviens, j'ai cru que le feu avait pris dans une de nos cheminées. En tout cas, ce brave Petrucci s'est mis à brailler qu'il fallait arrêter cette promenade répugnante puisque le soleil était revenu, et là je n'ai plus rien compris. Qu'est-ce que le soleil vient faire là-dedans ? Le soleil brille tous les jours, à Florence ?

– Plus depuis un mois, mais cela ne semble pas t'avoir frappé ? Ces pauvres gens pensaient que les pluies incessantes venaient de ce que l'on avait enterré Pazzi, suppôt de Satan, dans une église. J'espère tout de même qu'on va l'enterrer quelque part ?

– Ah bon ! Ah !... Très bien ! L'enterrer ? Oui, je crois que Petrucci a dit quelque chose là-dessus. On va fourrer le vieux brigand près des remparts, du côté de la porte San Ambrogio, me semble-t-il. Colomba ! Je reprendrais bien une moitié de pigeon...

Son repas terminé, il alla chercher un gros chat noir et blanc qui sommeillait devant la cheminée, le mit sous son bras et regagna son cabinet de travail après avoir souhaité la bonne nuit aux deux filles.

Celles-ci partagèrent le lit de Chiara comme autrefois. Elles avaient toujours tant de choses à se dire et, ce soir, bien sûr, plus que par le passé. Une bonne partie de la nuit suffirait à peine. C'était une belle nuit paisible, la première depuis plusieurs semaines et le clair de lune, voilé par léger brouillard à reflets nacrés, éclairait la chambre d'une lumière un peu mystérieuse. Par la fenêtre de Chiara, un acacia blanc étirait une branche jusqu'à l'intérieur de la pièce égrenant sur le tapis ses fleurs fragiles au parfum délicat. Dans cette atmosphère pleine de la douceur d'autrefois, Fiora put ouvrir son cœur à son amie avec plus d'abandon qu'elle ne l'avait fait jusqu'à présent, même avec Démétrios. Chiara, étant femme, pouvait comprendre les élans secrets d'une autre femme mieux que n'importe quel homme.

Comme le médecin, Chiara encouragea son amie à garder secret le malheureux mariage avec Carlo Pazzi.

– Nous allons avoir la guerre et Rome va se trouver bientôt beaucoup plus loin de Florence qu'elle ne l'est en réalité. Tu as toutes les chances de ne revoir jamais ce pauvre garçon.

– Je n'en suis pas moins mariée à lui, et il s'est comporté en ami. Je sais aussi qu'il est malheureux loin de sa chère maison de Trespiano. Si seulement je pouvais la lui faire rendre !

– Je comprends ton souhait, mais attends encore un peu. Lorenzo donne l'impression d'un écorché vif depuis le crime. Tu lui apportes un adoucissement sans nul doute précieux, mais il faut se méfier de ses réactions. D'autre part, comment penses-tu organiser ton avenir ? Tu ne peux rester dans cette situation fausse que te crée le... la passion du maître ?

– Tu allais dire le caprice, et je crois que c'est le mot juste. Qui était la maîtresse de Lorenzo quand je suis revenue ? Car je suis certaine qu'il en avait une ?

– Oui. Bartolommea dei Nasi. Une belle fille, pas très maligne, mais les siens le sont pour elle. Ils pourraient trouver désagréable que ta présence ait tari leur corne d'abondance. Tu risques même d'être en danger.

– Ils auraient tort de charger leur âme d'un crime. Je m'éloignerai de Lorenzo un jour ou l'autre. Seulement, je ne veux pas le blesser.

– Sois franche ! Ni renoncer déjà à ce que tu trouves auprès de lui ?

– C'est vrai. Je voudrais que cette situation se prolonge encore un peu. A l'entendre, d'ailleurs, il souhaite que cela dure longtemps et m'a proposé d'envoyer au Plessis chercher mon fils et Léonarde, mais je n'ai pas encore pu me résoudre à accepter. Je ne sais pas pourquoi, car ce serait dans l'intérêt de l'enfant. Élevé ici, il recevrait tout naturellement l'éducation nécessaire pour reprendre en totalité les affaires de mon père.

– Tu ne parles pas sérieusement ?

– Mais si. Dès sa naissance, j'ai souhaité faire de lui un homme tel que l'était mon père : courageux, lettré, humain, généreux et ouvert à la beauté. Est-ce que cela te paraît si invraisemblable ?

– A mon tour d'être franche : oui.

– Mais pourquoi?

– Ce n'est pourtant pas moi qui ai épousé messire de Selongey! Tu oublies que ton fils est aussi le sien, qu'il porte un grand nom dans son pays, même si c'est celui d'un homme qui a payé sur l'échafaud sa fidélité à une cause perdue. Tu ne peux pas en faire un bourgeois florentin...

– Je ne vois pas en quoi ce serait déchoir?

– Il est possible que tu ne le voies pas, mais lui le verra un jour. Quand il sera grand, il posera des questions auxquelles il te faudra répondre. Et alors, qui te dit qu'il ne préférera pas une vie misérable, une vie de proscrit en accord avec ce qu'avait choisi son père, à la vie fastueuse dont tu rêves pour lui, mais où il ne se reconnaîtra pas? Tu as été déracinée, toi, et tu sais ce que cela t'a coûté. Ne fais donc pas subir la même épreuve à ton enfant! Élève-le dans l'amour et le souvenir de ton époux...

– Est-ce vraiment incompatible avec la vie d'un des hauts personnages de notre cité?

– Peut-être pas, mais à la condition que tu ne sois plus, et depuis longtemps, la maîtresse de Lorenzo. Je sais, ajouta Chiara en souriant, j'ai l'air de te vouer à une austérité pour laquelle tu n'es pas faite, mais je crois que si j'avais un enfant, je m'y résoudrais avec joie...

Sans répondre, Fiora passa un bras autour du cou de son amie, l'embrassa, puis laissa son visage contre le sien sans se rendre compte que des larmes coulaient sur ses joues.

– Ne pleure pas, fit Chiara. Je suis sûre qu'il y a encore de beaux jours à venir pour toi... A présent, si nous dormions? L'aube va bientôt venir.

Ce ne fut pas le jour qui les éveilla, mais un véritable hurlement poussé par Colomba. En un clin d'œil, elles se retrouvèrent pieds nus et en chemise sur les marches de marbre de l'escalier, courant vers la porte grande ouverte du palais en travers de laquelle la grosse Colomba était évanouie. Une servante lui tapotait les joues sans convic-

tion tandis qu'au-dehors un valet levait le poing en glapis-
sant des injures. Un jeune homme très élégant joignait sa
voix à celles du serviteur et de Lodovico Albizzi qui, en
robe de chambre et son chat sous le bras, trépignait et
poussait des cris inarticulés.

En les rejoignant, les deux jeunes femmes virent une
troupe d'enfants qui s'éloignaient en dansant, traînant
quelque chose au bout d'une corde.

— Qu'est-ce que c'est, mon oncle ? demanda Chiara
inquiète de voir le vieil homme rouge de fureur.

— Hé, c'est toujours ce vieux diable de Jacopo Pazzi !
Le voilà qui traîne encore par les rues ! Je n'ai jamais vu
un mort s'agiter autant...

Ce qui s'était passé, Fiora, qui faisait boire à la pauvre
Colomba quelques gouttes d'eau-de-vie, l'apprit de sa
bouche même. Tandis qu'elle veillait à la préparation du
premier repas, la gouvernante de Chiara avait entendu,
dans la rue, chanter une troupe d'enfants. L'instant
d'après, le heurtoir de la porte avait été vigoureusement
agité. Colomba était allée ouvrir, et c'est alors qu'elle
avait poussé ce cri qui avait réveillé une partie de la maison : accroché à la chaîne de la cloche, un cadavre à demi
décomposé dodelinait flasquement tandis qu'autour de lui
les gamins riaient et criaient :

— Frappe à la porte, ser Jacopo ! Frappe à la porte !
Ouvrez à messer Jacopo di Pazzi !

L'arrivée en trombe de l'élégant jeune homme à cheval
les avait mis en fuite. Ils se hâtèrent de décrocher leur
hideux trophée et de le traîner plus loin, mais l'épouvan-
table odeur semblait collée aux pierres du seuil et Fiora, à
son tour, se sentit pâlir :

— Ne peut-on emmener donna Colomba dans la maison ? demanda-t-elle, tandis que Chiara s'efforçait de
faire rentrer son oncle qui s'obstinait à gesticuler en appelant à la Milice.

— Bien sûr, s'écria le jeune homme qui prit le valet par
le bras. Nous venons !

Fiora s'écarta et, à eux deux, ils emmenèrent Colomba que ses jambes flageolantes étaient incapables de porter. Mais, en la relevant, son regard rencontra celui de la jeune femme et il faillit lâcher la malade :

— Madona Santissima ! C'est toi ?... On m'avait dit que tu étais revenue, mais je ne voulais pas le croire.

— Pourquoi ? Parce que tu me croyais morte ? C'était, évidemment, plus commode pour ta tranquillité d'esprit.

Le regard ironique de Fiora toisait avec plus d'amusement que de rancune son ancien amoureux. Luca Tornabuoni était resté aussi beau qu'au temps où il briguait ardemment la main de Fiora ; et peut-être l'était-il davantage car, en trois ans, il avait perdu cet aspect un peu fragile de la grande jeunesse et, du même coup, son côté attendrissant. Néanmoins, Fiora savait ce qui se cachait de lâcheté derrière ce visage dont le profil était digne d'être frappé dans le bronze. Au jour de la catastrophe où s'était engloutie sa vie entière, Luca s'était hâté de disparaître dans la foule sans rien tenter pour porter secours à celle dont, cependant, il se disait si passionnément épris.

— Eh bien, qu'attendez-vous ? s'écria Albizzi qui se décidait à rentrer. Un peu de nerf, que diable ! Vous allez laisser tomber cette pauvre femme. Et vous, les filles, que faites-vous là ? ajouta-t-il à l'adresse de sa nièce et de Chiara. Je suis peut-être distrait, mais pas au point de ne pas remarquer que vous êtes en chemise ! En chemise ! Et dans la rue ! Allons ! Que l'on remonte !

Se prenant par la main, les deux jeunes femmes remontèrent l'escalier en courant et en riant tandis que Luca criait :

— Permets-moi de venir te voir, Fiora ! Il faut que je te parle ! Dis-moi que je peux venir !

Se penchant sur la rampe, l'interpellée lança :

— Je ne suis pas chez moi. Et puis, je n'ai pas envie de te voir !

Cette déclaration définitive n'empêcha pas Luca de revenir dans la journée, mais Fiora refusa de le recevoir et de même le lendemain. Elle cherchait à comprendre pourquoi ce garçon, jadis son chevalier servant et dont elle acceptait les hommages parce qu'il était beau et décoratif mais sans lui rendre ses sentiments, tenait tellement à se rapprocher d'elle à présent. D'autant que, d'après Chiara, il était marié et père d'un enfant.

– Si je commence à entretenir des relations avec tous les hommes mariés de la ville, ma réputation sera vite en morceaux, confia-t-elle à Chiara. D'autant que je n'ai aucune envie de lui parler.

Cette fois, le beau temps était revenu et s'installait à la satisfaction générale, bien que les gens sérieux se fussent refusés à voir une relation quelconque entre les caprices du ciel et la dépouille mortelle de Jacopo Pazzi. Qui, d'ailleurs, avait définitivement quitté Florence par la voie du fleuve où le gonfalonier de justice l'avait fait jeter du haut du pont Rubaconte.

Ce jour-là, les deux amies qui sortaient volontiers dans Florence enfin redevenue paisible décidèrent de monter à San Miniato. Le temps des aubépines et des violettes était passé, mais Fiora et Chiara montraient la même prédilection pour cet endroit charmant d'où l'on découvrait, sur Florence, la plus belle vue de toute la région. Les averses récentes n'avaient pas causé de grands dégâts autour de la vieille église et du palais des évêques. De fiers cyprès noircissaient le haut de la colline, telle une barrière se dressant contre l'assaut de la végétation que trois jours de soleil avaient rendue à l'exubérance.

Du haut de la petite terrasse de l'église, les deux jeunes femmes contemplèrent un moment la ville étalée à leurs pieds et irisée par une légère brume annonciatrice de chaleur. Le parfum des herbes, de la mélisse, de la menthe et du fenouil montait des potagers situés plus bas. L'air était d'une douceur exquise et, dans le grand ciel bleu, les hirondelles passaient comme de minces flèches noires. Assise dans l'herbe sous un pin dont elle mâchonnait une aiguille sèche, Fiora s'engourdissait dans le plaisir de cet instant où elle retrouvait la ville qu'elle aimait, où elle pouvait sans arrière-pensée se laisser envahir par sa grâce et sa beauté. Ni Chiara ni elle-même n'éprouvaient le besoin de parler, sûres de l'accord paisible où voguaient leurs esprits. Installée un peu plus loin, Colomba dormait, adossée à un arbre, le nez sur son vaste giron.

Fiora envisageait d'imiter la gouvernante quand une ombre s'interposa entre elle et le paysage. Elle sursauta en reconnaissant Luca Tornabuoni qui venait de mettre genou en terre devant elle pour être à sa hauteur. Tout de suite irritée, sa réaction fut immédiate :

– Va-t'en ! Je t'ai dit que je ne voulais plus te voir !

– Un instant, Fiora ! Rien qu'un instant ! Je sais que tu m'en veux...

– T'en vouloir ? J'avais même oublié ton existence. Ce n'est pas une bonne idée de m'en faire souvenir !

– Ne sois pas si dure ! Je sais que je me suis mal conduit envers toi mais j'en ai tellement souffert par la suite...

– Souffert ? Tu ne sais même pas ce que cela veut dire. Il n'y a qu'à te regarder pour voir combien tu as pâti de ces dernières années : tu affiches une mine superbe, une belle prospérité, et tu as une jeune épouse et un fils, m'a-t-on dit ? En vérité, tout cela est à verser des larmes.

– Laisse-moi au moins plaider ma cause ! Chiara, je t'en prie, accorde-moi un instant de solitude avec elle.

Mais celle-ci, au lieu de s'éloigner, s'étendit de tout son long dans l'herbe :

– Ma foi, non ! Je suis trop bien. De toute façon, elle n'a pas envie de t'écouter. Elle n'aime pas les pleutres.

– Je n'en suis pas un et vous le savez bien, toutes deux ! En tournoi, je me bats vaillamment.

– C'est à la portée de n'importe quel imbécile pour peu qu'il ait des muscles, de bonnes armes et un cheval bien dressé, coupa Fiora. Ce n'est pas cela, le courage.

– Que devais-je faire, alors ? Affronter seul une foule en colère ? C'était effrayant...

— Tu crois que je ne le sais pas ? Ce que tu devais faire ? Venir à moi, me tendre cette main secourable dont j'avais tant besoin. Rester à mes côtés. Mais tu t'es enfui comme un lapin poursuivi. Sans Lorenzo...

— Qu'a-t-il fait de si extraordinaire, mon cousin ? Il pouvait te sauver et il n'a pas agi, fit Luca avec aigreur.

— Il a fait beaucoup plus que tu ne l'imagines et si je suis vivante à ce jour, c'est à lui que je le dois.

— Tu l'en paies royalement, si j'en crois ce que l'on dit ? Tu es devenue sa maîtresse.

— C'est tout à fait exact, mais je ne vois pas en quoi cela te regarde ?

— Mais je t'aime, moi ! Je n'ai jamais cessé de t'aimer, de te regretter. Je voulais aller à ton secours, mais mon père m'a enfermé et...

— Et tu as jugé plus confortable de rester enfermé. Après quoi tu t'es hâté d'aller offrir tes vœux à une autre. Ou bien mon ami Démétrios a-t-il rêvé t'avoir vu en compagnie d'une jolie rousse ? Brisons-là, Luca ! Je t'écoutais avec plaisir jadis, mais je ne t'aimais pas. Je ne t'ai jamais aimé. Pourquoi veux-tu qu'à présent je m'intéresse à toi ?

Elle s'était levée pour s'écarter de lui. Il tendit pour la retenir des mains suppliantes, mais la soie de la robe noire glissa entre ses doigts. Chiara se relevait, elle aussi, et se retrouva entre eux tout naturellement. Elle posa sur l'épaule du jeune homme une main apaisante :

— Oublie-la, Luca ! Tu t'es repris de passion pour elle en la revoyant, mais tu ressembles à un enfant qui réclame un jouet, naguère dédaigné, parce qu'on vient de le donner à son frère, et qui trépigne pour le reprendre. On ne force pas le cœur d'une femme...

— Allons donc ? Est-ce qu'elle aimait Lorenzo, jadis ? Et pourtant elle est à lui, maintenant !

— Je ne suis à personne... qu'à un souvenir ! s'écria Fiora à bout de patience. Peut-être, en effet, devais-je quelque chose à ton cousin, mais à toi je ne dois rien !

Alors, cesse de m'importuner et va-t'en! Retourne auprès des tiens! Je ne veux plus te voir ni t'entendre.

Une brusque poussée de colère empourpra le beau visage de Luca et embrasa ses yeux noirs:

— Jamais tu ne te débarrasseras de moi, Fiora! Et par saint Luca, mon patron, je saurai bien t'amener là où je te veux!

— Ton saint patron était médecin. Demande-lui de te guérir, car tu es en train de perdre l'esprit. Ce sera plus sage!

Prenant le bras de Chiara, elle se dirigea vers Colomba que le bruit des voix avait réveillée depuis longtemps et qui suivait la scène avec la mine gourmande d'un amateur passionné de romans. Comprenant qu'il ne gagnerait rien en insistant davantage, Luca Tornabuoni alla rejoindre le cheval, attaché à l'un des anneaux de bronze du palais épiscopal. Le geste qu'il adressa au groupe formé par les trois femmes pouvait signifier un adieu aussi bien qu'une menace.

— Peux-tu me dire ce qui lui prend? demanda Fiora en haussant les épaules.

— Va savoir! Peut-être est-il sincère quand il dit qu'il ne t'a jamais oubliée, bien que Cecilia, sa femme, soit charmante. Je crois surtout que son attitude actuelle s'explique en trois points: il t'a revue, il sait que Lorenzo est ton amant... et il s'ennuie comme cela arrive quand on est riche, peu cultivé, et qu'on ne sait que faire de son temps. Prends garde, néanmoins: l'amour d'un enfant gâté peut devenir source d'ennuis. Surtout si tu décides de t'installer ici.

— Nous verrons bien! J'ai toujours la ressource de regagner la France.

En rentrant au palais Albizzi, Fiora trouva un billet que l'on avait apporté pour elle dans l'après-midi. Il ne contenait que quelques mots, et elle rougit un peu en les lisant, sans pouvoir retenir un sourire:

« Je suis en mal de toi! Reviens! La statue est beaucoup

moins belle que toi. Demain soir tu seras dans mes bras,
sinon je viendrai te chercher moi-même. – L. »

Elle plia le billet et le glissa dans son corsage, d'un
geste un petit peu trop nerveux. Chiara éclata de rire :

– Il te réclame ?

– Oui.

– Et... tu n'as pas vraiment envie de le faire attendre ?

– Non...

– La cause est entendue ! Demain nous t'accompagne-
rons jusqu'aux remparts, Colomba et moi, et je te donne-
rai deux valets pour le reste du chemin.

– Pourquoi ne viendrais-tu pas, à ton tour, passer
quelques jours à Fiesole ?

– Plus tard peut-être... Lorenzo n'apprécierait pas ma
présence et je n'ai pas envie de lui déplaire.

Le lendemain, dans la via Calzaiuoli, Fiora, Chiara et
Colomba, venues acheter des tissus légers en vue des chaleurs de l'été, sortaient d'un magasin et rejoignaient les
mules sur lesquelles veillaient deux valets quand la rue
s'emplit d'une foule braillarde et gesticulante, armée de
bâtons, de couteaux et d'objets divers, qui hurlait « Mort
au Pazzi !... Justice !... Liberté !... A mort le Pazzi et la fille
jaune ! »

– Seigneur ! gémit Chiara. Voilà qu'ils recommencent !
On dirait qu'ils en ont trouvé un autre !

L'effet des cris fut magique. En un clin d'œil, les éventaires furent retirés des boutiques, les volets claquèrent et
il n'y eut plus personne.

– Peut-être ferions-nous bien de nous sauver aussi ?
hasarda Colomba qu'un valet aidait à enfourcher sa monture. Mais Fiora, déjà en selle, ne l'écouta pas. Au
contraire, elle fit avancer sa bête de quelques pas en direction de la foule.

– Reviens ! cria Chiara inquiète. Tu vas te faire écharper !

– Regarde donc qui mène cette horde ! fit-elle en dési-

gnant de sa houssine le cavalier qui marchait en tête, tout
en se retournant pour surveiller quelque chose.

Chiara rejoignit son amie.

– C'est Luca! souffla-t-elle stupéfaite. Qu'est-ce qui
lui prend de jouer les meneurs ? Et un meneur singulièrement acharné!

En effet, la voix de Tornabuoni semblait donner des
ordres :

– Pas maintenant! Il ne faut pas les tuer maintenant!
On les égorgera sur le tombeau de Giuliano et on portera
leurs têtes à mon cousin Lorenzo!

Une bruyante approbation salua ces paroles féroces qui
soulevèrent de dégoût l'âme de Fiora. Jamais elle n'aurait
imaginé que son ancien amoureux pût cacher sous un
visage de dieu grec l'âme noire et les appétits de ces
mêmes Pazzi qu'il voulait égorger. Résolument, elle alla
au-devant de lui et mit sa mule en travers de la rue.
Chiara suivit et les deux valets firent de même, abandonnant la pauvre Colomba persuadée que les jeunes femmes
allaient être massacrées et invoquant les saints du Paradis
avec force cris et larmes.

– Ceci est sans doute une des formes de ton courage ?
lança Fiora méprisante quand elle fut assez près pour se
faire entendre. Qui prétends-tu égorger ?

– Tiens ? Fiora ? Je croyais que tu ne voulais plus
m'adresser la parole ? fit Luca avec un sourire qu'elle
jugea affreux.

– Ce n'est pas à toi que je parle : c'est à un assassin en
puissance...

Soudain, elle devint blême car elle venait de reconnaître
les deux malheureux, un homme et une femme, que des
brutes faisaient marcher de force en dépit de leur évidente
faiblesse. Ils étaient couverts de poussière, déguenillés, et
du sang marquait leurs figures. Mais c'étaient incontes-
tablement Carlo Pazzi et Khatoun. Avec un cri d'horreur,
Fiora poussa sa mule dans la foule sans souci de ce que les
sabots de l'animal pouvaient écraser. Comme Chiara et

ses valets suivaient, on s'écarta, d'autant que certains chuchotaient sur son passage : « C'est la Fiora !.. la douce amie de Monseigneur Lorenzo... »

Arrivée devant les deux victimes qui, à bout de forces, s'étaient laissées tomber à genoux, elle sauta à terre et saisit Khatoun dans ses bras. Et comme l'une des brutes tentait de l'en empêcher, elle lui jeta au visage :

— Touche-moi seulement et tu seras pendu ! Cette jeune femme n'a jamais été une Pazzi. Elle s'appelle Khatoun, elle est tartare et c'est mon esclave.

Puis, se retournant telle une furie vers Luca qui s'était approché :

— Ne me dis pas que tu ne l'as pas reconnue ? Tu l'as vue cent fois chez mon père !

— Oh, c'est possible ! grogna-t-il, mais que fait-elle avec celui-là ? Tu ne me diras pas que ce n'est pas un Pazzi ? C'est le lamentable Carlo, l'avorton que la famille cachait avec tant de soin. Je l'ai reconnu tout de suite quand je l'ai vu franchir le pont avec la fille.

— Parce que c'est toi, la cause de tout cela ?

— Bien sûr ! Aucun Pazzi ne doit rester vivant sur cette terre qu'ils ont souillée, lança-t-il d'un ton grandiloquent. Je reconnais que j'ai pu commettre une erreur avec ton esclave, alors je te la rends. Emmène-la et laisse-nous en finir avec l'autre !

Chiara s'était déjà emparée de la pauvre petite et ses valets la portaient dans la boutique d'un apothicaire qui venait de s'ouvrir pour elle. Le malheureux Carlo faisait peine à voir. Ses longues jambes grêles repliées sous lui, les yeux clos et le visage couleur de cendre, il respirait avec peine et seule la poigne de ses bourreaux l'empêchait de s'écrouler. Fiora comprit que le combat n'était pas fini :

— Il n'est pas question que toi et tes... amis disposiez seuls de cette vie. C'est à Monseigneur Lorenzo qu'il faut conduire ce malheureux.

— J'ai déjà dit qu'on lui porterait sa tête.

— Et moi, je ne suis pas certaine que cela lui fasse plaisir. Il a interdit les justices trop expéditives et mieux vaut ne pas risquer sa colère.

— Sa colère ? Pour ce rebut de l'humanité ? Tu n'oublies qu'une chose : c'est sa fortune qui a payé les assassins de Giuliano.

— Une fortune dont il ne disposait pas. Il était l'otage de Francesco Pazzi et c'est pourquoi je dis que seul le Magnifique peut décider de son sort. Vous entendez, vous autres ? ajouta-t-elle en élevant la voix. Nous allons, tous ensemble, conduire Carlo Pazzi au palais de la via Larga ! Soyez sûrs que notre prince vous sera bien plus reconnaissant d'un hommage vivant que d'un hommage mort.

Les cris de mécontentement qui s'étaient levés quand elle s'était jetée dans la bataille s'apaisaient de façon sensible. Elle parlait au nom du maître et ces gens croyaient savoir qu'elle en avait le droit. Elle obtint même quelques grognements approbateurs en ajoutant que, certainement, Lorenzo saurait les remercier. Mais les choses faillirent se gâter à nouveau quand elle demanda que Carlo fût hissé sur sa mule.

— Il a tenu jusqu'ici, il tiendra bien jusqu'au palais ! s'écria une sorte de colosse dont les bras nus portaient des bracelets de cuir et que sa tunique tachée de sang noirci classait dans la corporation des bouchers.

Fiora haussa les épaules :

— Alors, porte-le ! Tu es assez fort pour ça. Tu ne vois pas qu'il est à moitié mort ? Un cadavre ne te vaudra pas la plus petite pièce de monnaie.

Elle obtint gain de cause : Carlo fut jeté comme un paquet en travers du dos de la mule dont Fiora prit elle-même la bride. Elle savait que la partie serait difficile mais pour rien au monde, et même si elle devait y perdre l'amour de Lorenzo, elle n'abandonnerait à ces brutes l'étrange garçon qui s'était déclaré son ami quand la terre entière se liguait contre elle. A cet instant, Chiara ressortit de chez l'apothicaire et embrassa la scène d'un coup d'œil, mais Fiora ne lui laissa pas le temps de donner son avis.

– Emmène Khatoun chez toi, s'il te plaît! demanda-t-elle doucement. J'irai vous rejoindre tout à l'heure.

– Tu ne remontes pas à Fiesole?

– Non. Il faut que je voie Lorenzo avant.

Et elle reprit son chemin à la tête d'une foule désormais plus curieuse que vraiment excitée. Luca Tornabuoni marchait à côté d'elle, la mine boudeuse, et le boucher tenait l'autre flanc de la mule. Personne ne souffla mot jusqu'à ce qu'au détour d'une rue, la silhouette imposante et familière du palais Médicis apparût avec son appareillage d'énormes pierres et ses fenêtres cintrées. Alors qu'autrefois tout un chacun pouvait en franchir le seuil et pénétrer au moins jusqu'à la grande cour carrée, des gardes armés veillaient à présent au portail. La noble demeure devait à l'assassinat de Giuliano d'avoir perdu ce caractère aimable et bon enfant qui la rendait si attachante. Elle y avait gagné la sévérité hautaine que Fiora avait vue aux palais romains. Décidément, Florence avait beaucoup changé!

Bien entendu, les soldats croisèrent leurs lances à l'arrivée de cette foule sombre et vaguement menaçante. Ils ne les abaissèrent pas quand Luca Tornabuoni se fit reconnaître, mais Fiora réclama Savaglio et le capitaine des gardes apparut. Fidèle à son habitude, il était d'une humeur massacrante :

– Que se passe-t-il encore? cria-t-il. J'ai déjà dit que je ne voulais plus d'attroupement devant cette maison. Dispersez-vous!

– Laisse-moi au moins entrer avec cette mule et ces deux hommes, lança Fiora. Je veux voir Monseigneur Lorenzo.

Le regard de Savaglio, vif et acéré, s'arrêta sur chacune des trois physionomies, puis sur le corps inerte :

– Ser Luca n'a pas besoin de permission pour voir son cousin et toi non plus, donna Fiora, mais les deux autres ne me semblent pas de ses familiers Et puis tous ceux-là?

– Ils attendront sagement, mais moi je veux le voir seule à seul, insista la jeune femme. Est-il là?

– Dans son cabinet. Je vais te conduire...

– Je veux y aller aussi! s'écria Tornabuoni, et je ne vois pas pourquoi...

– Allons! Honneur aux dames! fit le chef des gardes dont le sourire de loup traduisait le peu d'estime qu'il éprouvait pour le jeune homme. Je suis certain que donna Fiora n'en a pas pour longtemps. Tu peux bien l'attendre un instant...

Tout en parlant, il tournait autour de la mule, cherchant à voir le visage de l'homme qu'elle transportait :

– Il est mort ?

– Non. Simplement évanoui, je pense, mais il faudrait peut-être lui donner quelques soins ? C'est Carlo Pazzi, messer Savaglio. Il arrivait tout juste de Rome quand il a été attaqué...

– Des soins, à un Pazzi! Te rends-tu compte, Savaglio ?

Fiora s'approcha de Luca jusqu'à ce qu'il pût percevoir son souffle :

– Tout le monde, ici, sait que c'est un innocent, fit-elle entre ses dents. Souviens-toi quand même, Luca, que l'une des sœurs de Lorenzo est mariée à un Pazzi... et que celui-là n'a pas été inquiété. Lorenzo seul jugera celui-ci... et je m'inclinerai devant sa décision.

Sans attendre de réponse, elle se dirigea d'un pas rapide vers le raide escalier qui montait aux étages, tôt rejointe par un valet qui se chargea de l'annoncer, Savaglio ayant préféré, en dernier ressort, garder l'œil sur cette troupe qui ne lui inspirait visiblement aucune confiance.

Derrière le dos solennel du valet, Fiora parcourut des pièces dont la magnificence lui était familière. Elle connaissait depuis longtemps ces grandes tapisseries tissées d'or, ces meubles précieux dispersés en un désordre voulu sur d'épais tapis venus de Perse ou du lointain Cathay, ces dressoirs encombrés d'objets d'or, d'argent ou de vermeil, incrustés de pierres rares, tout ce luxe qu'une grande fortune et un goût sans défaut pouvaient réunir autour d'un homme. Elle pénétra enfin dans une pièce où de grandes armoires peintes, montant jusqu'au plafond armorié et doré, laissaient voir une profusion de livres reliés de cuir, de parchemin, de velours et même d'argent ciselé. A l'instant où elle y entrait, Lorenzo de Médicis en sortait si impétueusement qu'il faillit la jeter à terre. Il la retint, la serra un instant contre lui :

— Toi ? Quelle jolie surprise !... Attends-moi un instant, il faut que je voie ce que c'est que ce tumulte...

— Je viens justement t'en parler. Ce tumulte, c'est un peu moi. Viens voir !

Elle l'entraîna sur la galerie qui surplombait la cour et lui montra le petit groupe formé par Luca, la mule que Savaglio débarrassait de son chargement sans trop de douceur et le boucher.

— J'ai exigé de ton cousin et de la horde qu'il avait rassemblée pour égorger ce malheureux sur la tombe de Giuliano qu'il soit d'abord conduit vers toi.

— Il me semble le reconnaître, fit Lorenzo en plissant ses yeux myopes pour mieux voir. On dirait Carlo Pazzi, l'innocent ?

— C'est bien lui. Il arrivait de Rome en compagnie de Khatoun, mon ancienne esclave tartare que Catarina Sforza m'a rendue. Ton cousin et une bande de brutes avaient commencé à les mettre à mal quand je suis intervenue avec Chiara et deux valets. Khatoun, à cette heure, a été portée au palais Albizzi où on la soigne. A présent, il te reste à décider du sort de Carlo, mais je veux te prévenir que je ne supporterai pas qu'on lui fasse du mal.

Sans répondre, Lorenzo se pencha sur la balustrade et ordonna à son capitaine de faire monter le prisonnier. Puis il prit Fiora par le bras et la ramena jusqu'à la bibliothèque où il la fit asseoir près d'un grand vase d'améthyste serti de perles, la principale merveille de cette pièce.

— D'où connais-tu Carlo Pazzi ? demanda-t-il enfin, et

sa voix incisive avait cette résonance métallique dont Fiora avait appris à se méfier.

— De Rome. Il m'a aidée à fuir, de compte à demi avec la comtesse Riario. Dois-je te rappeler la lettre que je t'ai remise ? Tous deux souhaitaient désespérément que l'attentat échoue.

— Donna Catarina avait une raison, fit le Magnifique avec un haussement d'épaules. Elle aimait mon frère. Mais lui, quelle raison pouvait-il avoir ?

— Tu avais été bon avec lui au point de vouloir le confier aux soins de Démétrios. Il était persuadé que tu étais son seul ami dans cette ville.

L'entrée de Savaglio suivi des deux gardes qui portaient Carlo l'interrompit. Les yeux clos, le malheureux respirait avec peine et, sur sa maigre figure, le sang laissait en séchant des traînées noires. On l'étendit sur une sorte de banc garni de coussins. Avec son cou tordu qui l'obligeait à tenir sa tête penchée et ses longs membres grêles privés de vie, il ressemblait à un pantin désarticulé. Pleine de pitié, Fiora alla s'agenouiller auprès de lui en réclamant de l'eau fraîche, des linges, des sels, un cordial. Un valet apporta ce qu'elle demandait et joignit ses efforts à ceux de la jeune femme pour tenter de ranimer le malheureux. Debout derrière eux, Lorenzo, l'œil chargé de nuages, les regardait faire. Enfin, alors que l'on commençait à désespérer, le blessé exhala un profond soupir et ouvrit péniblement les yeux. Mais quelque chose brilla dans leur profondeur bleue en reconnaissant le visage penché sur lui.

— Fiora ! souffla-t-il. C'est un miracle ! Est-ce que... est-ce que vous allez bien ?

La question posée d'une voix enfantine mais touchante la fit sourire. A demi-mort, la première pensée de cet étrange garçon était de s'enquérir de sa santé.

— Très bien, Carlo... et grâce à vous. C'est un miracle en effet qui nous réunit, mais qu'êtes-vous venu faire ici ? Ne saviez-vous pas quel danger vous alliez courir ?

– Oh si! Mais je ne pouvais plus rester à Rome. Le pape est enragé de fureur contre les Médicis... et contre vous. Il ne parle que de guerre! Quant à moi, je n'étais plus que le vestige de ses espoirs défunts et j'aurais été tué si donna Catarina ne m'avait caché. C'est elle encore qui nous a donné les moyens de quitter Rome, à Khatoun et à moi. Khatoun voulait vous rejoindre...

– Et vous? Souhaitiez-vous aussi me retrouver?

Il y eut un petit silence et le visage blessé esquissa l'ombre d'un sourire timide.

– Non. Je savais que vous n'auriez aucun plaisir à me revoir. Ce que j'espérais... c'était retourner dans mon jardin de Trespiano. J'y ai vécu les seuls jours clairs de ma vie. Quant à la comédie qu'on nous a fait jouer, je voudrais que vous l'oubliiez et que vous viviez comme si je n'existais pas...

– Quelle comédie?

Cette question, c'était Lorenzo qui venait de la poser d'une voix âpre et brutale. En levant la tête vers lui, Fiora vit le pli amer de sa bouche et la lueur inquiétante que la colère allumait dans ses yeux noirs. Elle le connaissait trop pour ignorer qu'il ne se contenterait pas d'une demi-vérité. Sans lâcher la main de Carlo qui, las d'avoir parlé, s'abandonnait à la fatigue, elle déclara d'une voix basse que seul le Magnifique put saisir :

– La veille du jour où je me suis enfuie de Rome, le pape nous a mariés dans sa chapelle privée...

A ce moment, comme si le ciel n'eût attendu que ces mots pour manifester sa désapprobation, un coup de tonnerre roula d'un bout à l'autre de la ville et une pluie diluvienne s'abattit, saluée dans l'instant par une clameur haineuse de la foule toujours massée devant le palais :

– A mort le Pazzi! Qu'on nous le livre!

Épouvantée, Fiora serra plus fort la main maigre qu'elle tenait et murmura :

– Si tu le livres, Lorenzo, il faudra que tu me livres aussi...

CHAPITRE II

LE VISITEUR DE LA SAINT-JEAN

L'instant qui suivit fut terrifiant. Dressé devant le groupe formé par le blessé étendu et la jeune femme agenouillée auprès de lui, Lorenzo que sa robe noire grandissait encore le dominait de son ombre menaçante. Ses poings serrés, son visage crispé traduisaient une colère muette qui allait peut-être jusqu'à l'envie de meurtre. Fiora, faisant appel à tout son courage, se releva lentement et lui fit face, consciente de braver ainsi un potentat altéré de vengeance et non plus l'homme qui, parfois, délirait d'amour entre ses bras.

– Décide! fit-elle. Mais décide vite! Tu les entends?

Les hurlements allaient s'amplifiant. L'averse ne dispersait pas la foule qui, au contraire, avait dû grossir, mais Lorenzo ne semblait pas entendre les cris de mort. Son regard fouillait celui de sa maîtresse comme s'il cherchait à en arracher quelque vérité cachée.

– Une Pazzi! dit-il enfin. Toi, une Pazzi et l'épouse de ce misérable déchet...

L'indignation qu'elle éprouva se teinta d'une amère déception. Quel mobile, sinon une primitive jalousie de mâle – la plus basse puisqu'elle n'a pas l'excuse de l'amour – animait cet esprit généralement brillant pour lui souffler une si plate insulte?

– Un mariage conclu sous la contrainte ne saurait être

valable devant Dieu, même béni par le pape, dit-elle. Quant à Carlo, il ne m'a pas touchée.

Puis, avec un dédain qui fit monter le rouge aux pommettes de Lorenzo :

— Tu devrais mieux me connaître et, je m'aperçois que je ne suis pour toi qu'une chair à plaisir, à peine plus qu'une courtisane. Alors, tu peux me livrer sans regrets car tu ne me soumettras plus à ton désir.

— Ce qui veut dire ? gronda-t-il.

— Que je partirai demain pour la France... à condition, bien sûr, que je ne sois pas massacrée d'ici une heure avec Carlo.

— Ne me défie pas, Fiora ! Tu n'as rien à y gagner.

— Voilà le banquier qui reparaît. Ai-je jamais cherché à tirer de toi un quelconque avantage ? Ce que tu m'as donné, je ne l'emporterai pas, sois sans crainte ! Je laisserai tout à Démétrios. Mais si tu es incapable de reconnaître tes amis, si la pitié t'est à jamais étrangère, ma place n'est plus auprès de toi.

D'un geste impérieux, elle l'écarta de son chemin et se dirigea vers la porte. Il la rattrapa :

— Où vas-tu ?

— Dire la vérité à Luca Tornabuoni. Lui apprendre que Carlo est mon époux et que, s'il veut le tuer, il me tuera avec lui.

— Mais enfin, pourquoi tiens-tu tellement à ce qu'il vive si, comme tu le prétends, tu as été mariée de force ? Sa mort te libérerait, et tu le sais bien.

— Ma liberté ? C'est lui qui me l'a rendue en me conduisant au palais Riario et en rentrant chez lui avec Khatoun habillée de mes vêtements. Quant à mettre en doute ma parole, c'est indigne ! Souviens-toi de l'homme qu'était Philippe de Selongey. Je l'aimais, je l'aime encore et tu oses prétendre que je me suis laissée marier de bon gré ?

— Oh, je ne l'ai pas oublié !

Saisissant Fiora par un bras, il la traîna plus qu'il ne la

conduisit vers un précieux miroir de Venise qui, placé près d'une fenêtre, reflétait la calme et harmonieuse ordonnance du jardin intérieur. Leur double image s'y inscrivit :

— Regarde ! Regarde bien !... Je suis laid, Fiora, je suis même affreux, et Carlo ne l'est guère plus que moi. Pourtant, tu m'as laissé te prendre encore et encore ! Bien mieux, c'est toi qui t'es offerte le premier soir. Rappelle-toi ! Tu m'as conduit dans ta chambre, tu as dénoué les cordons de ta chemise. Était-ce par amour pour ton époux défunt que tu me révélais ton corps, que tu m'attirais à toi ?

— J'avais envie de toi... et cette envie n'est pas assouvie, sinon je serais partie...

— Tu aimes l'amour que je te donne, mais c'est à lui que tu penses toujours par-delà la mort, à ce Bourguignon insolent dont je croyais pourtant avoir exorcisé le souvenir.

— Il y a des souvenirs impossibles à effacer, Lorenzo !

— Vraiment ? Sommes-nous donc à ce point semblables que tu acceptes mes caresses... et même que tu les provoques dans la chambre même où il a fait de toi une femme ? C'est à lui que tu penses quand tu gémis sous moi ? Pourtant, c'est mon nom que je cueille sur ta bouche au plus fort du plaisir...

— Ainsi, c'est pour cette raison que tu es venu à moi dans la nuit qui a suivi le crime ? murmura Fiora avec amertume. Pour la joie d'une revanche, pour triompher d'un mort ? Et moi qui croyais que tu avais besoin de moi comme j'avais besoin de toi ? Cela prouve seulement que nous nous sommes rejoints sur un malentendu... Mais qu'espérais-tu prouver en m'expliquant que Carlo est juste un peu plus laid que toi ? Qu'il me suffit de fermer les yeux pour accueillir n'importe quel homme dès l'instant où il en est vraiment un ?

Une voix faible qui semblait sortir du parquet de bois précieux se fit entendre alors, une voix qui disait :

– Lorenzo, Lorenzo!... Quand tu respires le parfum d'une rose, lui demandes-tu si elle se souvient des mains qui l'ont fait éclore ? Où est donc passée ta philosophie ? Saisir l'instant, n'est-ce pas ? Tu en es bien loin, il me semble !

Avec une sincère stupeur, Lorenzo considéra le blessé. Appuyé sur un coude, il s'était redressé et regardait les deux amants avec, au fond de ses yeux bleus, une petite flamme ironique.

– Carlo ! souffla-t-il. Je te croyais idiot !

– Je sais. Et moi je te croyais intelligent. Faut-il donc être un déshérité comme moi pour savoir apprécier un fabuleux cadeau de la vie ? Nous sommes amis, Fiora et moi, et cela me donne assez de joie pour que j'accepte volontiers d'être livré à ces gens qui continuent de s'égosiller sous la pluie pendant que toi, privilégié entre tous, heureux entre tous puisqu'elle s'est donnée à toi, tu en es encore à chercher ce que peuvent cacher tes nuits de félicité...

Au prix d'un violent effort qui le fit pâlir un peu plus encore, il réussit à s'asseoir.

– Ce que je me demanderais, si j'étais à ta place, c'est comment je pourrais faire pour la garder. Mais, après tout, peut-être que cela ne t'intéresse pas vraiment.

Il cherchait un appui pour se mettre debout. Fiora se précipita, s'assit auprès de lui et, passant un bras autour de ses épaules, l'obligea à rester immobile, essuyant à l'aide de son mouchoir la sueur qui perlait à son front.

– Où prétendez-vous aller de ce pas ?

– Donner leur pâture à ces corbeaux criards, fit-il avec un petit rire. Ils n'auront pas grand ouvrage : je suis à moitié mort. Et dans un sens ils me rendront service...

– Nous irons ensemble, Carlo. Monseigneur Lorenzo n'a jamais été capable d'imposer sa loi quand Florence prend feu. Une façon comme une autre de lui faire croire qu'elle est encore une république...

Le dédain qui vibrait dans la voix de la jeune femme souffleta Lorenzo :

— Je te fais grâce de tes sarcasmes, Fiora ! Restez tranquilles tous les deux ! Il est temps, en effet, que l'on sache ici qui est le maître !

Dix minutes plus tard, la via Larga retrouvait son aspect habituel. La pluie avait cessé aussi soudainement qu'elle était venue et les gardes du palais reprenaient la cadence de leur lente promenade. Un peu partout dans la grande artère, les boutiques mettaient leurs volets. Les marchands sortaient de chez eux, comme les autres hommes, car c'était l'heure sacrée de la « passeggiata [1] » où, tandis que leurs femmes s'activaient à la préparation du repas du soir, les Florentins se rejoignaient devant le Duomo, la Signoria ou au Mercato Vecchio pour discuter des affaires de la journée ou parler politique. Les jeunes élégants, eux, choisissaient plutôt le pont Santa Trinita qui connaissait toujours, au coucher du soleil, la plus brillante animation. Paradoxalement, c'était aussi l'heure où les murs de la ville semblaient suinter une étrange mélancolie, cette « morbidezza » qui n'était pas sans charme et que les cloches de l'Angélus accompagnaient comme autant de voix célestes. Celles des hommes se feutraient et un doux murmure s'élevait au-dessus de la ville.

Appuyée contre l'une des armoires marquetées qui augmentaient la profondeur des embrasures, Fiora laissait son regard vaguer sur les groupes de robes et de pourpoints aux teintes foncées qui, d'un pas paisible, se dirigeaient vers le rendez-vous vespéral en devisant sur le mode courtois. Cette ville semblait en vérité incompréhensible, qui portait l'art de vivre et les sages préceptes de la philosophie au sommet de toute civilisation et qui cependant pouvait, dans l'instant, accoucher d'une foule hurlante, avide de sang et capable de couvrir ses rues et ses places de débris humains.

Carlo, recouché sur son banc, fermait les yeux. Il semblait souffrir et, de toute évidence, son état nécessitait la

1. La promenade.

présence d'un médecin... Quand Lorenzo revint, il trouva Fiora debout auprès de lui et tenant sa main :

– On dirait que tu as réussi à les disperser ? constata la jeune femme. Que leur as-tu dit ?

– Qu'il est mort, fit-il en désignant du menton le corps étendu.

Fiora eut un mince sourire, juste assez dédaigneux pour traduire sa pensée mieux encore que ne l'auraient fait les paroles. Lorenzo haussa les épaules avec fureur :

– Tu n'es pas encore satisfaite, n'est-ce pas ? Que signifie ce sourire ?

– Rien... ou si peu ! Je me demande seulement si un jour, un seul, tu oseras opposer ta seule volonté à une émeute. Ce qui m'étonne, c'est que l'on ne t'ait pas réclamé le corps pour en faire de la charpie sur le tombeau de Giuliano ?

– Ils l'ont réclamé. Surtout cet âne suffisant de Luca. Je l'ai renvoyé chez lui en ajoutant que si je le retrouvais en train de jouer les meneurs, je l'enverrais aux Stinche [1] comme rebelle.

– Et ensuite ?

– Ne prends pas cet air de juge présidant un tribunal, Fiora ! Tu m'agaces ! J'ai rappelé mon interdiction de toucher à quelque sépulture que ce soit. En foi de quoi, j'ai dit que Pazzi serait enterré secrètement et là où je le jugerais bon... A présent, je vais le faire porter dans une chambre.

– Pour que tes serviteurs sachent que tu as menti ? Riche idée ! Tu pourrais penser aussi à ta mère et à ta femme ?

– Elles ne sont là ni l'une ni l'autre. Dès le beau temps revenu, je les ai envoyées à la villa di Castello pour qu'elles y trouvent le calme et le repos. Quant à mes serviteurs...

– Oublie-les ! Ou plutôt, ordonne aux plus sûrs de préparer celle de tes litières qui ferme le mieux et de réunir une escorte réduite que commandera Savaglio. J'emmène Carlo chez moi, à Fiesole. Personne ne saura le soigner comme Démétrios.

– Tu veux repartir ce soir ? C'est de la folie ! Le peuple se posera des questions en voyant cette litière ainsi gardée !

– Il ne se posera aucune question pour l'excellente raison que personne, ici, n'ignore plus que je suis la favorite du moment. Nul ne sera surpris que tu me montres quelque sollicitude.

Il réfléchit un instant puis, s'approchant de la jeune femme, il la prit dans ses bras sans paraître s'apercevoir de sa légère résistance, et enfouit son visage dans son cou :

– Alors, faisons mieux encore ! murmura-t-il. Savaglio restera ici et je vais t'escorter moi-même.

– Tu veux ?...

– Pourquoi pas ? Puisque tout le monde est au courant, il n'y a aucune raison de ne pas agir au grand jour. Tout ce que je risque, c'est de recevoir, le long du chemin, quelques vœux salaces touchant les plaisirs que je vais goûter cette nuit. Non, ne dis rien ! Souviens-toi plutôt de ma lettre : je ne veux pas t'attendre une nuit de plus...

Or, cette nuit-là, Fiora ne retrouva pas le bonheur insouciant qu'elle avait connu ces dernières semaines. Elle se laissa aimer sans joindre sa propre ardeur à celle de son amant. Peut-être parce qu'elle ne se sentait pas vraiment libre. Dans la chambre voisine, vide jusqu'à ce soir, Carlo reposait, profondément endormi grâce à la drogue administrée par Démétrios pour calmer ses douleurs. Il souffrait en effet de plusieurs côtes cassées, sans compter diverses écorchures au visage et dans le cuir chevelu. Mais sa seule présence de l'autre côté du mur gênait Fiora et tout l'art amoureux de Lorenzo n'y put rien...

Sa première fringale assouvie, celui-ci s'en aperçut et, après quelques tentatives pour éveiller dans ce joli corps une ardeur égale à la sienne, il finit par se laisser retom-

ber sur le lit, les yeux fixés au baldaquin dont les rideaux
blancs les enveloppaient d'une clarté qui rosissait auprès
de la veilleuse.

— Tu aurais dû me dire la vérité, soupira-t-il. Tu ne
m'aimes plus?

— Je n'ai jamais dit que je t'aimais, murmura Fiora.
Toi non plus, d'ailleurs...

— Je te le prouve, il me semble?

— Non. Tu me prouves ton désir, mais ton cœur n'a
guère part à tout ceci.

— Je suis jaloux pourtant, et tout à l'heure j'aurais
volontiers étranglé ce malheureux pour l'achever.

— Était-ce vraiment de la jalousie? Tu sais qu'il n'y a
rien eu et qu'il n'y aura jamais rien entre nous. N'était-ce
pas plutôt parce qu'il est un Pazzi?

— Peut-être aussi... bien que ce qu'il m'inspire relève
davantage de la pitié. Mais toi, Fiora, qu'y a-t-il pour
moi dans ton cœur?

— Honnêtement, je n'en sais rien. J'aime l'amour que
tu me donnes et mon corps s'élance vers le tien quand tu
t'approches...

— Pas ce soir, en tout cas!

— J'en conviens... mais il ne faut pas m'en vouloir: la
journée a été éprouvante.

— Et puis, tu ne supportes pas l'idée d'une présence de
l'autre côté de ce mur?

— C'est vrai aussi. J'éprouve une gêne bizarre....
comme si nous étions vraiment mariés.

Tout à coup, elle l'entendit rire:

— Si ce n'est que cela!

Sautant à bas du lit, il enfila ses chausses et ses bottes,
enroula Fiora dans un drap en entassant sur elle quelques
coussins en dépit de ses protestations, puis, saisissant le
tout dans ses bras, il sortit de la chambre, descendit l'escalier, traversa le vestibule et se mit à courir à travers le jardin encore mouillé de la dernière pluie, jusqu'à la petite
grotte de rocailles dans laquelle Francesco Beltrami

aimait jadis se retirer durant les chaudes journées de l'été. Un bassin et une fontaine à tête de lion en occupaient le centre, et la chanson de l'eau apaisait l'esprit souvent accablé du grand négociant.

Lorenzo posa Fiora à terre, éparpilla les coussins et s'abattit dessus avec la jeune femme qu'il avait déroulée de son drap comme une toupie :

– Voilà! déclara-t-il gaiement. Plus de voisins encombrants! C'est ici que nous nous aimerons désormais.

Fiora ne pouvait résister. Emportée dans une folle sarabande de caresses, elle laissa son besoin d'amour et sa jeunesse reprendre le dessus.

Le lendemain, par la magie du Magnifique, la petite grotte, habillée de grands lys d'eau, de satins irisés, de cristaux glauques et d'un tapis soyeux semblable à de l'herbe bleue, ressemblait aux retraits enchantés des contes orientaux. L'amour y prit une saveur nouvelle, parce qu'il s'y délivrait des contraintes imposées par la grande villa et donnait aux deux amants l'impression délicieuse d'être seuls au cœur du premier jardin du monde.

Une nuit où, après s'être baignés et avoir fait l'amour dans le bassin, Lorenzo essuyait avec un soin dévotieux le corps de Fiora, celle-ci, qui trempait ses lèvres dans une coupe de vin de Chypre, la tendit à son amant puis soupira :

– J'ai honte de moi, Lorenzo... Jamais je ne parviendrai à m'arracher à toi...

– Je l'espère bien. Et pourquoi nous séparerions-nous ?

– Tu oublies que j'ai un enfant, que je ne l'ai pas vu depuis des mois... et qu'il me manque.

– Je vais le faire chercher bientôt. Je pense souvent à nous, tu sais, et les projets ne me manquent pas. J'ai même donné l'ordre que l'on répare pour toi l'ancien palais Grazzini. Tu y vivras avec ton fils et ta maison sous le nom de Selongey. Non... ne dis rien! Je ferai de ton fils l'un des premiers de Florence. Il sera riche, puissant, et rien ne l'empêchera, le temps venu, d'aller servir sous les armes du souverain qu'il aura choisi... Quant à nous, nous serons ensemble, ma fleur précieuse, et je pourrai continuer à t'entourer de soins... et d'amour.

— D'amour ?

— Mais oui. Si ce qui nous unit n'en est pas, cela y ressemble terriblement. Florence va vivre des jours sombres, Fiora. Je vais avoir besoin, plus que jamais, de ces heures incomparables que tu me donnes. Quant à toi, tu prendras dans le cœur de mes sujets la place qui était celle de Simonetta, car leur nature profonde les attire vers la beauté parfaite. Il leur semble que Florence ne peut être brillante que si elle s'incarne dans une femme éblouissante... Ne t'occupe de rien ! Laisse-moi faire ! Ensemble, nous gagnerons la bataille contre ce pape indigne qui veut notre extermination.

Sixte IV, en effet, avait ouvert les hostilités. Un bref, daté du 1er juin 1478, excommuniait à la fois Lorenzo, « fils d'iniquité » dont le plus grand tort à ses yeux était d'être encore vivant, et les prieurs de la Seigneurie « possédés d'une suggestion diabolique, emportés comme des chiens par une rage délirante » pour avoir osé pendre un archevêque assassin devant leurs fenêtres.

Lorenzo reçut la nouvelle sans broncher. Les foudres d'un pape indigne ne l'intéressaient pas. Il se contenta de renvoyer à Sienne, sous bonne escorte, le jeune cardinal Rafaele Riario qui, depuis le meurtre commis dans la cathédrale, vivait dans un état de stupeur profonde. Ce qui ne calma en rien le pontife ulcéré. Les Florentins reçurent l'ordre de livrer Lorenzo de Médicis à un tribunal ecclésiastique devant lequel il répondrait de ses crimes. Injonction qui n'eut pas plus de succès. Le peuple refusa toute invitation à la révolte : il n'acceptait aucun ordre du pape dans le domaine temporel. Et il se referma d'un seul cœur, d'un seul élan, autour du prince qu'il s'était donné, partageant le chagrin que lui causait la mort de son frère, ce Giuliano en qui chaque Florentin voyait l'image la plus achevée du charme et de l'art de vivre de sa ville.

Le pape alors se prépara à la « guerre sainte ». Tout en recrutant des condottieri et en resserrant son alliance avec Naples et Sienne, il écrivit dans toute l'Europe pour inviter les princes chrétiens à prendre part à l'hallali final.

Le résultat de ce fulminant courrier pontifical fut très différent de ce qu'espérait son auteur. Les souverains d'Europe ne voyaient aucun motif de se lancer à l'attaque de Florence pour plaire à un pape qui voulait punir, par l'extermination d'une ville, un attentat sacrilège commis dans une église. Les messages arrivés au Vatican, pleins de révérence et de formules aimables, montraient une décourageante platitude. Un seul destinataire ne répondit pas : le roi de France, décidé à faire connaître son opinion à sa façon.

Un soir de la mi-juin, Fiora, sachant que Lorenzo retenu par les affaires ne viendrait pas cette nuit, se promenait au jardin avec Démétrios et Carlo qu'ils soutenaient chacun d'un côté. Admirablement soigné par le Grec, délivré de l'impitoyable contrainte qu'il s'était imposée depuis l'enfance afin de survivre, le jeune homme s'abandonnait à la joie simple de revivre. Dans ce cadre proche de celui qu'il aimait, Carlo pouvait recevoir des soins attentifs, sentir des amitiés venir à lui et laisser glisser les jours entre un homme d'esprit profond et de grande culture et une femme ravissante qui lui témoignait une affection de sœur. Il n'ignorait rien, bien sûr, de ce qui se passait souventes nuits dans la petite grotte, mais, ne s'étant jamais considéré comme l'époux de Fiora, il ne faisait qu'en sourire, heureux qu'après tant d'épreuves son amie pût trouver un semblant de bonheur. Cependant, il avait trop de finesse pour ne pas sentir le côté précaire de ce roman passionné.

– Deux solitaires qu'un naufrage a jetés dans la même barque! dit-il un jour à Démétrios. Ils y ont trouvé des

vivres et, parce que la mer s'est calmée, parce que leur ciel
est bleu, ils pensent atteindre à quelque rivage enchanté
pour y vivre dans l'amour éternel et l'éternelle jeunesse.

— Penses-tu vraiment que leur amour soit menacé ?

— Il ne peut pas ne pas l'être ; ils sont trop différents.
Fiora est trop noble, trop fière pour ce rôle de favorite,
publiquement déclarée que Lorenzo lui impose. Et puis...
elle ne l'aime pas vraiment. Si ses yeux ne brillent pas
quand elle entend prononcer son nom, c'est qu'il ne
résonne pas dans son cœur.

— Peut-être résonnera-t-il un jour ? Il arrive qu'une
passion charnelle se transforme en des sentiments pro-
fonds.

— Emplis un sable un tambour et frappe dessus ! Il ne
vibrera jamais. Le cœur de Fiora est ce tambour et le souvenir d'un autre y tient toute la place.

— Celui-là est mort.

— Peut-être, mais cela ne change rien. Lorenzo, même
s'il ne s'en doute pas, ne fait qu'aider Fiora à dépenser
agréablement les jours de sa vie en attendant qu'au bout
du chemin elle retrouve, pour l'éternité, la main qu'elle
avait choisie...

Depuis ce moment, Démétrios voua au jeune infirme
une amitié qui ressemblait à de l'affection. Une fois gué-
ries les blessures, s'il ne pouvait plus grand-chose pour ce
corps disgracié, il se promit d'aider à s'épanouir une intelligence qui avait conquis son respect.

Il repensait à cette conversation tandis que tous trois
descendaient lentement les marches larges et douces qui
reliaient les différentes terrasses des jardins. Fiora semblait heureuse, pourtant. Soutenant le bras gauche de
Carlo, elle bavardait gaiement, expliquant les aménage-
ments qu'elle comptait apporter à sa maison et aux alentours. Son fin profil serti d'un léger voile bleu tendre se
détachait avec la netteté d'une ancienne ciselure sur les
lointains mauves des collines, et le Grec s'interrogeait :
Carlo avait-il raison de la croire toujours habitée par

l'amour d'autrefois ? La jeune femme semblait tellement vivre l'heure présente! C'était comme si elle avait oublié ceux dont elle était éloignée depuis des mois : sa maison de Touraine, sa vieille Léonarde, et surtout son fils. Celle qu'il se plaisait jadis en secret à nommer sa fille était-elle vraiment devenue cette créature légère, uniquement soucieuse de ses nuits ardentes avec Lorenzo et n'attendant rien d'autre de la vie ?

— Je vieillis, pensa Démétrios avec quelque tristesse, je ne suis plus capable de sonder son cœur et, surtout, les yeux de mon esprit ont perdu leur pouvoir de percer les brumes de l'avenir. Pourtant...

Un bruit de pas rapides sur le gravier du jardin le tira de sa méditation. Descendant l'allée où des orangers en pots, récemment sortis de la salle basse de la villa où ils avaient passé l'hiver, alternaient avec des lauriers fusant de hautes jarres de terre rouge, Esteban qui arrivait de la ville accourait à toutes jambes.

— J'ai des nouvelles! cria-t-il du plus loin qu'il aperçut les promeneurs. Le roi de France envoie un ambassadeur à Monseigneur Lorenzo!

Il était essoufflé et les derniers mots se perdirent un peu dans le vent du soir, mais Fiora en avait entendu le principal :

— Est-ce bon ou mauvais ? demanda-t-elle sans songer à dissimuler une inquiétude.

— Sûrement très bon! Et meilleur encore puisqu'il s'agit d'un de vos amis!

— Un ami ? Qui donc ? Parlez, Esteban, vous nous faites mourir!

— Messire Philippe de Commynes, donna Fiora! Vous ne direz pas que ce n'est pas un ami! Il sera là pour la Saint-Jean. Monseigneur Lorenzo, que j'ai vu il y a une heure à la Badia, en a reçu l'avis par un chevaucheur rapide au début de l'après-midi.

— Qui est ce Philippe de Commynes ? demanda Carlo qui s'intéressait chaque jour davantage à la vie extérieure.

— Le meilleur conseiller du roi Louis, en dépit de son jeune âge, car il n'a pas atteint la trentaine. Longtemps aux côtés du défunt duc de Bourgogne, il l'a abandonné en comprenant quelle politique sans nuances il entendait exercer. Je le connais bien, en effet, et je crois pouvoir affirmer, comme Esteban, qu'il est pour moi un excellent ami.

— Sa visite vous fait plaisir, alors ?

— Bien sûr. J'espère avoir, par lui, des nouvelles récentes de mon fils...

— Je ne voudrais pas diminuer ta joie, Fiora, coupa Démétrios, mais comment messire de Commynes pourrait-il t'apporter des nouvelles ? Il ignore certainement que tu es ici.

Démétrios avait raison et le regard de la jeune femme s'assombrit. Les dernières nouvelles d'elle qui avaient pu parvenir en France avaient dû être portées par Douglas Mortimer. Mortimer qui assistait, dans la chapelle papale, à son mariage avec Carlo Pazzi...

Démétrios avait suivi la progression de la pensée sur le visage mobile de la jeune femme. Il sourit et prit dans les siennes l'une de ses mains.

— Ne sois pas triste ! Je cherche seulement à t'éviter une déception. Mais ton enlèvement du Plessis-les-Tours a dû faire quelque bruit et notre ami Commynes pourra au moins te dire ce qui s'est passé ensuite.

— Je n'en suis pas certaine. Il était alors exilé en Poitou pour avoir osé critiquer la crise de violence que traversait le roi Louis. Néanmoins, le fait qu'il vienne en ambassadeur est en lui-même une bonne nouvelle. Cela prouve qu'il a retrouvé la confiance de celui qu'il se plaît à appeler « notre sire ». Et qu'il arrive pour la Saint-Jean, notre grande fête, est de bon augure.

En regagnant sa chambre où Khatoun, remise de ses frayeurs et de ses écorchures, l'attendait en grignotant des pistaches, Fiora se sentait étrangement surexcitée. L'idée de revoir Commynes lui souriait : n'était-il pas l'un des plus appréciés parmi ceux qu'elle avait laissés au-delà des monts ? Grâce à lui, elle pourra connaître les dispositions actuelles du roi envers elle. Que Louis eût fait beaucoup pour la tirer du mauvais pas où la cupidité de Riario et de Hieronyma l'avait jetée était un fait certain, mais elle le savait changeant et surtout exigeant : comment avait-il pris son mariage avec Carlo ?

Pour Florence, quoi qu'il en soit, la nouvelle ne pouvait être que bonne. Fidèle depuis toujours à l'alliance des Médicis et peu susceptible d'indulgence envers un pape qui ne cessait de l'offenser, Louis XI, en envoyant son meilleur conseiller, cherchait certainement à réconforter ses amis florentins...

Tandis que Khatoun l'aidait à se déshabiller, Fiora pensa que Lorenzo n'aurait plus guère le loisir de la rejoindre avant la Saint-Jean. Les préparatifs de la fête la plus importante – puisqu'il s'agissait de la fête du saint patron de la ville, celui auquel celle-ci avait dédié, avec le Baptistère, son joyau le plus précieux –, ne pouvaient qu'accaparer le Magnifique, surtout s'il s'y joignait la perspective de recevoir un ambassadeur ami. Elle n'en éprouva aucune peine. Au contraire, chose curieuse, elle ressentit même une sorte de soulagement et, cette nuit-là, seule sous les rideaux neigeux de son grand lit, elle se promit de faire porter dès le lendemain un billet à Lorenzo pour lui demander de ne pas venir avant la fête. Il lui fallait retrouver sa sérénité, car la pensée d'affronter le regard clairvoyant de Commynes encore chaude des baisers de son amant lui était pénible. Sa position de favorite officielle, dont elle jouissait jusque-là avec quelque orgueil, commençait à lui faire honte en dépit du précédent éclatant qu'avaient constitué les amours de Simonetta Vespucci avec Giuliano, sous les yeux mêmes du mari.

Aussi fut-ce avec une joie très vive qu'elle reçut, au matin, un petit mot de Chiara l'invitant à venir passer la Saint-Jean chez elle. Avec l'appui de son amie, elle se sen-

tirait de force à rencontrer l'ambassadeur. Mais ses préparatifs n'en furent que plus minutieux : pour ce jour de
fête, elle voulait être la plus belle! Et elle ne savait pas
pourquoi...

Le jour qui se leva sur Florence proclamait la perfection de l'art du Créateur. A une aurore qui semblait reflé-
ter les roses de tous les jardins dans leurs nuances différentes, et cependant accordées, succéda l'immense soie
changeante d'un ciel à l'azur indicible que le soleil au
solstice caressait sans en briser la profonde couleur. Sous
ce dais fabuleux, Florence, lavée de frais, parée comme
une mariée, ressemblait, dans l'écrin vert de ses collines
piquées de villas blanches, de noirs cyprès et de la mousse
argentée des oliviers, à quelque coffre ouvert sur le trésor
d'un empereur.

Dès le matin, la fête s'empara de la ville. Pas une maison, jusqu'aux plus pauvres, qui ne se fût ornée de tout ce
qu'elle possédait, même de simples bouquets de feuillages
ou d'une guirlande d'églantines entourant une effigie du
saint.

Au palais Albizzi, Chiara avait bien fait les choses : des
fenêtres du dernier étage tombaient de grandes pièces de
cendal rouge et blanc séparées par de larges galons d'or et,
au rez-de-chaussée, de part et d'autre de la porte, des
tableaux religieux dont les personnages montraient une
fierté et un faste dignes d'une cour royale représentant
pourtant des scènes de la vie de saint Jean, voisinaient
avec des statuettes d'ivoire à l'effigie des saints protecteurs
de la famille, censés rendre hommage au héros du jour. Le
tout enguirlandé de roses et de jasmins répandant une
odeur exquise et grimpant jusqu'au grand toit plat où la
bannière des Albizzi flottait par-dessus les tuiles rondes
d'un rose délicat. C'était superbe.

Aussi fut-ce avec quelque surprise que Chiara, descen-
due à l'aube dans la rue pour donner à l'ensemble un dernier coup d'œil, vit son oncle, vêtu d'un sarrau de grosse

toile verte, un vieux chapeau sur la tête et nanti de son attirail pour la chasse aux papillons, franchir le seuil de la maison en tirant après lui sa mule. Elle se jeta littéralement sur lui :

– Où prétends-tu aller ainsi ?

– Au Mugello. Regarde ce ciel ! C'est un jour idéal pour les papillons. Je suis sûr de faire une excellente récolte et...

Le prenant par le bras, elle le fit pivoter pour lui montrer la façade de la maison :

– Regarde un peu ! Cela ne te dit rien ?

– Si, mon enfant : c'est très joli... Attendrais-tu des invités ?

– Mais enfin, mon oncle, c'est la Saint-Jean et tu dois prendre la place qui est la tienne aux cérémonies !

– Tu crois ? La Saint-Jean...

Et, tout à coup, il réalisa :

– Ah ! La Saint-Jean ! Où avais-je la tête, mon Dieu ? C'est vrai, je dois... Tu es sûre qu'il faut que j'y aille ?

– Tout à fait sûre, oncle Lodovico ! Tu es l'un des premiers de cette ville. Ne pourrais-tu t'en souvenir de temps en temps ?

– Oui... oui, bien sûr ! Mais il est tout de même dommage de sacrifier une si belle journée pour une fête ! Eh bien, allons nous attifer !

Et il rentra au palais, suivi de Chiara qui jugea plus prudent de l'accompagner jusqu'à son appartement, de crainte de le voir filer par les cuisines. Mais elle ne pouvait s'empêcher de rire en rejoignant dans leur chambre Fiora que Khatoun achevait d'habiller. Le rire s'arrêta net quand elle découvrit son amie :

– Par tous les saints du Paradis ! Que tu es belle !

Rien de plus simple, pourtant, que cette grande robe d'épais taffetas d'un beau rouge profond qui bruissait à chaque geste et qui, sans le décolleté d'où s'élançait le long cou mince de la jeune femme, eût fait penser à une simarre cardinalice. Pas une broderie, pas un ornement

sur cette robe à la ligne pure dont la seule audace venait
des manches amples et bouffantes arrêtées net sur la ron-
deur de l'épaule à demi découverte. Pas de bijoux non
plus, sinon un seul : un rubis porté en ferronnière au
milieu du front. La masse des cheveux noirs et lustrés
était enfermée dans une longue résille d'or qui descendait
plus bas que la taille de la jeune femme.

A genoux sur le tapis entre une boîte d'épingles et un
nécessaire à couture, Khatoun contemplait ce qui était un
peu son œuvre :

— Le Lys rouge de Florence ! déclara-t-elle ravie.

— Tu as raison, soupira Chiara, et le peuple va penser
la même chose. Que cherches-tu à démontrer, Fiora ? Que
la ville appartient à Lorenzo comme tu lui appartiens ?

— Oui et non. C'est l'ambassadeur français que je veux
surprendre. Il a trop de finesse d'esprit pour ne pas
comprendre ce que signifie cette robe rouge : je suis fille
de Florence et j'entends le rester.

— Ah !... Ainsi, tu as pris ta décision ?

— Oui. Commynes est l'homme capable de faire
entendre au roi les raisons qui sont les miennes. Et nous
pourrons voir, avec lui, comment faire venir mon fils et
Léonarde dans les meilleures conditions. Je le dirai ce soir
à Lorenzo... au cours du bal, bien sûr, puisqu'il ne saurait
être question de nous rejoindre autrement.

— Tu as bien réfléchi ?

— Oui. Vois-tu, Chiara, j'appartiens à cette ville.
Jusqu'à la mort de mon père, j'en ai été l'une des pierres.
Un ouragan m'a arrachée et envoyée rouler au loin. Si
Dieu permet que la pierre reprenne sa place, je ne vois
aucune raison d'aller contre sa volonté...

— Alors, à quoi bon te mentir à toi-même ? Tu aimes
Lorenzo, un point c'est tout.

— Non, rien n'est changé depuis que nous en avons
parlé. Je te le répète : c'est mon corps qui l'aime, et je me
trouve bien avec lui mais je ne vois aucune raison de tourner le dos à une vie, à une culture que j'aime pour retour-

ner vers une autre, qui a sa beauté sans doute, mais qui est moins douce à mon cœur.

— Ton fils n'appartient pas à cette culture ?

— Pas plus que je ne lui appartenais quand mon père m'a ramenée de Bourgogne avec Léonarde et Jeannette. C'est un bébé, encore, et il aimera Florence comme je l'aime.

Sans répondre, Chiara embrassa son amie. Ses yeux brillaient de joie :

— C'est la meilleure des nouvelles, dit-elle enfin. Il m'en coûtait, tu sais, de me faire l'avocat du diable, mais que tu restes avec nous me remplit de joie. Tu garderas Carlo auprès de toi ?

— Bien sûr ! Il est heureux à Fiesole et s'entend à merveille avec Démétrios. Comme il passe pour mort, c'est la meilleure solution. Si tu allais te préparer ? L'heure de la procession sera bientôt là.

— Et pour rien au monde je ne voudrais la manquer. J'ai grande envie de voir à quoi ressemble l'ambassadeur français.

Tandis que Chiara se précipitait vers ses robes de cérémonie, Florence fêtait saint Jean. Tout avait commencé, aux premières heures du matin, par le défilé d'offrandes que les corporations, les « arts florentins », portaient au saint patron de la ville, chacune offrant les produits de sa fabrication : « Calimala » les draps fins et soyeux, véritables produits de luxe sortis de ses ateliers ; l'art de la Laine ses plus belles futaines et ces blanchets souples dont le secret avait été pris à Valenciennes ; celui de la Soie des cendals, des satins et des taffetas chatoyants ; les Orfèvres des plats et des aiguières d'argent, et ainsi de suite jusqu'aux pains dorés et aux pâtisseries légères des modestes boulangers. Le défilé dura jusqu'à midi où se forma une grande procession : le clergé de Florence rejoignit les « arts », les délégations envoyées par les cités vassales et de grandes théories de jeunes gens et de jeunes

filles qui, déguisés en anges et portant dans le dos de
grandes ailes blanches dont la réalisation avait donné
beaucoup de mal à Sandro Botticelli, supportaient sur
leurs épaules azurées les châsses dorées contenant les
reliques de la ville. Tout ce monde s'engouffra ensuite
dans le Duomo pour y entendre la messe.

C'était la première grande cérémonie célébrée dans la
cathédrale profanée par le meurtre de Giuliano. L'avant-
veille, l'archevêque de Florence était venu cérémonieuse-
ment purifier l'église majeure à grand renfort d'eau bénite
et d'encens.

Après la messe, tout le monde rentra chez soi pour
prendre des forces en vue des cérémonies de l'après-midi
et de la grande course qui aurait lieu à la fin du jour. A
ceux qui ne pouvaient s'offrir un repas digne d'une si
belle journée, des éventaires en plein vent distribuaient
gracieusement pâtés et pâtisseries. Et, pour accompagner
ce festin, les fontaines de la ville laissaient couler du vin
de Chianti à la place de l'eau. Pour ajouter à la gaieté, des
bandes de musiciens jouant de la viole, du fifre ou du tam-
bourin couraient les rues et s'arrêtaient aux carrefours...
le plus près possible des fontaines.

De la tribune des dames où elles avaient pris place pour
admirer la procession et suivre tant bien que mal l'office
par les portes largement ouvertes, Fiora aperçut Lorenzo,
vêtu de noir comme il en prenait l'habitude, mais portant
au cou une chaîne d'or et de rubis qui valait un royaume.
Un bijou assorti brillait à son bonnet. Auprès de lui marchait un homme blond au chaperon duquel étincelait une
fleur de lys d'or, et Fiora n'eut aucune peine à reconnaître
Philippe de Commynes. Il allait son chemin avec la
dignité seyant à un ambassadeur de France. Derrière lui,
elle vit voguer sur la foule certain bonnet plat surmonté
d'une plume de héron qui accéléra le rythme de son cœur.
Se pouvait-il que Douglas Mortimer fût aussi du voyage ?
Pourquoi pas, après tout ? Louis XI tenait trop à son
jeune conseiller pour l'aventurer sans garde solide dans

cette Italie turbulente. Et quelle garde pouvait être plus solide, plus efficace que le sergent la Bourrasque ?

L'envie lui prit, brusquement, d'aller rejoindre ses amis, mais elle ne pouvait s'immiscer dans l'ordonnance rigoureuse des cérémonies. Il fallait rentrer au palais Albizzi pour le repas du milieu du jour, en compagnie de ser Lodovico qui ne cessait de grogner sur la futilité de manifestations mondaines gâchant un jour que le Créateur avait, de toute évidence, spécialement destiné aux joies austères de la science. Il était d'autant plus grincheux qu'il avait dû troquer son sarrau de toile verte, si commode, pour une superbe robe d'épaisse soie écarlate bordée de martre noire, en dépit de la saison, et d'un chaperon de même étoffe dont un pan s'enroulait gracieusement autour de son cou. Une lourde chaîne d'or terminée par une chimère complétait une tenue que, de toute évidence, il détestait :

— Passe encore pour l'hiver, mais ce soir j'aurai tellement transpiré que ma chemise et ma peau seront du même rouge que cette fichue robe !

— Tu pourras la retirer pour faire la sieste et j'ai donné ordre à Colomba de mettre à rafraîchir le vin que tu préfères, fit Chiara consolante. Et puis tu ne trompes personne, oncle Lodovico. Tu es trop Albizzi pour te montrer autrement que vêtu selon ton rang.

En dépit de la chaleur, il fit grand honneur au repas composé de melons et de fegatelli, petites saucisses de foie aux herbes qu'il arrosa de quelques rasades de chianti. Un festin qui l'obligea à prendre quelque repos dans la fraîcheur de sa chambre en attendant l'heure d'aller dans l'une des tribunes d'où les notables de la ville contempleraient la course du Palio [1].

Après la matinée, réservée aux corporations qui donnaient à Florence sa richesse, l'après-midi appartenait aux différents quartiers de la ville dont les champions

---

1. Sienne seule a conservé ce fabuleux spectacle que l'on vient admirer de toute l'Europe.

s'affrontaient en une course de chevaux, montés sans selle et sans étriers, sur un parcours préparé à l'avance. Le prix en était le « palio », une magnifique pièce d'étoffe, la plus belle de toute la ville, que le Magnifique remettait au vainqueur.

Chaque quartier présentait quatre gonfanons sous les couleurs desquels couraient quatre cavaliers. Les bannières du quartier San Giovanni (Saint-Jean) portaient le Lion noir, le Dragon, les Clefs et le Petit-Gris; celles de Santa Croce le Char, le Bœuf, le Lion d'or et les Roues; celles de Santa Maria Novella la Vipère, le Lion rouge, Lion blanc et la Licorne; enfin, celles de San Spirito, quartier d'outre-Arno, l'Échelle, la Coquille, le Fouet et la Chimère. Et tous ces gonfanons joyeusement colorés, avec leurs servants et quantité de cierges, se formaient en procession jusqu'au Baptistère.

Le rassemblement s'opérait devant la Seigneurie, revêtue de sa parure des grandes fêtes. Le Vieux Palais gris était tout bruissant de bannières et de soieries. Entre ses créneaux, des mâts dressaient dans le ciel bleu les emblèmes des villes vassales, celui de Florence occupant le sommet de la tour comme il convenait à une reine. Tout autour de la place où l'on avait dressé des tours de bois doré représentant les cités vassales ou alliées, les fenêtres crachaient des flots de brocarts ou de tapisseries. Le pavé, lui, ressemblait à une prairie au printemps avec le bariolage des costumes de gala et des gonfanons. Un large espace vide marqué par des cordes de soie, coupait la place : le passage où galoperaient tout à l'heure les cavaliers. L'air était à la joie, à l'excitation des paris échangés autour des porteurs des immenses gonfanons. Ceux-ci faisaient danser et voler, en dépit du poids, les lourdes étoffes peintes et brodées.

Sur la place du Duomo où les grandes portes de bronze doré du Baptistère laissaient voir la forêt de cierges qui l'illuminait, le spectacle était différent. Là s'élevaient les tentes chatoyantes des propriétaires des chevaux qui allaient courir et, tout autour, des mâts aussi hauts que les maisons portaient, en alternance, la bannière blanche au Lys rouge de Florence et l'étendard bleu aux Lys d'or du roi de France.

La musique des grandes orgues, des violes, des flûtes, des hautbois et des tambourins de la cathédrale, soutenant le chœur de sa maîtrise, emplissait la place et, de chaque côté de l'archevêque dont deux diacres tenaient ouverte la chape d'or, des acolytes balançaient des encensoirs d'argent. Ceux-ci devaient être remplis à ras bord, car les épaisses volutes de fumée qui s'en échappaient montaient jusqu'à la grande tribune rouge où Fiora et les Albizzi prirent place, des places singulièrement proches des hauts fauteuils dans lesquels allaient s'installer le Magnifique et son hôte privilégié.

Une fois de plus, l'oncle Lodovico pestait. L'encens le faisait tousser – il n'était pas le seul – et regretter plus vivement encore la fraîche vallée du Mugello. Chiara finit par le réprimander :

– Cesse donc de grogner, oncle Lodovico! Tu as la chance d'escorter la plus jolie femme de la ville et tu passes ton temps à regretter tes papillons! Tout le monde nous regarde.

C'était vrai. Tous les regards étaient braqués sur Fiora, véritablement impériale dans ses failles pourpres. Sur son passage, elle avait soulevé applaudissements et compliments enthousiastes : « Longue vie à la plus belle! » – « Nous avions l'étoile de Gênes mais à présent celle de Florence brille d'un éclat aussi vif! » – « Heureux entre tous l'homme qui te possède! » Et même, clamé à pleine voix par un distrait ou quelque ignorant des catastrophes que sa naissance irrégulière avait fait pleuvoir sur Fiora, « Bénie soit entre toutes la mère qui t'a portée et t'a faite si belle! »...

Elle répondait d'un sourire ou d'un geste gracieux de la main, heureuse de se sentir si bien au cœur de ce peuple dont, mieux que personne pourtant, elle avait pu mesurer

la versatilité. Mais les nuages avaient fui, chassés par
l'amour de Lorenzo, et la ville entière, à présent, était
prête à se prosterner à ses pieds, comme elle se prosternait
jadis à ceux de Simonetta. Le maître bien-aimé l'avait
élue, et c'était suffisant pour la couronner.

— Je gage, dit Chiara avec satisfaction, que c'est toi qui
remettras tout à l'heure le palio au vainqueur.

— Tu crois ?

— J'en suis certaine, sinon pourquoi serions-nous pla-
cées au premier rang et toi seulement séparée de Lorenzo
par un court espace ? Et, ce soir, tu seras la reine du bal !

— Passe encore pour cet après-midi, mais ce soir, au
palais Médicis, donc chez l'épouse et la mère de Lorenzo,
la situation pourrait être gênante.

— Voilà une belle nouveauté ! Depuis la mort de Giuliano, les femmes de la famille ne participent à aucune
fête. Elles ont entendu la messe ce matin dans la chapelle
privée, car Madonna Lucrezia ne veut plus pénétrer dans
le Duomo où son fils a été assassiné... Tiens ! Voilà ton
prince !

Les longues trompettes d'argent ornées d'un pennon de
soie aux armes des Médicis sonnaient en effet et, entourés
d'un brillant cortège, le Magnifique et son hôte français se
dirigeaient vers la tribune où chacun se leva pour les
applaudir. Ils se tenaient par le bras pour mieux souligner l'entente parfaite entre les deux pays, et saluèrent
de la main. Derrière Commynes, Fiora reconnut Mortimer dont la haute taille dépassait la plupart des hommes
présents. Quelques archers de la Garde écossaise l'escor-
taient avec une suite qui semblait assez nombreuse. Visiblement, le roi Louis tenait à ce que son ambassadeur
donnât une haute idée de sa puissance, et l'on disait que
tout ce monde avait été chargé de présents fastueux pour
les amis florentins.

Parvenus au bas de la tribune, ils s'arrêtèrent pour
saluer à la ronde. Quand ils se retournèrent pour gagner
leurs places, Fiora vit leurs deux regards se fixer sur elle

avec une admiration qui la fit frissonner de joie. Celui de Lorenzo brûlait de ce feu ardent qu'elle connaissait bien, mais le sourire de Commynes n'atteignait pas ses yeux bleus qui semblaient empreints d'une sorte de mélancolie...

— Il doit penser, chuchota Chiara, qu'il est dommage pour la France de perdre si belle dame?

— Nous sommes amis, et cette amitié il ne la perdra jamais. J'aime beaucoup messire de Commynes, tu sais?

— Lui aussi, sans doute. Et peut-être plus que tu ne le crois.

— Folle que tu es! Tu as trop d'imagination...

Pendant ce court aparté, les deux hommes avaient gravi les quelques marches couvertes de tapis rouges mais, au lieu de s'asseoir, ils vinrent droit à Fiora qui plongea aussitôt dans une profonde révérence, offerte à l'un comme à l'autre. La voix de Lorenzo résonna, curieusement métallique :

— Vous m'avez dit, sire ambassadeur, l'amitié qui vous unit à la plus belle de nos dames, et je crois aller au-devant de votre désir en vous conduisant à elle sans attendre.

— C'est vrai, Monseigneur, et je vous en rends grâce. Madame la Comtesse de Selongey, ajouta-t-il en français, ce m'est une joie profonde de vous retrouver et de vous saluer en mon nom comme en celui du roi, mon maître.

Il y eut un silence. Fiora, bouleversée d'entendre prononcer ce nom qui n'était plus le sien, resta un instant sans voix et serra l'une contre l'autre ses mains tremblantes sans même songer à rendre son salut au visiteur.

— Sire Philippe, murmura-t-elle. Je vois derrière vous messire Mortimer. Il a dû vous dire que je n'ai plus le droit de porter ce nom...

— Certes, certes chuchota Commynes. Mais... pour que vous ne soyez plus l'épouse du comte de Selongey, il faudrait qu'il soit mort. Or... il ne l'est pas.

— Qu'est-ce que vous dites?

– La vérité. Pour ce que j'en sais jusqu'à présent, messire Philippe est vivant. Allons, mon amie, remettez-vous ! Peut-être ai-je été un peu brutal, mais j'étais si sûr de vous apporter une grande joie...

– Vous n'en doutez pas, j'espère ? Oh !... il me semble que je perds la tête. Cette exécution...

– ... n'a pas été jusqu'à son terme sanglant. Le gouverneur de Dijon avait ordre de l'arrêter au moment suprême. L'épée du bourreau n'a pas effleuré votre époux.

Sans souci du protocole, Fiora se laissa retomber sur son siège, luttant contre l'envie de pleurer et de rire tout à la fois. Vivant ! Philippe était vivant ! Il respirait toujours, quelque part sous ce ciel infini ! Elle le reverrait, le toucherait, retrouverait ses yeux, son sourire, la chaleur de ses mains ! Les yeux noyés de larmes, elle regarda Commynes qui se penchait sur elle avec inquiétude :

– Madonna ! Vous êtes bien pâle... et vous pleurez !

– De joie ! Oh, mon ami, vous avez été bien imprudent ! Ne savez-vous pas qu'un trop grand bonheur peut tuer ?

– Pardonnez-moi, alors ? Nous parlerons plus tard, car j'ai beaucoup à vous dire...

Laissant Fiora à son amie qui lui offrait un mouchoir imbibé d'une eau de senteur, il rejoignit Lorenzo déjà installé à sa place. Les trompettes sonnaient de nouveau.

– Tu ne vas pas t'évanouir, au moins ? fit Chiara inquiète. Tout le monde te regarde, sais-tu ?

– Eh bien, qu'ils me regardent ! Pour une fois qu'ils ont l'occasion de voir une femme heureuse, follement heureuse !

– Tu ne semblais pas si malheureuse jusqu'à présent ?

– L'étais-je vraiment ? C'est vrai que je me sentais bien et que j'éprouvais une sorte de joie, faite de beaucoup d'orgueil, je crois... mais c'est tellement différent ! Comment t'expliquer ? C'est comme si tout venait d'exploser en moi d'un seul coup...

Chiara ne répondit pas. Son regard chercha Lorenzo et, croisant le sien, crut y lire quelque chose qui ressemblait à de la douleur. Fiora, elle, ne le voyait pas, ne le voyait plus... sa pensée était loin, déjà, à des centaines de lieues de cette ville qu'elle aimait cependant et où, il y a quelques instants seulement, elle souhaitait de rester pour toujours. Mais Fiora était partie à la rencontre de l'homme qu'elle ne pouvait cesser d'aimer.

Ce soir-là, elle ne parut pas au bal du palais Médicis. Après la course, elle se fit accompagner à Fiesole par deux valets des Albizzi :

— Tu diras à messire de Commynes que j'attends sa visite, confia-t-elle à son amie.

— Vous auriez pu vous parler ce soir ?

— Non. Pas dans un bal ! J'ai besoin de calme, Chiara. Il faut que je rentre chez moi.

— Quelque chose me dit que tu y es déjà rentrée...

— Où est-il?

Philippe de Commynes décroisa ses longues jambes et,
s'accoudant aux bras de son siège, joignit les doigts de ses
deux mains, traçant dans l'espace une sorte de pyramide à
laquelle il appuya son nez, comme quelqu'un qui réfléchit
profondément.

— Je n'en sais rien, soupira-t-il enfin.

Son regard bleu, cherchant celui de Fiora de l'autre côté
de la table, semblait solliciter le pardon, mais la jeune
femme n'était pas dupe de cette candeur diplomatique. En
fait, Commynes essayait de retarder une colère qu'il sentait venir.

— C'est impossible! dit-elle froidement. Comment
pourriez-vous ne pas le savoir, vous qui savez toujours
tout!

— Ne me faites pas plus habile que je ne le suis, mon
amie, ni mieux renseigné. Et souvenez-vous que j'ai été
exilé plusieurs mois. Tout ce que je peux vous dire, c'est
ce que le roi m'a chargé de vous apprendre : votre époux a
reçu sa grâce au moment où il allait mourir.

Démétrios quitta la table pour aller prendre sur un
dressoir un flacon de malvoisie dont il emplit une grande
coupe avant de la tendre à leur hôte :

— Un point, c'est tout. Dit-il avec un demi-sourire.

— Voulez-vous dire par là qu'une fois descendu de

l'échafaud, on l'a simplement prié d'aller se faire pendre ailleurs et laissé se perdre dans la foule ? Cela ne ressemble guère au roi Louis.

— Non. Bien sûr que non. Il a été ramené à la prison de Dijon puis, de là, transféré ailleurs. Mais ne me demandez pas où, car je l'ignore. Notre sire se réserve de vous le dire lui-même quand vous vous reverrez. Car, bien sûr, il vous attend.

Un chaud sourire illumina le fin visage de la jeune femme. C'en était bien fini de ses hésitations et de ses atermoiements. Une haute volonté décidait pour elle et l'appelait vers ce qui ne pouvait être qu'un grand bonheur retrouvé.

— Ce sera un plaisir de faire route avec vous. J'aime beaucoup votre conversation.

Douglas Mortimer, qui pillait à la fois un panier d'amandes, une jatte de miel et une coupe de raisins secs, se mit à rire :

— Il faudra vous contenter de la mienne, donna Fiora. C'est moi qui suis chargé de vous ramener. Et je ne suis même là que pour cela. Messire de Commynes continue jusqu'à Rome.

— A Rome ! Qu'allez-vous faire là-bas ?... Si je ne suis pas indiscrète, bien sûr.

— Du tout. Il faut simplement comprendre. Vous trouver ici a été pour moi une grande joie et un grand soulagement car ma mission s'en trouve simplifiée. J'avais l'ordre, en effet, de vous chercher à Rome et de vous embarquer sur le premier bateau en partance de Civita Vecchia, à quelque prix que ce fût. C'est ce qui explique la présence de l'espèce d'armée que l'on m'a adjointe.

— Voulez-vous dire, fit Démétrios, que vous alliez sommer le pape de vous remettre Fiora ?

— Exactement. Le roi n'aime pas que ses envoyés disparaissent sans laisser de traces ou soient victimes d'un climat malsain. De ce côté-là, tout est bien qui finit bien, mais je n'en ai pas encore terminé avec Sa Sainteté.

— Le roi de France offrirait-il ses bons offices pour apaiser le conflit entre Rome et Florence ? ne put s'empêcher de demander Démétrios que les jeux de la politique passionnaient depuis qu'il avait vécu auprès de Louis XI.

— En aucune façon. Mon ambassade en Italie présente un double aspect politique : assurer Florence du soutien et de l'aide de la France, et faire entendre au pape le courroux de son roi. J'ai, pour celui-ci, une lettre qui devrait le ramener à une plus saine compréhension des choses. Le roi lui explique que, devant son attitude, il se propose de réunir le mois prochain, à Orléans, l'Église du royaume, pour rétablir la Pragmatique Sanction [1] jadis décidée à Bourges sous le règne de Charles VII et réclamer la réunion d'un concile général auquel il pourrait bien demander la destitution de Sixte IV. Enfin, le roi souhaite que, dans sa haine pour Florence, le pape n'oublie pas le Turc ! Le danger grandit de ce côté !

Démétrios fit entendre un léger sifflement :

— Eh bien ! J'espère que vous en sortirez vivant ?

— Je ne m'inquiète nullement. S'il m'arrivait malheur, notre sire entend ressusciter ce vieux droit d'héritage au royaume de Naples et envoyer une armée pour l'enlever aux Aragon. Une armée qui, bien sûr, passerait par Rome.

— Pour un souverain qui n'aime pas la guerre, dit Fiora, on dirait qu'il cherche à mettre les bouchées doubles ?

— Il ne s'agit que d'une menace, Madonna. Le roi est trop sage pour vouloir courir l'aventure et l'Italie ne l'intéresse qu'en fonction de ses bonnes relations avec Florence et Venise. L'important pour lui, dans l'immédiat, est de savoir si la Seigneurie et le peuple... et le clergé florentin sont décidés à se grouper autour de Monseigneur

---

1. Première manifestation du gallicanisme, la Pragmatique Sanction libérait, en quelque sorte, l'Église de France de la tutelle temporelle de Rome qui n'avait plus le droit de nommer évêques ni abbés ni surtout d'en percevoir les bénéfices. Louis XI l'avait abolie au début de son règne.

Lorenzo pour affronter les épreuves que leur prépare Sixte.

— Les Florentins ne sont pas des lâches, s'écria Fiora d'une voix où vibrait tout l'amour qu'elle portait en elle depuis l'enfance. L'excommunication de Lorenzo et des prieurs a seulement augmenté leur indignation. Quant à la guerre, chacun ici sait qu'elle va venir et s'y prépare. Ne vous laissez pas aveugler par la gaieté de nos fêtes.

— La guerre, oui... mais l'interdit [1] ?

— Le pape n'irait pas jusque-là ? fit Démétrios.

— Nos espions à Rome prétendent qu'il y pense sérieusement. Dites-vous bien que cet homme, vraiment pieux cependant, est prêt à tout pour faire plier Florence, abattre les Médicis et asseoir la fortune et la puissance de ses neveux. Que va faire la ville, dans ce cas ? Se soumettre ?

— Sûrement pas ! dit Démétrios. Une cité toute empreinte de philosophie grecque ne saurait plier devant les foudres archaïques des siècles barbares. Et je peux même vous prédire ce qui se passera si le clergé met à exécution les ordres du pape : elle le chassera, le jettera hors de ses remparts comme autant de bouches inutiles. Elle soignera ses malades et enterrera ses morts. De toute façon, je serais fort surpris que l'archevêque obéisse...

— Il y a plaisir à parler avec vous, Démétrios ! fit Commynes en riant. Tout se tient, en effet, et l'archevêque va mettre ses espoirs dans ce concile que le roi de France appelle de ses vœux. Je crois que cette guerre, si vraiment elle éclate, ne durera pas très longtemps et que Monseigneur Lorenzo, prince sage et habile s'il en fut, a devant lui de longues années de paix... mais assez parlé politique ! C'est d'un goût déplorable après un repas aussi délicieux.

---

1. Du fait de la place que l'Église tenait au Moyen Age, l'interdit représentait la mort spirituelle d'un État et, souvent, une véritable catastrophe : églises fermées, cloches muettes, plus de sacrements, plus de mariages, plus de funérailles (les morts n'étaient plus ensevelis), plus de soins aux malades, les hospices étant toujours sous contrôle religieux.

— De quoi voulez-vous parler, alors, dit Fiora avec un sourire. La politique dévore les trois quarts de votre vie.

— Parlons de la vôtre et de votre avenir. Je vous ai dit tout à l'heure qu'à la maison aux pervenches tout va aussi bien que possible en votre absence et que l'on vous y attend anxieusement. Je suppose que vous avez hâte d'y retourner ?

— Grand-hâte ! J'ai tant pensé à eux durant tous ces mois. Mon fils ne me connaît même pas puisque j'ai été enlevée peu après sa naissance. Je ne lui plairai peut-être pas !

— Il aurait bien mauvais goût, soupira Mortimer qui avait trop mangé et qui, abandonnant la table, se mit à marcher à travers la grande salle fraîche. Mais je ne suis pas inquiet de ce côté-là et vous, vous en serez folle : c'est un beau petit bonhomme que le roi lui-même prend plaisir à venir voir. Il s'arrête souvent au manoir en revenant de la chasse.

— C'est vrai ? Il vient voir mon petit Philippe ?

— Eh oui ! Vous savez quel souci il éprouve pour tout ce qui touche à Monseigneur le Dauphin, lequel est de faible constitution et de petite santé ? Alors, ce petit garçon sans père ni mère l'émeut profondément. Il joue un peu au grand-père avec lui

— Qui pourrait le croire si délicat et si attentif ? murmura Fiora émue. Je ne suis pas certaine de mériter tant de bonté, mais je serai heureuse de le revoir, lui aussi...

— Parfait ! Alors, quand partons-nous ? conclut joyeusement l'Écossais.

On décida que le départ aurait lieu la semaine suivante pour laisser à Fiora le temps de mettre ses affaires en ordre et de prendre congé... ce qui ne pouvait se faire avec une précipitation offensante pour le Magnifique. Elle et Commynes quitteraient ainsi Florence le même jour, dans des directions différentes, lui pour y revenir car le roi désirait qu'il demeurât aux côtés des Médicis pendant les mois difficiles qui s'annonçaient, elle... sans trop savoir si elle reviendrait un jour, car la décision en appartiendrait à Philippe.

Ses hôtes redescendus en ville, Fiora prit Démétrios par le bras et l'entraîna au jardin. En ce début d'été, il se trouvait dans la plénitude de son épanouissement et, à caresser des yeux les touffes de roses et les grands bouquets de lauriers chargés de fleurs, la jeune femme sentait son cœur se serrer un peu. Cet endroit prenait soudain, comme la maison elle-même, l'aspect fragile et menacé des choses que l'on va quitter. Voyant une larme perler à ses cils, Démétrios qui l'observait sans en avoir l'air serra plus fort le bras posé sur le sien :

— Tu regrettes de partir ?

— Un peu, oui... Pourtant, tu n'imagines pas quelle hâte j'ai de rejoindre Philippe. Nous avons tant de bonheur gaspillé stupidement à rattraper. Il m'est de plus en plus difficile de me comprendre moi-même... C'est comme si deux femmes vivaient en moi...

— Ce n'est pas « comme si ». C'est tout à fait certain. Tu tiens à Florence par les racines d'une enfance et d'une adolescence heureuses et tu tiens à ton époux par l'émerveillement d'un amour passionné. Et si tu souffres de t'en aller, c'est que tu redoutes un peu ce qui t'attend là-bas. N'ai-je pas raison ?

— Tu as toujours raison. Nous nous connaissons si peu, Philippe et moi, et nous savons si bien nous faire souffrir !

— Veux-tu dire que, s'il n'y avait pas ton fils, tu hésiterais à repartir ?

— Non, non, pas un instant ! Ma vie, c'est Philippe et, quelles que puissent être les épreuves à venir, je ne renoncerai jamais à lui.

Les pas des deux promeneurs les avaient conduits au bas du jardin, près de la grotte que Démétrios désigna du menton :

— Et... celui-là ?

— Il m'oubliera. D'autant plus vite qu'il va devoir

défendre sa ville. En outre, elles sont nombreuses, les Florentines qui rêvent de lui. Bartolommea dei Nasi... et combien d'autres ?

— Tu as peut-être raison. Mais toi, est-ce que tu l'oublieras ?

— Jamais... et pourtant, je l'oublie déjà.

— Voilà une réponse intéressante, mais peut-être un peu difficile à comprendre ! Même pour un homme qui croyait connaître les femmes !

— Sans doute parce que c'est difficile à expliquer. Lorenzo m'a permis de moins souffrir d'une blessure que je croyais inguérissable et qui l'était. Simplement, il m'a rendu la chaleur et le goût de la vie, de même que je l'ai aidé à calmer la souffrance causée par la mort de son frère.

— Et... s'il souhaitait te garder envers et contre tout ?

— Tu veux dire... de force ?

— Pourquoi pas ?

— Non. Pas lui. Tu sais qu'il aime à dire qu'il faut se hâter d'être heureux, car nul n'est sûr du lendemain. Il sait prendre l'instant et en jouir intensément. Mais je suis certaine qu'il a compris que... le lendemain est arrivé.

Démétrios ne répondit pas. Pendant un moment, lui et Fiora cheminèrent en silence jusqu'au champ d'oliviers qui s'étendait au bas du jardin et marquait sa limite. Ils marchèrent un instant sous le feuillage argenté, puis le Grec s'arrêta près d'un tronc noueux, cassa une petite branche où pendait un fruit vert et la considéra un instant avant de la tendre à la jeune femme :

— Garde ce rameau précieusement : il te fera souvenir de moi.

— Est-ce que... tu vas me laisser partir seule ? fit-elle, soudain peinée. J'espérais que toi et Esteban reviendriez en France ?

— Non, Fiora. C'en est fini pour moi des errances. Je suis trop vieux à présent et si tu veux me permettre de continuer à vivre dans cette maison avec mon fidèle Esteban, je n'en demanderai pas davantage à l'existence. Et puis... je ne suis pas certain que dame Léonarde soit disposée à tuer le veau gras en mon honneur.

— Elle sera tellement heureuse de me revoir qu'elle t'accueillera à bras ouverts. Je crois qu'elle t'aimait bien, au fond.

— Perds donc cette habitude de prêter aux gens les sentiments que tu éprouves! Léonarde ne m'a jamais aimé, et même elle me redoutait. Non sans raison peut-être, mais là n'est pas la question. Je veux rester ici car ce beau pays est celui qui ressemble le plus au mien... et j'y ai enfin trouvé la paix.

Du bout du doigt, Fiora caressa la petite branche, puis elle sourit:

— Cette paix dont tu viens de m'offrir le symbole?

— Oui, et c'est plus sérieux que tu ne le crois. Veux-tu me faire une promesse, Fiora?

— Si tu y tiens.

— J'y tiens beaucoup. D'abord, tu ne diras pas à Lorenzo ce que tu m'as confié. Il t'aime peut-être plus que tu ne le crois et, de toute façon, il a trop d'orgueil pour accepter de n'être qu'un pis-aller.

— Je n'ai jamais rien dit de tel! s'écria Fiora indignée.

— Peut-être, mais c'est, en gros, le sens de tes paroles. En outre...

— C'est une double promesse alors?

— Pas vraiment, les deux se résument en une seule: le silence. Tu ne diras jamais à Philippe de Selongey que Médicis a été ton amant. C'est ta vie plus encore que ta paix que je veux préserver. Il serait capable de te tuer.

— N'a-t-il pas pardonné Campobasso?

— Je me méfie de ces pardons-là et je ne jurerais pas qu'il ne t'en reparlera plus. Alors, je t'en prie, pas de ces confidences imprudentes que l'on fait sur l'oreiller et dont vous avez la manie, vous les femmes! Je connais bien ton époux: il t'aime passionnément. Il a pu passer l'éponge sur... les hasards de la guerre, mais il ne pardonnerait pas

à la mère de son fils de s'être consolée dans les bras du
Magnifique. Même si elle se croyait sa veuve. J'ai ta promesse ?

– Tu les as toutes les deux. Tu es plus sage que moi.

– Un mot encore : es-tu certaine de ne pas être
enceinte ?

Fiora devint aussi verte que la brindille qu'elle venait
de glisser dans son corsage. Pas un instant elle n'avait
imaginé au cours des heures ardentes vécues avec son
amant que cela pût lui arriver...

– Je... je ne crois pas. Non.

– Il suffit de voir ta tête pour comprendre que tu n'en
es pas sûre. Alors écoute-moi bien : tout à l'heure, je te
remettrai une potion. Au moindre signe de grossesse, tu
en avaleras le contenu d'un seul coup avec un peu de miel.
Tu seras malade à mourir pendant deux jours, mais
ensuite tu pourras sans crainte affronter le regard de ton
époux !

– Est-ce que... ce ne serait pas un crime ?

Du haut de sa taille, le Grec considéra la jeune femme
dont les admirables yeux gris se levaient sur lui, chargés
d'incertitude, de crainte même. Jamais elle n'avait été
aussi belle. Simplement vêtue de fine toile blanche brodée
de fleurettes à cause de la chaleur, ses cheveux relevés et
tressés en une lourde natte qui glissait le long de son
épaule, elle était l'image même du printemps. Son visage,
dont elle protégeait la pâleur à peine rosée à l'aide d'un
parasol de soie, avait la délicatesse d'une fleur de camélia
et son long cou flexible une grâce infinie. Par le repos, les
soins et la passion attentive de Lorenzo le corps mince et
nerveux semblait s'être poli, adouci, et dégageait cette
involontaire sensualité qui, jointe à une exceptionnelle
beauté, compose ces femmes rares capables de changer la
face d'un royaume. Et Démétrios pensa que le Magnifique, dont rêvaient tant de belles créatures, aurait peut-
être quelque peine à oublier celle-là. Il devait d'ailleurs
en avoir plus tard confirmation, au cours de ses nombreuses conversations avec Lorenzo.

– Posséder Fiora, c'est posséder toute la beauté du monde. Les anciens Grecs en auraient fait une statue divine, mais il faut l'avoir tenue dans ses bras pour savoir quel doux éclat elle atteint dans l'amour, et aucune femme ne m'a donné ce que j'ai reçu d'elle...

Le silence de son ami inquiéta la jeune femme :

– Eh bien ? Tu ne me réponds pas ? N'est-ce pas un crime contre la nature que chasser un enfant de son corps ?

– Si. C'en est un, mais celui qui, par jalousie, te tuerait, en commettrait un bien plus affreux encore... et me briserait le cœur. Alors, garde pour toi ce que ton mari n'a aucun besoin de savoir.

En remontant vers une terrasse que bornait le mur d'enceinte de la villa, Démétrios et Fiora trouvèrent Carlo fort occupé à installer des ruches avec l'aide du jardinier. Le jeune homme aimait les abeilles et s'intéressait depuis toujours à leur vie et à leur élevage. Il aimait à répéter que celles de Trespiano donnaient un miel sans rival dans toute la Toscane. En sarrau de toile et en sabots, les manches retroussées, les cheveux en désordre et le visage rouge, il achevait le quatrième logis destiné aux abeilles et semblait pleinement heureux.

Aucune force humaine n'avait pu le convaincre de prendre part au déjeuner que Fiora avait offert à ses amis Commynes et Mortimer :

– Il me suffit que l'Écossais sache à quoi je ressemble, avait-il dit à Fiora en manière d'excuse. Je ne veux pas que l'ambassadeur me voie auprès de vous. J'en serais... très malheureux.

– Pourquoi ? Notre mariage est nul, vous le savez à présent, mais nous restons unis par une véritable affection. Je n'ai jamais eu de frère, Carlo, il faut que vous acceptiez ce rôle !

– Qu'ai-je fait, mon Dieu, pour mériter cette joie ? Jamais femme n'aura eu frère plus tendrement attaché. Mais ne me demandez pas de paraître à ce repas.

Voyant approcher les promeneurs, il repoussa du bras les mèches humides qui collaient à son front et leur fit un signe joyeux. Depuis qu'il avait retrouvé la vie campagnarde, Carlo semblait moins malingre et sa longue figure pâle prenait peu à peu les couleurs de la santé.

— Tu ne peux pas l'emmener en France, n'est-ce pas ? murmura le Grec.

— Ce serait pourtant la meilleure solution. N'oublie pas qu'il passe pour mort...

— Personne ne viendra le chercher ici tant que Lorenzo et moi-même vivrons. Là-bas, il serait comme un poisson hors de l'eau. La nature de ce pays peut seule lui donner les joies simples dont il a besoin. En outre, il possède une grande soif de culture et je crois être capable d'étancher en partie cette soif.

— Autrement dit, entre lui et moi, c'est lui que tu as choisi ? conclut Fiora en souriant. Je vais être jalouse.

— Autant que tu voudras : j'en serais immensément flatté. Mais, sérieusement, il vaut mieux que nous restions ici lui, Esteban et moi. Même pour toi, car vois-tu, nul ne peut dire — pas même moi — ce qui t'attend là-bas. Peut-être un grand bonheur et je le souhaite de tout mon cœur, peut-être d'autres épreuves car les temps que nous vivons sont sans pitié. Il est bon que tu saches que tu as ici ta maison et ses gardiens : une espèce de famille toujours prête à t'accueillir... A présent, allons voir où en est le travail de Carlo !

Soudain, de la ville si paisible l'instant précédent, monta le tintement frénétique du tocsin sonné par la Vacca, la grosse cloche des heures difficiles, aussitôt repris par les campaniles de toutes les églises. Puis vint cet espèce de rugissement assourdi par la distance, mais que Fiora et Démétrios n'oublieraient jamais pour l'avoir entendu certaine nuit où Florence se soulevait pour obtenir leur mise à mort. En dépit du doux soleil et de la grâce de l'immense paysage étendu à leurs pieds, ils ne purent s'empêcher de frissonner. Il se passait quelque chose et quelque chose de grave, mais quoi ?

Tous deux, oubliant Carlo qui d'ailleurs ne pensait déjà plus à eux, se précipitèrent vers la vieille tour, vestige des anciennes fortifications étrusques, au sommet de laquelle le médecin grec avait installé les instruments qui lui permettaient d'observer le ciel. Mais cette fois, ce fut sur la ville qu'il dirigea sa longue-vue, et surtout sur les portes du sud pour voir si, d'aventure, une armée approchait de Florence. Il ne vit rien d'inquiétant.

– Il faut attendre le retour d'Esteban, soupira Démétrios. Il nous apportera des nouvelles fraîches.

En effet, le Castillan avait accompagné les Français quand ils avaient regagné le palais Médicis, sous le fallacieux prétexte de renouveler la provision de chandelles. En réalité, il voulait rejoindre une jolie lingère du quartier San Spirito qu'il avait protégée pendant les émeutes lorsqu'elle avait failli être écrasée contre un mur. Depuis, ses pas le conduisaient fréquemment chez cette charmante Costenza à laquelle il semblait s'attacher. Ce qui souciait un peu Démétrios, persuadé que le commerce de lingerie n'était que l'habile façade d'un autre, vieux comme le monde et beaucoup plus lucratif.

Aussi, les habitants de la villa Beltrami ne furent-ils pas autrement surpris qu'Esteban ne soit pas rentré quand les trompettes sonnèrent la fermeture des portes. De toute évidence, il avait choisi de passer la nuit chez son amie et Démétrios, haussant les épaules avec agacement, se contenta d'émettre le vœu que cette escapade ne coûtât pas trop cher à son fidèle serviteur.

– Et nous, nous ne saurons rien avant demain, regretta Fiora. L'arrêt du tocsin ne la rassurait pas car le feulement profond continuait à monter de la vallée, plus distinct même à présent que la voix des cloches ne le couvrait plus.

Fiora se trompait. Vers minuit, alors que chacun se disposait à gagner sa chambre, le galop d'un cheval ébranla les échos de la nuit avant de s'arrêter devant la porte de la villa. Fiora et Démétrios l'attendaient, car la jeune femme savait déjà que le visiteur tardif n'était autre que Lorenzo.

Lorsqu'il vint vers elle, blanche et lumineuse dans le halo de sa lampe, Fiora le revit tel qu'il était au soir du meurtre de Giuliano : le pourpoint noir ouvert jusqu'à la taille, les cheveux ébouriffés par le vent de la course, la sueur au front et chacun de ses traits accusé par la poussière. Mais l'expression de ce visage n'était pas la même. Lorenzo, ce soir, ne venait pas chercher un refuge, il n'espérait pas trouver un moment d'oubli entre des bras soyeux. Son air était celui d'un homme déterminé qui vient de prendre une résolution.

— Je suis venu te dire adieu, dit-il simplement.

— Déjà ? Mais je ne pars que dans quelques jours ?

— Je sais, c'est moi qui m'en vais. Et peut-être serait-il prudent d'avancer l'heure de ton voyage.

— Mais pourquoi ? Rien ne presse et Commynes...

— Commynes part demain pour Rome. Je l'accompagnerai sans doute.

En quelques phrases brèves, Lorenzo raconta ce qui s'était passé et pourquoi, d'un seul coup, Florence s'était enflammée. Un héraut pontifical, à la tombée du jour, avait apporté la déclaration de guerre de Sixte IV, assortie d'une lettre adressée aux prieurs dans laquelle le pape déclarait n'avoir aucun grief contre la Seigneurie ni la ville, mais uniquement contre Lorenzo de Médicis, assassin et sacrilège. Que Florence chasse l'indigne tyran, et elle ne serait frappée d'aucune peine ! Elle recouvrerait la faveur du Saint-Père qui la tiendrait désormais en sa toute particulière affection.

— Alors, j'ai proposé de me livrer, conclut le Magnifique, afin d'épargner à cette ville qui m'est chère les horreurs d'une guerre. Les prieurs ont refusé ma proposition, mais je leur ai demandé de réfléchir jusqu'à demain, de consulter leurs quartiers, leurs familles et les maîtres des différents arts.

– Il me semble qu'ils t'ont déjà répondu ? fit Démétrios. Nous avons entendu le tocsin et aussi la rumeur...

– Telle a été, en effet, leur première réaction, et j'en ai éprouvé beaucoup de joie. Cependant, bien des· choses peuvent changer en une nuit quand les ténèbres apportent le silence... et la peur.

– Tu ne peux pas te livrer ! s'écria Fiora indignée. Toi, entre les mains de ce pape inique qui a osé faire abattre ton frère en plein office de Pâques ? Il te fera mettre à mort sans hésiter... et Commynes n'y pourra rien.

– Loin de moi la pensée de le mettre dans un mauvais cas. Sa mission est déjà assez difficile.

– Et tu penses que ta mort suffira pour calmer la fureur de Sixte ? Lui ne fera rien, peut-être, mais il enverra son cher neveu et Riario, après avoir fait suer à Florence tout son or, lui fera suer tout son sang si elle ne se traîne pas à ses pieds. Est-ce cela que tu veux pour ta ville ? Crois-tu que ce misérable épargnera tes enfants, ta femme, ta mère et toute ta parenté ? Tu es fou, Lorenzo !

– Non, Fiora. C'est la seule conduite que je puisse tenir. J'ai dit, moi, ce que ma conscience me poussait à dire. A présent, c'est à Florence de répondre et de choisir son sort.

– Accepter la férule de Riario ou se battre avec toi ? dit Démétrios. Il me semble que, si j'avais quelque poids, je n'hésiterais pas un seul instant. Encore moins une nuit...

– Et ils ont accepté cette nuit ! murmura Fiora. C'est encore trop !

– Non, car l'enjeu est grave. Si je ne me livre pas, la ville sera frappée d'interdit.

– Et alors ? Si la Seigneurie rejette le pape comme il le mérite, que lui importent ses décisions ? Commynes ne t'a-t-il pas informé des projets du roi de France ?

– Le concile ? Oui, je sais... mais il faut du temps pour réunir un concile. Tiendrons-nous jusque-là ?

– N'y a-t-il pas ici assez d'or pour acheter des condottieri ? Florence est-elle sans armes, sans remparts, sans autre puissance que celle de ses marchands ? Elle se battra, ou alors, elle ne sera plus jamais Florence !

L'ardeur passionnée de Fiora fit sourire Lorenzo qui, d'un geste tendre, l'attira vers lui :

— Tu parles comme ma mère, dit-il en posant sur son front un baiser léger, mais...

— Et comme toutes les femmes de la ville, j'espère ?

— Qui peut savoir ? Mais toi, tu es bien l'une des nôtres, et cela rend plus pénible encore l'idée de notre séparation. C'est difficile de te dire adieu, Fiora...

Un moment, ils demeurèrent face à face, sans se rejoindre autrement que par leurs regards.

— Et c'est difficile de te dire adieu, Lorenzo... Encore qu'il ne faille jamais dire adieu...

Le bruit léger des pas de Démétrios reculant vers la maison ne brisa pas le sortilège qui les tenait captifs, et pas davantage le bruit assourdi de la porte lorsqu'elle se referma. Le Grec avait emporté la lampe à huile et le couple fut seul dans la nuit, seul au milieu d'un monde en sommeil qui l'enveloppait de ses frémissements, de sa brise douce et de ses senteurs. Fiora tendit la main et toucha l'épaule de Lorenzo :

— Il n'y a qu'une façon de nous séparer qui puisse en adoucir l'amertume, chuchota-t-elle. C'est de nous unir une dernière fois...

Elle le sentit trembler, mais il fit un pas en arrière :

— Je ne suis pas venu te demander de me faire la charité, gronda-t-il. Tu n'es plus une femme libre...

— Je sais...

— Quelque part au nord, il y a un homme qui t'aime... et que tu aimes.

— Je sais.

— Si tu te donnes à moi maintenant, tu seras coupable d'adultère comme je le suis moi-même.

— Je sais cela aussi, mais, comme au premier soir, c'est parce que je le veux que je m'offre à toi. Nous ne nous reverrons peut-être plus jamais, Lorenzo, alors cette nuit ne peut être qu'à toi. Si tu le désires, bien entendu...

– Tu le demandes?

Il prit sa main, la retourna pour en baiser la paume puis, sans la lâcher, entraîna Fiora à travers le jardin vers la grotte de leurs amours. La lumière qui tombait des étoiles et donnait au ciel un bleu laiteux éclaira leur chemin dans le dédale des allées et des courts escaliers qui reliaient les terrasses. Devant le seuil de leur refuge, ils s'arrêtèrent et d'un même mouvement s'enlacèrent sous une énorme touffe de jasmin qui fit neiger sur eux son parfum et ses menues fleurs blanches.

– Le ciel est si beau, cette nuit! murmura Lorenzo contre la bouche de Fiora. Je ne veux que lui au-dessus de nous...

Ils se déshabillèrent et, nus, coururent s'abattre sur un tapis d'herbe encore verte qu'abritait un massif de grosses pivoines claires.

Le chant du premier coq chassa Lorenzo. Avec une passion désespérée, il étreignit Fiora une dernière fois et lui donna un très long baiser:

– Dieu te garde, mon bel amour!...

C'était la première fois qu'il disait ce mot et Fiora, bouleversée, voulut le retenir, mais il était déjà parti. Sa longue silhouette brune, pareille à celle d'un fauve, bondissait vers la grotte où il reprit ses vêtements. Incapable de bouger, Fiora, les bras noués autour de ses genoux, le regarda disparaître dans la petite brume qui montait de la vallée. Quelque chose se noua dans sa gorge et elle éclata en sanglots. Elle avait l'impression horrible que le bonheur de revoir bientôt Philippe avait subi une fêlure... et qu'il lui serait difficile d'oublier Lorenzo, en admettant que ce fût jamais possible...

Une chose néanmoins était certaine: même si le Magnifique n'était pas obligé de se sacrifier à la tranquillité de Florence, elle ne le reverrait plus. Même si, comme elle l'avait dit, il ne faut jamais dire « adieu ».

C'est ce qu'elle voulut expliquer à Démétrios quand

elle le retrouva un instant plus tard, sur le seuil de la maison où il l'attendait en arpentant le gravier, les mains au fond de ses grandes manches. Il la fit taire :

– Tu n'as pas d'excuses à présenter, Fiora ! A personne !

– Tu ne me condamnes pas ?

– A quel titre ? Je n'en ai ni l'envie ni le droit.

– Il va peut-être mourir, tu comprends ?

– Il ne va pas mourir du tout. Florence ne le laissera pas partir et se battra pour lui. Quant à toi, je viens de te le dire, ne t'abaisse pas aux excuses et cesse de te mentir à toi-même. Tu avais envie de lui comme il avait envie de toi... et c'est tant mieux si tu laisses ici une partie de ton cœur. Tu souhaiteras peut-être un jour venir la rechercher.

Démétrios avait raison. En rentrant vers midi, Esteban rapporta les nouvelles. La Seigneurie, à l'unanimité, allait répondre au pape qu'elle n'avait aucun ordre à recevoir de lui en matière temporelle. Lorenzo n'avait pas commis de faute et le peuple l'aimait. Il lui était reconnaissant de l'avoir défendu contre ceux qui cherchaient à s'en prendre à ses libertés... Quant au clergé toscan, prélats en tête, il affirmait son intention, au cas où l'interdit serait lancé, de refuser de l'appliquer et de réclamer la réunion d'un concile général.

Mieux encore. Une garde plus importante était offerte à Lorenzo, une garde qui le suivrait partout, et Savaglio marcherait devant lui, l'épée nue, car on savait quels traquenards pouvait tisser la haine de Sixte IV. Quant à la guerre, chacun commençait à s'y préparer et l'or affluait pour acheter des troupes aussi nombreuses que possible.

– Moi seule ne ferai rien, soupira Fiora, puisque je vais partir...

– Tu prieras pour nous, dit Chiara venue avec Colomba pour une dernière visite, car Fiora ne devait plus retourner en ville. Ainsi en avait décidé Lorenzo au cours de leur dernière nuit, afin d'éviter qu'elle se trouvât prise dans les turbulences du peuple.

– Je n'ai guère l'habitude de prier, tu sais ?

– Léonarde t'apprendra : elle fait cela très bien. Tu vas me manquer. J'avais l'impression de revenir aux jours d'autrefois !

– Pourquoi regarder en arrière ? Nous sommes jeunes et nous avons, je l'espère, de belles années devant nous. Tu pourrais venir me voir en France ? C'est un magnifique pays, différent d'ici, bien sûr, mais tu t'y plairais. Et puis, tu aurais sûrement un grand succès !

– Je ne dis pas non. Mais il me faut d'abord convaincre l'oncle Lodovico de l'intérêt que présentent les papillons français !

Se tenant par le bras et suivies de Colomba qui reniflait dans son mouchoir, les deux jeunes femmes suivaient la longue allée de cyprès qui menait à la villa et la dissimulait en même temps aux regards étrangers. Un valet tenait par la bride les mules des visiteuses. Soudain, Fiora aperçut une pierre tombée dans l'herbe. Elle venait sans nul doute du muret qui soulignait la double file des hauts arbres d'un vert presque noir. Elle alla la ramasser et la tint un instant dans le creux de sa main, songeuse tout à coup :

– Te souviens-tu de ce que je te disais au matin de la Saint-Jean ?

– La pierre arrachée ?

– Oui. Tu vois, je croyais alors qu'elle avait repris sa place dans le mur auquel elle appartenait. Je me trompais. Ce caillou est un signe...

– Pas vraiment. Regarde ! Sa place est marquée... là ! Tu n'as qu'à la remettre.

– Non. Elle tomberait encore. Il faudrait un peu de mortier pour la fixer, et je n'en ai pas. Je crois que je vais la garder et l'emporter avec moi, en souvenir.

– Sa place va donc rester vide comme la tienne ? J'espère qu'un jour vous reviendrez, l'une et l'autre, les occuper.

Et Chiara, les larmes aux yeux, embrassa son amie, se

jeta sur sa mule et s'enfuit comme s'il y avait le feu, poursuivie par les cris de Colomba à laquelle il fallait plus de cérémonie. Fiora resta seule au bout de l'allée.

Ainsi, de grands arrachements en menues déchirures, les liens qui l'attachaient à sa chère Florence cédaient l'un après l'autre sans qu'elle pût savoir s'ils se renoueraient un jour. Elle avait dû renoncer à retourner sur la tombe de son père et la décision lui avait été cruelle, mais Chiara lui avait promis d'y prier chaque semaine en son nom. Cependant le plus dur fut, au matin du départ, la dernière séparation, l'adieu à la maison et à ceux qui allaient y rester.

Il eut lieu, ce départ, le quatorzième jour du mois de juillet, fête de saint Bonaventure, docteur de l'Église et compagnon de François d'Assise. A cette occasion, un office était célébré dans le petit couvent franciscain de Fiesole où, une nuit d'hiver, Philippe de Selongey et Fiora s'étaient unis. Celle-ci, avant de prendre la route, cette route qui la ramènerait à son époux, tint à aller entendre l'office, pour une raison qui lui restait obscure, d'ailleurs, mais il lui semblait qu'ainsi, elle renouerait, dans le cadre même du premier serment, les liens qu'elle avait cru rompus par la mort. Tôt le matin, alors que le jour se levait, elle vint s'agenouiller au tribunal de la Pénitence, dans l'ombre froide d'une chapelle, pour s'y laver de son péché charnel. Elle désirait sincèrement l'effacer de son âme, tout en sachant qu'elle ne parvenait pas à le regretter et que sa contrition n'était que de façade. Néanmoins, les paroles sacrées de l'absolution agirent sur son esprit comme elle l'espérait et la rendirent à elle-même. La maîtresse de Lorenzo fit place à la comtesse de Selongey, et ce fut d'un pas ferme qu'elle rejoignit Douglas Mortimer qui l'attendait à la villa avec les trois hommes gardés pour son escorte.

Tour à tour, mais les yeux embués et la voix enrouée, elle embrassa ceux qu'elle laissait.

A Esteban, elle dit :

— Je vous les confie, Esteban, parce que vous êtes le plus fort. Veillez bien sur eux, sans oublier de prendre soin de vous pour me garder un bon ami.

A Carlo :

— Nous n'avons pas eu beaucoup de temps pour nous connaître, mon frère, mais ce peu a suffi pour que je vous sois, et à jamais, profondément attachée. J'espère de tout mon cœur que nous nous reverrons.

A Démétrios enfin :

— Tu as été et tu restes pour moi comme un père, et il est dur de te quitter. Je t'en supplie, dis-moi que ce n'est qu'un au revoir et qu'il ne s'écoulera pas beaucoup de temps avant que nous ne soyons réunis ?

La prenant dans ses bras, il la serra contre lui, sans réussir à retenir les larmes qui venaient :

— Mes yeux s'obscurcissent, petite Fiora, et le livre du Destin s'ouvre de plus en plus rarement devant moi, mais je sais que nous ne serons jamais séparés tout à fait. A présent, pars vite ! Un philosophe grec se doit de rester impassible en toutes circonstances et, en ce moment, je ne me sens plus du tout philosophe...

Tournant les talons, il courut s'enfermer dans la vieille tour qui lui servait d'observatoire. Fiora rejoignit alors Mortimer. Debout auprès de son cheval, il lui tenait l'étrier et elle s'enleva en selle tandis que l'Écossais rendait le même service à Khatoun, d'une façon un peu différente : il se contenta de la prendre à terre entre ses deux mains et de la poser sur le dos de l'animal, sans plus d'effort que si elle n'était qu'une simple sacoche, accompagnant son geste d'un sourire béat qui fit rougir la jeune Tartare et amusa Fiora. Le redoutable sergent la Bourrasque s'intéressait de toute évidence à cette petite créature fragile et douce qui n'avait pas l'air d'appartenir à la même planète que lui. Il étala délicatement son manteau sur la croupe du cheval, sourit à nouveau, puis alla rejoindre sa propre monture sans s'apercevoir que Fiora cachait un sourire sous le voile qui enveloppait sa tête. Que son voyage commençât sous d'aussi aimables auspices lui semblait d'un heureux présage.

Quittant Fiesole, la petite troupe descendit paisiblement la colline pour rejoindre la vallée du Mugnone que l'on suivrait jusqu'à la route de Pise et de Livourne. Le temps était beau et une brise venue de la mer laissait espérer qu'il ne serait pas trop chaud. Fiora, auprès de Mortimer, regardait droit devant elle et s'obligeait à ne pas se retourner, malgré l'envie qui la tenaillait, pour ne pas laisser les regrets envahir sa toute récente sérénité.

Soudain, comme on atteignait le hameau de Barco, elle tressaillit. Toutes ensemble et comme sur un mot d'ordre précis, les cloches de Florence, de Florence excommuniée, de Florence frappée d'interdit venaient de se mettre en branle et sonnaient sur un rythme allègre dans l'air bleu du matin. Khatoun rejoignit Fiora qui, cette fois, s'était arrêtée pour mieux écouter :

— C'est lui qui te dit adieu, murmura-t-elle.

— Peut-être... mais il y a autre chose. Ce n'est pas un adieu, c'est une espérance que chantent ces cloches. Florence est en train de nous dire que l'avenir ne lui fait pas peur, qu'elle est toujours forte et libre, et que jamais rien ne la fera changer... Viens, à présent! Il faut repartir.

Toute à l'émotion de cet instant, elle ne remarqua pas un homme qui l'épiait, caché par un tronc d'olivier. Cet homme, c'était Luca Tornabuoni...

Deux jours plus tard, au moment où, dans le port pêcheur de Livourne, la caravelle qui allait conduire la petite troupe jusqu'à Marseille hissait à ses trois mâts ses grandes voiles à antennes, Philippe de Commynes, à Rome, faisait sonner sous le talon de ses bottes les dalles de marbre de la salle du Perroquet. Au fond, tapi sur son trône comme une bête à l'affût, Sixte IV le regardait venir entre ses paupières resserrées. Auprès de l'ambassadeur français, les moires pourpres du cardinal-camerlingue,

Guillaume d'Estouteville, glissaient sans bruit... Devant eux trottait le cérémoniaire Patrizi, plus que jamais semblable à une souris terrifiée.

Après le rite solennel des salutations protocolaires, le pape, sans rompre le silence de mauvais augure qu'il gardait depuis l'entrée de l'envoyé de Louis XI, considéra un moment le visage plein et paisible du Flamand, dont les yeux bleus ne se privaient pas de l'examiner avec une certaine curiosité. Philippe pensa que ce gros homme correspondait à l'image qu'il s'en faisait : il paraissait aussi teigneux qu'il l'était en réalité.

Enfin, du fond de son triple menton, le pape grogna :

– Que Nous veut le roi de France ?

Commynes tira de sa manche une lettre scellée du Grand Sceau, avança de deux pas et, avec une génuflexion, l'offrit au souverain pontife. Mais ses mains ne devaient pas être jugées assez nobles pour transmettre directement le message, car ce fut d'Estouteville qui le prit et le tendit au pape :

– Ouvrez, Notre frère, et lisez ! lui dit Sixte.

En découvrant ce qu'il avait entre les mains, le cardinal devint aussi rouge que sa robe. Le latin du roi Louis était, en effet, suffisamment véhément pour justifier toutes les craintes et, en déroulant la prose royale, Estouteville se demanda si l'ambassadeur n'allait pas y laisser sa tête :

« Fasse le Ciel que Votre Sainteté prenne conscience de ce qu'Elle fait, écrivait le roi, et que, si elle ne veut affronter les Turcs, elle renonce du moins à faire tort à quiconque de manière à ne pas faillir à Son ministère. Car je sais que Votre Sainteté n'ignore pas que les scandales prédits par l'Apocalypse s'abattent aujourd'hui sur l'Église et que les auteurs de ces scandales ne survivront pas mais connaîtront la plus terrible fin, tant dans ce monde que dans l'autre. Plût au Ciel que Votre Sainteté fût innocente de ces abominations [1]... »

---

1. Texte intégral de la lettre reçue par le Pape des mains de Philippe de Commynes.

La voix du prélat s'étrangla un peu sur les derniers mots, mais ils n'en demeurèrent pas moins intelligibles. Furieux, Sixte venait de s'extraire de son trône et poussait une sorte de hurlement vengeur qui s'acheva en imprécation :

— Fils d'iniquité! Ce roi va savoir ce que pèse ma colère! Oser Nous insulter ainsi? Nous allons l'excommunier, frapper son royaume d'interdit...

Commynes, alors, intervint :

— Mon roi n'a rien fait qui mérite cela, Très Saint-Père! Il est du devoir des princes chrétiens de mettre le trône de Saint-Pierre en face de ses responsabilités. Alors que les voiles turques s'approchent lentement des côtes adriatiques, Votre Sainteté, au lieu d'essayer de réunir l'Italie sous sa main auguste pour opposer à l'Infidèle une puissance forte et unie, ne songe qu'à détruire Florence...

— Parce que Florence mérite d'être détruite. Oser pendre haut et court l'archevêque de Pise, oser retenir en otage notre cardinal-légat de Pérouse...

— Monseigneur de Médicis n'a pas retenu en otage le cardinal Riario : il lui a, au contraire, offert l'asile de son palais pour lui éviter le sort de l'archevêque Salviati. Florence est une cité pieuse et fidèle à sa foi, mais elle ne peut accepter qu'en pleine messe de Pâques et à l'instant sacré de l'Élévation, on assassine ses princes. Le roi de France n'a pas du tout apprécié le... — je dirai l'incident — de Santa Maria del Fiore. Et il n'est pas le seul en Europe.

— Nous n'avons que faire de lui!

— Vraiment? Que Votre Sainteté réfléchisse donc! Le roi ne nourrit aucune intention hostile envers la papauté. Bien plus, il m'a chargé d'offrir son aide pour combattre le Turc, une aide non négligeable. Mais si Votre Sainteté s'obstine à vouloir détruire Florence... ou à l'offrir par la violence à son neveu, le comte Girolamo Riario, c'est à Florence qu'ira cette aide. Que Votre Sainteté veuille bien, en outre, se souvenir des droits familiaux que la France conserve sur le royaume de Naples dont s'empara jadis Alphonse d'Aragon. Si le roi daignait se souvenir de ce petit État et souhaitait le reconquérir, Rome pourrait se trouver en fâcheuse posture. Enfin, je supplie Votre Sainteté de prendre en considération... ses finances.

— Nos finances ? Qu'est-ce que cela signifie ?

— Qu'à ce jour le roi, mon maître, doit avoir publié une ordonnance interdisant aux gens d'Église de se rendre à Rome... ou d'y envoyer quelque argent que ce soit sous peine de fortes amendes.

— Que dites-vous ?

— La surprise de Votre Sainteté m'étonne. Elle ne doit pas ignorer que le roi, qui avait bien voulu abolir la Pragmatique Sanction de Bourges, songe très sérieusement à la rétablir. Cette ordonnance n'est qu'un début.

— Et vous osez venir Nous dire cela en face ?

— A qui d'autre pourrais-je le dire ? Saint-Père, mon roi, le roi « Très chrétien », n'usurpe en rien ce titre. Plus pieux que lui, plus dévoué aux intérêts de Dieu et de sa très Sainte Mère ne se peut trouver. Sa mise en garde est empreinte de dévouement filial et du désir profond de voir le trône de Pierre rayonner, comme au temps d'Innocent, sur tous ceux qui aiment et servent le Christ. La menace turque est réelle, pressante et, avant de répondre par l'anathème, il conviendrait de l'examiner avec un esprit froid et lucide.

— Comme celui du roi de France ?

— Certes, car Louis est souverain avant d'être homme, père, ou quoi que ce soit d'autre, et la gloire de Dieu lui est plus chère que la sienne propre.

Pensant n'avoir rien à ajouter, l'ambassadeur plia le genou une nouvelle fois et, comme le voulait l'usage interdisant de tourner le dos au pape, commença à reculer vers la porte. Au lieu de l'accompagner, le cardinal d'Estouteville vint prendre sa place au pied du trône, sans paraître s'apercevoir du surcroît d'orage qui s'amoncelait sous les augustes paupières :

— Avez-vous quelque chose à ajouter ? fit le pontife.

– En effet, et j'en demande excuse, mais Votre Sainteté est trop amie de la justice et trop soucieuse du bien des chrétiens pour que je ne l'informe pas d'un fait, minime sans doute, mais auquel je La crois susceptible d'attacher quelque prix.

– Lequel ?

– Il s'agit de... donna Fiora Beltrami que Votre Sainteté a en toute bonne foi, voici trois mois, unie au jeune Carlo dei Pazzi.

A nouveau, le visage sanguin de Sixte IV vira au rouge brique :

– C'est un sujet dont Nous aimons peu à parler et vous devriez le savoir, Notre frère en Jésus-Christ. Cette femme a répondu par la plus noire ingratitude et par une fuite honteuse aux bontés dont Nous avions voulu la combler, par pitié d'abord et aussi parce qu'elle Nous semblait digne de Notre bénévolence. Que lui reproche-t-on encore ?

– Rien, Très Saint-Père, absolument rien... mais il serait sage de faire savoir à la Chancellerie d'État qu'elle devra annuler ce mariage et même... l'effacer complètement de ses registres.

– L'effacer ? Et pourquoi cela ? Un mariage que Nous avons Nous-même célébré, dans notre chapelle privée... et en votre présence, cardinal ? Si un empêchement existait à cette union, que ne le fîtes-vous entendre alors, comme le veut le rite d'une cérémonie nuptiale ?

– J'étais dans l'ignorance, Très Saint-Père, et Votre Sainteté Elle-même aurait rejeté avec horreur l'idée de célébrer une telle union si...

– Si quoi ? Cessez de Nous lanterner, par tous les saints du Paradis !

– Si Elle avait su que cette jeune femme n'était pas veuve comme nous le croyions tous... et comme elle le croyait elle-même.

– Quoi ?

Commynes se chargea d'asséner le dernier coup, avec

une jubilation intérieure qui nécessita, pour n'être pas trop évidente, toutes les ressources de sa diplomatie :

— Rien n'est plus vrai, Très Saint-Père. Le comte Philippe de Selongey, condamné à mort, est en effet monté sur l'échafaud de Dijon... mais il en est redescendu sain et sauf car les ordres du roi étaient de ne lui faire connaître sa grâce qu'à l'instant suprême.

Il y eut un lourd silence que troublèrent seulement les pépiements des oiseaux qui occupaient, dans la salle voisine, une grande volière dorée. Le pape poussa un profond soupir :

— Et... elle ? Où se trouve-t-elle en ce moment ?

— Selon ce que j'en puis savoir, elle vogue vers la France, Très Saint-Père...

Et Commynes, sur un dernier et profond salut, quitta la salle du Perroquet.

Deuxième partie

LES CHEMINS SANS ISSUE

CHAPITRE IV

CONVERSATION SOUS UN CERISIER

La fin du jour approchait, quelques semaines plus tard, lorsque Douglas Mortimer quitta Fiora et Khatoun à l'entrée du vieux chemin ombragé de chênes vénérables qui menait à la maison aux Pervenches.

– Vous voici à bon port ! dit-il en la saluant. Et vous n'avez pas besoin de témoins pour retrouver les vôtres...

– Vous pourriez entrer vous rafraîchir ? L'étape a été longue et la journée chaude.

– Je trouverai tout cela au Plessis. Demain, avec votre permission, je viendrai vous faire visite, saluer dame Léonarde et voir si votre fils a beaucoup grandi.

Le cœur de Fiora battait plus vite que de coutume tandis qu'au pas de son cheval, elle remontait le chemin creux entre les herbes folles de ses talus. Son enfant n'était, dans sa mémoire, qu'un petit paquet gigotant infiniment doux à tenir dans ses bras, et voilà qu'il approchait de sa première année sans que sa mère sût rien de lui. Elle n'avait pas reçu ses premiers sourires et, lorsqu'il souffrait de quelque mal, ce n'était pas elle qui se penchait sur le berceau et usait ses nuits auprès de lui. Très certainement, il la regarderait comme une étrangère, et, au moment d'aborder cet univers, Fiora ne pouvait se défendre d'un peu d'appréhension.

Quand on sortit du couvert des arbres et que la maison apparut, rose et blanche dans son nid de verdure, Khatoun battit des mains, enchantée du spectacle. Le jardin n'était qu'un bouquet de fleurs et les pervenches montant à l'assaut de la terrasse débordaient du petit bois et s'étalaient comme un tapis royal. Au fond, la Loire étincelait, renvoyant les feux rouges d'un soleil somptueux qui semblait entourer de flammes les clairs bâtiments du prieuré Saint-Côme. L'air sentait les fleurs chaudes, les pins, l'herbe fraîchement coupée, avec un léger relent de vase venu du fleuve.

— Comme c'est joli! soupira Khatoun. Mais... Il n'y a personne?

Une voix qui sifflait gaiement un rondeau ancien se mit à sourdre des profondeurs du jardin et se rapprocha. Enfin un jeune homme déboucha d'un buisson d'aristoloches, portant sur son épaule un petit enfant qui riait en se cramponnant à ses cheveux couleur de paille. L'une des montures des deux femmes renifla et lui fit tourner la tête. Il s'arrêta net, tandis que ses yeux bleus s'agrandissaient démesurément. En même temps, d'un geste machinal, il enlevait le petit garçon pour l'installer sur son bras.

— Eh bien, Florent? dit Fiora en souriant. Est-ce que vous ne me reconnaissez plus?

La première surprise passa et, soudain, les prunelles du garçon s'illuminèrent tandis qu'un véritable hurlement de joie s'échappait de son gosier:

— Dame Léonarde! Péronnelle! Étienne!... Vite! Venez vite! Venez tous! Notre dame est revenue!

Et comme personne, apparemment, ne l'avait entendu, il précipita l'enfant dans les bras de Fiora et prit sa course vers le manoir en criant de plus belle:

— Notre dame est revenue! Notre dame est revenue!

Ce brusque déplacement n'était pas du goût du jeune Philippe qui protesta énergiquement. Sa petite bouche ronde s'ouvrit largement sur un « Ouin... in... in...! » vigoureux qui s'acheva en un déluge de larmes!

— Mon Dieu! gémit Fiora, je lui fais peur!

Désolée, elle n'osait pas le serrer contre elle et couvrir

de baisers les courtes boucles brunes et soyeuses qui couvraient sa tête, comme elle en mourait d'envie.

— Mais non, il n'a pas peur de toi, fit Khatoun. C'est cet imbécile de garçon qui l'a trop bousculé. Attends!

Elle se mit à agiter ses mains et à faire des grimaces qui parurent étonner l'enfant. Il s'arrêta de pleurer puis, presque sans transition, éclata de rire.

— Tu vois? Son chagrin est fini, et il va vite comprendre que tu es sa maman.

Le petit considérait à présent ces deux visages différents qui lui souriaient. Fiora le coucha tendrement dans ses bras et commença à le bercer doucement :

— Mon bébé!... mon petit enfant! Que tu es beau!

De ses lèvres, elle essayait de saisir au vol les deux menottes roses qui s'agitaient devant sa figure, cherchant à attraper un coin de voile blanc ou une mèche de cheveux. Finalement, Philippe choisit le nez de sa mère et le tira avec décision.

— Mais il est déjà très fort! s'écria-t-elle, riant et pleurant à la fois... Oh, Khatoun, comment ai-je pu rester si longtemps loin de lui?

La jeune Tartare n'eut pas le loisir de donner une réponse à une question qui, d'ailleurs, n'en demandait pas : telle une volée de moineaux, les habitants de la maison accouraient à sa rencontre. Les jambes de Léonarde ne valaient pas celles de ses compagnons, mais personne ne se fût permis de la dépasser dans cette course à la bienvenue. Au contraire, Florent et Marcelline, la nourrice de l'enfant, la soutenaient et ce fut elle qui, bonne première, tomba dans les bras de Fiora, précipitamment débarrassée de son fils par une Khatoun qui n'attendait que cela, ravie de connaître enfin le « bébé Philippe ».

Pendant un moment, ce ne furent qu'embrassades, saluts, serrements de mains, exclamations joyeuses et souhaits de bienvenue. Léonarde qui, la cornette en bataille, pleurait comme une fontaine en serrant « son agneau » sur son cœur, embrassa Khatoun presque aussi chaleureusement, ce qui surprit la petite, guère habituée à de telles expansions chez cette « donna Leonarda » qu'elle avait toujours trouvée un brin sévère.

— Dieu a permis que vous vous retrouviez, déclara Léonarde, que Son nom soit béni et que cette maison où tu vas vivre désormais te soit douce ! C'est un peu des beaux jours d'autrefois qui nous revient avec toi !

Et elle la réembrassa pour mieux montrer la joie qu'elle éprouvait à la revoir. Étienne Le Puellier et sa femme Péronnelle, respectivement intendant et cuisinière du petit domaine, avaient eux aussi les larmes aux yeux en revoyant une jeune maîtresse pour laquelle ils éprouvaient une amitié proche de l'affection. Quant au jeune Florent, ex-apprenti banquier chez Agnolo Nardi, à Paris, présentement jardinier et bras droit d'Étienne, il contemplait Fiora, les mains jointes et le regard émerveillé, sans songer à essuyer les larmes abondantes qui coulaient sur son sarrau de toile bleue : les sentiments qu'il portait à Fiora n'étaient un secret pour personne et le retrouver en extase n'avait rien de surprenant.

Seule Marcelline, la nourrice, qui n'avait guère eu le temps de connaître la mère de son nourrisson, montra quelque retenue, déclara qu'elle était bien contente que « Madame la comtesse » soit de retour, mais se dépêcha d'enlever le petit Philippe des bras de Khatoun en s'efforçant de la foudroyer du regard. Voyant s'abaisser de déception les coins des lèvres de son ancienne esclave, Fiora comprit qu'il fallait prévoir des difficultés de ce côté-là et, pour mettre tout le monde d'accord, s'écria :

— Laissez-le-moi un peu, Marcelline ! Songez qu'il y a des mois que je ne l'ai vu...

— C'est qu'il est lourd, Madame la comtesse ! Et après ce long voyage...

— Je suis encore capable de supporter ce fardeau, dit-elle avec bonne humeur. Il y a si longtemps que j'en rêve !

Et, tenant fièrement son fils dans ses bras, elle se mit en marche vers la maison dans laquelle Péronnelle avait déjà disparu en criant qu'elle allait préparer le meilleur souper de la terre. Léonarde et Khatoun encadraient Fiora qu'Étienne et Florent suivaient, menant en bride les chevaux qu'ils allaient conduire aux écuries après les avoir débarrassés des bagages et dessellés. Marcelline prit le parti de rejoindre Péronnelle pour l'aider dans sa tâche.

Léonarde ne se lassait pas de contempler Fiora, comme si elle avait peur de la voir se dissiper, comme un rêve, dans les derniers rayons du soleil. Visiblement, elle débordait de questions, et ne résista pas longtemps à l'envie de poser la première :

— D'où nous arrivez-vous comme cela, mon agneau ?

— Je vais vous surprendre, ma Léonarde : je viens de Florence où j'ai vu notre ami Commynes. Et c'est Douglas Mortimer qui nous a ramenées...

— De Florence ? Mais... comment y êtes-vous retournée ? N'était-ce pas une grave imprudence ?

— Non, les choses ont beaucoup changé ! Oh, mon amie, j'ai tant de choses à vous raconter que je ne sais trop par où commencer !

— Le plus simple n'est-il pas le commencement ? Quand vous avez été enlevée, par exemple...

— Sans doute, mais — et Fiora baissa la voix — ce que j'ai vécu durant ces mois ne peut être entendu par toutes les oreilles. Et je vais vous demander un peu de patience, jusqu'à ce que nous soyons seules, ce soir. En revanche, il faut que vous répondiez tout de suite à la question qui me hante depuis mon départ d'Italie : savez-vous où est Philippe ?

— Philippe ? Mais... vous l'avez dans les bras ?

Posant sa joue contre la petite tête, Fiora y déposa un baiser plein de douceur et de tendresse.

— Pas lui, Léonarde... son père ?

Les yeux de la vieille demoiselle se dilatèrent sous l'effet d'une peur soudaine mêlée d'angoisse que Fiora n'eut aucune peine à traduire : sa seconde mère était en train de se demander si elle revenait avec toute sa raison.

– Ne vous inquiétez pas, je ne suis pas folle! Mais je vois que votre ignorance égale la mienne avant ma rencontre avec Commynes. C'est lui qui m'a appris la vérité.

– Quelle vérité?

– La seule qui soit valable, je pense : l'exécution de mon époux n'a pas été conduite jusqu'à son terme et Philippe a quitté l'échafaud vivant... mais pour aller où? Voilà ce que Commynes n'a pas pu me dire.

Léonarde fronça les sourcils et sa main se posa sur le bras de Fiora comme pour la retenir devant un danger :

– Ou pas voulu. Prenez garde, mon enfant! Il peut s'agir d'un secret d'État dont seul le roi possède la clef! Peut-être vaut-il mieux n'en parler que l'huis clos? Certaines paroles ne sont pas faites pour s'envoler avec le vent.

– Vous avez raison! Nous parlerons plus tard!

Et, serrant tendrement contre sa poitrine le bébé qui gazouillait, Fiora franchit enfin le seuil de la maison aux pervenches qui, pour le moment, embaumait le poulet rôti.

Ce soir-là, Fiora décida que tout le monde souperait à la cuisine, en dépit des protestations indignées de Péronnelle qui entendait lui voir reprendre dès l'abord ses prérogatives de châtelaine. Fiora ne voulut rien entendre :

– Voilà des mois que je rêve de retrouver cette maison, dit-elle, mais sans vous tous elle ne serait qu'une coquille vide et j'ai besoin de vous sentir autour de moi. Et puis, Péronnelle, je sais des salles de châteaux qui ne valent pas votre cuisine.

C'est ainsi que l'on se retrouva autour de la longue table de chêne ciré sur laquelle Léonarde étendit une nappe de toile fine que Florent, pour faire honneur à celle qui revenait, orna d'une jonchée de petites roses mousse et de pervenches. Toute la maisonnée s'y installa joyeusement autour de quelques-unes des spécialités de Péronnelle, depuis les pâtés de saumon, d'anguille et de gelinotte, les fines andouillettes roulées dans la chapelure et un succulent rôti de marcassin aux groseilles, jusqu'à d'exquis beignets à la fleur d'acacia, des confitures variées et un blanc-manger au caramel et aux amandes, en passant par de petits fromages frais posés sur des feuilles de vigne et servis avec des épices. Naturellement, Étienne avait plongé dans sa cave pour en extraire quelques pots de ses meilleurs vins d'Orléans ou de Vouvray.

Fiora parla, bien sûr, beaucoup plus que les autres convives, encore qu'elle ne se privât pas de poser des questions sur ce qui s'était passé durant son absence. Chacun était avide de connaître ses aventures depuis la nuit tragique où Montesecco était venu l'enlever par ordre du pape pour la mener captive à Rome. Néanmoins le récit posa quelques problèmes à la narratrice. Il ne pouvait être question de choquer outre mesure les sentiments profondément religieux de ces braves gens, ni de leur raconter le détail de sa vie durant tous ces jours. Il fallut tailler, élaguer, enjoliver certains passages et, ainsi, insister davantage sur le séjour au couvent San Sisto que sur celui au palais Borgia, passer sous silence le mariage avec Carlo et, surtout, l'épisode passionné vécu avec Lorenzo. Évidemment, il fut impossible d'éviter le meurtre de Giuliano dans la cathédrale de Florence et Fiora vit s'assombrir alors les visages, cependant que des mains dessinaient un rapide signe de croix.

— C'est à notre sire le roi, dit-elle en conclusion, que je dois d'avoir pu revenir vers vous sans encombre. Ma rencontre avec son ambassadeur, à Florence, m'a donné, enfin, toutes les facilités que j'attendais pour regagner la France.

On but donc à la santé du roi Louis puis Fiora, Léonarde et Khatoun, à qui l'on avait dressé un lit près de la chambre de sa jeune maîtresse, regagnèrent leur appartement où dormait déjà le petit Philippe sous la garde de sa nourrice.

Si Fiora avait été, en arrivant, un peu inquiète de ce

que sa maisonnée tourangelle penserait de Khatoun, elle
fut bientôt rassurée. La gentillesse et la gaieté de la jeune
Tartare firent oublier son aspect un peu exotique. Péronnelle lui trouva même une ressemblance certaine avec une
petite statue de sainte Cécile qui veillait sur l'orgue du
prieuré Saint-Côme. Néanmoins, la brave femme tint à
éclaircir un point qui lui tenait à cœur :

— Est-ce... qu'elle est chrétienne ?

— Bien sûr, répondit Fiora. Elle a été baptisée dans
l'église Santa Trinita à Florence sous le nom de Doctro-
vée, sainte patronne de ce dixième jour du mois de mars...
mais nous ne l'avons jamais appelée autrement que Khatoun. Mon père trouvait que cela lui allait bien, car elle
ressemblait à un petit chat.

— C'est vrai, approuva Florent. Un bien joli petit chat !

Et c'est ainsi que Khatoun fit son entrée dans la maison
aux pervenches où elle s'installa aussi simplement, aussi
naturellement que si elle l'avait toujours connue : son
étonnante faculté d'adaptation lui avait beaucoup facilité
la vie depuis qu'elle avait été séparée de Fiora et de l'univers douillet de son enfance.

Ce soir-là, Léonarde l'envoya se coucher car elle
n'aurait permis à personne d'aider « son agneau » à sa toilette de nuit et à son coucher :

— Il y a trop longtemps que cela ne m'est pas arrivé !
déclara-t-elle fermement en vidant un seau d'eau dans un
baquet.

Après avoir longuement lotionné le corps de Fiora à
l'aide d'une éponge pour le débarrasser des poussières
d'une chevauchée de plusieurs jours, elle le sécha avec une
serviette fine, puis fit asseoir la jeune femme devant sa
table à coiffer et, empoignant une brosse de crins, dénoua
ses cheveux et entreprit de les épousseter avec vigueur :

— Khatoun, votre fils et Marcelline dorment à poings
fermés, déclara-t-elle tranquillement. Nous sommes
seules et peut-être à présent pouvez-vous me dire la
vérité ?

— La vérité ?

— Oui. Vous savez, ce contraire de l'erreur et de l'illusion... Car c'est une illusion que vous avez dispensée à votre maisonnée durant ce repas mémorable. Moi, je veux savoir ce qui vous est réellement arrivé ?

— Vous pensez donc que j'ai menti ?

— Je ne le pense pas, j'en suis certaine.

— Qu'est-ce qui peut vous faire penser cela ? dit Fiora amusée.

— Vous avez toujours eu le malheur de rougir quand vous mentez, mon ange, et vous avez beaucoup rougi ce soir. Le vin de Vouvray y est peut-être pour quelque chose, mais je jouerais ma vie sur le fait qu'entre votre séjour au couvent, votre long combat contre ce pape invraisemblable, votre amitié avec la comtesse Catarina et ce voyage à Florence pour tenter de sauver les Médicis, il s'est passé... certaines choses ? D'ailleurs, il semble que vous vous soyez attardée quelque peu à Florence ?

— Je le reconnais. Voyant qu'il m'était possible d'y vivre normalement, j'avoue que, jusqu'à l'arrivée de Commynes, je caressais l'idée de vous envoyer chercher avec mon petit Philippe et d'y recommencer une vie semblable à celle d'autrefois puisque... Lorenzo m'a conservé la plus grande partie de ma fortune.

Son imperceptible hésitation avant de prononcer le nom du Magnifique n'avait pas échappé à Léonarde. Fiora le vit en rencontrant son regard dans le miroir... et en constatant avec un peu d'agacement qu'elle venait de rougir encore.

— Lorenzo ? susurra la vieille demoiselle en soulevant la masse des cheveux noirs et soyeux pour les aérer. Il me semble que votre voix tremble un peu en prononçant son nom ?

Brusquement, Fiora se leva et, serrant contre sa poitrine le fin tissu qui l'enveloppait, se mit à arpenter d'un pas nerveux le tapis de sa chambre. Léonarde ne dit rien et la laissa faire. Au bout d'un instant la jeune femme s'arrêta en face d'elle :

– De toute façon, j'avais l'intention de tout vous dire. Je me suis attardée, c'est vrai, et Lorenzo y est pour beaucoup. Au soir du meurtre dans la cathédrale, il est devenu mon amant... et même quand j'ai su que Philippe était vivant, il ne m'a pas été facile de m'en séparer. Donnez-moi un vêtement plus commode, Léonarde et venez vous asseoir près de moi sur ce lit : je vais vous raconter cela dans le détail.

– Vous êtes sûre de n'être pas trop fatiguée ?

– Quelle hypocrite vous faites! dit Fiora en riant. Voilà une heure que vous me trempez dans l'eau froide. Ne me dites pas que vous n'aviez pas une idée derrière la tête ?

– J'avoue, fit Léonarde avec bonne humeur, mais je vous promets de préparer tout à l'heure une infusion de tilleul pour que vous passiez une bonne nuit.

Il était près de minuit quand Fiora reçut la tisane en question et se glissa dans des draps frais qui sentaient la menthe et le pin. Tandis qu'elle buvait, ses yeux, par-dessus le bord de la tasse, interrogeaient ceux de Léonarde debout, bras croisés, auprès de son lit :

– Est-ce que je ne vous fais pas horreur ?

– Pourquoi ? Parce que, vous croyant veuve, vous avez laissé la nature parler en vous et entre les mains d'un homme... dont plus d'une femme peut rêver ? Ce vieux fou de Démétrios a d'ailleurs dû vous dire ce qu'il en pensait ?

– Certes. Il semblait comprendre que, sans l'aimer vraiment, je puisse être heureuse avec Lorenzo...

– Il m'eût étonné qu'il vous prêchât les mortifications et le couvent! Ces Grecs ont une morale bien à eux, mais en l'occasion, il avait raison : vous avez montré un courage d'homme et vous aviez droit à une récompense. Dormez, à présent, et ne pensez plus à tout cela. Demain sera un autre jour... et le début d'une nouvelle vie. C'est de ce côté-là qu'il faut regarder.

Ayant dit, Léonarde se pencha pour embrasser Fiora, puis, après avoir déclaré qu'elle n'allumait pas la veilleuse à cause des moustiques particulièrement voraces cet été, elle quitta la chambre et regagna la sienne. Là, avant de se coucher, elle resta longtemps à genoux devant une statuette de Notre-Dame de Cléry que Louis XI lui avait offerte pour y accrocher ses espoirs et ses prières durant la trop longue absence de Fiora. Elle avait beaucoup de mercis à formuler pour le retour de la voyageuse, mais elle ne put s'empêcher d'y joindre la prière que de nouvelles épreuves fussent épargnées à l'enfant de son cœur...

En descendant à la cuisine, le lendemain matin, Fiora y trouva Douglas Mortimer. Attablé confortablement, l'Ecossais était en train de faire un sort à certain pâté de lapin dont Péronnelle lui servait de généreuses portions. Il les étalait sur de larges tranches de pain. A chaque bouchée correspondait un petit oignon confit dans du vinaigre qu'il allait pêcher dans un pot en grès à la pointe de son couteau. Le contenu d'un gros pichet de vin d'Orléans aidait à faire glisser le tout.

Voyant entrer la jeune femme, il se leva et salua, sans lâcher pour autant sa tartine et son couteau :

— Le roi m'envoie vers vous, donna Fiora, expliqua-t-il, et, en attendant votre réveil, dame Péronnelle m'a donné de quoi prendre patience.

— Elle a bien fait, et je vais vous tenir compagnie. J'ai faim et ce pâté sent bien bon... Mais pourquoi notre sire vous envoie-t-il si matin ? Avez-vous donc un message important ?

— Oui et non. Le roi vous invite à souper ce soir, mais c'est un lève-tôt qui aime bien organiser sa journée dès qu'il a l'œil ouvert. Et puis, l'idée de venir passer un moment dans votre cuisine n'est pas pour me déplaire, conclut-il avec bonne humeur.

— Le roi me fait grand honneur, dit Fiora en attirant la terrine à elle. Mais d'autres convives seront présents ce soir et j'aimerais lui parler seul à seule.

— Lui aussi. C'est pourquoi il vous fait dire de venir

vers quatre heures, l'heure de sa promenade à pied ou à cheval. Aujourd'hui ce sera à pied. Vous pourrez faire le tour du potager, ou du verger, ou visiter les écuries et la vénerie...

A l'heure dite, Fiora, escortée de Florent tout fier d'avoir retrouvé son rôle de chevalier d'honneur, pénétrait dans la cour du Plessis et mettait pied à terre près du vieux puits. Sa toilette lui avait posé quelques problèmes. Elle savait combien son royal hôte appréciait la simplicité, surtout si l'on devait marcher à travers champs, mais d'autre part, il tenait à ce que l'on respectât un certain décorum et donc une certaine recherche lorsque l'on était admis à l'honneur de l'approcher en son particulier. Aussi, après mûre réflexion, Fiora avait-elle opté, avec l'approbation de Léonarde, pour une robe de soie mate à dessins noirs et blancs qu'un étroit ruban vert ceinturait sous les seins. Un petit hennin court, de la même joyeuse couleur de jeune feuille et ennuagé de mousseline blanche amidonnée, la coiffait. Un seul bijou soulignait son décolleté : la chimère d'or aux yeux d'émeraude qu'elle avait portée au soir de son mariage avec Philippe et que Léonarde avait réussi à sauver du sac du palais Beltrami.

Elle n'eut même pas le temps d'aller jusqu'à la porte du château : le roi en sortait. Il eut en la voyant une exclamation joyeuse et vint vers elle d'un pas vif, tandis qu'elle pliait le genou profondément pour le saluer et dissimuler sous le respect une envie de rire qui lui venait. Louis XI, en effet, vêtu à son habitude d'une tunique courte de petit drap gris serrée par une ceinture de cuir et qui lui venait aux genoux, portait le plus étonnant couvre-chef que Fiora eût jamais vu. C'était, enfoncé sur le bonnet de soie rouge qui couvrait ses royales oreilles, une sorte de chapeau cardinalice noir dont les bords très larges et épais d'un doigt abritaient entièrement ses épaules et l'environnaient d'ombre. Ainsi coiffé, sa ressemblance avec un champignon était irrésistible et le sourire que lui offrit Fiora pétillait d'une telle gaieté qu'il ne s'y trompa pas.

— C'est mon chapeau qui vous amuse, donna Fiora ?
Eh bien, sachez que j'y tiens beaucoup car, pour le chaud,
il vaut une petite maison, et, pour la pluie, il me tient à
couvert mieux que mes couvre-chefs habituels qui se
transforment alors en gouttières... C'est une idée que j'ai
prise à l'évêque de Valence.

— Ma foi, Sire, c'est une bonne idée. Je déplore seulement que l'usage ne nous permette pas, à nous autres
femmes, d'en porter de semblables.

— Vous le pourriez si vous étiez abbesse. Mais au fait,
personne ne vous empêche d'en lancer la mode ? Une jolie
femme ne peut-elle se permettre quelques fantaisies ?

Fiora n'eut pas le loisir de répondre. Echappant aux
mains d'un page, un grand lévrier blanc accourait et vint
gambader autour du roi avant de se coller contre ses
jambes en levant vers lui sa tête fine. Même sans le riche
collier clouté d'or et de pierres précieuses, Fiora aurait
reconnu le chien favori de Louis, son auxiliaire dans une
circonstance particulièrement dramatique. Le roi se mit à
rire :

— Ah, Cher Ami ! Tu veux donc venir te promener avec
nous ? Mais nous allons au jardin, tu sais, et il faudra
nous suivre sagement. Il ne s'agit pas de bouleverser les
plates-bandes ? Vous souvenez-vous de lui, donna Fiora ?

— Bien sûr, Sire, répondit-elle en caressant le dos
soyeux de l'animal. On n'oublie pas si facilement un
compagnon d'armes... surtout aussi beau que celui-là.

— C'est vrai. Vous avez fait, tous deux, du bon ouvrage
contre ce vilain moine. Savez-vous qu'il est mort ?

— Je l'ai appris, Sire. Est-il tombé malade ?

— Ma foi non. Je crois qu'il est mort de colère. Il devenait furieux et s'est brisé la tête contre les barreaux de sa
cage. Il a été enterré dignement et on a dit trois messes
pour le repos de sa méchante âme.

Ayant dit, Louis XI se signa dévotieusement, donna
une friandise à Cher Ami et reprit son chemin. En face du
logis, aucun mur ne défendait la vue. Une simple barrière

basse que le roi poussa lui-même donnait accès aux jardins et au verger.

En le suivant au long des allées sablées, Fiora pensa
que le jardinier du château était une manière d'artiste. Ses
parterres, d'ornement ou simplement potagers, dessinés
en buis avec une grande rigueur, présentaient des formes
variées. Quant aux plantes qui les composaient, elles
étaient choisies pour leurs couleurs. Et si, au jardin
d'ornement, les roses et les lys régnaient en maîtres, au
potager, les légumes et les herbes aromatiques étaient ran-
gés suivant leurs nuances de façon à offrir un ensemble
agréable à l'œil [1]. L'arrosage y était perfectionné, car le
jardin recevait l'eau de la fontaine de la Carre, elle-même
reliée au château par des tuyaux de plomb ou de poterie.
Quelques jardiniers étaient au travail et Fiora reconnut
son Florent en conversation avec l'un d'eux. L'arrivée du
roi n'interrompit pas l'ouvrage. A son approche, chacun
ôtait son bonnet pour le saluer, puis se remettait à
l'œuvre. Louis XI s'arrêtait volontiers auprès de ces
hommes choisis par ses soins et qu'il aimait bien pour leur
dire quelques mots ou faire une remarque, toujours
aimable et toujours pertinente. Au point que Fiora en vint
à se demander ce qu'elle faisait là : son compagnon semblait l'avoir complètement oubliée. D'un jardinier à
l'autre, il parlait surtout à son chien...

Enfin, on franchit la barrière d'un grand verger dont
les pruniers croulaient littéralement sous leurs fruits de
couleurs diverses. Louis XI en cueillit quelques-uns, partagea avec Fiora, puis, tout en crachant les noyaux, désigna un banc de pierre placé sous un cerisier. La récolte
était faite depuis longtemps mais, bien feuillu, l'arbre donnait une ombre fraîche. Louis s'installa sur le banc, fit
signe à sa visiteuse de prendre place à son côté, ôta son

---

1. Un arrangement qui a été repris plus tard et amélioré au château de
Gaillon, et surtout au château de Villandry qui s'appelait alors Coulom-
bières.

grand chapeau qu'il laissa tomber dans l'herbe, puis soupira :

— Or, ça, Madame de Selongey, dites-moi un peu ce qui se passe à Rome et ce que vous y avez fait ?

— Pas grand-chose, je le crains, Sire. J'étais surtout occupée à préserver ma vie.

— Sans doute, sans doute ! Mais c'est du pape dont j'aimerais que vous me parliez. Vous l'avez vu de près, vous, ce qui n'est pas mon cas. Dressez-m'en le meilleur portrait que vous pourrez !

Fiora fit de son mieux, surtout pour rester objective, ce qui n'était pas facile car, connaissant les vifs sentiments chrétiens de son compagnon, elle ne voulait pas l'indisposer en lui montrant à quel point elle détestait le pontife. Il était impossible de passer sous silence les exactions, la brutalité et l'insatiable avidité de Sixte IV, mais lorsqu'elle sentit qu'elle allait se laisser emporter par le ressentiment, elle s'arrêta, détournant même les yeux pour éviter le regard aigu qui les cherchait.

— Je ne vois pas ce que je pourrais dire de plus à Votre Majesté, conclut-elle en se penchant pour cueillir un brin de menthe qu'elle se mit à mâchonner.

Louis XI laissa le silence tomber un moment entre eux. On n'entendait plus que les oiseaux...

— Mortimer a été plus bavard que vous, ma chère, fit le roi avec un soupir. Pourquoi ne me parlez-vous pas de ce mariage invraisemblable où l'on vous a contrainte ?

— Messire de Commynes m'a appris qu'il est nul, mais il l'a toujours été, Sire.

— Comment cela ?

— Vous venez de le dire : j'ai été contrainte sous la menace. En outre, il n'a jamais été consommé.

— Ne croyez pas cela ! Bien des mariages ont survécu dans les mêmes conditions. Ce qui l'annule... et Commynes a été chargé par moi d'en informer le pape, c'est que vous n'êtes pas veuve. Du moins comme vous le croyiez.

Fiora se sentit pâlir, cependant que ses mains devenaient froides. Elle regarda son voisin avec épouvante, mais il ne lui offrait qu'un profil hermétique :

– S'il me permet de l'interroger... que veut dire le Roi ?

– Qu'à défaut de votre époux, mes ordres ont été exécutés. Le sire de Craon ne se serait d'ailleurs pas permis de les transgresser. Ils étaient de laisser apprécier à ce Bourguignon entêté les affres de la mort, mais de l'épargner à l'instant où sa tête reposerait sur le billot.

– Oh, Sire ! Quelle cruauté !

– Ah, vous trouvez ? Pâques-Dieu, ma chère, vous oubliez qu'à votre demande, je l'ai déjà gracié une fois ? Cet homme semble incapable de se tenir tranquille.

– Peut-on lui reprocher de vouloir demeurer fidèle à ses serments de chevalier ?

– La mort du Téméraire les a rendus caducs et j'espérais qu'il en viendrait à considérer plus attentivement la foi de mariage qu'il vous avait jurée.

– Il n'est pas seul fautif, Sire. Peut-être, si j'avais été plus patiente... moins emportée...

Ainsi lancée, il fallut bien que Fiora apprît à son compagnon ce qui s'était passé à Nancy. Elle s'attendait à une sévère mercuriale, mais Louis se contenta d'éclater de rire et elle se sentit vexée :

– Oh, Sire ! Est-ce si drôle ?

– Ma foi, oui. Votre conception du mariage pourrait désarmer une douairière tant elle est originale. Il vous faut tout de même apprendre qu'un homme digne de ce nom ne se mène pas ainsi en laisse. Ceci dit, n'ayez pas de regrets ! Même si vous vous étiez pliée à la sainte obéissance de l'épouse, vous n'auriez rien changé. Messire Philippe aurait couru aussi vite à son devoir et, comme les sbires du pape vous auraient retrouvée à Selongey comme ici, je ne vois pas qui aurait pu aller à votre secours. Ne regrettez donc rien ! D'ailleurs... il ne faut jamais rien regretter car c'est la meilleure manière d'affaiblir l'âme et la volonté les mieux trempées. Que pensez-vous faire à présent ?

– Mais... essayer de rejoindre mon époux, si toutefois le Roi veut bien me dire où il est ?

Louis XI se leva, plia deux ou trois fois ses genoux qui craquaient pour les assouplir et se mit à marcher de long en large, les mains nouées derrière le dos.

– Ce serait avec joie... si seulement je le savais !

– Si vous... pardon, Sire, mais messire de Commynes m'a dit qu'après l'échafaud, Philippe a été ramené naturellement à la prison de Dijon et qu'ensuite il a été transféré ... ailleurs.

– A Lyon. Très exactement au château de Pierre-Scize, une bonne forteresse, bien défendue et pourvue des meilleures geôles qui soient. Seulement, il n'y est pas resté.

– Mais... pourquoi ?

– Pour la meilleure des raisons : il s'est évadé.

– Évadé ? Et on ne l'a pas retrouvé ?

– Eh non !

– Mais enfin, Sire, vous possédez la meilleure police d'Europe, le meilleur service de messagerie, la plus puissante armée...

– Je possède tout cela, en effet, mais aussi des gouverneurs de prison pourvus de filles assez stupides pour aider à la fuite d'un prisonnier séduisant. Votre époux, ma chère, s'est enfui à l'aide d'une lime et d'une corde qu'on lui avait apportées dans un panier de fromage et de fruits. Voilà ! Vous savez tout !

Fiora resta muette quelques instants. Dans son âme s'affrontaient les sentiments les plus contradictoires. Bien sûr, elle avait éprouvé une grande joie en apprenant que Philippe était libre, mais elle était trop femme pour que l'épisode de la fille du gouverneur lui causât un vif plaisir, même si sa propre conscience, en dépit de sa confession à Fiesole, n'était pas tout à fait nette.

– On ne l'a pas recherché ? dit-elle enfin.

– Bien sûr que si. Le château étant bâti sur un rocher qui domine le Rhône, on a d'abord pensé qu'il avait pu se noyer, mais on s'est aperçu que la barque d'un pêcheur avait été volée. Ensuite j'ai fait surveiller les alentours de Selongey, pensant qu'il aurait peut-être l'idée de rentrer chez lui. Aucun résultat, et pas davantage à Bruges, chez la duchesse Marie! J'y entretiens, naturellement, certaines... connivences, fit le Roi vertueusement, mais il semblerait que personne ne l'ait vu.

– Mon Dieu!... et s'il lui était arrivé malheur? Seul, sans armes, sans argent, il a pu être attaqué, tué peut-être?

– Ah! ne recommencez pas à pleurer! Songeant à cette possibilité, j'ai fait proclamer à tous les carrefours du royaume sa description physique, promettant une forte récompense à qui le ramènerait vivant, et une autre... beaucoup plus faible, à qui le ramènerait mort! Rien n'est venu. J'ai même fait mieux : son écuyer, Mathieu de... Prame, je crois?

– Oui. La dernière fois que je l'ai vu, il se trouvait près d'ici dans une cage et on le conduisait vers le château de Loches, dit Fiora d'un ton réprobateur.

– C'est tout à fait exact. Eh bien, il a été relâché, puis on l'a suivi discrètement. Il a filé droit sur Bruges... et je n'ai plus eu aucune nouvelle de lui... ni d'ailleurs des deux hommes que j'avais chargés de le surveiller, mais il est vrai que chez Madame Marie et son époux, les Français ne sont guère en odeur de sainteté. En tout cas, une chose est sûre : personne n'est venu demander de récompense, mais votre époux, ma chère enfant, coûte tout de même très cher à ma trésorerie...

– J'en suis désolée, Sire, mais, si l'on vous avait livré Philippe quel aurait été son sort? Est-ce que... est-ce qu'il aurait été...

– Exécuté? Me prenez-vous pour un benêt? Je ne change pas si facilement d'avis! Je l'aurais enfermé encore une fois mais en cage et ici même, dans la prison de mon château, en attendant que l'on vous retrouve. Venez, à présent! Je sens le besoin de marcher un peu!

Fiora ne bougea pas. L'œil fixe, elle contemplait la pointe de ses souliers qui soulevaient les ramages de sa robe et tenait ses mains serrées très fort l'une contre l'autre, selon son habitude lorsqu'elle était en proie à une émotion.

– Eh bien? s'impatienta le roi. Que faites-vous?

Elle leva sur lui de grands yeux désolés:

– Et... s'il s'était réfugié ici?

– Qui? Selongey? Vous pensez bien que l'idée m'en est venue. Mais si c'était le cas, quelqu'un de votre maison l'aurait vu et vous l'aurait dit? Allons, reprenez courage! Je suis certain qu'il est vivant.

– Alors c'est qu'il est loin... trop loin peut-être! Je sais qu'il lui est arrivé de penser mettre son épée au service de Venise pour combattre les Turcs. Dans ce cas, il ne reviendra jamais et je ne saurai plus rien de lui.

– Venise, dites-vous? Nous pouvons, au moins, savoir s'il y est allé! J'en écrirai au doge dès après le souper. C'est, vous le savez peut-être, la ville la mieux surveillée du monde et un étranger ne peut y entrer sans attirer l'attention des sbires du Conseil des Dix. Nous aurons bientôt des nouvelles, mais quittez cet air désolé et rentrons. On ne va pas tarder à corner l'eau.

Cette fois, Fiora se laissa emmener.

Sans plus parler qu'à l'aller, le roi et sa jeune compagne remontèrent vers la cour d'honneur où se pressaient à présent des valets, des chevaux et des équipages. Avec une surprise non dénuée d'inquiétude, Fiora remarqua une vaste litière pourpre dont les portières montraient de grandes armes surmontées d'un chapeau de cardinal qui lui semblèrent vaguement familières. Elle osa poser sa main sur le bras du souverain pour l'arrêter.

– Sire! Que le Roi me pardonne, mais s'il reçoit ce soir un prince de l'Église, il vaudrait mieux que je rentre chez moi.

– Sans souper ? Quand je vous ai invitée ? Et pourquoi cela s'il vous plaît ?

– Franchement, Sire, je suis un peu... fatiguée des cardinaux et je crains de ne pas me sentir à l'aise. En outre, mes vêtements...

– Que me chantez-vous là ? Vous êtes superbe et il faudra bien que vous soyez à l'aise car je vous ai invitée spécialement ce soir pour que le cardinal della Rovere voie le cas que je fais de vous.

Sous l'œil pétillant de satisfaction de Louis XI, Fiora se sentit verdir :

– Le... cardinal... della Rovere ? souffla-t-elle épouvantée. Est-ce qu'il est...

– De la famille du pape ? Bien sûr, et vous avez dû au moins entendre parler de lui à Rome. Il est l'un de ses neveux, de beaucoup le plus intelligent. De ce fait, le plus dangereux aussi. Mais il devrait vous plaire ! A présent, je vous quitte : il faut que j'aille faire quelque toilette ! Et je vois là Mme de Linières qui vient vous chercher pour vous conduire auprès de la princesse Jeanne, ma fille. Vous la connaissez et elle se réjouit de vous revoir.

Salué jusqu'à terre par ceux qui encombraient la cour d'honneur, le roi mena Fiora vers la dame imposante qui attendait près de l'entrée de l'escalier, déjà pliée en deux par sa révérence. Comme, en outre, elle baissa la tête par respect à l'approche du roi, celui-ci manqua se heurter à la flèche du grand hennin pointu qu'elle portait. Il écarta l'obstacle, ce qui faillit causer la chute de l'édifice.

– Trop haut, Mme de Linières, beaucoup trop haut ! s'écria-t-il mi-plaisant mi-fâché. Quelle rage ont donc les femmes de vouloir se prendre pour des clochers d'église ? Ce qui m'étonne, c'est que mon royaume ne compte pas plus de borgnes.

– Je demande pardon au Roi, répliqua la dame avec une sérénité et même un sourire montrant qu'elle n'était pas impressionnée. J'ai toujours pensé que l'honneur d'accompagner une fille de France doublée d'une duchesse d'Orléans obligeait à un certain décorum dans la toilette. C'est une forme de respect.

— Eh bien, portez le respect moins pointu!

Et, sifflant gaiement un air de chasse, Louis XI disparut dans l'escalier à vis, laissant les deux femmes tête à tête :

— Venez, Madame, dit la dame d'honneur en tendant la main à Fiora qui ne pouvait s'empêcher de rire. Madame la duchesse a grande hâte de vous revoir et vous pourrez vous rafraîchir avant le souper.

Habituée à voir Louis XI vivre dans la plus grande simplicité, Fiora fut surprise de l'apparat déployé pour ce souper et de la splendeur de la salle où il se déroula. Cette grande pièce faisait partie des appartements royaux du premier étage, ouverts seulement pour la venue d'étrangers de marque et en certaines circonstances. Elle donnait sur la terrasse soutenue par la galerie couverte du rez-de-chaussée; son faste, vraiment royal, différait de l'éclatante somptuosité qui entourait les ducs de Bourgogne. L'ameublement tendu de velours et les grandes tapisseries de haute lice donnaient à l'ensemble une note sévère accentuée par les vitraux de couleurs des hautes fenêtres qui entretenaient une sorte de pénombre. L'or des plafonds à caissons et des boiseries s'en trouvait assourdi, sauf quand les grands chandeliers, chargés de cierges, les illuminaient comme ce soir.

Trois tables étaient disposées : celle du roi, occupant la salle à manger proprement dite, ou tinel; celle des chevaliers et des grands offices de la maison royale à laquelle s'asseyaient les invités d'importance, celle enfin des aumôniers et écuyers. Une quatrième accueillait, hors des appartements, les bas officiers et les pèlerins ou voyageurs perdus qui, d'aventure, demandaient l'hospitalité. A la table du roi, la plus brillante et la mieux servie, les femmes étaient rares, sauf lorsque la reine, Charlotte de Savoie, rendait visite à son époux.

Ce soir-là, elles étaient deux et ce fut avec un brin d'orgueil que Fiora prit place à la gauche du souverain. La princesse Jeanne, charmante en dépit d'un physique disgracié sous une haute coiffure d'un bleu doux piqueté d'or assortie à sa robe de cendal, était assise auprès de l'invité d'honneur lui-même installé à la droite du roi.

A trente-sept ans, Giuliano della Rovere était sans doute le plus réussi des neveux de Sixte IV. Grand et bien bâti, il ressemblait davantage à un condottiere qu'à un homme d'Église avec sa mâchoire carnassière, ses yeux de chasseur aux orbites enfoncées qu'il plissait souvent pour aiguiser sa vision. La pourpre seyait à son teint brun, à ses cheveux noirs coupés court selon le dessin de la calotte écarlate qui les coiffait. Strictement rasé, le visage osseux était dur, mais savait sourire avec une nuance d'ironie qui n'était pas sans charme, et le profil impérieux semblait fait pour la frappe des médailles [1].

Légat du pape à Avignon, il était titulaire d'un grand nombre d'évêchés – dont ceux de Lausanne, de Messine et de Carpentras – et, le 3 juillet de cette année 1478, il avait reçu de surcroît celui de Mende, pour lequel il était venu chercher l'approbation de Louis XI. Approbation gracieusement accordée : ce n'était pas la première fois qu'ils se rencontraient et le roi avait un faible pour cet homme élégant, aux façons rudes et que l'on disait violent, mais qui possédait une intelligence aiguë et savait manier l'astuce presque aussi bien que lui-même. Là s'arrêtait la ressemblance car, ami des lettres et des arts, le cardinal della Rovere menait une existence fastueuse grâce à la fortune considérable que lui avait constituée son oncle. Une existence fort éloignée du train de gentilhomme campagnard qui était le plus habituel au roi de France.

Lorsque, présentée par celui-ci, Fiora plia le genou pour baiser son anneau pastoral – en l'occurrence un fabuleux saphir étoilé –, le légat laissa tomber sur elle un regard intéressé :

---

1. En 1503, il deviendra le redoutable pape Jules II.

— Vous avez séjourné récemment à Rome, je crois, Madame ?

— En effet, Monseigneur.

— Il est regrettable que vous n'ayez pu en apprécier les beautés...

— Le loisir ne m'en a pas été offert, je n'ai fait qu'aller d'une prison à l'autre.

— Il y a prison et prison. Au surplus, lorsque vous avez choisi Florence, le Saint-Père l'a vivement regretté, car il était... il est toujours plein de bienveillance envers vous. Son amitié vous eût assuré des jours agréables.

— Veuillez le remercier de ces bons sentiments, mais il est d'un esprit trop brillant pour ne pas comprendre les miens. Ce sont ceux d'une Florentine, Monseigneur, et je ne peux que déplorer les drames dont ma patrie vient d'être le théâtre.

— Drames qui, malheureusement, s'aggravent. Pourquoi n'en parlerions-nous pas ensemble, un jour prochain ?

— Parler politique avec moi ? Mais, Monseigneur, je n'y entends rien.

— Ne vous mésestimez pas, Madame. Le Saint-Père fait grand cas de votre intelligence et votre amitié avec le roi de France ne peut que renforcer cette opinion. Nous pourrions, à nous deux, faire du bon travail...

Ayant dit, della Rovere s'éloigna, après avoir salué la jeune femme en inclinant la tête. Les trompettes d'argent sonnaient le souper et chacun alla prendre place à table. Le roi qui, après avoir présenté Fiora, s'était écarté pour parler à l'archevêque de Tours, revint pour conduire lui-même le cardinal-légat à son fauteuil.

Le souper fut excellent, mais long, et eût été ennuyeux sans l'amusante dispute qui opposa, comme d'habitude, le médecin du roi Coictier et le chef cuisinier Jean Pastourel. Debout derrière le siège royal, ils échangeaient regards furieux et propos aigres-doux à mi-voix sur le contenu de l'assiette de leur maître. Quand le médecin affirmait que les boudins blancs de chapon étaient juste bons à empoisonner le roi, le cuisinier ripostait que les drogues de son adversaire étaient autrement néfastes à sa santé, l'art de la cuisine consistant à préparer les meilleurs produits de façon à ce qu'ils ne causent aucune incommodité. De temps en temps, le ton s'élevait et Louis XI devait s'en mêler. Il finit par renvoyer Coictier à son propre souper, ajoutant qu'un repas pris en compagnie d'un prince de l'Église ne pouvait nuire à personne. Pas même à lui.

Coictier partit en grognant — c'était d'ailleurs un homme aussi peu sympathique que possible — et, de cet instant, Fiora s'ennuya. Le roi se consacrait à son hôte et l'autre voisin de la jeune femme, un gros homme rouge qui était le propre chapelain du prélat romain, après avoir tenté de caresser son genou sous la table, se résigna quand elle l'eut pincé énergiquement et s'intéressa dès lors aux mets qu'on lui servait. Au bout d'un quart d'heure, il était écarlate et à la fin du repas complètement ivre.

Après avoir raccompagné lui-même jusqu'à leurs équipages le cardinal et l'archevêque qui rentraient à Tours, Louis XI revint vers Fiora qui, entre la princesse Jeanne et Mme de Linières, avait assisté au départ des illustres visiteurs :

— Eh bien, Mesdames, que pensez-vous du neveu de Sa Sainteté ?

— Les cardinaux ne sont pas toujours prêtres, Sire mon père, fit Jeanne. Celui-là l'est-il ?

— Oui. Pourquoi cette question ? Vous avez des doutes ?

— Un peu, je l'avoue. Il parle beaucoup de politique, de chasse, d'objets rares et de lettres grecques... mais pas du tout de Dieu !

— Souhaitiez-vous donc qu'il me prêchât ? dit le roi avec un sourire goguenard qui fit remonter tous les traits de son visage. Ce n'était guère le moment.

— Non... mais je m'inquiète quand un homme d'Église

parle de guerre, de soumission, de sièges et autres violences, sans jamais accorder une pensée à ceux qui souffrent ces tragédies : les petites gens, ceux des villes et des campagnes dont vous-même, qui cependant n'êtes pas prêtre, vous souciez toujours tant !

Louis XI redevint sérieux et, prenant la main fragile de sa fille, contempla un instant son beau regard doux et lumineux avec une expression étrange où entrait une admiration non exempte de remords :

– Vous avez une âme de lumière, Jeanne, qui devrait pouvoir ignorer les laideurs de la vie. Pour ma part j'ai, au jour du sacre, reçu le Saint-Chrême qui faisait de moi l'oint du Seigneur et j'ai guéri les écrouelles que j'ai touchées. Il me semble que cela vaut bien la tonsure. En outre, j'ai fait serment de protéger mes peuples, surtout les plus humbles, et de servir la France... la France à la grandeur de laquelle je vous ai sacrifiée ! Comme je lui sacrifie parfois quelques scrupules.

– Les filles des rois sont-elles vraiment faites pour le bonheur ? Vous m'avez mise à la place qui devait être la mienne.

– Sans doute, sans doute ! Quand votre époux vous a-t-il visitée pour la dernière fois ?

– La question est cruelle, Sire, coupa Mme de Linières. Monseigneur le duc d'Orléans ne vient jamais et...

– Il suffit ! Je lui parlerai.

Puis, changeant brusquement de ton et toute trace d'émotion évanouie :

– Quant au cardinal della Rovere, à sa famille et même au pape, si vous voulez apprendre à les mieux connaître, adressez-vous donc à Mme de Selongey ! Elle en sait bien plus que moi sur ce sujet. Le malheur est que vous risqueriez d'y laisser la foi !

– Non, Sire mon père ! Rien ni personne ne peut me faire perdre la foi !

– Et je m'en voudrais, Sire, coupa doucement Fiora, de

prononcer une parole, si petite fût-elle, capable de troubler une âme aussi pure.

D'un geste rapide et inattendu, Louis XI pinça la joue de la jeune femme.

— J'en suis tout à fait persuadé! Le bonsoir à vous, Mesdames! je retourne à mes affaires. Ce soir, je dois écrire au doge de Venise!

Tandis que les trois femmes pliaient le genou pour le saluer, il s'éloigna de quelques pas, puis s'arrêta :

— Le sergent Mortimer va vous raccompagner à la Rabaudière, donna Fiora!

— Mais, Sire, je ne suis pas venue seule.

— Je sais, cependant, en cas de mauvaise rencontre votre petit valet ne serait pas d'une grande protection. D'ailleurs, Mortimer n'aime rien tant que vous escorter. Avec ma fille Jeanne, vous êtes la seule femme pour laquelle il ait quelque considération.

Il reprit son chemin vers l'escalier au bas duquel attendait une silhouette d'homme qui se découpait en noir sur la lumière jaune de l'intérieur. Fiora crut reconnaître le personnage qu'elle avait rencontré à Senlis[1] dans la chambre même du roi. Lorsqu'elle se détourna pour poser une question à ses compagnes, celles-ci s'étaient écartées et se dirigeaient vers la chapelle. En revanche, à leur place, se trouvait Mortimer apparu comme par enchantement :

— A vos ordres, donna Fiora!

— Je suis désolée qu'on vous ait dérangé, cher Douglas, mais avant de partir, contentez donc ma curiosité : cet homme là-bas, au pied de l'escalier? Il me semble que je l'ai déjà vu!

Sous le tabard de soie bleue fleurdelisé, l'Écossais haussa ses larges épaules :

— Oh, très certainement! C'est le barbier du roi, ce mauvais drôle d'Olivier le Daim!

1. Voir *Fiora et le Téméraire*.

– On dirait que vous ne l'aimez pas beaucoup? dit Fiora en riant. Mortimer ne sourit même pas :

– Personne ne l'aime! C'est un fourbe en qui, malheureusement, le roi met trop de confiance! Il s'en est repenti pourtant, quand il l'a envoyé ce printemps à Gand dans le rôle d'ambassadeur.

– D'ambassadeur? Ce n'est pas vrai?

– Si, hélas! Notre sire, si sage et si prudent, a parfois d'étranges idées. Les gens de la ville ont en quelque sorte jeté le Daim à la porte. Croyez-moi, donna Fiora, méfiez-vous de lui! Sa cupidité est insatiable en dépit de ce qu'il réussit à soutirer au roi.

– Pourquoi m'en méfierais-je? Nous n'avons rien en commun et nos routes sont divergentes.

– Pauvre innocente! Dites-vous que le Daim considère comme offense personnelle tout présent que notre Sire fait à quelqu'un d'autre que lui.

– Le roi est très bon, mais il ne me couvre pas de présents.

– Non? Et la Rabaudière? Je sais que, pendant votre longue absence, maître Olivier s'est efforcé de persuader le roi que vous ne reviendriez plus et qu'en conséquence il serait plus sage d'installer votre fils et sa maisonnée ici même.

– Au château? Et pourquoi?

– Pour vider les lieux, pardi! Il y a longtemps que notre homme guigne la maison aux pervenches et, quand il a su que vous vouliez la rendre au roi, il a conçu de vastes espoirs. Malheureusement pour lui, on vous a retrouvée et ramenée. Il doit être fort déçu.

– Eh bien, dit Fiora dédaigneusement, il existe pour lui un moyen simple de surmonter sa déception.

– Lequel?

– C'est de m'aider à retrouver mon époux. Ce jour-là, je quitterai sans regrets cette maison que j'aime pour le suivre sur ses terres... ou là où il jugera bon de nous emmener.

Mortimer se mit à rire et, soulevant son bonnet empanaché, se gratta la tête avec une grimace comique :

— Ouais ! Je ne suis pas certain qu'il ne préfère pas une méthode plus simple et plus... expéditive ! De toute façon, il y a beau temps que j'ai prévenu ceux de chez vous... et j'arriverai bien à en toucher un mot au roi.

— S'il a une telle confiance en cet homme, ce serait une erreur ! Ne dites rien, Mortimer ! Je me garderai. En attendant, merci de m'avoir prévenue !

Fiora et Mortimer récupérèrent Florent qui, après avoir soupé chez son ami le jardinier, dormait sur la table, puis ils prirent, à pied, le chemin du manoir en parlant de tout autre chose. La nuit était claire, douce, pleine d'étoiles et de toutes les odeurs de l'été. Il eût été dommage d'en troubler la beauté par l'évocation des turpitudes humaines. Les deux amis connaissaient, l'un comme l'autre, le prix de tels instants et avaient appris à les apprécier...

CHAPITRE V

LA FORÊT DE LOCHES

— Venise, Venise! bougonna Léonarde en tirant vigoureusement sur le drap qu'elle était en train de plier avec
Fiora. Pourquoi Venise? Et pourquoi pas Constanti-
nople, ou le royaume du Prêtre Jean... ou Dieu sait quoi?

— Je vous l'ai dit, Léonarde : parce que je sais qu'il
y pensait. Quand je demandais l'annulation de notre
mariage, il voulait que le duc Charles me remette tous ses
biens en paiement de la dot qu'il avait exigée de mon père.
Et il avait ajouté que, la paix revenue entre France et
Bourgogne, il pourrait toujours se mettre au service du
doge pour tenter de reconstituer sa fortune.

— Mais il y a des siècles de cela? Et vous êtes toujours
sa femme?

— Il n'en sait rien, au fond. En admettant qu'après son
évasion Philippe soit venu chercher de mes nouvelles par
ici, il a pu apprendre ma disparition, peut-être même que
l'on m'avait emmenée à Rome? De là à imaginer que
j'étais allée, comme je l'en avais menacé, demander au
pape cette fameuse annulation...

Léonarde récupéra le drap, acheva de le plier et le posa
sur une pile qui attendait un ultime passage du fer avant
d'aller reposer dans une armoire avec des sachets de
menthe et de pin odorants. Elle en prit un autre dans la
grande corbeille qui attendait et lança l'une des extrémités
à Fiora :

— Cessez donc de faire marcher votre imagination, mon agneau, si messire Philippe était venu par ici, nous le saurions : il avait trop fière mine pour passer inaperçu et, apprenant la naissance de son fils, il n'aurait pas pu ne pas venir à la maison.

— Un prisonnier évadé, Léonarde ! Peut-être à bout de souffle. Sans argent, sans secours possible... et puis tellement orgueilleux ! Je l'imagine mal venant ici demander un secours !

— Je l'imagine mal venant rôder autour du Plessis ! fit Léonarde imitant Fiora. La seule chose sensée, pour lui, était d'essayer de rejoindre les Flandres et la cour de la princesse Marie. En tout cas, je regrette de ne pas avoir assisté à votre entretien avec le roi. Il me semble que j'aurais posé des questions plus pertinentes que les vôtres. Tirez, que diable ! Ce drap va ressembler à un chiffon !

— Vous n'auriez guère eu de peine ! J'étais tellement bouleversée que je n'avais plus ma tête à moi ! Mais... quelles questions auriez-vous posées ?

— Eh bien, il me semble que j'aurais essayé de savoir ce qu'il était advenu du château de Selongey ? Le sire de Craon a-t-il fait main basse dessus après le jugement, ou le roi a-t-il pris soin de vous le conserver ?

— En fait, je n'en sais rien. Il m'a seulement dit qu'il avait envoyé surveiller les alentours du village pour savoir si Philippe ne s'y était pas réfugié.

— Bon. Il y a là tout de même une demi-réponse : si le gouverneur de Dijon s'en était emparé, il ne serait pas nécessaire d'épier les abords pour tenter d'en retrouver le maître légal.

— C'est juste ! De toute façon, il est trop tard pour poser la question au roi...

Fiora, en effet, avait eu beaucoup de chance de rencontrer Louis XI dès son retour de Florence. Le roi n'était revenu au Plessis que pour peu de jours et, le lendemain même du fameux souper, l'avait quitté pour l'Artois dont la pacification n'était pas achevée. En outre, il voulait s'occuper en personne des modalités de la trêve qui devait intervenir entre lui et l'époux de Marie de Bourgogne après la victoire à la Pyrrhus remportée par son capitaine, Philippe de Crèvecœur, sur ce même Maximilien. Sans doute ne serait-il pas longtemps absent mais, en attendant, le Plessis-lès-Tours s'était rendormi sous la protection d'une seule compagnie de la Garde écossaise.

Ayant fini de plier les draps, Léonarde les transporta jusqu'à un grand coffre posé dans une petite pièce proche de la cuisine. Puis elle rejoignit Fiora qui était allée s'asseoir près de l'âtre et croquait une pomme : Étienne en avait déposé un grand panier sur la table une heure plus tôt.

Léonarde en prit une, elle aussi, la frotta sur son devantier pour la faire briller et mordit dedans, sans pouvoir retenir une grimace : ses dents n'étaient plus assez solides pour cet exercice, et elle alla quérir un couteau pour venir à bout du fruit. Fiora, assise sur la pierre, les coudes aux genoux, regardait les flammes...

La grande cuisine était paisible, presque silencieuse. Péronnelle était partie pour le marché de Notre-Dame-la-Riche en compagnie de Khatoun et de Florent. Mais au premier étage, Marcelline affrontait une colère du jeune Philippe que sa dernière tétée laissait insatisfait. Léonarde pensa qu'il faudrait bientôt lui donner des bouillies si l'on ne voulait pas l'entendre hurler jour et nuit. Cette idée désespérait la nourrice. Quand elle n'aurait plus de lait, il lui faudrait retourner à sa ferme, et cette perspective ne l'enchantait pas, le manoir étant incomparablement plus agréable à vivre.

Ces pensées tournaient dans la tête de la vieille demoiselle et la distrayaient un peu des graves problèmes qui encombraient l'esprit de Fiora, mais celle-ci y revenait :

— Dans combien de temps aurons-nous des nouvelles du doge ? demanda-t-elle en jetant dans le feu le trognon de sa pomme.

— Comment pourrais-je vous le dire ? C'est loin, Venise.

– Il faut pourtant que je sache! Je ne peux pas rester là, sans rien faire ni rien savoir de mon époux?

– Et que voulez-vous faire? Vous jeter sur les routes comme vous l'avez fait tant de fois pour tenter de le rejoindre? Fiora, ce serait une folie. L'été s'achève, nous allons vers la mauvaise saison. Accordez-vous le temps du repos et de la réflexion.

– Si je reste ici, jamais je ne le retrouverai car jamais il ne viendra sur les terres de ce roi qu'il déteste...

– Mais que vous aimez bien et qui, d'ailleurs, à moins que je ne me trompe fort, vous le rend. Pour avoir cherché avec tant de patience un rebelle, pour continuer la recherche alors qu'il ne devrait même pas s'en soucier, il faut qu'il ait pour vous une véritable amitié.

– Ne pas s'en soucier? s'écria Fiora vexée.

– Redescendez sur terre! Qu'est-ce que Philippe de Selongey pour le roi de France? La différence est énorme, me semble-t-il?

– Vous faites peu de cas de mon époux, à ce que l'on dirait?

– J'essaie simplement de vous mettre en face des réalités. Le roi reconquiert, avec la Bourgogne, une province française que la duchesse actuelle tente d'offrir à l'Empire allemand. Votre époux, apparemment, a choisi son parti. C'est pour Louis XI un rebelle, d'autant plus rebelle qu'il n'y a pas si longtemps il a tenté de l'assassiner. Et non seulement, Louis XI le gracie une seconde fois, en l'enfermant, certes, mais, quand il s'évade, il essaie de le retrouver.

– N'importe quel geôlier en ferait autant, fit Fiora avec un demi-sourire.

– Mais n'importe quel geôlier, son gibier repris, se hâterait de l'expédier dans un monde meilleur pour être certain qu'il ne l'ennuie plus! Or, si je vous ai bien comprise, notre Sire voulait l'enfermer... en attendant votre retour?

– C'est ce qu'il dit!

– Et pourquoi ne le croirait-on pas? Remettez-vous à Dieu, pour une fois, et pensez un peu à votre fils! A défaut de père, il a le droit d'avoir une mère comme les autres!

Fiora savait que Léonarde parlait avec la voix de la sagesse, mais elle ne supportait pas l'idée d'ignorer où se trouvait Philippe. Devant son mutisme éloquent, Léonarde reprit :

– Vous n'êtes pas encore convaincue, n'est-ce pas? Alors, je vais aller plus loin : vous ignorez où se trouve messire de Selongey, mais lui sait parfaitement où vous êtes puisqu'à Nancy vous avez pris soin de le renseigner. Une fois déjà, pour vous rejoindre, il a vaincu son orgueil. Pourquoi donc ne le vaincrait-il pas une fois de plus? Ou alors, c'est qu'il ne vous aime pas!

Le mot frappa Fiora au plus sensible et elle releva, sur sa vieille amie, un regard désolé :

– Ou qu'il ne m'aime plus? C'est peut-être vrai... mais, Léonarde, je n'arrive pas à le croire!

– Vous avez cependant toutes les raisons d'y croire, fit Léonarde impitoyable. Pensiez-vous vraiment à lui dans les bras de Lorenzo de Médicis?

Il y eut un silence et Fiora détourna la tête, peut-être pour cacher les larmes qui lui venaient :

– Vous êtes cruelle, Léonarde, soupira-t-elle. Je ne l'aurais jamais cru de vous...

Un instant plus tard, Léonarde était assise auprès d'elle sur la pierre de l'âtre et l'entourait de ses bras pour l'obliger à poser sa tête sur son épaule :

– Je sais bien que je vous fais mal, mon agneau, mais c'est que je voudrais vous éviter de nouvelles souffrances. Ce mariage, jusqu'à présent, vous a valu bien peu de bonheur et vous avez charge d'âmes. Où qu'il soit, laissez donc à votre époux l'initiative! Vous lui aviez demandé, comme une preuve d'amour, de venir jusqu'à vous? Eh bien, attendez qu'il vienne!

– Et s'il est au bout du monde?

— Cela ne change rien : attendez qu'il revienne du bout du monde! Tenez! j'entends les mules et voilà nos gens qui arrivent du marché. Allez vous débarrasser de ces cendres où vous êtes assise depuis un moment et faire un peu toilette! Vous êtes assez jeune pour pouvoir vous accorder quelques semaines de tranquillité. Attendez que le roi vous donne des nouvelles... s'il lui en vient.

— Soit! Je veux bien attendre, chère Léonarde, mais pas trop longtemps!

— Que ferez-vous donc, alors?

— Je crois que, d'abord... j'irai à Selongey. Peut-être Philippe s'y cache-t-il sans que les gens du roi le sachent. Ensuite, si vraiment il n'y est pas... j'irai voir la duchesse Marie. Je ne pense pas que les espions du roi aient eu la possibilité de lui poser des questions. Mais moi, je suis la femme de Philippe, et elle me répondra.

— Autrement dit, le roi ne vous a pas convaincue?

— De la profondeur de ses recherches? Sûrement pas! Et puis, vous admettrez que j'ai, moi sa femme, plus de chances de le faire sortir de sa cachette...

Léonarde se contenta de marmonner quelque chose qui, à la rigueur, pouvait passer pour une approbation. Elle avait repris dans sa poche la pomme entamée et s'efforçait à nouveau d'y planter les dents. L'opération se révélant aussi douloureuse que la première fois, elle envoya d'un geste plein de rancune le fruit entamé aux flammes de la cheminée d'où monta bientôt une fine odeur de pomme cuite et de caramel. Pendant ce temps, la cuisine s'emplissait de bruit et de gaieté : Péronnelle, Khatoun et Florent revenaient du marché.

Ce même jour, dans l'après-midi, comme Fiora se disposait à partir pour une visite au prieuré Saint-Côme avec son fils, Léonarde et Khatoun, l'allée de vieux chênes s'emplit d'une troupe de cavaliers entourant une litière qu'elle reconnut au premier coup d'œil, mais sans aucun plaisir. Que venait faire chez elle le cardinal della Rovere?

Néanmoins il était là, et il convenait de l'accueillir courtoisement. Aussi, remettant le bébé aux bras empressés de Khatoun, Fiora s'avança-t-elle vers le lourd véhicule qui décrivait sur le gravier une courbe pleine de majesté avant de s'arrêter devant l'entrée de la maison. Elle s'agenouilla quand le prélat mit pied à terre, et posa ses lèvres sur le saphir qu'il leur tendait.

– Ma modeste maison est grandement honorée, Monseigneur, de recevoir Votre Grandeur!

– La maison est charmante et je viens seulement en voisin. Alors, laissons de côté un protocole excessif et dites seulement Monseigneur, fit-il en toute simplicité.

Soudain il aperçut les mules harnachées auprès desquelles se tenait Florent :

– Je vous dérange peut-être? Vous alliez sortir?

– Nous pensions simplement nous rendre au prieuré dont vous voyez là-bas la flèche d'église, Monseigneur. Mais puisque l'Église vient à nous... Veuillez prendre la peine d'entrer.

Tandis que Fiora précédait l'hôte inattendu vers la grande salle, Péronnelle préparait une collation pour le cardinal, cependant que son époux installait l'escorte à l'ombre du petit bois et annonçait qu'il allait leur servir à boire. Ce qui fut accueilli avec satisfaction.

A l'invitation de son hôtesse, della Rovere prit place au coin de la cheminée dans laquelle, hiver comme été, sauf dans les temps de canicule, Péronnelle entretenait au moins un feu de quelques branches de pin pour lutter contre l'humidité habituelle aux demeures bâties près de la Loire. Mais les fenêtres largement ouvertes laissaient voir le jardin abondamment fleuri dont un prolongement, sous forme d'un grand bouquet de lis et de roses mêlés de feuillage, couronnait une crédence et embaumait la salle.

Les yeux vifs du cardinal avaient déjà fait le tour de la grande pièce, allant de la tapisserie aux mille fleurs aux objets disposés sur les dressoirs, quand il accueillit avec plaisir les marques de bienvenue que lui offrait Fiora : le

vin de Vouvray frais et les massepains aux amandes que
Péronnelle réussissait comme personne. Ce fut seulement
quand ils furent seuls, lui et son hôtesse, qu'il se décida à
parler. Il en avait d'ailleurs exprimé le désir et Léonarde,
à son grand regret, fut obligée de se retirer comme les
autres.

Après leur départ, il y eut un silence. Le cardinal
mirait à travers le vin pâle de sa coupe les reflets du feu
mourant et Fiora dégustait l'aimable liquide sans rien
dire, attendant que son visiteur parlât. Il ne semblait
guère pressé, mais soudain il l'interrogea :

— Avez-vous songé à ce que je vous ai dit l'autre soir,
donna Fiora ?

— Vous avez bien voulu prononcer à mon sujet quelques paroles flatteuses, Monseigneur, et je ne saurais les
oublier.

— Sans doute, sans doute, mais ce n'était qu'un préam-
bule et je vous ai dit aussi qu'à mon sens nous pourrions
faire ensemble du bon travail.

— Je me souviens, en effet, mais j'avoue n'avoir pas
bien compris ce que Votre Grandeur entendait par là.

— J'entendais... et j'entends encore que nous pourrions
unir nos efforts afin d'être utiles, vous à votre ville natale
et moi aux intérêts de l'Église.

— Un rôle intéressant, je n'en doute pas, mais comment
pourrais-je le jouer ?

— Vous avez l'oreille du roi Louis et son amitié. La
paix entre les peuples est un but digne d'être poursuivi et
vous pourriez inciter cet homme difficile à plus de respect,
plus de compréhension envers Sa Sainteté qu'il traite fort
mal.

— Beaucoup moins mal, semble-t-il que le pape ne
traite Florence. Ses visées politiques paraissent fort
claires, même à une ignorante comme moi : il entend
achever par la guerre l'ouvrage que ses spadassins n'ont
accompli qu'à moitié. Vous n'imaginez pas que je pourrais l'aider à détruire la ville de mon enfance ?

– Détruire ? Jamais ! Le Saint-Père ne veut aucun mal à Florence, et moins encore à sa population. Cette... malencontreuse conspiration, ourdie par les Pazzi exilés...

– Peut-être n'auraient-ils jamais rien ourdi, Monseigneur, sans l'aide bienveillante de votre cousin, le comte Riario. De toute façon, entre le pape et les Médicis, il y a désormais le sang de Giuliano répandu pendant la messe de Pâques !

– Les Pazzi ont été exterminés jusqu'au dernier. Plus de deux cents personnes, je crois ? Un tel flot ne peut-il laver le sang de ce jeune homme ?

– C'eût été le cas, peut-être, si le pape n'avait appelé à la guerre sainte et frappé Florence d'excommunication, et même d'interdit. Monseigneur Lorenzo ne fait que se défendre.

– Il se défend, en effet... lui seul et au mépris du bien-être d'un peuple qu'il prétend aimer. Pourquoi ne se sacrifie-t-il pas ? Après tout, il n'est pas prince de droit divin.

– S'il ne se sacrifie pas, c'est que ce même peuple le lui défend. Les Florentins aiment Lorenzo de Médicis et sont prêts à mourir pour lui.

– Tous ? Je n'en jurerais pas. Et, à défaut de lui, la cité du Lys rouge pourrait avoir une princesse aimable, lettrée, brillante... et que vous appréciez je crois ?

– Une princesse ? Qui donc ?

– La comtesse Catarina. N'est-elle pas votre amie ?

– J'éprouve pour elle, en effet, beaucoup d'amitié et de respect.

– Alors, peut-être pourriez-vous lui apporter votre aide ?

Fiora considéra son visiteur avec une sincère stupeur, fortement teintée de méfiance. Cependant, elle ne réussit à lire sur ce visage hautain et dans ces yeux sombres profondément enfoncés sous l'orbite qu'une grande tristesse.

– Elle règne sur Rome et sur le pape. De quelle aide aurait-elle besoin ?

– Peut-être de la vôtre, justement. Comprenez-moi bien, donna Fiora ! J'ai beaucoup d'estime et d'affection pour Catarina, et je n'aime pas la savoir malheureuse.

– L'est-elle donc ?

– Plus que vous ne croyez, et à cause de vous.

– De moi ?

Avec beaucoup de simplicité, le cardinal alla remplir son verre puis, tirant son siège plus près de celui de son hôtesse, il revint s'asseoir :

– Rome regorge d'espions, Madonna, et tout se sait. Riario n'ignore pas que sa femme vous a aidée à fuir vers Florence. De là à imaginer que vous étiez chargée de prévenir Médicis de ce qui se tramait contre lui...

– Sans vouloir offenser votre famille, Monseigneur, votre cousin est d'esprit trop épais pour de telles imaginations !

– C'est un rustre, j'en conviens volontiers, mais il est rusé, retors même et, surtout, il n'ignore pas que son épouse ne l'aime pas. Elle vit des heures peu agréables, mais qui eussent été pires sans la protection du Saint-Père. Celui-ci, heureusement, lui conserve son entière affection.

– Cette nouvelle me navre, mais comment pourrais-je l'aider ?

– Pourquoi ne pas écrire une lettre dans laquelle vous lui exprimeriez votre amitié ? Vous pourriez ajouter que vous êtes disposée à plaider auprès du roi de France la cause du Vatican...

Fiora se leva brusquement et fit face à son visiteur. Un début de colère empourprait son visage :

– Parlons clair, Monseigneur ? Vous souhaitez que j'essaie de détacher la France de l'alliance florentine et que je trahisse mes plus chers amis, le souvenir de mon père, mon...

– Votre amant ?... Non, ne vous fâchez pas ! Nous avons aussi des espions à Florence. Et je ne vous demanderai rien d'aussi affreux. Ce que je vous demande, c'est de considérer ceci : tout homme est mortel et Médicis n'échappe pas à la loi commune. Qu'il disparaisse et Florence, n'ayant plus personne à défendre, ouvrira ses portes au pape. Donna Catarina, devenue souveraine, aurait à cœur, j'en suis persuadé, de prendre soin de vos biens.

— Brisons-là, Monseigneur ! J'aime donna Catarina et je travaillerais volontiers à son bonheur, mais je n'aiderai pas son époux à asservir la ville qui m'est chère !

— Et si Riario ne vivait pas assez longtemps pour régner sur la Toscane ? Allons, donna Fiora, je ne vous demande pas grand-chose : une lettre aimable, en quelque sorte pacificatrice... et puis, peut-être, une tentative pour mieux disposer le roi Louis envers nous sans même renoncer, ouvertement au moins, à son alliance avec Lorenzo. Son attitude actuelle cause au Saint-Siège un grave préjudice...

— Pécuniaire ? Je n'en doute pas ! fit Fiora acerbe. Je ne demanderais pas mieux que de travailler à la paix, mais ce n'est pas Florence, je le répète, qui a déclaré la guerre. Et d'autre part, pour que je croie à la bonne volonté du pape, il faudrait qu'il commence par un geste... de père. Lever l'interdit, par exemple ?

— Je pourrais le lui suggérer. Écrirez-vous cette lettre ?

— Ce serait une lettre mensongère. Le roi est loin et je ne sais quand il rentrera.

— Mais il rentrera un jour et je ne suis pas pressé. Je me contenterais de la lettre seule et de votre promesse. Peut-être, d'autre part, pourrais-je vous venir en aide dans une affaire qui vous tient à cœur... Mais le temps passe, il faut que je vous quitte... J'ai à faire avec l'archevêque.

Il se levait, en effet, pris d'une sorte de hâte que Fiora trouva suspecte, et se dirigeait vers la porte

— Bien sûr, nous nous reverrons, ajouta-t-il aimablement, j'ai passé auprès de vous un instant charmant. Il me faut, à présent, vous laisser réfléchir, je reviendrai vous voir bientôt.

— Veuillez m'accorder encore une minute, Monseigneur. Quelle est donc cette affaire qui m'intéresse si fort ?

— Ce n'est qu'un bruit qui est arrivé jusqu'à moi. Malheureusement, je n'ai plus le temps de vous en faire part. Ce sera pour ma prochaine visite : disons... dans deux ou trois jours ?

— Comptez-vous rester à Tours longtemps encore ?

— Non, hélas... bien que je m'y plaise fort et que l'on insiste pour m'y garder. Il me faudra dans peu de temps repartir pour Avignon où se trouve le siège de ma légation...

Comprenant qu'il n'avait pas l'intention d'en dire plus, Fiora raccompagna le cardinal jusqu'à sa litière, d'où il lui donna une bénédiction sous laquelle il fallut bien qu'elle s'inclinât.

Perplexe, elle regarda l'imposant équipage disparaître sous la verdure dense du chemin ombreux menant à la sortie de son domaine. Le cortège disparu, elle descendit au jardin où elle marcha le long des allées bien ratissées avant de s'asseoir sous un berceau de vigne. Léonarde, elle le sentait, devait être aux aguets dans la maison, débordante de questions et, justement, Fiora souhaitait rester seule un moment afin d'essayer de tirer au clair cette curieuse visite. La démarche de della Rovere lui semblait assez sotte. Il fallait, en effet, connaître bien mal le roi Louis, cet homme secret dont on disait que son cheval portait tout son conseil, pour imaginer un seul instant qu'il pût se laisser influencer par les prières d'une femme, fût-elle l'objet de son amitié. D'autre part, il était insensé de lui demander, à elle dont, apparemment, le cardinal n'ignorait pas grand-chose, d'essayer de détacher la France de son ancienne alliance et de ses amitiés.

Évidemment, il y avait le cas de Catarina. Fiora était navrée de lui avoir causé des ennuis dont, avec un homme comme Riario, on ne pouvait imaginer jusqu'où ils iraient. Un accident est toujours possible et il ne resterait

alors au pape qu'à pleurer cette nièce à laquelle il était
attaché.

La mémoire de Fiora lui fit revoir le visage du cardinal
au moment où il parlait de Catarina : un visage tendu, un
masque presque douloureux. Peut-être l'aimait-il et, en ce
cas, était-il prêt à toutes les folies pour lui venir en aide.
N'avait-il pas suggéré que Riario pouvait ne plus vivre
très longtemps ? Si della Rovere aimait sa cousine par
alliance d'un amour sincère et anxieux, il devenait beaucoup plus sympathique à Fiora et elle en vint à penser
qu'après tout, cette lettre qu'on lui demandait était peu de
choses : il suffirait de la tourner avec assez d'habileté pour
qu'elle ne compromette pas Fiora. Et puis, il y avait cette
phrase mystérieuse que le visiteur avait refusé d'éclairer
et dont on parlerait « la prochaine fois »...

A cet instant, Fiora regretta amèrement l'absence du
roi. Eût-il été là qu'elle fût allée tout droit au Plessis lui
raconter les événements et lui demander conseil. Ce
maître diplomate, ce prince de toutes les astuces qui
connaissait mieux que quiconque l'art de rédiger lettres et
traités aurait su comment agir et il aurait certainement
réussi à obtenir du prélat romain la révélation de ce qu'il
avait caché à Fiora. Mais le roi était loin et il fallait
essayer de s'en tirer seule.

Ce soir-là, quand tout le monde fut couché et jusque
tard dans la nuit, Fiora, assise dans son lit, s'exerça à
écrire une lettre capable de donner satisfaction à tout le
monde. Elle découvrit vite que la chose n'était pas facile.
Le début allait de soi, bien sûr : il s'agissait seulement
d'adresser à Catarina une action de grâce pour avoir permis à une mère de retrouver son enfant, en des termes
émouvants. Mais tout se compliquait dès qu'il fallait parler du roi et des prières à lui adresser. C'était même tellement difficile que Fiora finit par abandonner le problème.
Elle rangea son écritoire, souffla sa chandelle et laissa le
sommeil s'emparer d'elle. Bien souvent, en effet, elle avait

remarqué que la réponse à une question épineuse lui était apportée au réveil.

Celui-ci fut tardif car elle s'était endormie bien après minuit. En ouvrant les yeux, elle aperçut Léonarde, postée au pied de son lit et lisant avec intérêt ses divers essais.

— Vous tenez vraiment à écrire cette lettre? fit-elle. Vous devriez pourtant vous souvenir de ce que disait ce diable de Démétrios : « Il faut faire très attention à ce que l'on écrit et la sagesse consiste même à écrire le moins possible ! »

— Croyez-vous que je n'y pense pas? Mais je voudrais tellement aider Catarina !

— Et savoir ce que ce beau cardinal vous tient en réserve ! Je reconnais qu'il est habile et que son histoire a été menée de main de maître ! Il a su parfaitement jouer de vos bons sentiments et de la reconnaissance que vous devez à cette jeune dame. Et, pour finir, piquer la curiosité si naturelle aux filles d'Eve.

— Mais... comment savez-vous cela ? Je ne me souviens pas vous l'avoir conté?

Léonarde eut un large sourire qui découvrit des dents un peu clairsemées, mais encore bien blanches :

— Bien qu'il n'y paraisse plus guère, je suis moi aussi une fille d'Eve, ma chère Fiora. J'ai écouté à la porte, simplement ! Je vais voir si votre bain est prêt.

La sortie de Léonarde sous les ailes blanches de sa haute coiffe qui battaient au vent de sa marche fut un chef-d'œuvre de dignité que Fiora admira sans réserve. Ce fut seulement quand elle quitta son lit, un instant plus tard, qu'elle s'aperçut que la vieille demoiselle avait emporté tous ses brouillons.

Néanmoins, lorsque le cardinal della Rovere opéra, deux jours plus tard, sa deuxième apparition à la maison aux pervenches la lettre était prête et Fiora la lui tendit dès qu'il eut pris place près de la cheminée.

A dire vrai, la jeune femme n'en était pas mécontente.

L'ayant beaucoup travaillée en compagnie de Léonarde, elle pensait qu'en toute équité, elle devait satisfaire les intéressés et ne mécontenter personne. En effet, après quelques lignes empreintes de chaude amitié et de profonde reconnaissance, Fiora assurait la comtesse Riario de son grand souhait de voir la paix régner à nouveau entre Rome et la France, ainsi qu'avec cette terre de Toscane qui lui était chère entre toutes...

— Peut-être le cardinal va-t-il trouver que vous ne vous engagez pas suffisamment, avait remarqué Léonarde à la dernière lecture, mais vous verrez bien sa réaction et vous aurez sans doute le loisir de discuter avec lui.

Or, à la grande surprise de Fiora, le prélat, après avoir lu attentivement, déclara excellente la prose de la jeune femme et lui exprima sa satisfaction. Cette lettre causerait une grande joie à la comtesse Riario et panserait quelque peu la blessure d'orgueil de Sa Sainteté puisque, seul, l'amour maternel avait incité Mme de Selongey à prendre la fuite et donna Catarina à l'aider dans cette entreprise. Le pape serait également enchanté de constater que son ancienne prisonnière ne lui gardait pas rancune et qu'elle était prête au contraire à aider à une réconciliation générale...

— Vous voyez, dit della Rovere en conclusion, que je ne vous demandais rien de bien difficile, mais vous me rendez un grand service personnel et je vais essayer de vous en témoigner ma reconnaissance... Oh, de façon... modeste, je le crains, car ce que je vais vous conter ne présente peut-être aucun intérêt.

Il prit un temps et détourna les yeux comme s'il hésitait, puis soupira :

— Oh! c'est stupide! Mon oncle... je veux dire le Saint-Père, me reproche toujours de trop parler et de ne pas maîtriser suffisamment mes impulsions. Voilà qu'à présent je crains de vous faire plus de mal que de bien.

— Ce que l'on fait dans une bonne intention, Monseigneur, ne saurait être néfaste. Me ferez-vous la grâce

de me confier au moins de quoi il est question ? Est-ce de
Florence ?

— Non. C'est... de votre époux !

— Mon époux ? Sauriez-vous quelque chose à son propos ?

— Peut-être. Durant mon séjour ici, j'ai cherché à en
apprendre sur vous plus que je n'en savais. A Rome, ce
condamné à mort miraculeusement sauvé à l'instant où il
allait mourir n'a pas manqué de m'intriguer. J'ai su ainsi
que le comte de Selongey, enfermé au château de Pierre-
Scize, à Lyon, s'en était évadé sans que l'on pût savoir ce
qu'il était devenu. Est-ce exact ?

— Tout à fait, Monseigneur. On sait seulement qu'il a
pris une barque pour s'enfuir et je ne vous cache pas que
cette circonstance m'effraie. On dit que le fleuve sur
lequel il est parti, le Rhône je crois, est dangereux. J'ai
peur qu'il se soit noyé.

— C'est possible, en effet. Pourtant, lorsque j'ai entendu
cette histoire, elle m'a rappelé un événement qui a eu lieu
voici quelques mois. Un événement mince en apparence,
mais qui pourrait prendre pour vous une certaine signification.

— Dites vite, Monseigneur, je vous en prie ! La moindre
piste peut avoir de l'importance.

— Eh bien, voici ! L'an passé comme je vous le disais, les
moines de la chartreuse du Val-de-Bénédiction, qui se
trouve à Villeneuve-Saint-André [1], juste en face de mon
siège épiscopal, ont trouvé, au fond d'une barque échouée
dans les roseaux, un homme blessé et sans connaissance
qui semblait avoir subi de rudes épreuves. Ils l'ont
emporté chez eux et l'ont soigné, mais il a été impossible
de lui faire dire son nom. Il ne sait plus rien de lui-même,
et pas davantage d'où il vient ni ce qu'il a vécu.

— Il aurait perdu la mémoire ?

— C'est ce qu'en a conclu le père abbé.

1. Aujourd'hui Villeneuve-lès-Avignon.

Le cœur de Fiora battait la chamade dans sa poitrine. Le sang lui était monté au visage et ses mains tremblaient.

– Mais comment était-il ? Son visage... sa taille ? L'avez-vous vu ?

– Non, hélas. J'en sais seulement ce que le dom prieur en a dit à mon chapelain. Une chose est certaine : cet homme n'a rien d'un paysan. Il est grand et les cicatrices de son corps semblent indiquer un soldat. De même, la barque était différente de celles que l'on fabrique dans la région. Mais je vous vois émue à un point qui m'inquiète. Il se peut, je le répète, qu'il n'y ait aucun rapport avec...

– Je suis presque certaine qu'il en existe un. Cet homme est-il toujours là-bas ?

– Bien sûr. Où voulez-vous qu'il aille, ne sachant plus rien de lui-même ni des autres ? Cet état est dû, certainement, à une blessure reçue à la tête... Mais rassurez-vous, il a été bien soigné et il n'est pas malheureux. Les chartreux sont de bons moines, généreux et hospitaliers. En outre, pour un prisonnier évadé, si c'est bien de lui qu'il s'agit, un couvent est le meilleur des asiles.

– Je n'en doute pas un instant, mais comment savoir, comment être certaine ?

Elle s'était levée et marchait à travers la grande salle avec agitation, s'efforçant d'apaiser, sous sa main, les battements de son cœur qui l'étouffaient presque. La voyant pâlir et chanceler, della Rovere se précipita, la prit dans ses bras et l'obligea à s'étendre sur une bancelle garnie de coussins. Il était temps, ses jambes ne la portaient plus ! En même temps, il appelait à l'aide et Léonarde – qui écoutait derrière la porte – apparut instantanément, armée d'une fiole de vinaigre et d'une serviette. Elle se mit en devoir de ranimer la jeune femme.

Le malaise ne tarda pas à se dissiper et bientôt Fiora, tout à fait rétablie, put offrir ses excuses à son hôte qui semblait sincèrement inquiet.

– Je crains de vous avoir fatiguée à l'excès, dit-il. Le mieux est que je me retire à présent : je reviendrai demain. J'en avais d'ailleurs l'intention pour vous faire mes adieux...

— Votre Grandeur nous quitte déjà ? dit Léonarde.

— Oui, il me faut retourner à Avignon où de nombreuses affaires m'appellent. Je ferai mes adieux à Tours après-demain.

Il se disposait à partir, mais Fiora le retint :

— Par pitié, Monseigneur ! Encore un moment. Je vous assure je vais mieux... Parlez-moi encore de ce rescapé !...

— Que puis-je vous dire de plus ? Vous en savez autant que moi... Écoutez ! Puisque je retourne là-bas, voulez-vous que je me rende à la chartreuse dès mon arrivée afin de voir cet homme ?

— Vous ne l'avez jamais vu, Monseigneur. A quoi le reconnaîtriez vous ?

— Vous pourriez m'en faire le portrait ? Évidemment, si vous n'étiez souffrante, il y aurait une solution, facile sans doute, mais peut-être fatigante...

— Laquelle ? grogna Léonarde méfiante.

Mais Fiora avait déjà compris :

— Je pourrais vous accompagner ? Il est certain que je suis seule capable de savoir ce qu'il en est. Et, si c'est mon mari, celle qui saurait le mieux le soigner...

— Fiora ! protesta Léonarde. Êtes-vous folle ? Voulez-vous encore partir au bout du monde ?

— Avignon n'est pas au bout du monde, Madame, et je ne vois pas quels dangers donna Fiora pourrait courir sous ma protection ? Je peux même lui offrir une confortable litière...

Fiora semblait renaître. Elle avait retrouvé ses couleurs et dans ses yeux l'espérance faisait étinceler des étoiles. Elle se releva :

— Je ne peux pas refuser une pareille chance, chère Léonarde, et mon absence ne sera pas longue. S'il s'agit bien de Philippe, je le ramènerai avec moi, puis je ferai sa paix avec le roi. Oh, Monseigneur, vous n'imaginez pas la joie que vous me donnez !

Le cardinal se mit à rire, ce qui lui conféra une grande jeunesse. Il semblait aussi heureux que la jeune femme :

– Eh bien, voilà qui est dit. Demain soir, je vous enverrai la litière en question. Les serviteurs auront des ordres et vous me rejoindrez à la fin de la matinée à la basilique Saint-Martin où je désire faire oraison avant de partir. Ce délai vous laisse tout le temps pour vos préparatifs.

Suivi de Fiora, il se dirigea vers le jardin où ses équipages l'attendaient et remit à son secrétaire la lettre que lui avait donnée la jeune femme. Au moment de la quitter, il baissa la voix pour ajouter :

– Pour mes gens, vous serez une dame pèlerine qui souhaite aller se recueillir à Compostelle, ou à Rome.

– Ne m'en veuillez pas, Monseigneur, si je préfère Compostelle. Rome ne m'a pas laissé d'assez bons souvenirs...

– J'ajoute, fit Léonarde qui n'avait pas quitté Fiora, que Votre Grandeur aura sous sa garde deux dames pèlerines. J'ai l'intention d'aller, moi aussi, faire mes dévotions. Et j'espère que personne n'y verra d'inconvénients !

Son œil dont l'azur candide gardait toute sa fraîcheur défiait quiconque tenterait de s'opposer à son projet. Mais personne n'y songeait. Della Rovere lui sourit et Fiora, prenant son bras, le glissa sous le sien :

– Puisque nous voyagerons en litière, je serai heureuse de vous avoir avec moi.

Il fut plus difficile de faire comprendre à Khatoun qu'il ne pouvait être question de l'emmener de surcroît. La présence d'une Asiatique dans le cortège d'un prince de l'Église, et avec d'autres femmes, risquait de donner à l'ensemble une allure de harem plus que de pèlerinage.

– Ce ne sera pas long, lui dit Fiora, et j'ai besoin que quelqu'un veille bien sur mon petit Philippe...

Marcelline, en effet, quittait la Rabaudière. Son lait était tari, et d'autre part son époux et sa famille la réclamaient. Elle était partie le matin même pour son village de Savonnières, avec de grands soupirs et beaucoup de

larmes car elle échangeait une vie agréable et facile contre
la dure existence d'une ferme, mais Fiora avait su lui
apporter quelques consolations. La nourrice s'en retournait plus riche qu'elle n'était venue, emportant non seulement les vêtements qu'on lui avait offerts durant une
année, mais aussi du linge, des provisions, la croix en or
qu'elle portait fièrement au cou et la somme coquette qui
allait faire d'elle la plus riche fermière de son village.

Khatoun avait vu ce départ avec soulagement. Elle et la
nourrice s'étaient détestées au premier regard et la lutte
pour la possession du bébé avait été chaude. La nature
décidant en faveur de la jeune Tartare, la Tourangelle
avait aussitôt décrété que la « sorcière jaune » avait fait
tourner son lait. Accusation contre laquelle Fiora s'éleva
avec la dernière vigueur.

– Si pareil propos me revient aux oreilles, dit-elle avec
sévérité, je saurai d'où il vient et votre intérêt n'est pas de
vous faire de moi une ennemie. Khatoun était esclave,
sans doute, mais n'a jamais été traitée comme telle. Nous
avons été élevées ensemble et, par deux fois, elle m'a sau-
vée. Je lui dois donc beaucoup, et je n'oublie jamais mes
dettes. En outre, j'ai de l'affection pour elle...

Comprenant que son intérêt n'était pas de s'entêter,
Marcelline jura de ne plus répéter son accusation sur le
livre d'heures, ouvert à l'image de la Crucifixion, que
Léonarde mit sous sa main sans dire un mot mais avec un
regard qui en disait long. Et l'on se sépara les meilleures
amies du monde.

– Quand madame la Comtesse donnera une petite
sœur à messire Philippe, j'espère qu'elle me rappellera!
dit Marcelline en manière de conclusion.

– Pensez-vous donc avoir encore des enfants ? Vous en
avez trois, me semble-t-il ?

– Oui, mais ma mère en a eu douze et mon Colas veut
beaucoup de fils pour l'aider à la terre.

Khatoun, restée maîtresse du terrain, finit par
comprendre qu'en lui confiant son fils, de compte à demi

avec Péronnelle, Fiora lui donnait une large marque de confiance. Elle cessa ses protestations.

Ce fut ensuite le tour de Florent. L'idée de voir sa chère maîtresse quitter à nouveau son manoir pour une destination éloignée était insupportable au jeune homme. Il prétendait l'escorter en tant qu'écuyer. Cette fois, Léonarde intervint :

– Que pourrait-elle faire d'un écuyer alors qu'elle va voyager en litière ?

– Mais je la protégerais des mauvaises rencontres ?

– Des mauvaises rencontres ? Alors que nous serons en compagnie d'un légat du pape ? Ne rêvez pas, mon ami ! D'autre part, si je vais là-bas c'est uniquement pour veiller sur donna Fiora. Et vous savez bien qu'avec les vendanges qui arrivent, Etienne a grand besoin de vous.

– Il se passait bien de moi quand je n'y étais pas ! bougonna le garçon. Léonarde, alors, lui offrit son sourire le plus sardonique :

– Voilà ce que l'on obtient en se rendant indispensable ! déclara-t-elle joyeusement.

Au matin du mardi 8 septembre, jour de la Nativité de la Vierge, Fiora et Léonarde quittèrent la maison aux pervenches dans l'un de ces vastes chariots bien pourvus de coussins, de rideaux, de matelats et de mantelets de cuir qui permettaient d'accomplir à peu près confortablement les plus longs trajets et d'affronter les pires intempéries. Deux puissants chevaux y étaient attelés et un grand diable moustachu répondant au nom de Pompeo les tenait en main. Le temps était un peu frais, mais promettait une journée ensoleillée propice au voyage. Pourtant, quand le lourd véhicule s'ébranla, Léonarde esquissa une grimace et marmotta :

– Je me demande si nous ne faisons pas une sottise.

– Une sottise ? protesta Fiora. Alors que nous allons peut-être tirer Philippe d'une situation pénible ? L'imaginez-vous enfermé dans ce couvent, ne sachant plus qui il

est ni d'où il vient ? Livré au bon vouloir de moines qui ne
sont peut-être pas tous de saints hommes ?

– Nous ne sommes pas sûres que ce soit lui...

– J'en demeure d'accord, mais avouez qu'il existe un
ensemble de coïncidences troublantes. Craignez-vous que
je sois déçue ?

– Peut-être...

– Alors, rassurez-vous. J'y suis préparée et je pense
qu'il vaut mieux faire ce voyage pour rien que rester ici et
abandonner Philippe à un sort dont personne ne pourrait
le libérer.

La belle sérénité de la jeune femme était réconfortante
et Léonarde ne dit plus rien, mais elle ne parvenait pas à
se tranquilliser. Le cardinal della Rovere constituait la
cause principale de son inquiétude : elle répugnait à lui
accorder une entière confiance. Léonarde se le reprochait,
puisqu'il s'agissait du neveu du Saint-Père, mais le récit
des aventures vécues par Fiora dans la Ville Éternelle
l'avait profondément choquée. Sa piété profonde, sa foi
totale et l'amour sincère qu'elle vouait à Dieu, à Notre-
Dame et au Christ n'en avaient pas été entamés, cependant elle déplorait au fond de son cœur que Rome et son
prince ne soient même pas capables d'inspirer le respect.

Bien sûr, elle n'ignorait pas qu'il y avait eu, au cours
des siècles, des pontifes plus ou moins discutables, mais cet
ancien moine qui, en coiffant le Trirègne [1], n'avait vu là
qu'une occasion d'enrichir scandaleusement sa nombreuse
famille et n'hésitait pas à déclarer une guerre pour spolier
Lorenzo de Médicis après avoir tenté de l'assassiner,
n'avait aucun droit à la considération des fidèles et surtout
pas à la sienne. Tout ce qui concernait Rome était désormais, pour elle, sujet de méfiance, et l'aimable cardinal
n'échappait pas à ce jugement définitif.

Comme il était convenu, on le rejoignit sur le parvis de
la collégiale Saint-Martin où sa suite fastueuse tenait
toute la place. Les deux femmes descendirent de voiture

1. La triple couronne que le pape reçoit au jour de son couronnement.

pour entendre la messe, prier un instant au tombeau du saint, puis l'on se disposa à quitter Tours au milieu d'un grand concours de peuple qui acclamait l'illustre étranger. Chevauchant fièrement un superbe destrier noir sur la croupe duquel sa simarre pourpre s'étalait avec magnificence, Giuliano della Rovere distribuait les bénédictions tandis que ses serviteurs faisaient largesse en son nom.

Avec ses équipages, ses secrétaires, ses serviteurs, ses chevaux et ses mules, ses gardes aussi et ses chariots de bagages, le train du légat était considérable et atteignait presque les murs de la ville alors que la fin du cortège quittait tout juste le parvis. La voiture des deux femmes y prit place vers la fin, un peu avant les domestiques et les chariots portant le mobilier et les bagages, car il ne convenait pas que des femmes fussent mêlées aux ecclésiastiques. Auprès d'elles, une poignée de pèlerins descendant en Provence et autorisés à profiter d'une aussi auguste compagnie se mirent en marche avec des montures variées ou à pied...

Par la grande rue de la Scellerie, où l'on passa devant le couvent des Augustins et celui des Cordeliers dont tous les moines étaient à genoux dans la poussière pour se faire bénir, on gagna le bourg des Arcis et la porte Saint-Étienne, défendue par une puissante bastille et tournée vers le sud.

Passé le faubourg du même nom et les « Ponts Longs » qui enjambaient le Cher et de nombreux marécages formés par d'anciens bras de la rivière, la longue file atteignit Saint-Avertin et commença de s'élever le long des coteaux couverts de vignes où les vendangeurs étaient déjà au travail. Après un été chaud, le raisin était mûr : une pleine corbeille en fut offerte au cardinal par de jeunes paysannes aux jambes nues. Celui-ci les récompensa de quelques pièces d'argent qui lui valurent de nouvelles acclamations.

— Si nous nous arrêtons toutes les cinq minutes, nous n'arriverons jamais! grommela Léonarde. Et quelle distance devons-nous parcourir ? Cent soixante-dix, cent quatre-vingts lieues ?

— Si nous arrivons à en faire une dizaine par jour, nous ne serons guère que trois semaines en chemin. Évidemment, nous irions plus vite à cheval, mais il me semble que vous ne gardez pas un excellent souvenir de cette façon de voyager ? dit Fiora avec un sourire. Pour vous consoler, pensez donc à toutes ces abbayes dans lesquelles nous ferons étape ! Vous allez pouvoir prier presque tous les saints de France !

Néanmoins quand, vers le milieu du jour, elle vit apparaître les hauts toits de l'abbaye de Cormery où le prieur, en grand habit et crosse en main, attendait le cardinal entouré d'un essaim de bénédictins, elle ne put retenir un soupir. S'arrêter chaque soir dans un couvent n'avait rien d'affligeant, mais si, en outre, il fallait visiter toutes les maisons religieuses que l'on rencontrerait, les trois semaines risquaient de se changer en deux ou trois mois. Et l'impatience de Léonarde la gagnait déjà.

Tandis que, devant le portail de l'église, on échangeait saluts, génuflexions, baisements d'anneau et autres civilités, elle interrogea son cocher. Savait-il où le cardinal souhaitait faire étape ce soir ? L'homme répondit que ce serait à Loches. Le trajet du jour ne couvrirait donc pas tout à fait dix lieues, et encore y arriverait-on à la nuit close car l'arrêt à Cormery risquait d'être assez long...

Et, en effet, le soleil disparaissait quand on atteignit la forêt de Loches au-delà de laquelle s'érigeait la ville royale et ce fort château qui inspirait tant de crainte justifiée aux ennemis du souverain. Pour Fiora, ce nom évoquait fray Ignacio Ortega, qui l'avait poursuivie d'une haine inexplicable et y avait laissé la vie, et aussi l'écuyer, l'ami de Philippe, Mathieu de Prame qui, lui, avait eu la chance d'en sortir vivant... Mais pour aller où ?

Résignée cependant, Fiora somnolait dans le nid qu'elle s'était préparé parmi les coussins tandis qu'auprès d'elle, Léonarde disait son chapelet. Le chemin forestier était

assez doux et les cahots pas trop sensibles. Derrière la voiture, on entendait chanter les pèlerins, peut-être pour se
donner du courage car l'ombre verte des arbres devenait
grise et les fourrés semblaient s'épaissir à mesure que l'on
avançait. On n'entendait plus les oiseaux et l'oppression
naturelle pour qui voyage sous bois au crépuscule enveloppait le cortège.

Soudain, à un tournant du chemin, une secousse projeta
les deux femmes l'une contre l'autre en même temps que
la litière prenait de la vitesse. Le chemin, pourtant, était
beaucoup plus rude et les roues du véhicule allaient d'une
ornière à l'autre. Arrachée à ses prières, Léonarde se pencha au-dehors :

— Que se passe-t-il ? cria-t-elle au cocher, mais celui-ci
ne répondit pas.

Au contraire, il fouetta ses chevaux pour qu'ils aillent
encore plus vite.

— Il va nous tuer ! fit Léonarde, mais ce n'est pas le
pire. Nous ne sommes plus dans le cortège.

A son tour, Fiora se pencha. En effet, il n'y avait plus
personne ni devant ni derrière. Rien qu'un étroit sentier
filant entre les masses noires des arbres et dans lequel le
chariot se lançait à tombeau ouvert. Les deux femmes se
regardèrent avec épouvante, envahies par la même pensée : on leur avait tendu un piège et ce piège était en train
de se refermer sur elles...

De toutes ses forces, Fiora ordonna à Pompeo, en italien, de s'arrêter, mais le cocher répondit par un grogne-
ment et un nouveau claquement de fouet. Un instant, la
jeune femme songea à ouvrir la portière et à se jeter à
terre, mais la voiture allait beaucoup trop vite et, de toute
façon, Léonarde ne pourrait l'imiter sans se briser. D'ailleurs, les fourrés de chaque côté de ce qui devenait un sentier herbeux paraissaient s'animer. Des ombres se levaient
d'ombres plus épaisses et, bientôt, quatre cavaliers mas-
qués entourèrent l'équipage qui ne ralentit pas pour
autant.

– Que Dieu nous protège! gémit Léonarde. J'ai peur que ceci ne soit notre perte.

Fiora ne répondit pas. Une violente colère la préservait de la peur. Comment avait-elle pu être assez stupide, assez folle pour ajouter foi aux paroles d'un neveu de Sixte IV? Comment avait-elle pu croire qu'il désirait l'aider?

Soudain, le cocher retint ses chevaux, si brutalement que les deux passagères se retrouvèrent à plat ventre. Presque en même temps, la portière s'ouvrit et des mains sans douceur s'emparèrent de Fiora et de Léonarde qu'elles tirèrent au-dehors. Elles virent alors que l'on se trouvait dans une clairière qu'un reste de jour éclairait vaguement. Cinq ou six hommes se tenaient là, vêtus de sombre, et il était impossible de distinguer leurs traits. Deux d'entre eux, appuyés sur des pelles, se dressaient au bord d'un grand trou plus long que large qu'ils venaient sans doute de creuser.

Ce fut devant ce trou que l'on traîna les deux malheureuses, et elles comprirent tout de suite qu'il avait été ouvert à leur intention. Ces gens étaient là pour les assassiner.

– Qui êtes-vous? Que nous voulez-vous? s'écria Fiora.

Celui qui semblait le chef ne daigna pas répondre. S'avançant dans la lumière dansante d'une torche que l'un de ses compagnons venait d'allumer, il jeta une bourse au cocher qui l'attrapa au vol, et lui désigna un sentier, à peine visible, sur sa droite :

– Bon travail, l'ami! Passe par là! Tu rejoindras le cortège avant Loches...

A nouveau, Pompeo enleva ses chevaux. L'attelage disparut instantanément, avalé par la nuit et les branches basses. L'homme attendit que le bruit se fût éteint, puis se tourna vers celles qui allaient sans doute être ses victimes et que quatre de ses compagnons maintenaient. Fiora se débattait furieusement, mais Léonarde, accablée par un coup aussi inattendu, s'était laissée tomber à genoux sur la terre humide et priait, n'attendant plus rien que l'instant fatal.

D'un geste brutal, le chef arracha le voile qui enveloppait la tête de Fiora.

— J'avais pensé vous enterrer toutes vives, fit-il, mais je ne suis pas un homme cruel. On va vous égorger avant, et ce voile teint de votre sang sera une bonne preuve de ce que j'ai bien fait mon travail.

— Pour qui ce travail? lança Fiora. Ne me dites pas que c'est pour le roi? Je croirais plutôt qu'il vous le fera payer très cher quand il saura...

— Mais il ne saura rien. Vous allez disparaître sans laisser de traces.

— Avant de mourir, je voudrais tout de même savoir qui me tue? Le pape? C'est le cardinal qui vous paye?

— Lui? Il n'en sait pas davantage. Il pensait simplement qu'un long bout de chemin serait suffisant pour débarrasser le pays de votre présence. Tout ce qu'on lui a demandé, c'était de vous emmener avec lui.

— Qui, « on »?

— Je ne vois pas en quoi cela vous intéresse? Vous devriez plutôt faire comme votre compagne et songer à votre paix avec le Ciel. Je vous accorde un instant pour dire un bout de prière.

L'un des bandits s'approcha:

— Si on expédiait l'autre pendant ce temps?

— Bonne idée! Elle doit être prête. Elle a bien assez prié.

— Laissez-moi au moins l'embrasser! cria Fiora désespérée.

— Cela me paraît inutile. Dans ce trou, vous pourrez vous embrasser autant que vous voudrez...

CHAPITRE VI

LA TRACE D'UNE OMBRE

— Léonarde! hurla Fiora. Pardonnez-moi!

Un cri de douleur lui répondit. L'homme qui avait proposé de tuer la vieille demoiselle venait de lui arracher sa coiffe et l'empoignait par les cheveux, les tirant sauvagement pour l'obliger à lever la tête et à dégager la gorge qu'il allait trancher. Mais il n'eut pas le temps d'approcher son couteau de la peau. Partie de l'ombre, une flèche lui traversa le cou et il s'écroula sur Léonarde. En même temps, des cavaliers enveloppaient la clairière. La lumière incertaine de la torche fit luire des cottes de mailles, sous des demi-cuirasses et des chapeaux de fer. Une voix rauque tonna :

— De par le roi! Qu'on s'empare de ces gens et qu'on les branche sur-le-champ à ce gros arbre!

— Gardez-en au moins deux, messire le Grand Prévôt! il serait bon d'entendre ce qu'ils ont à dire.

Sans attendre la réponse, Douglas Mortimer sauta à bas de son cheval et courut vers Fiora qui, les jambes fauchées, s'était laissée tomber à genoux quand les bras qui la maintenaient l'avaient lâchée. Il la releva d'une poigne vigoureuse sans qu'elle fît rien pour l'aider. Ses prunelles grises largement dilatées, elle le regardait avec une sorte d'émerveillement, comme si, au lieu d'un solide Écossais, il était le lumineux représentant de quelque cohorte angélique...

– Ça va ? dit-il sobrement quand il l'eut remise sur ses pieds.

– Je crois... oui. Oh, Mortimer ! Je commence à croire que vous êtes pour moi une espèce d'ange gardien... mais qu'est-ce que tout cela signifie ?

– Je vous expliquerai, mais je peux vous dire que je n'ai jamais eu si peur ! J'ai bien cru que nous n'arriverions pas à temps...

Puis, sans plus s'occuper d'elle, il se tourna vers Léonarde qu'un garde de la prévôté aidait à se débarrasser du corps tombé sur elle en l'envoyant directement dans le trou. Fiora le rejoignit aussitôt et ne put retenir un cri d'horreur. Couverte de sang, la pauvre femme offrait une image effrayante. Mais, déjà remise de ses émotions, elle crachait comme un chat en colère :

– Où y a-t-il de l'eau ? Je ne peux pas rester ainsi. Ce sang poisseux...

– Il vaut tout de même mieux que ce ne soit pas le vôtre, observa Mortimer. Venez, il y a un petit ruisseau un peu plus loin.

Des torches avaient été allumées par les gardes et, à présent, la clairière était assez éclairée pour que nul ne perdît rien du spectacle dramatique dont elle était le théâtre. Les bandits, dépouillés l'un après l'autre de leurs masques, furent jetés à genoux devant celui que l'Écossais avait appelé le « Grand Prévôt ».

C'était un homme âgé au visage dur orné d'une moustache et d'une courte barbe blanche. Les années semblaient n'avoir ôté aucune vigueur à son corps maigre : celui-ci supportait avec aisance le poids de l'armure qui l'habillait à l'exception du casque, remplacé par un chaperon noir où brillait une large médaille d'argent. Comme tous les hommes trop grands, il se tenait un peu voûté sur son cheval, qu'il maniait par ailleurs avec dextérité. Au service de Louis XI depuis son adolescence, alors que celui-ci n'était encore que dauphin, Tristan l'Hermite, dans sa prime jeunesse écuyer du connétable de Riche-

mont puis prévôt des maréchaux, incarnait aux yeux des
sujets du roi l'image d'une justice sévère, souvent expéditive, mais rarement illégitime, qui inspirait aux truands
de tout poil une crainte salutaire. Dévoué au roi comme
un limier à son maître, ce silencieux volontiers taciturne
ignorait la fatigue autant que la pitié et tout criminel pouvait être sûr qu'il le poursuivrait jusqu'à son expiation.
Du fond de ses orbites creuses dont des sourcils broussail-
leux accentuaient la profondeur, il posait sur les hommes
un regard gris aussi dur que du granit.

Ses hommes lui obéissaient avec une extrême promptí-
tude et, en un instant, une demi-douzaine de bandits qu'il
avait d'ailleurs reconnus et appelés par leur nom, se
balancèrent aux branches d'un vieux chêne. Leurs cris et
leurs supplications n'avaient même pas fait ciller l'impassible justicier. Seul le chef, qui répondait apparemment au
nom poétique de Tordgoule, vivait encore et attendait son
sort à genoux et en chemise près des jambes du cheval de
Tristan L'Hermite. L'un des soldats, debout à son côté,
tenait dans sa main le bout de la corde qu'on lui avait tout
de même passée au cou...

Tout en aidant Léonarde à se laver autant que possible
dans le petit ruisseau, Fiora ne pouvait se défendre
d'observer avec une certaine crainte cette statue de fer qui,
en dehors de l'ordre initial, n'avait pas articulé une
parole.

Mais, lorsque le dernier corps eut été précipité dans le
vide, le grand prévôt fit lentement manœuvrer sa monture
de façon à tenir Tordgoule sous son regard :

— A toi, à présent! Qui t'a donné l'ordre de tuer ces
deux femmes?

— Je ne sais pas, Monseigneur! Je ne le connais pas, je
vous le jure!

— Vraiment?

Sur un simple geste du grand prévôt, l'un de ses
hommes s'approcha avec une torche, cependant que deux
autres s'emparaient du misérable et le couchaient sur

l'herbe. La flamme s'approcha suffisamment de ses pieds nus pour déclencher un hurlement désespéré :

– Nooooooooon !

– Alors, parle !

– Sur mon salut... éternel... Je jure... que je dis la vérité... Un homme masqué est venu me voir... avanthier... dans la taverne qui est... près de l'écorcherie des Arcis...

Un nouveau hurlement déchira la nuit et Fiora se boucha les oreilles :

– Faut-il vraiment faire cela ? demanda-t-elle.

– Cet homme voulait vous égorger, vous et dame Léonarde, fit Mortimer avec un haussement d'épaules un rien méprisant. Je vous trouve un peu sensible.

Le supplicié, pour tenter d'attendrir son bourreau, prenait à témoin tous les saints du Paradis et jurait qu'il ne pouvait rien ajouter à ce qu'il avait déjà révélé : l'homme masqué lui avait remis une belle somme en or et promis la même quand l'ouvrage serait achevé. On devait attendre, dans cette clairière, certain chariot contenant deux femmes qui seraient amenées vers la fin du jour. Il fallait en outre creuser une fosse assez vaste pour contenir deux corps et y ensevelir les deux femmes en question. Tordgoule remettrait au cocher une bourse puis reviendrait à Tours recevoir le reste du prix convenu.

Un violent froissement de feuilles et une galopade venue du sous-bois interrompirent la confession haletante de l'homme : les gardes du grand prévôt ramenaient le chariot qu'ils avaient arrêté avant qu'il ne rejoignît la route de Loches et la caravane du légat. Un soldat conduisait les chevaux et Pompeo, solidement ligoté, fut sorti de la voiture sans douceur et jeté devant le grand prévôt. La bourse qu'il avait reçue un moment plus tôt rejoignit celles des truands qui formaient un petit tas dans l'herbe.

Comme il feignait de ne pas comprendre les questions que l'Hermite lui posait, Tordgoule se chargea de la traduction, sans attendre que l'une des deux dames fût requise comme interprète.

— J'avais ordre de lier connaissance très vite avec l'un des palefreniers ou des cochers du cardinal pour m'entendre avec lui, mais je connaissais déjà celui-là. L'idée de gagner un peu d'or lui a plu tout de suite. D'autant que c'était sans danger... Il suffisait de faire un crochet, puis de revenir dans l'escorte. A la tombée du jour, personne n'y verrait grand-chose...

— Cesse de te moquer de nous, l'ami, intervint Mortimer. Le légat n'aurait-il pas trouvé étrange qu'en arrivant à l'étape de Loches, le chariot des dames soit vide ?

Il avait tiré son épée et en appuyait la pointe sur la gorge de Pompeo qui, de mauvaise grâce, mais parce qu'il venait de lire sa mort dans les yeux de ce géant, finit par répondre :

— C'était facile. Je devais dire que les dames, ayant rencontré des amis à Cormery, avaient décidé de ne pas partir. Je devais donner de grands remerciements et...

— Et garder le contenu de la voiture ? Ou ton maître est complice de ce mauvais coup ou c'est un imbécile. Ce que j'ai peine à croire...

— Je jure qu'il ne sait rien, fit l'autre sombrement. C'est un homme de Dieu, un vrai prince de l'Église...

— C'est ce qu'il faudrait éclaircir, messire Tristan, reprit l'Écossais en retirant son épée et en faisant signe d'écarter le prisonnier. Le cardinal est à Loches à cette heure. Vous devriez aller lui poser quelques questions...

— C'est mon intention. Je suppose que vous ramenez ces dames chez elles ?

— Si elles s'en sentent le courage. Autrement, elles pourraient demander l'asile d'une nuit à l'abbaye de Cormery. Le roi y fait assez grandes largesses pour que ses serviteurs et ses amis soient reçus convenablement.

— Je crois, dit Fiora, que nous choisirons Cormery. Ma chère Léonarde n'en peut plus, et j'avoue que j'apprécierais de prendre un peu de repos.

S'avançant jusqu'au flanc du cheval du grand prévôt, elle lui tendit une main qui tremblait encore un peu.

— Grand merci à vous, messire! J'ignore encore par quel miracle vous avez pu nous sauver, mais soyez sûr que je ne l'oublierai jamais et que je dirai au roi...

— Vous ne direz rien, Madame!

D'un mouvement d'une rapidité et d'une souplesse inattendues chez un homme de cet âge, Tristan l'Hermite avait mis pied à terre pour pouvoir saluer la jeune femme :

— Comment? dit Fiora.

— Si j'ai acquis quelques droits à votre reconnaissance, Madame, je vous demande en grâce, pour vous plus encore que pour nous, de ne rien dire à notre sire de ce qui s'est passé ce soir.

— Mais... pourquoi?

Mortimer intervint :

— Il a raison, toute vérité n'est pas bonne à dire. Si celui auquel nous pensons tous deux est bien à l'origine de cette machination, nous ne serons pas entendus, le roi refusera de nous croire...

— Oui, coupa Tristan l'Hermite, il nous faudrait des preuves...

— Des preuves? émit Fiora qui s'étrangla presque. Mais en manque-t-il autour de cette clairière? Il y a ces deux hommes! Il y a ce que vous dira peut-être le cardinal. Il y a ma parole, enfin, et celle de dame Léonarde?

— Vous avez eu raison de mentionner cela en dernier, fit Mortimer mi-figue mi-raisin. C'est ce qui comptera le moins. Les femmes sont, pour le roi Louis, d'incurables bavardes douées d'une imagination diabolique... et le personnage est de ses familiers.

— Vous pensez que c'est... commença Fiora qui venait d'avoir une idée. Mais le grand prévôt lui imposa silence :

— Pas de noms, Madame! Laissez-moi mener cette affaire à ma guise et recevez mes salutations. Voulez-vous un de mes hommes pour vous conduire?

— Inutile! dit Mortimer. Je m'en charge... et vous remercie de m'avoir cru, messire le grand prévôt! Et aussi de m'avoir aidé.

...mbre d'un sourire détendit fugitivement le visage
... de Tristan l'Hermite.

– Je n'ai fait qu'accomplir les devoirs de ma charge,
jeune homme, mais j'avoue être sensible à l'amitié. Jadis...
il y a longtemps, je me suis dévoué, comme vous, au service d'une dame... très belle !

– Vous, messire ? une dame ? souffla Mortimer sincèrement étonné.

– Cela vous surprend, n'est-ce pas ? Le grand justicier,
le maître des geôliers, des gens de police, des bourreaux ?
Elle s'appelait Catherine de... mais rassurez-vous ! Ce
n'était pas moi qu'elle aimait. Partez à présent ! Je vous
reverrai au Plessis !

Douglas Mortimer aida Léonarde et Fiora à reprendre
place dans la voiture puis, après avoir attaché son cheval à
l'arrière, il sauta sur le siège du cocher. Tandis qu'il faisait tourner le lourd chariot pour reprendre le chemin
déjà parcouru, Fiora jeta un dernier regard à la sinistre
clairière où la fosse encore ouverte gardait la trace de
l'horreur qu'elle et Léonarde venaient d'y vivre. Deux
soldats étaient en train de la refermer. Au milieu du
double cercle des torches et des armures, Tristan l'Hermite, à nouveau en selle, les regardait faire, aussi immobile qu'une statue équestre. Devant les sabots de son cheval, Pompeo et l'autre bandit tremblaient et pleuraient,
mais elle n'éprouva aucune pitié. Son esprit et son cœur
n'étaient que glace. Elle ne ressentait même pas de peur
rétrospective. Tout ce qui surnageait dans son esprit,
c'était une immense déception. Le rêve caressé depuis
trois jours, cet espoir de retrouver Philippe, même
malade, même inconscient, et de le ramener auprès de son
fils venait de s'achever dans une sinistre dérision. On
s'était joué d'elle et, à présent, elle retournait vers son
manoir, l'âme pleine d'amertume et les mains vides...

– Suis-je vraiment pauvre d'esprit au point que l'on
puisse me berner si facilement ? murmura-t-elle sans se
rendre compte qu'elle venait de penser tout haut.

– Bien sûr que non, répondit Léonarde dont la main vint chercher sa main, mais tout ce qui s'adresse à votre cœur est sûr d'atteindre son but. Et vous souhaitez tellement retrouver messire Philippe!

– Me le reprocheriez-vous?

– Moi? A Dieu ne plaise! Vous savez bien que mon plus cher désir est de vous voir enfin heureuse. Mais je n'arrive pas à comprendre comment cet homme a pu savoir que votre époux s'est évadé de Lyon.

– Cet homme? Vous voulez dire le cardinal?

– Oui, hélas! soupira la vieille demoiselle. Je n'arrive pas à démêler la part qu'il a prise dans ce piège infâme.

– D'après ses complices, il n'y est pour rien, ou presque rien. Encore que ce soit difficile à croire...

– De toute façon, nous ne possédons aucune réponse valable à cette question, comme à quelques autres, d'ailleurs. Le jeune Mortimer pourra peut-être nous donner le mot de certaines et il se peut que ce Tristan l'Hermite réussisse à confesser Mgr della Rovere?

– Vous le croyez?

– La chose paraît possible, car c'est un homme terrible. En outre, à Loches, il doit disposer de tous les moyens désirables pour l'obliger à parler.

– Vous perdez la tête, Léonarde? souffla Fiora abasourdie. Vous n'imaginez tout de même pas qu'il pourrait menacer un prince de l'Église de prison, ou même de...

Léonarde s'épanouit en un large sourire:

– De la torture? Pourquoi pas? Les relations entre le roi et le pape, déjà mauvaises, n'y perdraient pas grand-chose. Et si vous voulez m'en croire, ajouta-t-elle avec un soupir plein de contentement, je le soupçonne d'en être tout à fait capable.

– Et... cela vous ferait plaisir?

– Vous n'imaginez pas à quel point.

Ce qui n'empêcha pas la vieille demoiselle, une fois installée dans la chambre que le frère hôtelier offrit aux voyageurs dans la maison des hôtes de Cormery, de se mettre à genoux au pied de son étroite couchette et de s'abîmer en une longue et profonde oraison. Dans la simplicité de son cœur, elle admettait que des brebis galeuses pussent s'être glissées dans le saint troupeau de l'Église, mais Dieu ne pouvait, en toute justice, être tenu pour responsable des crimes de ses serviteurs.

Seule consolation dans cette triste aventure : le retour au manoir fut salué par un enthousiasme qui réchauffa le cœur de Fiora, puis par une vive indignation lorsque l'on sut la vérité, ce qui réjouit celui de Léonarde. Pourtant cette vérité n'apparut dans toute son évidence que lorsque, le surlendemain du retour, Douglas Mortimer se présenta pour dîner à la Rabaudière.

Tout en nettoyant l'un après l'autre plats et terrines en un lent, implacable et méthodique travail de mâchoires, l'Écossais raconta comment il avait pu se trouver à point nommé dans la forêt de Loches pour y soustraire ses amies à un sort tragique :

— Au soir du fameux souper, j'ai aperçu maître Olivier le Daim en conversation avec le cardinal, conversation qui aurait pu être innocente car notre homme donnait tous les signes d'une profonde piété. Il semblait demander au prélat sa protection pour acquérir des indulgences. Il s'inclinait, se signait, s'agitait en toutes sortes de mômeries. Voyez-vous ce que je veux dire ?

— Tout à fait! dit Fiora.

— Seulement, moi, les conversations innocentes de maître Olivier je n'y crois pas et, après vous avoir ramenée chez vous, je me suis mis en quête de lui. Ce n'était pas très difficile, puisqu'il n'est jamais libre de ses actions avant le coucher du roi. J'ai même eu le temps d'endosser des vêtements noirs avant de me mettre à l'affût au-delà des murs d'enceinte. Je l'ai vu, alors, sortir par la poterne, monté sur une mule, et gagner Tours. Je l'ai suivi jusqu'à une taverne du bord de l'eau. Il fallait savoir que c'était lui car il portait un grand manteau, un bonnet enfoncé jusqu'aux sourcils et un masque mais, ce mauvais gibier, je suis capable de le flairer sous n'importe quel déguisement, fût-il sorti habillé en chanoine comme cela lui arrive de temps en temps. Cette fois, pas question de jouer les hommes d'Église, étant donné le but de sa promenade... Je boirais bien encore un peu de ce vin de Beaune, dame Péronnelle! C'est étonnant comme parler donne soif.

Ladite soif étanchée, Mortimer reprit son récit:

— L'un suivant l'autre, je l'ai vu entrer dans une taverne, au bord du fleuve, où l'on trouve le plus bel assortiment de mauvais garçons de toute la ville, et y prendre langue avec ce Tordgoule sur lequel je ne vous apprendrai rien de plus... sinon qu'en effet, il n'avait pas l'air de savoir à qui il parlait.

— A quoi l'avez-vous vu?

— A une certaine façon d'être. Le truand montrait une méfiance telle que le Daim a dû sortir de l'or pour le convaincre. Et c'est toujours dangereux de faire briller le métal jaune dans un tel endroit. Ils sont sortis ensemble et se sont si bien fondus dans la nuit que je n'ai pas pu les retrouver. Alors, je suis allé chez le grand prévôt pour lui dire ce que j'avais vu...

— En pleine nuit?

— C'est un homme qui ne dort guère! Je lui ai dit que je pensais parler au roi, il m'en a dissuadé. D'abord parce que je n'avais aucun grief sérieux à avancer. Ensuite à cause de cette confiance, quasi aveugle, que notre sire porte à son barbier. Celui-ci, bien sûr, allait quitter le Plessis avec lui et, comme on devait laisser au château une compagnie de la Garde, j'ai seulement demandé à rester moi aussi, sous le prétexte que je ne me sentais pas bien. Ce qui a beaucoup fait rire le roi...

— Rire?

— A un point que vous n'imaginez pas. Il s'en étranglait presque.

— Et à quel sujet, cette grande gaieté?

– Eh bien... euh... il pensait que mon mal n'était pas bien grave et que... vous en étiez à la fois la source et le... enfin... Quand il s'est arrêté de rire, il m'a dit : – Pâques-Dieu, Mortimer, vous venez de me faire faire du bien bon sang ! Mais n'y revenez pas ! Je ne serai pas longtemps absent et c'est pourquoi je veux bien vous laisser ici pour cette fois... Vous êtes à mon service, pas à celui des dames !

Rouge comme une écrevisse bien cuite, le pauvre garçon n'osait plus regarder Fiora en face et dut, pour reprendre ses esprits, avaler coup sur coup deux gobelets de vin qui, chose étrange, lui rendirent sa couleur normale...

– Quoi qu'il en soit, et puisque Tristan l'Hermite se chargeait de surveiller Tordgoule, je me suis attaché au cardinal. Lorsque j'ai vu qu'il vous envoyait une voiture, j'ai compris qu'il se passait quelque chose de bizarre. J'ai passé la nuit dans votre bois et, après votre départ, je suis venu interroger demoiselle Khatoun et dame Péronnelle.

Fiora bondit littéralement, et avec tant d'énergie qu'elle faillit renverser la table :

– En voilà des procédés ! Pourquoi, au lieu de vous cacher, n'êtes-vous pas venu me voir, moi ? Je vous aurais dit ce que je comptais faire !

– Je n'en doute pas un seul instant, mais m'auriez-vous écouté si je vous avais conseillé de ne pas partir ?

– Sûrement pas ! marmotta Léonarde qui n'avait pas dit trois paroles depuis le début du repas. Rien n'aurait pu l'arrêter... Pourquoi croyez-vous, ajouta-t-elle, que je me sois lancée, rhumatisante comme me voilà, sur les mauvais chemins du beau royaume de France ?

– Je vois, conclut Fiora en se rasseyant. La suite ?

– C'est simple. Je vous ai rattrapées à la sortie de Tours et je vous ai suivies de loin. Jamais voyage ne m'a tant ennuyé ! A-t-on idée d'aller aussi lentement ! Cela m'a rappelé...

Il s'interrompit pour jeter sur Léonarde un regard perplexe qui la fit rire :

– Allez donc jusqu'au bout de vos pensées ! Cela vous a

rappelé ce délicieux voyage que nous fîmes ensemble quand vous m'avez conduite à Nancy auprès du duc de Bourgogne!

— C'est un peu ça! Pour en revenir à ce maudit jour, tout a failli manquer parce que le grand prévôt était en retard au rendez-vous que nous nous étions donné et que j'ai dû l'attendre.

— Et vous comptiez nous suivre longtemps?

— Nous étions certains que ce ne serait pas nécessaire. Tordgoule n'aime pas s'éloigner de Tours où il vit à peu près tranquille, alors qu'à travers le royaume il a laissé certains souvenirs gênants. Il devait agir vite.

— N'était-il pas plus simple, reprit Léonarde, d'arrêter ces gens avant qu'ils ne s'en prennent à nous?

— Le grand prévôt est un rude justicier, mais il lui faut au moins un début de preuve. Il voulait prendre les truands la main dans le sac, si j'ose dire. J'ajoute qu'il espérait que la torture lui permettrait de s'en prendre à Olivier le Daim qu'il déteste. L'Hermite rêve de pouvoir l'accuser ouvertement d'un forfait devant le roi, mais je ne sais si ce rêve se réalisera jamais. Sur le chevalet, Tordgoule n'a pu livrer aucun nom, pour l'excellente raison qu'il ignorait celui de son client. Il a été pendu sans rien nous apprendre. Quant au cocher Pompeo, le cardinal l'a fait abattre sous les yeux de messire Tristan.

— Comme c'est commode! dit Fiora avec un petit rire. Il a pris le meilleur moyen de le faire taire à jamais! J'aimerais bien savoir quelle explication il a pu fournir au grand prévôt...

— Aucune! Un prince de l'Église ne s'abaisse pas à donner des explications à un homme de police. Par contre, il se peut qu'il en donne là-dedans.

Et, dégrafant le col de son pourpoint de velours bleu, Mortimer en tira une lettre frappée d'un grand sceau écarlate qu'il tendit à Fiora par-dessus la table.

— C'est pour moi? demanda celle-ci.

— Bien sûr. Le cardinal l'a remise à messire Tristan

qui me l'a portée ce soir même. Cette missive doit être remplie de belles phrases larmoyantes et fleuries... Mais elles sont de la main même de Sa Grandeur.

Sans répondre, Fiora brisa le cachet et déplia la grande feuille craquante où s'étalait largement une haute écriture, à la fois élégante et vigoureuse. Le texte, à dire vrai, en était court. S'exprimant dans un toscan d'une grande pureté, Giuliano della Rovere y affirmait sa complète ignorance du traquenard infâme dans lequel, sans le vouloir, il avait entraîné Fiora et sa suivante. D'autre part, il n'avait pas menti en rapportant l'histoire du rescapé du Rhône, Fiora pouvait s'en assurer par une lettre au prieur de la chartreuse, en mentionnant son nom. Lui-même avait seulement rapproché ce fait de ce qu'il avait appris au Plessis concernant ce comte de Selongey dont on avait, naturellement, beaucoup parlé à Rome dans l'entourage du pape. Et il terminait en se disant prêt à aider autant qu'il le pourrait une jeune dame dont il avait pu apprécier le charme et la grande noblesse.

— Il n'a tout de même pas osé vous donner sa bénédiction, bougonna Léonarde qui s'était emparée de l'épître cardinalice quand Fiora l'avait laissée tomber de ses doigts sur la table, mais personne ne lui fit écho.

Mortimer cassait des amandes en regardant Fiora et Fiora ne regardait rien... Les yeux perdus dans la verdure du jardin que la fenêtre ouverte encadrait comme une précieuse tapisserie, elle oubliait son hôte et le lieu et le temps. Une seule pensée dans cette tête fine que la terre avait manqué ensevelir si peu de temps auparavant : l'histoire de l'homme ramassé parmi les roseaux par les moines pêcheurs de la chartreuse était vraie et, sans la haine active d'un barbier avide qu'elle n'avait fait qu'entrevoir, elle serait déjà loin sur la route de Provence...

Perdue dans son rêve, elle ne vit pas les yeux de Léonarde se remplir de larmes. Seul Mortimer s'en aperçut et, coiffant de sa grande main les doigts maigres de la vieille demoiselle, il les serra doucement sans rien dire, avec un sourire qui se voulait encourageant.

L'Écossais quitta la maison peu après. Fiora semblait se désintéresser de sa présence mais quand, au seuil, il la salua, elle lui sourit, d'un sourire si chaud qu'il dissipa le léger malaise qui l'avait gagné devant l'attitude de son hôtesse.

— Allez-vous rejoindre le roi, à présent? demanda-t-elle.

— Non. Il sera là d'ici un mois. La mauvaise saison approche et je vais mener, au château, une paisible existence de garnison qui me permettra de vous voir souvent. Si vous souhaitez chasser, le roi n'y verra aucun inconvénient...

— Chasser? Oh non! Depuis que j'ai tué un homme de ma main [1], je ne supporte plus l'idée de donner la mort.

— Quelle hypocrisie! fit Léonarde. Je ne vous ai jamais vue bouder les terrines de lièvre ou les bartavelles de Péronnelle. Il faut bien tuer le gibier pour cela!

— Sans doute, mais pas moi. Le sang me fait horreur. J'en ai trop vu...

Mortimer parti, Fiora félicita Péronnelle pour ce repas si réussi puis grimpa vivement dans sa chambre après avoir demandé à Léonarde d'aller lui chercher Florent.

— A cette heure? protesta celle-ci. Qu'est-ce que vous lui voulez?

— J'ai à lui parler. Soyez gentille : allez le chercher.

L'œil soupçonneux, Léonarde fila aussi vite que le lui permettaient ses jambes. Quand elle revint et pénétra, suivie du jeune homme, dans la chambre de Fiora, elle comprit qu'elle ne s'était pas trompée sur ses intentions. Sous l'œil de Khatoun qui, éberluée, l'aidait d'une main molle, la jeune femme entassait quelques vêtements et des objets de première nécessité dans des sacoches de voyage. Sur une table, à côté de la cassette où elle gardait ses

1. Voir *Fiora et le Téméraire*.

bijoux et son argent, une bourse bien remplie montrait quelles dispositions Fiora venait de prendre.

— J'en étais sûre! s'écria Léonarde indignée. Vous voulez repartir!

Fiora se tourna vers elle et l'enveloppa d'un regard si grave que la pauvre femme sentit qu'elle n'obtiendrait rien et que « son agneau » était fermement décidé.

— Oui. Je pars. Et cette fois à cheval, pour aller plus vite.

— Vous voulez rejoindre le cardinal? Mais c'est de la folie! N'avez-vous pas encore eu votre compte d'embuscades?

— Je ne veux pas le rejoindre. J'ai l'intention de le rattraper, sans doute, mais aussi de le dépasser sans me montrer. Je ne lui fais qu'à moitié confiance...

— Et la bonne moitié c'est l'histoire de Villeneuve-Saint-André? Mais pourquoi voulez-vous aller là-bas, puisqu'il vous suffit d'écrire?

— L'abbé peut sans doute confirmer le récit du cardinal, mais il ne peut pas me décrire l'homme qui a perdu la mémoire. Il faut que j'y aille, comprenez-vous? Florent m'accompagne, s'il y consent...

— Si j'y consens? s'écria le jeune homme dont le visage s'illumina comme si le soleil venait de percer la nuit et de déverser sur lui ses rayons. Donnez vos ordres, donna Fiora! Tout sera prêt à l'aube...

— Ils sont simples : deux chevaux solides et capables de couvrir de longues étapes.

— Vous ne voulez pas de monture pour les bagages?

— Non. Nous ne devons pas nous encombrer, et je compte porter un vêtement d'homme. Allez dormir à présent. Nous partirons au lever du jour.

Fiora n'osait pas regarder Léonarde. Comme elle ne disait rien, elle crut que la vieille demoiselle s'abandonnait au chagrin, qu'il lui faudrait affronter des larmes, mais quand enfin elle la chercha des yeux pour lui offrir quelque consolation, Léonarde, bien loin de pleurer, lui jeta un regard furibond et quitta la chambre en claquant la porte. Le claquement d'une autre porte, presque immédiat, apprit à Fiora qu'elle venait de rentrer chez elle. Khatoun voulut s'élancer pour tenter de l'apaiser, mais Fiora la retint :

— Laisse-la bouder, ou même pleurer! Demain son humeur sera meilleure et, de toute façon, je suis trop fatiguée pour passer cette nuit à discuter. Finissons ceci et dormons!

Ainsi fut fait, mais quand, dans la lumière incertaine du petit matin, Fiora vêtue du costume de page rapporté de Nancy ouvrit la porte de la cuisine pour y prendre son repas, la première chose qu'elle vit fut une paire de longues jambes bottées qui reliait la pierre de l'âtre au banc jouxtant la grande table. Au-dessus de ces jambes, se dressait une tunique de cuir et, au-dessus de la tunique, la figure mécontente de Douglas Mortimer. Léonarde, debout à quelques pas et les bras croisés sur sa poitrine, attendait de voir l'effet produit. Florent, le nez dans un bol, ne soufflait mot, mais ses yeux disaient assez qu'il aurait volontiers étranglé l'Écossais. Néanmoins, les premières paroles de Fiora furent pour Léonarde :

— J'aurais dû m'en douter! fit-elle. Il a fallu que vous alliez le chercher?

— Parfaitement! Vous ne pensiez tout de même pas que j'allais vous laisser courir les chemins avec un gamin comme seule protection?

— Je ne suis plus un gamin! protesta Florent furieux. Et je suis très capable de défendre donna Fiora en toutes circonstances...

— J'en suis persuadée, Florent, dit la jeune femme. C'est pourquoi, cher Mortimer, je ne vous ai pas informé de ce projet lorsque l'idée m'en est venue. Léonarde a eu tort de vous prévenir, elle vous a dérangé pour rien. Je veux partir, et vous ne parviendrez pas à m'en empêcher.

Mortimer se leva, étirant son long corps qui parut monter jusqu'aux solives joyeusement agrémentées de jambons, de chapelets d'oignons et de bouquets d'herbes sèches :

— Qui parle de vous en empêcher ? grogna-t-il. Vous êtes aussi têtue qu'un âne rouge, je le sais de longue date. Simplement, je vais avec vous...

— C'est impossible ! Vous savez bien que vous ne pouvez pas partir sans la permission du roi. C'est pourquoi je ne vous ai rien dit hier.

L'Écossais se pencha pour regarder la jeune femme sous le nez et ses paupières rétrécies ne laissèrent plus filtrer qu'un mince éclair qui, pour être bleu, n'en paraissait pas plus rassurant :

— Merci de votre sollicitude, ma bonne dame, mais vous n'oubliez qu'une chose : c'est qu'en constatant que vous alliez filer sans tambours ni trompettes avec votre cardinal, j'étais bien décidé à vous suivre, même s'il avait fallu retourner à Rome...

— A Rome ? Il n'en a jamais été question et...

— ... et voulez-vous me dire ce qui aurait pu empêcher della Rovere, une fois rendu chez lui, de vous donner une escorte pour vous reconduire à son bon oncle ? Avez-vous oublié le château Saint-Ange ?

— Les choses ont changé...

— Je crois bien qu'elles ont changé ! A présent, Rome est en guerre avec Florence. Vous goûtez décidément le métier d'otage... Inutile de discuter davantage sinon, Dieu sait quand nous partirons. Avalez quelque chose, et en route !

— Moi, je suis prêt ! s'écria Florent en sautant sur ses pieds avec un regard de défi à l'adresse de l'Écossais. Celui-ci poussa un soupir excédé et, appuyant sur l'épaule du garçon un index musclé, le fit rasseoir sur son banc :

— Toi, tu restes ici !

— Il n'en est pas question ! protesta Fiora. Je lui ai demandé hier soir de m'accompagner.

— Eh bien, demandez-lui à présent de garder la maison,

fit Mortimer sans se démonter. Vous avez l'intention
d'aller vite, me semble-t-il ?

— Bien sûr, mais...

— Mais je n'ai pas l'impression que ce garçon possède
l'étoffe d'un centaure. Combien de temps peux-tu soutenir
le grand galop, garçon ?

— Pendant quelque temps, tout de même. Quand je
suis venu de Paris, j'ai bien marché...

— Venir de Paris représente une soixantaine de lieues.
Nous devons en abattre près de deux cents. Donna Fiora,
je le sais, peut soutenir le train que je lui imposerai. Toi,
j'en suis moins sûr et, s'il faut te remettre en selle quatre
fois par jour ou t'abandonner moulu dans une auberge, tu
ne nous seras pas d'un grand secours...

— Je vois ! fit Florent hargneux. Vous voulez la tuer ?

— Non, mais elle veut aller vite, elle ira vite. Et puis je
lui serai plus utile, crois-moi, car personne ne connaît les
chemins de France mieux que moi. Enfin, je suis sergent
de la Garde écossaise...

— On le saura !

— Oui, mais ce que tu ne sais pas c'est que, si Avignon
appartient au pape, Villeneuve-Saint-André, situé juste
de l'autre côté d'un grand pont, est au roi de France
depuis Philippe le Bel ! Je peux, au cas où le légat d'Avignon nous chercherait noise, requérir les troupes du fort.

Furieux et désolé, Florent allait s'élancer vers la porte
pour se jeter dans la campagne et y remâcher son chagrin
quand Mortimer le rattrapa et l'entraîna près des chevaux qui attendaient tout harnachés :

— Écoute ! Il faut que tu restes ici ! Olivier le Daim a
tellement envie de cette maison qu'il peut s'en prendre à
l'enfant. J'ai besoin de quelqu'un qui veille sur lui...

— Il y a Étienne ! Il n'est pas manchot !

— Non, mais il ne court sûrement pas aussi vite que toi.
En cas d'agitation suspecte, il faudra quelqu'un pour
galoper au Plessis. Tu iras voir Archie Ayrlie ! Il sait qui
tu es, tu peux aller faire sa connaissance tout à l'heure. Il

te prêtera main-forte sans hésiter. Deux hommes, d'ailleurs, surveilleront le manoir sans en avoir l'air...

— Pourquoi ne l'avez-vous pas dit tout à l'heure ?

— Devant donna Fiora ? Pour l'affoler ? Il ne se passera peut-être rien, mais moi je serai plus tranquille. As-tu compris ?

Florent fit signe que oui et prit son cheval par la bride pour le conduire à l'écurie. A nouveau, Mortimer l'arrêta :

— Monte là-dessus et va voir Archie. Pour charmer tes loisirs, il t'apprendra à monter... comme un Écossais. Comme je ne serai pas toujours là et donna Fiora étant ce qu'elle est, cela pourrait se révéler utile par la suite !

Cette fois, Florent se mit à rire et, se hissant sur le cheval, il prit au petit trot le chemin du château royal. Mortimer, les poings sur les hanches, le regardait s'éloigner quand Fiora le rejoignit.

— Où va-t-il ? demanda-t-elle.

— Apprendre à monter à cheval ! Ce ne sera pas du luxe. Regardez-moi ça ! Un vrai sac de farine !

En dépit de ce que Mortimer avait affirmé à Florent, jamais Fiora n'avait voyagé à pareille allure sur une aussi longue distance et, plus d'une fois, il lui fallut serrer les dents pour ne pas s'avouer vaincue et demander grâce. Quand il croyait déceler sur le visage de la jeune femme une certaine lassitude, Mortimer utilisait une façon bien à lui de ressusciter son courage :

— Ce que les chevaux qui vous portent peuvent faire, vous pouvez bien le faire aussi ! déclarait-il, et Fiora, oubliant son séant douloureux, ses cuisses brûlantes et ses reins moulus, opinait du bonnet et continuait l'infernale chevauchée qui, d'ailleurs, n'ajoutait pas une ride au visage de l'Écossais.

Cet homme était bâti d'acier et, surtout, il connaissait comme personne les routes, chemins et sentiers de France. Grâce à cette connaissance, les voyageurs n'eurent pas à se cacher du cardinal della Rovere : tandis que celui-ci descendait à petite allure par Châteauroux, La Châtre, Montluçon et Varennes pour atteindre Roanne et Lyon au pas tranquille de son long cortège, les deux cavaliers, par Vierzon, Bourges et Moulins, atteignirent Varennes et Roanne avec une confortable avance sur le voluptueux prélat. Les journées étaient rudes, on abattait une grosse quinzaine de lieues entre le lever du soleil et le crépuscule. A l'étape, le même cérémonial se renouvelait : tandis que Fiora, éreintée, se traînait jusqu'à la chambre d'auberge qui lui était assignée, se lavait à grande eau puis se jetait dans son lit où son repas lui était apporté, Douglas commençait par soigner les chevaux, les bouchonnait, les étrillait, baignait dans du vin leurs jambes fatiguées puis leur faisait donner double ration d'avoine dont il surveillait la qualité avant de s'occuper de lui-même. Il avait choisi en personne, dans l'écurie royale, la monture de Fiora, la sienne étant au-dessus de tout éloge. Louis XI, en effet, était pour ses chevaux d'une extrême exigence et, alors qu'il était si peu soucieux de sa propre apparence, il n'achetait jamais que des bêtes de première qualité, dût-il les payer une fortune. Mais il y tenait, et Mortimer savait que le roi lui pardonnerait n'importe quoi, même un retard ressemblant presque à une désertion, pourvu qu'il lui ramenât ses chevaux en bon état. D'ailleurs, il les aimait trop lui-même pour qu'il en allât autrement.

Durant les onze jours que dura le voyage, lui et sa compagne n'échangèrent pas cent paroles. Chaque matin, Mortimer s'assurait que Fiora avait bien dormi, veillait à sa nourriture et, s'il lui demandait des nouvelles de sa santé, c'était pure courtoisie : sa façon de darder sur elle un œil inquisiteur rappelait étrangement sa manière d'examiner les chevaux et la jeune femme s'attendait toujours à ce qu'il lui fît ouvrir la bouche pour s'assurer qu'elle possédait le nombre de dents réglementaire. Puis il énonçait les noms des lieux que l'on traverserait avant la halte du soir.

Si Fiora souffrit mort et martyre durant les quatre premiers jours, elle réussit à s'endurcir suffisamment pour que la fin du trajet fût non seulement moins dure, mais presque agréable. Cette folle chevauchée à travers les campagnes dorées, roussies, rougies par le début d'automne, sous un ciel doux dont le bleu léger avait perdu la teinte blafarde des grandes chaleurs d'été, ne manquait pas de charme. Aucune pluie ne vint transformer les chemins en bourbiers et, sous les sabots des chevaux, la terre renvoyait un son mat presque musical. Enfin, quand on atteignit le pays des oliviers et des cyprès, quand l'air s'emplit des stridulations des cigales, un véritable sentiment de joie l'envahit, et le sourire qu'elle offrit à Mortimer rayonna de toute l'espérance qu'elle mettait dans ces terres roses ou ocre où le soleil régnait sans partage.

Onze jours après leur départ de la maison aux pervenches, ayant parcouru sans répit quelque cent soixante-dix lieues, les deux cavaliers virent se profiler de part et d'autre du large fleuve que le couchant incendiait deux cités : l'une superbe, dominée par un énorme palais à clochetons et le campanile roman d'une église ; l'autre, presque aussi belle, mais d'aspect plus redoutable, avec le haut donjon et les remparts entourant la ville basse et la couronne de murailles crénelées qui, sur la colline, le mont Andaon, enfermait une bourgade et une abbaye. Un grand pont reliait les deux rives entre un châtelet du côté d'Avignon et le lourd donjon, la tour Philippe le Bel, dressée sur un rocher dénudé. Ce pont, enjambant des îles plates et chevelues, avait dû connaître des jours meilleurs car si, près de la ville papale, il montrait de belles arches de pierre aux arcs bien arrondis et supportant une petite chapelle, la partie centrale était constituée de gros madriers qui s'efforçaient de lutter contre le courant rapide. Vers Villeneuve, ne subsistaient que deux arches, et Fiora pensa qu'entre les papes et le roi de France, maître de Villeneuve, l'accord n'avait sans doute pas été

parfait au cours des siècles. Mais villes et pont, murailles
et clochers montraient une pierre blonde où se reflétaient
les différentes couleurs du soleil, entre son aurore et son
coucher. Un peu partout, des ifs cernaient le paysage,
guerriers noirs sur le bleu profond du ciel et, dans les
deux cités, des bouquets de mûriers, de vieux platanes et
d'oliviers signalaient des places ou des jardins.

— C'est bien beau! émit Fiora qui avait retenu son cheval pour mieux admirer.

— Oui, mais oubliez la poésie pour l'instant, sinon nous
allons trouver portes closes. En avant, il nous reste à parcourir un petit quart de lieue...

A mesure que l'on avançait, le cœur de Fiora s'emplissait de joie, elle ne pouvait imaginer que si beau pays
n'eût pas été créé pour la seule douceur de vivre. Depuis
Orange dont les princes, comtes de Chalon, avaient choisi
de se tourner vers la France après la mort du Téméraire,
Douglas Mortimer avait opté pour la rive droite du
Rhône afin d'éviter d'entrer dans Avignon proprement
dit. En dépit de la fatigue harassante, la jeune femme
oubliait ses souffrances pour s'émerveiller, de découverte
en découverte, comme si elle venait d'entrer dans un autre
monde. Ici c'était encore l'été et, tranchant sur les tons
morts des rochers, les plaques de lavande, d'un si joli
bleu-mauve, les petits massifs de romarin et de sauge
embaumaient l'air du soir. Une paysanne aux bras dorés
nantie d'un grand panier plat empli de figues croisa les
cavaliers et les salua joyeusement, avec un accent inimi-
table. Elle s'arrêta pour en attendre une autre, qui portait
sur la tête une corbeille de raisins muscat bourdonnant
d'abeilles dont elle ne semblait pas s'inquiéter outre
mesure. Un peu plus loin, c'étaient la tache pâle d'un
petit bois de cèdres bleus, des rideaux de cyprès protégeant
des vignes, des haies de roseaux séchés bruissant comme
papiers froissés dans la brise du soir. Comme on approchait du but, Mortimer fit prendre à leurs montures un
trot paisible. Peut-être aussi pour mieux admirer les dents

blanches et les gorges brunies d'un groupe de lavandières qui remontaient du Rhône...

— Il y a longtemps que je n'étais venu, soupira-t-il soudain avec âme. C'est vrai que c'est un beau pays ! L'endroit idéal pour se remettre après une longue épreuve, si vraiment votre époux a réussi à y aborder...

— S'il s'agit bien de lui, il ne l'a pas fait exprès. On m'a dit qu'il était sans connaissance dans la barque où les moines l'ont trouvé. Mais depuis Lyon le chemin est bien long, et ce fleuve bien rapide.

Le Rhône, en partie asséché par l'été, montrait la corde par de nombreux bancs de sable ; cependant, au milieu, le flot demeurait vif, chargé d'alluvions, et il devait être difficile d'y naviguer.

— Ce n'est pas au moment où nous touchons au but qu'il faut vous décourager. Au-delà des tours qui gardent la porte, vous pouvez apercevoir l'église et les bâtiments du couvent des chartreux.

Une demi-heure plus tard, en effet, les voyageurs tenant leurs chevaux en bride remontaient la ruelle plantée de mûriers qui, de la porterie, menait aux bâtiments conventuels. Là se trouvaient les forges, les granges, les remises, les écuries, la basse-cour et l'entrée du jardin potager, tout cela enfermé dans les murs mais hors cloître, voyageurs et pèlerins pouvant y pénétrer. Une petite troupe d'errants de Dieu s'y reposait déjà, assise en rond sous un arbre où un frère convers leur distribuait du pain et de l'eau fraîche. C'était le premier accueil. Un peu plus tard, après l'office, on les conduirait dans la grande salle de l'hôtellerie où ils pourraient passer la nuit.

Fondée en 1356 par le pape Innocent VI, peu d'années après son élection au trône pontifical, la Maison de Notre-Dame du Val-de-Bénédiction, vouée à la règle sévère de saint Benoît, étendait au pied du mont Andaon et de sa couronne de remparts ses bâtiments multiples, ses cloîtres – elle en avait trois –, ses chapelles et les logements nécessaires pour environ cent trente personnes, sans oublier la quarantaine de petits jardins, que chaque moine se devait de travailler. Une grande bibliothèque, des dortoirs, des réfectoires, des caves, une boulangerie, des pressoirs, des ateliers, des moulins, des magasins à bois, un hôpital et même une prison, massés autour de la haute église gothique où reposait pour l'éternité le pape fondateur, composaient la plus vaste chartreuse de tout le royaume de France.

Dès l'arrivée, Mortimer demanda l'hospitalité pour son jeune compagnon et pour lui-même. Il se fit reconnaître comme officier au service du roi et, en même temps, réclama la faveur d'un entretien particulier avec le dom prieur, faveur qui ne lui eût peut-être pas été accordée, dans un délai assez bref tout au moins, s'il n'eût appartenu à l'entourage du souverain. A Fiora, un peu gênée de s'abriter sous un mensonge, Mortimer expliqua que cela simplifierait les choses, lui éviterait d'être parquée avec les pèlerines de passage et lui permettrait de franchir plus facilement la clôture, chose indispensable si le rescapé était installé dans les bâtiments conventuels proprement dits.

— Au lieu d'être Mme de Selongey vous serez le frère de messire Philippe... disons... le chevalier Antoine ?

— Vous avez une belle imagination, mais n'allons-nous pas commettre une faute grave ? Si le roi apprenait...

— Il ne le supporterait sûrement pas, dévot comme il l'est, mais voulez-vous me dire comment il pourrait apprendre la brève visite de deux voyageurs dans un couvent de chartreux perdu au bout du royaume ?

— Et si c'est bien Philippe ? S'il me reconnaît ?

— Nous n'aurons plus qu'à nous confesser et à demander humblement pardon. Le seul risque serait que l'on nous imposât comme pénitence le pèlerinage de Compostelle...

En dépit de son extrême fatigue, Fiora, logée bien heureusement seule dans une chambrette de l'hôtellerie —

celle-ci était loin d'être remplie – ne réussit pas à trouver
le sommeil. Le calme était profond, cependant, et la nuit
qui entrait par l'étroite fenêtre paraissait faite de velours
bleu sombre piqueté d'argent, mais l'esprit inquiet de
Fiora lui interdisait de trouver le moindre repos. Elle
resta des heures étendue, l'oreille au guet, épiant les
menus bruits de la campagne et de la chartreuse,
comptant les heures à mesure que lui parvenait l'écho
lointain des offices nocturnes. La pensée que Philippe
était peut-être là, à quelques pas d'elle, dans l'un de ces
nombreux bâtiments silencieux, lui mettait la fièvre dans
le sang et il lui semblait que cette nuit n'aurait pas de
fin... Et puis, il faisait très chaud dans sa chambre.
L'hôtellerie se trouvait près des cuisines et de la boulangerie dont les feux, même assoupis, pénétraient l'épaisseur
des murs, et Fiora regrettait d'avoir accepté de passer la
nuit dans ce couvent. Il eût été cent fois préférable de dormir à la belle étoile, sous un arbre ou à l'abri d'un rocher
plutôt que dans cette boîte étouffante, mais elle avait
espéré que le dom prieur les recevrait le soir même...

Quand Mortimer vint l'éveiller, elle venait de sombrer
enfin dans un lourd sommeil et, en découvrant ses paupières gonflées et ses joues pâlies par la veille, il se montra
fort mécontent.

– Ce n'est tout de même pas de ma faute si je n'ai pas
réussi à dormir! riposta-t-elle avec mauvaise humeur.

– Aussi n'est-ce pas à vous que j'en ai, mais à moi.
J'aurais dû vous laisser dans quelque auberge et, ici, il
s'en trouve au moins une fort agréable, puis venir tout
seul. Je vais demander qu'on vous apporte de l'eau fraîche
pour que vous fassiez toilette, puis vous me rejoindrez
dans la salle où vous vous restaurerez. Vous avez le
temps! Le révérendissime abbé nous recevra après la
messe.

Une heure plus tard, Fiora, lavée à grande eau, brossée,
aucun cheveu ne dépassant de son chaperon, suivait en
compagnie de l'Écossais le frère convers chargé de les

conduire au logis du dom prieur qui ouvrait sur la petite place de l'église. Chemin faisant, elle ne pouvait s'empêcher de regarder autour d'elle, épiant chaque silhouette aperçue, mais aucune ne ressemblait à celle qu'elle attendait.

En mettant un genou en terre devant le dignitaire suprême de la chartreuse, elle retrouva l'impression pénible ressentie quand Mortimer avait décidé qu'elle garderait son déguisement. Le dom prieur n'était pas un homme imposant, mais, avec sa robe de bure blanche ceinte d'une corde, son crâne strictement tonsuré où les cheveux gris ne formaient plus qu'une étroite couronne évoquant l'auréole, son visage maigre et tanné qui semblait taillé dans un vieux bois d'olivier, il ressemblait à l'un de ces saints ou de ces prophètes dont les statues rigides peuplaient églises et chapelles. Surtout, jaillie de l'ombre des sourcils, la double flamme d'un regard bleu qui semblait la transpercer jusqu'à l'âme acheva de faire perdre contenance à la jeune femme.

Incapable d'articuler une parole, elle accepta le tabouret qu'on lui désignait et laissa Mortimer expliquer ce qui les amenait. Quand il eut fini, le dom prieur laissa le silence envahir la petite salle austère où il les recevait et le regard bleu revint se poser sur Fiora qui ne put s'empêcher de rougir. Une angoisse lui nouait la gorge et des pleurs montaient à ses yeux, car, telle qu'elle venait d'être racontée par l'Écossais, cette histoire de sauvetage et d'homme privé de mémoire lui semblait à présent absurde.

– Il s'agit sans doute d'une... légende, fit-elle d'une voix enrouée qui allait bien avec son personnage, d'une histoire comme aiment à en colporter... les bonnes gens ?

– Faites-vous si peu crédit à la parole de Monseigneur della Rovere, mon fils ? Il n'a dit que la vérité...

– La vérité ?

– Mais oui. L'an passé, aux vigiles de Noël, nos frères pêcheurs ont, en effet, amené ici un homme trouvé dans une barque venue s'échouer dans les roseaux. Cet homme, dévoré de fièvre, semblait parvenu au dernier degré de la résistance humaine... Nous avons réussi à le ramener à la vie après beaucoup d'efforts, mais quand il a repris connaissance, nous avons constaté que son esprit n'avait rien conservé du passé... Les épreuves subies avaient peut-être dépassé les limites de ses forces...

— Pardonnez-moi, Votre Révérence, fit Mortimer avec respect, ne parlait-il plus ?

— Si, mais très peu. Quelques paroles au plus et, quand nous l'avons interrogé, il n'a rien pu nous répondre...

— Est-ce que... est-ce que nous pourrions le voir ? pria timidement Fiora incapable d'y résister plus longtemps. Le regard bleu revint vers son visage et elle crut y lire une sorte de compassion.

— Non. C'est impossible.

— Il est... mort ?

— Non. Il est parti.

— Parti ? Mais quand ? Comment ?

La main de Mortimer se posa sur son bras et le serra pour inciter la jeune femme à plus de prudence, mais la voix du dom prieur, profonde et douce, ne marqua aucune impatience devant ce manquement aux convenances.

— Au mois de mai dernier, pour la fête des Rogations [1], les grandes prières publiques traditionnelles ont attiré dans cette ville plus de monde que de coutume. Au début du printemps, le fleuve avait inondé une partie de Ville-neuve et des terres alentour et il s'agissait de demander à Dieu, plus instamment que jamais, de protéger les récoltes à venir. En même temps, de nombreux pèlerins en route pour la Galice ont franchi notre pont Saint-Bénézet et l'hôtellerie de cette maison, comme celle de nos frères bénédictins de Saint-André, dans la citadelle, se sont trouvées débordées. Cela a été comme une grande vague et, quand la vague s'est retirée, celui que, faute d'un autre

1. Rogations vient du latin *rogare* (demander). Cette fête se déroulait durant les trois jours précédant l'Ascension.

nom, nous appelions frère Innocent avait disparu avec elle... Nous ne savons pas ce qu'il est devenu.

— Parti!

Une telle douleur s'inscrivit sur le visage de Fiora que le prieur, se penchant vers elle, toucha sa main du bout de ses doigts.

— Ne laissez pas le chagrin vous envahir! Après tout, rien ne dit que ce malheureux est celui que vous cherchez?

— Votre Révérence consentirait-elle à nous le décrire? demanda Mortimer pour venir au secours de son amie.

— Nous nous attachons peu à l'aspect physique des hommes, mon fils. Que puis-je vous dire? Il était grand, le cheveu brun, et pouvait être âgé de trente-cinq ans. Nous pensions qu'il avait dû être soldat car son corps portait plusieurs cicatrices, à ce que l'on m'a dit. Mais je peux faire chercher le frère infirmier. Peut-être vous en dira-t-il davantage?

Comme les autres frères convers, l'infirmier n'était pas tenu par la règle du silence qui était celle des chartreux, et il eût été capable à lui seul de parler autant que le couvent entier. En outre, il semblait avoir voué une sorte d'amitié à l'inconnu. Si la crainte respectueuse que lui inspirait le dom prieur ne l'avait retenu, il se fût lancé sur « le frère Innocent » dans des considérations sans fin auxquelles son accent chantant conférait une saveur inattendue, mais qui noyaient un peu le personnage. Pour lui, l'inconnu était un bon garçon auquel il reprochait surtout son mutisme, mais dont il était incapable de dire de quelle couleur étaient ses yeux.

— Il les tenait toujours à demi fermés, expliqua-t-il. Je crois que le soleil les avait brûlés quand il était dans la barque, car ils étaient tout rouges à son arrivée. Que puis-je vous dire encore? Il ne parlait pas comme tout le monde et, pendant sa grosse fièvre, je ne comprenais pas grand-chose à ce qu'il marmottait...

— Sa Révérence vient de nous dire qu'il portait des traces de blessures? fit l'Écossais.

– Des cicatrices ? Oh ça oui ! Il en avait partout ! J'en ai jamais tant vu ! Au point que je ne peux même pas vous dire où !

L'espoir, un instant revenu, diminua de nouveau dans le cœur de Fiora. Certes, Philippe avait été blessé plusieurs fois dans divers combats, mais pas au point d'être couvert de marques comme le prétendait ce brave petit moine qui, en vérité, semblait encore plus innocent que son protégé. Encouragé par le silence du dom prieur, il se lançait dans de nouvelles descriptions qui achevèrent d'accabler la jeune femme : l'homme était très pieux, plutôt timide, fort entendu aux travaux des champs. Il était aussi...

– Cela suffit, mon frère ! coupa le supérieur. Je crois que vos propos n'intéressent pas beaucoup nos hôtes. Une telle attitude ne ressemble guère, n'est-ce pas, à ce que vous cherchez ?

– C'est vrai, admit Fiora, traversée alors par une idée digne d'une fille de Florence où l'on rencontrait au moindre événement un peintre ou un sculpteur en train de dessiner d'un fusain rapide. Mais n'y a-t-il ici aucun moine capable d'esquisser, de mémoire bien sûr, un portrait ?

– Nos frères convers en sont incapables. Seul, peut-être, notre frère enlumineur, mais il n'a jamais rencontré notre hôte qui ne pouvait franchir la clôture.

Il ne restait plus à Fiora et à Mortimer qu'à remercier les religieux et faire leurs adieux. La jeune femme retenait avec peine ses larmes, tant était grand l'espoir qu'elle avait mis dans l'incident de l'homme à la barque. Comme si le fleuve redoutable qu'était le Rhône avait pu porter une barque fragile sur une si longue distance sans chavirer !

Ils allaient franchir la porte quand le petit frère infirmier, qui semblait très malheureux, leva un doigt timide pour demander la permission d'ajouter quelque chose :

– Quoi encore ? fit le dom prieur avec un peu d'agace-

ment. Il me semble que vous avez déjà beaucoup parlé,
mon frère...

L'interpellé devint très rouge et, baissant la tête, se dirigea vers la porte.

— Dites toujours! fit Mortimer compatissant.
Puisqu'on vous le permet!

— Oh! Ça m'étonnerait que ça vous intéresse mais... cet
homme-là devait aimer les fleurs. Pourtant, il ne voulait
pas l'avouer.

— Pourquoi donc? Il n'y a pas de honte à aimer les
fleurs?

— C'est ce que je pensais aussi, mais quand il a été
guéri... enfin presque... il m'a dit que les fleurs ne lui rap-
pelaient rien. Cependant, au plus fort de sa fièvre, il répé-
tait toujours le même mot et il ressemblait à « fleur », mal
prononcé bien sûr et avec son accent à lui. Ça donnait
quelque chose comme « fieure... fioure... ».

Mortimer avait saisi l'infirmier par les épaules:

— Fiora?

Il y eut un court silence, chacun des participants de la
scène retenant d'instinct leur souffle. Et soudain, le petit
moine sourit:

— Oui... oui, je crois que c'était ça! Maintenant que
vous me le dites, je crois que c'était « fiora ». Ça veut dire
quoi? C'est un nom de fleur, n'est-ce pas?

— C'est surtout le nom de sa femme. Merci, mon frère!
Vous nous avez rendu un immense service et nous vous
sommes très reconnaissants.

Fiora était incapable d'articuler le moindre mot. Vaincue par la fatigue et l'émotion, elle sanglotait éperdument,
la tête dans les mains, ayant tout oublié de ce qui l'entourait. C'est seulement quand elle sentit une main se poser
sur son épaule qu'elle releva son visage défiguré par les
larmes et rencontra le regard bleu qui l'avait tant impressionnée. Cette fois, il était plein de compassion:

— Dieu a déjà pris soin de lui. Il y veillera encore, j'en
suis certain. Ne pleurez plus, ma fille!

— Vous saviez?

— Disons que je vous ai devinée à l'instant où vous avez plié le genou devant moi. J'ajoute que je vous pardonne cette... mascarade. Elle vous était dictée par votre grand désir d'en savoir très vite un peu plus sur notre rescapé. Mais, bien sûr, il vous faut quitter cette maison à l'instant, avant qu'un autre que moi ne découvre votre supercherie. J'espère que vous retrouverez bientôt le comte de Selongey.

— Merci! oh merci!

Se laissant glisser à terre, elle prit la main du moine pour la baiser, mais ne put que l'effleurer car il la lui retira doucement.

— Allez, à présent, et que Dieu vous ait en Sa sainte garde! Je Le prierai de bénir votre quête comme je vous bénis...

Le geste courba Mortimer à côté de Fiora. Cependant, le dom prieur frappait dans ses mains pour rappeler le frère convers afin qu'il ramène ses visiteurs à l'hôtellerie. Avant de sortir, Fiora demanda:

— Je voudrais faire aumône à cette maison en remerciement des soins reçus. Votre Révérence accepterait-elle...

— Merci de votre intention, mais pas à moi. Donnez à notre hôpital afin d'adoucir les souffrances des pauvres malades.

Un moment plus tard, Mortimer et Fiora quittaient la chartreuse et se retrouvaient dans la grande rue qui traversait la ville sur toute sa longueur.

— Que faisons-nous à présent? demanda l'Écossais. Vous ne voulez pas repartir tout de suite, j'imagine?

— Non. J'ai besoin d'un peu de repos... et puis je crois qu'il nous faut parler, essayer d'imaginer ce que Philippe a fait en quittant cette ville...

— Pour le repos du corps et la clarté des idées, rien de tel qu'une bonne auberge! Suivez-moi!

CHAPITRE VII

UNE SITUATION DIFFICILE...

Villeneuve-Saint-André n'était pas une ville comme les autres et Fiora put s'en convaincre en remontant, botte à botte avec Mortimer, la longue rue qu'elle n'avait fait qu'entrevoir la veille puisque la chartreuse était voisine des remparts. De magnifiques palais, tous entourés de jardins, la bordaient, certains en parfait état, d'autres menaçant ruine.

— Ce sont les « livrées » des anciens cardinaux de la cour pontificale qui occcupa Avignon jusqu'au début de ce siècle, expliqua Mortimer. Leurs maisons de campagne, en quelque sorte.

— « Livrées ». Quel drôle de nom ! A Florence, on dirait villas...

— Cela vient, fit l'Écossais qui décidément savait beaucoup de choses, de ce que chacune a été formée à l'origine de plusieurs maisons que leurs propriétaires ont été obligés de « livrer » aux princes du Sacré Collège. Contre argent sonnant bien sûr, mais le nom leur est resté.

Quelques-unes de ces demeures avaient la sévérité des palais romains, avec un petit quelque chose en plus. Il suffisait d'une fenêtre à colonnette, d'une longue « amande » de pierre sertie de vitraux colorés, d'un rosier grimpant obstiné à panser les plaies d'une façade lépreuse, d'un buisson de myrte, d'une vigne exubérante ou d'un acacia embaumé pour que tout ne soit qu'amabi-

lité souriante. Des orangers, des citronniers débordaient
des jardins, entretenus ou non, et les grandes armoiries de
pierre qui dominaient chaque portail gardaient des traces
des couleurs ou de l'or qui les enluminaient jadis. Enfin,
coiffant tout ce qui n'était pas toit en terrasse enguirlandé
de jasmin ou de petit lierre pâle, les tuiles romaines roses,
rondes et presque charnues, posaient leur lisière tendre
contre le bleu éclatant du ciel.

C'était jour de marché. Sur la petite place ombragée de
platanes dont les larges feuilles, d'un vert changeant,
apportaient leur fraîcheur, des paysannes en coiffes
aériennes se tenaient assises, droites et fières comme des
statues grecques au milieu de paniers plats où piaillaient
des volailles et de corbeilles où, auprès de grosses olives
juteuses, s'étaient déversées toutes les richesses de la campagne et des jardins. Groupés sous les arbres, de petits
ânes débâtés attendaient placidement qu'il fût l'heure de
rentrer au mas. Les voix joyeuses se renvoyaient des plai-
santeries et, quelque part, une chanson voltigeait, soutenue par un air de flûte...

Prise d'une soudaine fringale, Fiora acheta un fromage
de chèvre qu'on lui offrit sur une belle feuille de vigne et
une grosse grappe de raisin doré qu'elle partagea géné-
reusement avec Mortimer.

— Avez-vous peur qu'on ne vous nourrisse pas à
l'auberge ? demanda-t-il en riant. Si la cuisine est restée
ce qu'elle était lors de ma venue, vous n'aurez pourtant
pas à vous plaindre...

— Je ne sais pas pourquoi, mais je meurs de faim. Au
fait, qu'est-ce qu'un Écossais pouvait faire ici ?

— Oh, rien d'extraordinaire, fit Mortimer volontaire-
ment évasif. Une petite mission dont le roi m'avait chargé.
Je suis resté un mois, mais cela n'a pas été le plus désagréable de ma vie.

Fiora ne chercha pas à en savoir davantage. Brusquement, par la magie de cette terre provençale qui, par bien
des côtés, lui rappelait son pays florentin, l'épuisante

course à la recherche d'une ombre venait de prendre la couleur aimable d'un loisir, d'un voyage de découverte où le temps s'oublie pour le plus grand plaisir des yeux et de l'odorat. Les heures cruelles s'étaient effacées devant une certitude : Philippe était vivant. Fiora, dès lors, pouvait s'accorder le droit de respirer un peu...

A l'abri de la collégiale Notre-Dame dont la tour carrée et les clochetons semblaient protéger la petite ville comme une poule ses poussins, l'auberge du *Grand Prieur* ouvrait sur la place du chapitre ses salles fraîches qui sentaient la verveine et les herbes aromatiques. Derrière, un jardin foisonnant de lauriers-roses, d'orangers, de myrtes, de cyprès, de pins, de rosiers, de jasmins et de bien d'autres plantes rejoignait celui d'un prieuré appartenant aux abbés de Saint-André. Là s'étalaient, sur la colline de Montaut, les vestiges de l'ancien palais du cardinal Pierre Bertrand, évêque d'Autun et fondateur, à Paris, du collège du même nom. Cet ensemble formait l'un de ces lieux privilégiés où la beauté de la nature rehausse le charme du travail des hommes et où toutes choses se joignent pour le contentement des yeux et la paix de l'âme.

Au temps où, dans son palais, le cardinal Bertrand se plaisait à recevoir les grands de ce monde, l'hôtellerie accueillait les seigneurs de leurs suites et portait secours aux cuisines parfois défaillantes des princes de l'Église ses voisins. D'autre part, ceux d'Avignon franchissaient volontiers le pont Saint-Bénézet pour goûter un moment de fraîcheur sous les ombrages du jardin, et surtout pour savourer les délicatesses d'une cuisine célèbre à vingt lieues à la ronde.

Le départ de la cour papale aurait pu porter un coup fatal au *Grand Prieur*, il n'en fut rien. Le temps des légats était venu, Avignon hérita de l'ère des pontifes une population cosmopolite qui en fit une grande place d'affaires où banques et maisons de commerce possédaient des comptoirs, alors même que Marseille n'en avait pas encore. En fait, Avignon demeurant le principal relais entre la mer et les grands marchés de Lyon et de Genève, Villeneuve, bien qu'appartenant au roi de France, continua à profiter d'une situation aussi exceptionnelle et le *Grand Prieur* ne perdit rien de sa renommée. Bien au contraire, car ses propriétaires, Maître Jacques et sa femme Françoise, possédaient au plus haut degré l'art difficile d'accueillir chacun, d'où qu'il vienne, de la façon qui lui conviendrait le mieux. Le sourire de Dame Françoise aurait désarmé une douairière et fait s'épanouir d'aise un anachorète avant qu'elle ne laisse à son époux le soin de le faire plonger jusqu'à la damnation finale au plus savoureux du péché de gourmandise.

Reprenant une partie de ce qui avait été la somptueuse livrée du cardinal Arnaud de Via, neveu du pape Jean XXII et bâtisseur de la collégiale voisine où il reposait, la maison n'était pas très grande, mais elle possédait tout le raffinement du palais d'à côté, l'austérité en moins, avec en plus, un certain art de vivre qui sentait bon le soleil de Provence. En y entrant, Fiora eut l'impression qu'une main invisible ôtait de ses épaules le poids de fatigue et d'angoisse qui les accablait depuis des semaines et, tandis que Mortimer, l'œil allumé par le souvenir de délices passées, s'arrêtait dans la cuisine, elle se laissa conduire dans une chambre dallée de grès rose, dont les murs blancs mettaient en valeur les meubles bien cirés et un grand bouquet multicolore disposé devant une petite statue de la Vierge. La claire chanson d'une fontaine entrait par la fenêtre ouverte sur le jardin...

Prenant juste le temps d'arracher ses bottes et d'ôter sa tunique de velours, Fiora s'étendit sur le lit drapé de bleu tendre qui fleurait bon la résine de pin et la lavande. Elle s'y endormit comme une masse.

Elle dormit ainsi une bonne partie de la journée et le soir tombait, bleu et mauve, quand elle rejoignit Mortimer dans la grande salle voûtée où s'élaboraient les mystères de la cuisine. Assis auprès de la vaste cheminée blanche où rôtissait un quartier de mouton, celui-ci buvait du vin blanc en dévorant un gros morceau de pain, fourré d'oignons, d'olives noires, de piment et d'anchois, qui visiblement dégoulinait d'huile. A l'autre bout de la table de chêne longue et étroite, maître Jacques battait des œufs sous une sorte de couronne barbare faite d'un cercle de futaille auquel étaient pendus des grappes de raisin de l'année précédente, des saucisses presque aussi sèches et de gros oignons violets.

— Eh bien, demanda-t-elle en s'asseyant près de lui, avez-vous appris quelque chose ?

— Rien du tout ! Je pense que messire Philippe a dû partir avec les pèlerins et, dans ce cas, comment le distinguer des autres ? Pendant que vous dormiez, je me suis promené dans la ville, je suis allé aussi bavarder avec les soldats du donjon et j'ai posé des questions. Tous savaient bien sûr l'histoire de l'homme recueilli par les chartreux, mais, heureusement, aucun n'a imaginé qu'il pût être venu de Lyon. De toute façon, personne ne l'a vu et donc personne ne pouvait le reconnaître quand il est parti. Tenez goûtez donc ça !

— Non, merci. C'est dégoûtant !

— A cause de l'huile ? Mais c'est délicieux !

Il lui en coupa un morceau et le lui tendit à plat sur sa main. Ce que voyant, maître Jacques planta là ses œufs, prit une grande serviette blanche et vint, avec un sourire encourageant, la nouer au cou de la jeune femme.

— Cela vous paraîtra tout de suite meilleur ! fit-il.

C'était en effet un régal et Fiora, découvrant qu'une fois de plus elle était affamée, redemanda de ce « pan bagna ». Elle s'entendit répondre que l'heure du souper n'était plus éloignée et qu'il lui fallait garder un peu de faim. Pour se venger, elle avala un bon tiers du pichet de Mortimer, sans pour autant perdre de vue la pensée qui l'occupait.

— Qu'allons-nous faire à présent ? Avez-vous une idée ?

— Je pense que nous pouvons rester trois ou quatre

jours ici afin de battre un peu les environs. A moins qu'il n'ait eu l'intention d'aller jusqu'à Compostelle, notre ami a certainement faussé compagnie aux pèlerins. Peut-être quelqu'un l'a-t-il remarqué, ce qui nous donnerait au moins une direction où chercher.

Fiora devait s'avouer qu'elle ne connaissait pas assez Philippe pour deviner ses réactions et son état d'esprit au moment où il s'était enfui de la Chartreuse. Qu'il ait parlé d'elle dans son délire était réconfortant, mais la regrettait-il assez pour renier ses convictions, son intransigeante fidélité à la cause de Bourgogne, et pour venir enfin vers cette Touraine où elle avait exigé qu'il vînt la chercher ?

Voyant s'assombrir le visage de sa compagne, Mortimer posa sur son bras une main amicale :

— Essayez de ne pas trop vous tourmenter ! Accordez-vous un peu de repos ! Le principal est acquis, puisqu'il est vivant !

— En êtes-vous certain ? Que peut-il faire seul, sans armes, sans argent ? S'il veut quitter la France, il n'a aucun moyen de payer un passage sur un bateau et l'imaginer errant, seul et misérable, au long des chemins est une pensée cruelle...

— Ce n'est pas une faible femme. Ce que j'ai pu en apprendre me paraît rassurant : un homme de cette trempe ne se laisse pas mourir de misère au coin d'un bois. Je suis certain que vous le retrouverez un jour. Nous allons faire ce que je vous ai dit et, au retour, nous pourrons demander l'aide du roi. Il est assez puissant pour le retrouver n'importe où.

— A condition qu'il se laisse prendre. Devant n'importe quel soldat ou tout autre serviteur du roi, il fuira ou se battra. Comment pourrait-il penser que Louis XI ne lui veut aucun mal ?

— Nous verrons cela en temps voulu ! Pour l'instant, pensez donc un peu à vous !

La soirée fut charmante. Par extraordinaire, il y avait

peu de voyageurs ce soir et Maître Jacques vint bavarder un moment avec eux tandis que Dame Françoise essayait de venir à bout d'une dame espagnole qui prétendait réquisitionner toute l'hôtellerie pour son seul service, ne se montrait satisfaite de rien et discutait le moindre prix avec une âpreté de vieil usurier. Ses glapissements devaient s'entendre jusqu'au pont d'Avignon.

— Est-ce que vous ne devriez pas aider votre femme? fit Mortimer en riant. Cette aimable jeune dame aux prises avec une pareille harpie!

— Elle s'en tirera certainement beaucoup mieux sans moi. Si je m'en mêlais, je jetterais cette mégère dehors sans autre forme de procès. Françoise a l'étoffe d'un vieux diplomate et, en ce moment, les temps sont un peu difficiles...

En effet, la guerre entre le pape et Florence se répercutait fâcheusement sur la vie à Avignon. La plupart des maisons de banque et celles des grands drapiers étaient des comptoirs florentins. Seul celui des Pazzi avait été invité à rester : les autres quittaient la ville pour éviter de plus graves ennuis, le cardinal della Rovere étant réputé avoir la main lourde. Les représentants des Médicis, eux, avaient été chassés sans plus de façon avec interdiction de remettre jamais les pieds dans la ville papale. Naturellement, leurs biens avaient été saisis et ils avaient eu juste le temps de franchir le pont pour échapper aux flèches des archers.

— Heureusement, dit Jacques, ils ont trouvé asile ici. Le gouverneur les loge dans l'une des livrées abandonnées pour y attendre la fin des combats.

— Comment croire, dit Fiora en levant la tête vers le ciel, que cette guerre stupide et criminelle se fasse sentir jusque dans ce doux pays? Florence est loin, Rome plus encore et cependant...

La nuit méridionale, en effet, enveloppait le jardin où pins et cyprès essayaient vainement d'assombrir le ciel. L'air nocturne était d'une pureté de cristal et le ululement serein d'une chouette y prit une tonalité aimable. La dame espagnole ayant consenti à se taire, Maître Jacques souhaita la bonne nuit à ses clients et rejoignit sa femme en courant. Fiora et l'Écossais revinrent à pas lents vers l'hôtellerie et, tout naturellement, pour la guider dans le chemin obscur, Mortimer prit le bras de la jeune femme. Pour la première fois il osait ce geste, et elle ne l'arrêta pas. C'était bon de sentir auprès de soi cette force tranquille dont elle savait mieux que personne qu'elle pouvait se changer, contre un ennemi, en une sorte de fureur sacrée.

– Vous êtes bien ? demanda-t-il d'une voix changée.

– Très bien. La nuit est si belle ! Cela va être délicieux de faire halte ici un moment...

– Vous pourrez ainsi rendre visite à vos compatriotes, puisqu'il s'en trouve dans la ville.

– Je n'ai aucune envie de les rencontrer. J'ignorais même tout des comptoirs d'Avignon. En outre, je souhaite à présent oublier Florence pour me tourner vers la France. C'est là qu'est mon fils, c'est là qu'est mon époux, du moins je l'espère, c'est donc là qu'est ma vie...

– Elle ne souhaite rien de mieux que vous garder, murmura Mortimer.

Prenant la main de sa compagne, il y posa ses lèvres un court instant avant de courir s'enfermer dans sa chambre. Cette retraite ressemblait tellement à une fuite que Fiora se mit à rire silencieusement. Le rude sergent la Bourrasque deviendrait-il sentimental ? Les responsables en étaient sans doute le charme de cette maison, la beauté de cette nuit... et peut-être aussi la traîtrise de ce vin blanc de Châteauneuf que Maître Jacques leur avait fait boire.

Ayant dormi une partie de la journée, elle-même n'avait pas sommeil et elle resta un long moment accoudée à la balustrade de la galerie qui courait le long des chambres pour jouir un peu plus longtemps de cette nuit sorcière qui changeait les foudres de guerre en soupirants, et qui faisait monter vers elle tous les parfums de cette douce terre.

Mortimer, pour sa part, s'était endormi dans une euphorie totale. Il était heureux d'avoir pu revenir ici et, s'il était décidé à poursuivre quelques recherches, il n'anticipait pas moins joyeusement les heures qui allaient venir. Ces quelques jours au *Grand Prieur* auprès de donna Fiora seraient le plus joli cadeau que pouvait lui faire le Ciel...

Aussi fut-il douloureusement surpris quand, au matin, ladite Fiora, blanche jusqu'aux lèvres, vint le secouer pour lui dire de se préparer à partir. Elle devait rentrer à la Rabaudière sans perdre une minute et refusa de s'expliquer davantage. Que s'était-il passé ? Il lui fut impossible de le savoir et il n'osa même pas poser une autre question lorsqu'un moment plus tard, il aida la jeune femme à se mettre en selle. Son visage fermé, ses yeux durs et le pli résolu de sa bouche décourageaient même la simple conversation. Et le malheureux en vint à se demander si ce n'était pas son geste de la veille, peut-être un tout petit peu trop affectueux, qui avait déchaîné cette humeur noire.

Incapable de supporter une idée qui lui ôtait toute présence d'esprit, il profita de la halte du soir pour se jeter à l'eau :

— Pour l'amour du Ciel, donna Fiora, dites-moi si je suis coupable de quoi que ce soit envers vous ! Je ne voudrais pas que vous jugiez mal mon ... attitude d'hier...

En dépit de l'angoisse évidente qui la tenaillait, Fiora réussit à sourire :

— Ne vous tourmentez surtout pas, ami Mortimer ! Vous n'êtes absolument pour rien dans ma décision de rentrer au plus vite, et je vous demande pardon si j'ai pu vous faire croire un moment que vous m'aviez offensée. J'ai trop d'amitié envers vous pour laisser subsister entre nous le plus petit doute et c'est au nom de cette amitié que je vous demande de me ramener chez moi aussi vite que vous le pourrez.

– Nous avons mené grand train, en venant. Je crois difficile de faire plus à moins de tuer nos chevaux, ce à quoi je me refuse. D'ailleurs, nous ne serions pas plus avancés, car ceux que nous pourrions trouver ne les vaudraient pas.

Il n'ajouta pas que le roi ne lui pardonnerait pas de sacrifier deux membres éminents de sa précieuse écurie, mais Fiora savait à quoi s'en tenir. Ils durent cependant renoncer à l'étape prévue initialement à Valence car, en pénétrant dans la ville, ils la trouvèrent pavoisée et son clergé en liesse : le cardinal della Rovere faisait son entrée par le nord avec tout son monde et s'apprêtait à envahir l'endroit. Aussi, en dépit d'une fatigue certaine, les deux cavaliers choisirent-ils d'allonger d'une lieue leur chemin afin d'être certains d'éviter les mauvaises rencontres : en dépit de ses protestations d'innocence, Fiora ne parvenait pas à accorder une créance totale au neveu de Sixte IV. Elle préférait ne pas le rencontrer.

Heureusement pour les voyageurs, le temps demeura serein et ne leur opposa aucun obstacle. Aussi fut-ce dix jours après avoir quitté Villeneuve-Saint-André que Fiora aperçut les tours du Plessis et les ardoises bleues de sa maison par-dessus les frondaisons jaunies des arbres.

– Vous voilà chez vous, donna Fiora ! soupira Mortimer, désolé de voir s'achever si vite un voyage qu'il trouvait si plaisant.

– Grâce à vous, mon ami, et je ne vous remercierai jamais assez. J'espère seulement que vous n'aurez pas d'ennuis.

En effet, la bannière fleurdelisée flottant sur le château royal disait que Louis XI était rentré, lui aussi. Mortimer haussa les épaules avec philosophie.

– Certainement pas, car notre Sire savait pourquoi je restais. De toute façon, ce voyage valait bien quelques ennuis...

A peine Fiora eut-elle touché le seuil de sa demeure et

embrassé avec effusion ses habitants accourus à sa rencontre que, sous le prétexte de se débarrasser de la poussière dont elle était couverte, elle se précipita dans sa chambre et, ouvrant un grand coffre peint où elle rangeait divers vêtements, se mit à fourrager dedans avec fébrilité.

– Ah ça, mais que cherchez-vous avec cette hâte, mon agneau ? fit Léonarde qui naturellement l'avait suivie, escortée de Khatoun, le jeune Philippe dans ses bras.

– L'escarcelle de maroquin rouge que je portais en revenant de Florence. Ah ! la voilà !

Ses doigts nerveux palpaient le cuir fin et en tiraient une branchette d'olivier fanée et un petit flacon qu'elle déboucha pour en humer le contenu avant de le retourner avec un cri d'horreur : il était vide...

Soudain privée de ses forces, elle tomba assise sur ses talons, considérant avec désespoir le mince objet qu'elle laissa rouler sur le dallage :

– Que s'est-il passé ? balbutia-t-elle. Pourquoi n'y a-t-il plus rien dans cette fiole ?

– Mais enfin, qu'y avait-il dedans ? demanda Léonarde épouvantée par la pâleur de la jeune femme et ses yeux pleins de larmes.

– Un... remède que Démétrios m'a remis avant mon départ au cas où...

– Un remède ? C'était un remède ? fit la voix tremblante de Khatoun. Oh, mon Dieu ! Et moi qui ai cru que c'était du poison !

Éclatant en sanglots, la jeune Tartare raconta qu'en rangeant les vêtements de sa maîtresse, elle avait trouvé le flacon dont elle pensait que Fiora l'avait peut-être oublié. L'odeur lui ayant paru suspecte, elle en avait fait avaler quelques gouttes à un chat errant qu'elle avait recueilli. L'animal était mort peu après et, pensant que Fiora avait acquis ce liquide dans un jour sombre avec l'idée de garder auprès d'elle un moyen rapide de se donner la mort, elle avait répandu le contenu du flacon dans les latrines du manoir...

— Je ne pouvais pas supporter l'idée que tu puisses
vouloir mourir, hoqueta-t-elle en serrant convulsivement
contre elle l'enfant qui commença à hurler. Le chat est
mort... tu comprends ?

N'ayant même plus la force de se mettre en colère,
Fiora, prostrée, la regarda sans rien dire. D'ailleurs, à
quoi bon se fâcher ? La pauvre Khatoun, si dévouée,
n'avait agi que par affection... Mais Léonarde, elle, réa-
git. Enlevant le petit garçon des bras de Khatoun, elle le
jeta presque dans ceux de Péronnelle qui accourait au
bruit puis, refermant la porte, vint prendre Fiora sous les
bras pour l'aider à se relever et à s'asseoir sur son lit :

— Je voudrais bien comprendre ! fit-elle sèchement.
Qu'y avait-il donc dans ce maudit flacon pour que vous
vous soyez jetée dessus sans même ôter vos bottes ?

Fiora leva sur elle un regard atone :

— Quelque chose que je devais prendre sans tarder au
cas où je sentirais certains symptômes. Démétrios avait
bien insisté sur le fait qu'il ne fallait surtout pas
attendre...

— Mais des symptômes de quoi ?

— De grossesse. Je suis enceinte, Léonarde. Enceinte de
Lorenzo ! Et Philippe peut arriver ici un jour ou l'autre !

— Vous êtes sûre ? souffla Léonarde épouvantée tandis
que redoublaient les sanglots de Khatoun, à présent cou-
chée de tout son long sur le tapis.

— Il n'y a malheureusement aucun doute. Cela doit
dater de notre dernière... rencontre, en juillet. Il y a un
peu plus de deux mois.

Elle raconta que, durant la nuit passée au *Grand
Prieur*, elle s'était levée pour boire un peu d'eau. Une soudaine nausée l'avait rejetée sur son lit, le cœur chaviré
avec au front une sueur glacée. Pensant qu'elle avait peut-
être fait un peu trop honneur à la cuisine de maître
Jacques, elle ne s'en était guère inquiétée et même, le
malaise passé, s'était rendormie. Hélas, au petit jour la
trop claire indisposition était revenue, l'obligeant à se

remémorer les dates de son cycle dont, à vrai dire, elle s'était fort peu souciée ces derniers temps. La vérité lui était alors apparue avec une aveuglante clarté. D'où la hâte qui, à la grande surprise de Douglas Mortimer, l'avait jetée sur les chemins, en dépit de nausées matinales incessantes tout au long de la route. Son seul espoir résidait dans le flacon offert par Démétrios :

— Je ne sais pas s'il faut regretter tellement que Khatoun en ait jeté le contenu, bougonna Léonarde. Après tout, le chat est mort !

— Vous n'imaginez tout de même pas que Démétrios souhaitait m'empoisonner ? protesta Fiora. Il m'avait prévenue : je serais affreusement malade pendant deux jours, mais ensuite tout rentrerait dans l'ordre...

— C'est lui qui le dit ! Ce vieux sorcier a pu se tromper et je crois qu'il vaut mieux remercier Dieu. D'ailleurs, rien ne dit que les choses en question ne rentreront pas dans l'ordre d'elles-mêmes.

— Je ne vois pas comment ?

— Si j'en crois le peu de temps qu'a duré votre absence, vous venez de faire quatre cents lieues à cheval, et à vive allure. Si vous êtes encore enceinte, c'est que cet enfant est solidement installé. Attendons quelques jours !

Mais une semaine passa sans rien changer à l'état de Fiora. Elle avait mal au cœur tous les matins et mourait de faim le reste de la journée, au point que Léonarde dut la surveiller. Si elle grossissait trop vite, son état deviendrait apparent avant le temps fixé par la nature. Car, bien entendu, il n'était pas question pour la vieille demoiselle de recourir à d'autres manœuvres abortives et elle n'était pas loin de voir le doigt de Dieu dans le geste de Khatoun vidant le flacon. Puisque l'enfant avait résisté à la chevauchée fantastique de sa mère, il résisterait à n'importe quoi. Si l'on tentait de le déloger, on risquerait simplement de l'endommager, peut-être d'en faire un monstre... Ce qui serait tout à fait dommage pour un bébé possédant l'illustre sang des Médicis...

— Je suis bien sûre, ajouta Léonarde, que son père saura en prendre soin en temps voulu et lui assurer un avenir...

— Aussi n'est-ce pas l'avenir qui me préoccupe, mais le présent. Je ne pourrai pas cacher longtemps mon état, surtout à ceux d'ici. Et, pour en revenir à ce qui me tourmente : que se passerait-il si Philippe décidait enfin de revenir vers moi et me retrouvait pleine comme une jument gravide! Il me tuerait peut-être, mais, à coup sûr, il s'enfuirait pour toujours.

La question méritait profonde réflexion. Il y avait seulement quelques mois à sauver car, pour l'accouchement, Léonarde avait déjà trouvé la solution : les chers Nardi, Agnelle et Agnolo, ne refuseraient certainement pas d'accueillir Fiora dans leur maison à ce moment critique, peut-être même accepteraient-ils, étant sans enfants, de garder celui qui viendrait.

— Nous leur dirons, à eux seuls, la vérité sur le père de cet enfant, mais, pour ici et surtout au cas où messire Philippe se montrerait, il faut trouver autre chose.

— Mais quoi?

— Laissez-moi chercher. Il faudrait que ce soit un malheur plutôt qu'une honte...

Khatoun crut avoir trouvé la solution.

— Avec tout ce que tu as souffert en Italie, dit-elle à Fiora, c'est un miracle que tu n'aies pas été violée cent fois et...

— Voilà! s'écria Léonarde triomphante. Durant ce tumulte à Florence, durant cette folie qui s'est emparée de la ville, tu as été séquestrée par un homme qui te convoitait et t'a obligée à le subir...

Fiora n'était pas d'accord :

— Comme si vous ne saviez pas à quelle allure marchent les langues! J'ai été absente pendant près d'un an, mais je viens de repartir plus de trois semaines. Si l'on me sait enceinte, tout le monde croira que le père de mon enfant est Douglas Mortimer... N'oubliez pas que c'est en sa compagnie que je suis revenue d'Italie, et j'ai trop d'amitié pour lui laisser porter le poids de cette accusation. Philippe le défierait sur l'heure en combat à outrance... et sa mort ou celle de mon époux pèserait sur ma conscience.

— Alors, que proposez-vous ? fit Léonarde découragée.

— De repartir avant l'hiver, de gagner Paris sous le prétexte d'aller veiller à mes intérêts et de prendre là certaines décisions avec Agnolo Nardi. Une fois à Paris, je pourrais tomber malade. Les hivers y sont rudes...

— Et si messire Philippe arrive ?

— Eh bien... on lui dira où je suis et ce sera à la grâce de Dieu. Néanmoins, j'aimerais que quelqu'un vienne me prévenir très vite. Florent, par exemple, s'il a bien profité des leçons de son maître écossais...

— Oh, très bien, s'écria Khatoun visiblement éblouie, il monte comme un vrai chevalier. Mais est-ce que les gens d'ici ne vont pas trouver étrange ce nouveau voyage ? Pour une femme qui a été si longtemps éloignée de son foyer...

— Ils trouveraient encore plus étrange de voir ma taille s'arrondir. Je reste ici un mois, puis j'irai à Paris. Quelqu'un a-t-il quelque chose à ajouter ?

— Rien du tout, fit Léonarde. Sinon que tout cela me paraît assez bien combiné... sauf peut-être une petite chose :

— Laquelle ?

— J'irai avec vous. Pas question de vous laisser accoucher seule ! Et puis, il me semble que vous aurez plus que jamais besoin d'un porte-respect. Dans ce rôle, je suis imbattable !

— Et moi ? fit Khatoun avec une tristesse qui irrita Fiora. Est-ce que je vais rester ici ?

— Je croyais que mon petit Philippe suffisait à emplir ton temps ? Ne veux-tu plus t'occuper de lui ? fit Fiora avec une certaine rudesse. Je ne peux pas emmener tout le monde pour assister à ce qui va se passer en avril. Et il est normal que Léonarde m'accompagne.

Comme au temps où elle était esclave, Khatoun vint s'agenouiller devant elle et se prosterna sur ses pieds :

— Pardonne-moi ! J'ai commis une faute grave qui te met dans l'embarras et je n'ai aucun droit de réclamer ton indulgence. Mais tu sais à quel point je te suis attachée...

— Je sais, dit Fiora plus doucement en la relevant, mais comprends qu'il m'est impossible d'emmener une demi-douzaine de personnes chez les Nardi. Officiellement, je pars pour affaires et, dans ce cas-là, on ne se déplace pas avec toute sa maison. Si tu ne veux plus veiller sur mon fils, je rappellerai Marcelline... mais tu ne me seras vraiment d'aucun secours.

Khatoun leva sur elle ses yeux emplis de larmes :

— Tu as raison, bien sûr. Pourtant, je voudrais tellement connaître le bébé qui va naître !

— Et voilà ! fit Léonarde. Sa passion des bébés risque de nous causer les plus graves ennuis ! Ne peux-tu, espèce de folle, te contenter de Philippe ?

— C'est que, soupira la jeune Tartare, c'est déjà un petit homme et il n'est pas facile à garder. Tandis qu'un tout-petit...

Fiora prit Khatoun par les épaules et l'obligea à la regarder au fond des yeux.

— Mets-toi bien cela dans la tête ! Il ne saurait être question d'un autre enfant, sinon il est inutile que je parte ! Tu dois l'oublier, n'y plus penser ! Tu comprends ? Si tout se passe comme je l'espère, tu ne le verras jamais.

— Jamais ?

— Non. Car il me faudra choisir entre lui et mon époux et je ne renoncerai jamais à Philippe. Alors, si tu es incapable de remplir le rôle que je te destine, dis-le-moi tout de suite !

— Que feras-tu ? larmoya Khatoun.

— Je te renverrai à ser Démétrios. Tu retourneras à la villa de Fiesole et Péronnelle prendra soin de mon fils. D'ailleurs, ce serait peut-être la meilleure solution. Tu es libre à présent, libre de te marier et d'avoir des enfants à toi. Veux-tu retourner à Florence ?

Quelque chose qui ressemblait à de l'épouvante passa dans les yeux noirs de la jeune Tartare.

— Non! Non! Je ne veux pas te quitter! Je resterai ici, sois sans crainte. Mais, par pitié, ne reste pas trop longtemps absente!

— Ce ne sera jamais qu'une enfant! soupira Léonarde un moment plus tard. La vie l'a gâtée sans la préparer à l'adversité...

— N'exagérons rien! Elle a vécu des moments difficiles.

— Mais passagers! La chance l'accompagne depuis sa naissance sans qu'elle s'en rende compte. Seize ans au palais Beltrami puis, de là, presque directement dans les bras d'un époux qu'elle aimait. A sa mort, elle est vendue, je te l'accorde, mais à qui? A une grande dame qui lui restitue à peu de choses près l'existence qu'elle menait chez nous, après quoi elle vous retrouve et revient ici avec vous. Ici, où Péronnelle la gâte et la dorlote comme sa propre fille et où elle mène une vie familiale. Vous avez entendu? Notre Philippe dont d'après vous elle rêvait lui paraît un peu difficile à présent, elle veut un nouveau bébé. Les tout-petits et les chatons, voilà ce qui lui convient! Elle est capable de perdre la tête à propos de cet enfant à venir et de jeter par terre tout notre édifice.

— Alors, que proposez-vous? Je ne vais tout de même pas la tuer?

— Bien sûr que non, mais, si vous en êtes d'accord, je compte lui inspirer une terreur suffisante pour retenir sa langue et je vous conseille de dire comme moi.

— Si elle dit un seul mot, elle repart pour Florence, je le lui ai déjà dit.

— Mais vous ne perdrez rien à le répéter. Il faut qu'elle soit persuadée que si elle parle, elle sera chassée. Deux ou trois garçons tournent déjà autour d'elle ici, et cela ne lui déplaît pas. Que l'un d'entre eux la séduise, et Dieu sait ce qu'elle pourrait raconter sur l'oreiller! Elle a plus de tempérament que vous ne l'imaginez.

Fiora se garda bien de révéler ce qu'elle savait à ce

sujet. Elle revoyait Khatoun, chez la Pippa [1], à genoux
sur le dallage et se tordant sous les caresses de la maque-
relle, Khatoun qui, la nuit suivante, avait suivi l'homme
auquel on l'avait menée parce qu'il avait su lui faire
l'amour. Tout cela n'était guère rassurant, mais que
faire ?

— Rien, conclut Léonarde, sinon ordonner à Étienne et
à Florent de la surveiller de près. Ce qu'elle sait est trop
lourd de conséquences pour le laisser à la merci d'une nuit
d'amour.

Fiora ne répondit pas. Elle aimait bien Khatoun et lui
faisait entière confiance, une confiance qu'elle n'avait
jamais eu à regretter, au contraire. Mais Léonarde la
connaissait presque aussi bien et, en outre, elle possédait
une grande sagesse née de l'expérience et savait que tout
être humain a ses limites.

Pourtant, Léonarde ignorait tout de ce qui se passait, la
nuit, dans la maison aux pervenches. Après avoir mis au
lit le petit Philippe, Khatoun refusa d'aller souper, alléguant qu'elle se sentait le cœur barbouillé. Sans se coucher, elle resta sur son lit, à verser d'abondantes larmes
jusqu'à ce qu'il n'y eût plus, dans la maison, le moindre
bruit... Alors elle se leva, ôta sa robe, ne gardant que sa
chemise et, sans rallumer sa chandelle, sortit de sa
chambre. A l'instar des chats, elle pouvait se diriger la
nuit sans lumière.

Montant l'escalier sur ses pieds nus, elle gagna le
second étage et la chambre mansardée où couchait
Florent. Une lueur jaune filtrait sous la porte, mais, en
ouvrant celle-ci, Khatoun vit que le jeune homme s'était
endormi en lisant un livre qui était retombé sur son nez.
Elle s'approcha doucement, ôta le livre avec d'infinies
précautions, puis se libéra de sa chemise et resta là un instant à contempler le dormeur. L'air heureux, il souriait à
un rêve, ce qui fit prendre conscience à Khatoun de sa
propre désolation.

1. Voir *Fiora et le Magnifique*.

Éclatant en nouveaux sanglots, elle rejeta les couvertures d'un geste rageur et se jeta contre le corps nu du garçon qu'elle enlaça de ses bras et de ses jambes tout en couvrant de baisers frénétiques son cou et son menton. Réveillé en sursaut par cet assaut, Florent regarda avec stupeur son assaillante en essayant, mollement il est vrai, de se libérer :

– Pourquoi ne m'as-tu pas dit que tu viendrais cette nuit ? Je ne t'attendais pas...

– Tais-toi ! Tais-toi je t'en prie et fais-moi l'amour ! J'en ai besoin. Caresse-moi ! Prends-moi !

À l'humidité de ses joues et de ses lèvres, il comprit qu'elle pleurait :

– Qu'est-ce qui te chagrine ? pourquoi ces larmes ?

– Elle va... elle va partir encore ! Elle va me quitter une nouvelle fois...

– Qui donc ?

– Qui veux-tu que ce soit ?... Fiora, ma maîtresse bien-aimée. Elle veut me laisser, alors qu'elle m'avait promis qu'on ne se séparerait plus ! C'est cette affreuse Léonarde qu'elle va emmener...

– Où donc ? Où veut-elle aller alors que la mauvaise saison arrive ?

– À Paris, chez des gens que je ne connais pas... Et pour un assez long séjour.

– Moi, je les connais, ce sont ses meilleurs amis. En outre, Agnolo Nardi gère sa fortune. Mais qu'est-ce qu'elle veut y faire ?

Une lueur de crainte brilla dans le regard affolé de la jeune femme, la retenant au bord de l'ultime confidence dont elle savait qu'elle pourrait la payer cher.

– Je ne peux pas te le dire car j'en mourrais peut-être, mais fais-moi l'amour, je t'en supplie. Il faut que quelqu'un s'occupe de moi et me donne un peu de joie, puisque ma belle Fiora ne veut plus de son esclave...

– Où vas-tu chercher tout ça ? s'indigna Florent. Ce n'est pas parce que donna Fiora veut aller à Paris qu'elle

va se séparer de toi pour toujours ? Tu vas rester ici à
t'occuper de notre petit diable, et après ? Tu n'y es pas si
malheureuse ?

Et Florent entreprit de prouver à Khatoun que, pour
lui au moins, elle avait beaucoup d'importance. Un instant plus tard, elle ronronnait sous lui comme un chaton
heureux et ses larmes séchaient sous les baisers du garçon.
La petite chambre s'emplit de soupirs, auxquels ses murs
étaient maintenant accoutumés.

En effet, trois jours après le départ de Fiora et de Mortimer, Florent, alors qu'il entassait soigneusement les
balles de foin pour l'hiver dans la grange, avait vu Khatoun venir à lui. C'était l'une de ces belles journées
d'automne toutes tièdes où le soleil tendre met des moi-
teurs à la peau et dispose à la langueur. En rangeant ses
balles odorantes, le garçon – peut-être avait-il bu un peu
trop de vin au déjeuner – pensait justement que ce serait
bon de se rouler là-dedans avec une fille au corps frais.

Khatoun était vêtue d'une robe de toile bleue sur une
gorgerette dont les rubans, un peu lâches, laissaient voir
des ombres bien douces. Elle portait une cruche d'eau
juste tirée du puits dont les gouttelettes scintillaient en
tombant, une à une, sur la terre battue. Sans un mot, elle
fit boire le jeune homme puis, posant sa cruche avec un
demi-sourire et comme si c'eût été la chose du monde la
plus naturelle, elle prit sa main et, le regardant au fond
des yeux, elle guida cette main poussiéreuse sur l'un de
ses petits seins ronds et durs où elle se referma d'instinct.

– Khatoun peut te rafraîchir d'une autre manière,
murmura-t-elle. C'est tellement bon de faire l'amour par
une telle chaleur! Et le foin sent si bon!

Un instant plus tard, nus tous les deux, ils s'enfonçaient
dans la moisson parfumée. La peau de la petite Tartare
était douce et soyeuse comme un satin ivoirin et comme,
astucieusement, elle avait emprunté un peu du parfum de
sa maîtresse, l'ancien apprenti banquier eut, en fermant
les yeux, l'impression de posséder cette trop belle Fiora

dont il était si éperdument, si désespérément amoureux...
Et cela lui parut délicieux.

Depuis, presque chaque nuit – à moins que le petit
Philippe n'eût besoin de Khatoun –, les deux jeunes gens
se rejoignaient dans la chambrette du garçon pour des
jeux ardents auxquels ils prenaient un plaisir de plus en
plus vif. Khatoun savait que Florent ne l'aimait pas vraiment, comme Florent savait qu'il n'était pas question
d'amour chez sa maîtresse, mais l'amour, différent bien
sûr, que tous deux portaient à Fiora les poussait à s'unir.
Florent était jeune, bien bâti et naturellement ardent.
Quant à Khatoun, l'amour était pour elle une question
d'instinct comme pour beaucoup de filles d'Asie. Elle
savait combler un homme tout en prenant sa part de plaisir car elle avait reçu de son époux, le médecin romain, les
meilleures leçons. Quant au jeune Parisien, son innocence
perdue chez une ribaude du quartier Saint-Merry, puis
deux ou trois bergères culbutées, les soirs de grande chaleur, dans les roseaux des bords de Loire, il découvrait
avec la petite Tartare un monde de sensations inimagi-
nables. Accomplissant auprès d'elle des exploits dont il se
serait cru incapable, il lui en vouait une reconnaissance
naïve. Grâce à Khatoun, Florent pouvait se croire l'un de
ces hommes privilégiés de la nature dignes de devenir
l'amant d'une reine.

– Tu es une vraie diablesse, lui disait-il parfois, mais
c'est si doux de t'aimer...

L'important était, après une nuit particulièrement
chaude, d'échapper au regard myope mais singulièrement
perspicace de dame Léonarde ou au sourire entendu du
père Étienne. Florent s'en tirait en allant barboter dans la
Loire à la petite pointe du jour, mais il savait qu'il faudrait trouver autre chose quand viendrait l'hiver. Il est
vrai qu'alors les nuits seraient plus longues et les travaux
du jardin ou des champs moins absorbants...

Mais ce soir-là, le jeu d'amour se termina vite et, tandis
que Khatoun continuait à pleurer, la tête nichée contre

l'épaule du garçon, celui-ci, bien qu'il eût fait de son mieux pour apaiser le désespoir de son amie, s'avouait qu'il n'était pas loin de le partager. Pourquoi Fiora et Léonarde partaient-elles chez les Nardi, surtout s'il était question d'y rester plusieurs semaines, voire plusieurs mois ? Néanmoins, dans son inquiétude, un espoir se glissait : ce grand diable d'Écossais ne pouvait passer son temps à escorter des dames, ce qui lui donnait, à lui Florent, une chance d'être choisi. Sous la féroce direction d'Archie Ayrlie, ses progrès en équitation avaient été rapides et il n'y avait plus aucune raison de le laisser à la maison.

Il secoua doucement Khatoun qui s'endormait pour la renvoyer dans sa chambre, un peu honteux de constater qu'à l'idée de ne pas la voir pendant des jours et des jours il n'éprouvait pas grand regret. Et comme elle se remettait à pleurer, il lui lança, mécontent :

– Tu ne vas pas larmoyer ainsi jusqu'à la Noël ? C'est ennuyeux, bien sûr, que donna Fiora s'en aille, mais tu peux être assurée qu'elle ne le fait pas sans une bonne raison. Alors, ne lui complique pas l'existence ! Elle reviendra.

– Oui... C'est toi qui as raison, bien sûr... Enfin, on verra bien...

Et, ramassant sa chemise, Khatoun la passa d'un geste machinal et gagna la porte. Florent se recoucha et s'efforça de dormir car la fin de la nuit approchait. Les paroles de Khatoun lui trottaient dans la tête et il s'efforçait d'y trouver une explication. Il n'y parvint pas mais, par contre, finit par s'endormir d'un si profond sommeil qu'il n'entendit pas chanter le coq et oublia l'heure. Ce fut quand Étienne le jeta à bas de son lit qu'il reprit contact avec la réalité quotidienne.

Cette réalité n'avait rien de souriant. Fiora, le visage sombre, ne disait mot et semblait souffrante. Elle était pâle et visiblement fatiguée. En outre, il pleuvait à plein temps, ce qui donnait une lumière grise guère flatteuse.

Aussi quand, au début de l'après-midi, un page vint lui dire que le roi désirait la voir, accueillit-elle cette invitation sans le moindre plaisir. Florent, au contraire, en fut très content car elle lui ordonna aussitôt de se tenir prêt à l'accompagner et de seller les mules tandis qu'elle-même allait changer de robe.

Fiora trouva Louis XI dans sa chambre, vaste pièce tendue de tapisseries représentant des sujets de chasse où une dizaine de chiens, épagneuls blonds et lévriers blancs, formaient sur les tapis un archipel soyeux. Assis dans un haut fauteuil de bois sculpté près de la grande cheminée de pierre blanche où brûlait un tronc d'arbre, le roi de France semblait curieusement recroquevillé. Frileux à l'excès, il était vêtu comme en plein hiver de drap brun solide et chaud bordé de castor, luisant comme peau de châtaigne, assorti à celui dont était fait le chapeau qu'il portait, comme d'habitude, sur une coiffe de laine rouge emboîtant bien les oreilles. Auprès de lui, son lévrier favori Cher Ami tendait son étroit museau vers les menus morceaux de biscuit que les mains fines, véritablement royales, peut-être la seule beauté de cet étrange souverain, offraient à sa gourmandise. Dans la lumière des flammes, les rubis sertis dans le haut collier d'or du chien brillaient comme braises.

Un homme se tenait auprès du roi, penché vers lui pour recueillir chacune de ses paroles et Fiora, en l'apercevant, tressaillit. Elle n'avait vu qu'une fois ce visage de fouine, ces cheveux raides coupés court et ces yeux glauques, mais elle reconnut leur propriétaire comme l'homme qui, sans qu'elle lui ait causé le moindre tort, était son ennemi juré, celui qui avait tenté de la faire assassiner en forêt de Loches. C'était Olivier le Daim, barbier et confident du roi, du moins autant que peut l'être un homme qui, chaque jour, promène un rasoir sur la gorge d'un autre. Une chose paraissait certaine : il était fort en faveur et Fiora, quelque envie qu'elle en eût, ne pouvait l'accuser ouvertement.

Pour ne plus voir ce regard fielleux glissant sur elle sous la paupière tombante, elle salua profondément, attendant même que le roi la relève de sa révérence. Ce qu'il fit sans tarder :

— Venez-çà, Madame de Selongey ! Nous avons à parler vous et moi ! Laisse-nous, Olivier !

Le barbier sortit à regret, tandis que Fiora s'avançait vers la cheminée et le siège qu'on lui désignait. Elle aurait juré que l'autre allait écouter derrière la porte. Néanmoins, elle décida de n'y plus penser et s'assit sans rien dire, car c'était au roi de parler le premier. Comme il ne semblait pas pressé, elle l'examina discrètement et lui trouva mauvaise mine. Le long nez pointu paraissait aminci et le lourd visage aux mâchoires carnassières fait de parchemin jauni, cependant qu'un tic nerveux contractait par instants la bouche au pli dédaigneux.

Sachant qu'il souffrait de la mauvaise circulation du sang dans ses artères et de douloureuses hémorroïdes, elle pensa qu'une crise, peut-être, expliquait la contraction de son visage. Elle en fut même certaine quand, remuant sur ses coussins, il ne put retenir un bref gémissement, aussitôt suivi d'un mouvement de colère et d'une question.

— Par la Pâques-Dieu ! Où est-il, cet animal ?

— Qui donc, Sire ?

— Ce médecin byzantin... Comment s'appelait-il donc ? Ah oui : Lascaris ! Démétrios Lascaris ! Vous étiez très amis, je crois ?

— En effet, Sire.

— Alors vous devez savoir où il est ? Je n'ai pas compris pourquoi il n'était pas revenu vers moi après la chute de Nancy. Sa vengeance était accomplie avec la mort du duc Charles, et le jeune René de Lorraine n'avait pas besoin de lui. Alors ? Mon service ne lui convenait-il pas ?

— Le Roi ne le pense pas, j'imagine, car Démétrios aimait à le servir mais une... brouille s'était installée entre nous et il a préféré retourner à Florence. Où il se trouve toujours.

– Et moi, dans tout cela ?

– Il pensait sérieusement que le Roi n'avait plus besoin de lui. C'est un homme de grande modestie...

– Lui ? ricana Louis XI. Il est orgueilleux comme un paon. En tout cas, il ne devait pas agir ainsi. C'est moi qui souffre et pas lui. Puisque vous savez où il est, écrivez-lui de revenir ! La lettre sera portée par l'un de mes chevaucheurs...

– Sire, je lui ai déjà demandé de revenir avec moi, mais il a vieilli et craint les longs voyages. Peut-être parce qu'il a trop couru le monde. Et puis la mauvaise saison arrive. A son âge...

– Ouais ! Le roi de France, lui, peut endurer mort et martyre pendant qu'il se dorlote au soleil. Eh bien, écrivez-lui qu'il m'envoie de sa pommade miracle ! Je le ferai venir au printemps. Parlons de vous, à présent ! Vous êtes allée gambader avec mon mulet d'Écosse ?

– Le Roi pense-t-il vraiment que gambader soit le mot approprié ? Nous avons fait un voyage long et fatigant et...

– Bon, bon ! Je retire gambader. Excusez-moi, donna Fiora ! Je suis de très méchante humeur !

Comme se parlant à lui-même, il expliqua alors que, si une trêve existait entre le couple Marie de Bourgogne – Maximilien d'Autriche et lui-même, le roi Édouard d'Angleterre, si parfaitement berné, mais payé, à Picquigny, entendait à présent appliquer une des clauses du traité : le mariage entre le dauphin et sa fille Elizabeth.

– Ce rat veut nous envoyer sa fille dès à présent pour conclure le mariage et recevoir les soixante mille livres que je dois payer par an pour la main de cette princesse... dont je ne veux pas. Fi donc d'une Anglaise sur le trône de France ! En outre, mon fils, à huit ans, est trop jeune pour se marier. Il me faut trouver un moyen de faire tenir Édouard tranquille.

– Et... le Roi a trouvé ce moyen ?

– Le temps ! Rien que le temps ! En outre, j'ai à

Londres un ambassadeur, Marigny, qui est habile homme. C'est bien le diable si à nous deux nous n'arrivons pas à jouer Édouard. D'autant qu'il a épousé une fille de petite noblesse et que son trône, guigné par son frère Gloucester [1], n'est pas si solide qu'il le croit... Mais comment en sommes-nous venus à parler politique ? Nous en étions, je crois, à votre équipée à Villeneuve-Saint-André ? Il semblerait donc que le comte de Selongey, après avoir fui le château de Pierre-Scize, ait trouvé asile à la chartreuse du Val-de-Bénédiction ?

– Oui, Sire. Mortimer a dû vous le dire ?

– En effet. Il aurait profité d'un pèlerinage pour fausser compagnie aux bons pères ? Ce qui prouve, selon moi, qu'il avait perdu la mémoire beaucoup moins qu'on ne le pensait.

– Sire ! protesta Fiora scandalisée. Mon époux, jouer un tel rôle ?

– Et pourquoi pas ? A Villeneuve qui nous appartient, il pouvait craindre de n'être pas en sûreté.

– La chartreuse est lieu d'asile !

– Sans doute, mais vous êtes une enfant et vous n'imaginez pas combien de lieux d'asile sont peu sûrs dès que certains intérêts sont en jeu. Votre époux est un homme intelligent. En revanche, je suis surpris que votre séjour à Rome vous ait laissé tant d'innocence.

Fiora se sentit rougir et chercha une contenance en tordant le petit mouchoir qu'elle avait tiré de sa manche. Le roi ne faisait aucune allusion au cardinal della Rovere et semblait tout ignorer de l'aventure tragique dans laquelle il l'avait entraînée.

A nouveau le silence, troublé seulement par le crépitement du feu, s'établit entre eux. Louis XI caressait la tête de son chien favori et cherchait une gâterie pour l'un des épagneuls qui, après s'être étiré longuement, s'approchait de lui et se couchait à ses pieds...

– Les chiens sont les meilleurs amis, les plus sûrs, les

---

1. Le futur Richard III.

plus fidèles que puisse avoir un homme. A plus forte raison un roi, soupira-t-il. A présent, auriez-vous une idée de l'endroit où messire de Selongey a pu se rendre ? Il semble que vous n'ayez pas cherché longtemps autour de Villeneuve ?

— Je pense que c'était inutile et j'espérais... j'espère encore qu'il se souviendra un jour de ce que je vis dans le voisinage du Roi. A moins qu'il n'ait choisi de partir au loin.

Se détournant, Louis XI prit sur une table un peu en retrait un message déplié dont le sceau rompu montrait qu'il avait été lu.

— Une chose est certaine : il n'a pas été à Venise. Le doge en personne nous écrit qu'aucun voyageur lui ressemblant n'a été vu dans la ville. Quant à ceux qui se sont engagés pour combattre le Turc sur les galères de la Sérénissime, la liste en est courte et aucun de ces hommes ne peut être le comte de Selongey.

— Bien ! soupira Fiora. Je remercie le Roi de la peine qu'il a bien voulu prendre...

— Pâques-Dieu, ma chère, laissez de côté ces phrases toutes faites ! Il m'importe autant qu'à vous de remettre la main sur ce brandon de discorde, capable de soulever à nouveau la Bourgogne que Charles d'Amboise est en train de pacifier...

— Le sire de Craon n'est-il plus gouverneur de Dijon ?

— C'est un bon serviteur, mais un imbécile, et j'ai besoin de serviteurs intelligents. De toute façon, nous allons reprendre les recherches pour retrouver votre époux...

— S'il vous plaît, Sire... n'en faites rien !

Les yeux vifs du roi, toujours à demi recouverts par leurs lourdes paupières, s'ouvrirent tout au large :

— Ne voulez-vous pas qu'on le retrouve ?

— Non, Sire. Si vos hommes le cherchent, il les fuira ... ou les tuera. Je veux... j'espère qu'il viendra vers moi de lui-même, sans qu'il soit besoin de lancer à ses trousses toute la maréchaussée du royaume.

– Il devrait être déjà là dans ce cas ?

– Ce n'est pas certain. L'idée m'est venue qu'en quittant Villeneuve, il a pu choisir de rester avec ces pèlerins qui l'ont aidé sans le savoir.

– Vous pensez qu'il a pu les suivre jusqu'en Galice ?

– Pourquoi pas ? La bure du pèlerin constitue la meilleure protection que puisse trouver un fugitif. Et puis, la route est longue. Cela laisse aux choses le temps de s'apaiser. Enfin, il fallait qu'il vive car, si j'ai bien compris, il ne lui restait pas un sou vaillant.

Le roi n'avait plus l'air d'écouter. Ses yeux suivaient le dessin fantastique des flammes et il se mit à réfléchir à haute voix.

– S'il a quitté Villeneuve en mai, il devrait être déjà de retour. Sauf accident, bien sûr...

– Accident ? murmura Fiora déjà reprise par l'angoisse.

– Le chemin de Saint-Jacques est long, pénible et dangereux. Tous ceux qui s'y engagent ne reviennent pas vivants. Je pense que nous pouvons, comme vous le souhaitez, faire trêve à nos recherches. Nous les reprendrons si l'hiver ne le ramène pas auprès de vous. Mais priez le Seigneur Dieu et la benoîte Sainte Vierge pour que cet homme entende la voix de la raison et revienne chercher la paix auprès de vous.

Une menace informulée se cachait sous la voix pesante du roi et Fiora s'en inquiéta assez pour oser demander :

– Sinon ? C'est le mot qui vient après, n'est-ce pas, Sire ?

– Oui. Sinon, je pourrais ne plus me souvenir que d'une chose : c'est qu'il est un rebelle, et ne plus accepter de le traiter autrement. Laissez-moi, à présent, ma chère ! Je suis las et je voudrais sommeiller un peu. Vous n'oublierez pas ma lettre ?

– Pour Démétrios ? Je vais l'écrire en rentrant et la ferai porter ici aussitôt !

– Merci !... En priant, ce soir, Notre-Dame de Cléry, je

lui demanderai de vous accorder cette paix qui semble prendre plaisir à vous fuir. Je n'irai pas jusqu'à prononcer le mot de « bonheur », car c'est chose trop fragile... et dont, en vérité, personne ne peut dire avec assurance où elle réside...

Une heure plus tard, rentrée chez elle, Fiora écrivit à Démétrios pour lui faire part des besoins du roi. Sa lettre achevée, elle la sabla, la scella et appela Florent pour qu'il la porte au Plessis. Ceci fait, elle écrivit une autre lettre, destinée à messer Agnolo Nardi, rue des Lombards à Paris. Il était inutile de perdre davantage de temps.

CHAPITRE VIII

LA HALTE DE BEAUGENCY

A la fin du mois d'octobre, Fiora et Léonarde quittèrent la Rabaudière sous la garde de Florent, incapable de cacher sa joie. N'était-il pas normal, comme il l'expliqua durant leur dernière nuit à une Khatoun en pleine crise de jalousie, qu'il ait plaisir à aller embrasser ses parents ? Et il pressa l'instant du départ pour couper court aux attendrissements et surtout pour ne plus voir la jeune Tartare, debout au seuil de la maison, serrant farouchement contre elle le petit Philippe qui, peu satisfait du traitement, protestait vigoureusement, au point que Péronnelle dut s'en mêler. Les yeux noirs flambaient de colère et de chagrin à la fois cependant que, du haut de sa mule, Fiora donnait ses dernières instructions du ton joyeux de quelqu'un qui s'en va faire un voyage d'agrément.

La version officielle était le souhait d'Agnolo Nardi de la voir venir à Paris pour quelques affaires importantes. Se sentant vieillir, le négociant voulait informer l'héritière de Francesco Beltrami de ce dont il faudrait qu'elle s'occupe s'il venait à disparaître. Pieux mensonge, bien sûr, puisque les intérêts de la jeune femme étaient, à présent, fermement tenus en main par Lorenzo de Médicis en personne. En réalité, Agnolo avait écrit à Fiora que lui-même, sa femme Agnelle, leur maison et leur cœur ne souhaitaient qu'une chose : l'accueillir à nouveau et la garder le plus longtemps possible. Ils ignoraient la raison profonde du séjour que Fiora entendait faire à Paris.

Péronnelle et Étienne, dans la simplicité de leurs cœurs, n'avaient rien vu d'extraordinaire à ce voyage. Pour eux, Fiora, qu'ils aimaient sincèrement, avait fini par prendre les couleurs d'un bel oiseau migrateur. Une chose comptait à leurs yeux : elle leur accordait pleine confiance et, grâce à elle, ils étaient exempts de tout souci d'ordre matériel. Enfin, un petit enfant vivait auprès d'eux, leur donnant la douce illusion d'être grand-père et grand-mère.

A son regret, Fiora n'avait pu saluer Douglas Mortimer. L'Écossais, dont décidément le roi appréciait toujours davantage les services, accomplissait une mission. C'est dire que tout le monde, hormis Louis XI, ignorait où il se trouvait. A ce dernier, la jeune femme, au matin de son départ, fit porter une lettre annonçant une absence de quelques semaines pour affaires. Elle le savait trop méfiant pour se permettre de quitter son voisinage sans l'en prévenir. Ayant ainsi assuré ses arrières, Fiora prit d'un cœur assez paisible le chemin de Paris qu'elle et Léonarde gagnèrent par Tours, Amboise, Beaugency et Orléans.

Un voyage agréable, que l'on fit sans hâte excessive pour ménager Léonarde. Le temps d'automne restait beau et, si les nuits devenaient fraîches et parfois pluvieuses, le soleil semblait s'être donné à tâche de reparaître à chaque aurore et, dans l'après-midi, permettait encore les fenêtres ouvertes et les longs bavardages dans la rue.

En approchant de la grande ville, Fiora s'aperçut qu'elle éprouvait des impressions différentes de celles ressenties trois ans et demi plus tôt, lorsqu'elle y était arrivée avec Léonarde, Démétrios et Esteban. Sous le coup de la mort tragique de son père et des cruelles épreuves qui l'avaient suivie, elle ne souhaitait qu'un refuge, un endroit où personne ne la connaîtrait et où elle pourrait refaire ses forces pour les combats qu'elle avait juré de mener.

Cette fois, s'accordant le loisir de regarder autour d'elle, elle vit que les abords de Paris paraissaient aussi aimables que les rives de la Loire : des plaines et des avancées de plateaux couverts de champs cultivés, des coteaux garnis de vigne ou piqués d'arbres fruitiers, des vallées vertes de pâturages, des bois, des forêts, des châteaux montrant souvent des pierres neuves et puis, à mesure de l'approche, des bourgs importants, des villages paisibles et de grandes abbayes. Les murailles même de la ville capitale semblaient rajeunies, car Louis XI veillait de près aux défenses de ses grandes cités et encourageait les restaurations.

Dans Paris où ne pesait plus, comme la première fois, la menace des Anglais, les rues étaient pleines d'une vie bruyante, riche et colorée où ne résonnait aucun pas ferré de troupe en marche. A l'exception des gardes de la porte Saint-Jacques et des sentinelles postées aux deux châtelets, le Petit et le Grand, qui commandaient le Petit-Pont et le Pont-au-Change, les voyageurs ne rencontrèrent pas une seule cotte d'armes, pas un seul chapeau de fer.

— Quelle belle chose, tout de même, que la paix ! remarqua Florent, tout en dardant un regard meurtrier vers une bande d'étudiants qui sifflaient sur le passage de Fiora et lui envoyaient des baisers.

— Alors, arrangez-vous pour ne pas la troubler et cessez de vous occuper de ces garçons !... Et tâchez que nous avancions un peu plus vite ! J'ai hâte d'apercevoir les trois pignons de la maison de messer Nardi !

Passé le Grand-Pont et le bruit de ses moulins, la Grande Boucherie et ses odeurs abominables de viscères et de sang caillé, on arriva à destination et les deux femmes virent avec plaisir que rien n'avait changé : la belle enseigne peinte se balançait toujours aussi majestueusement et les langues rouges des girouettes, sur les toits, continuaient à tourner doucement au vent du soir. Les fenêtres aux carreaux étincelants s'ouvraient comme autrefois sur les grandes pièces fleurant bon la cire fraîche et le pain chaud et, dans les magasins du rez-de-chaussée, les employés, la plume d'oie entre les doigts, étaient toujours courbés sur les gros registres reliés en parchemin. Mais l'apparition d'Agnolo Nardi, à l'appel de Florent qui s'était rué dans le bâtiment aussitôt descendu de son cheval, serra le cœur de Fiora. Certes, elle retrouvait le même petit homme rond et brun, quoiqu'un peu grisonnant, mais à présent, il marchait en s'appuyant sur une canne et les yeux de la jeune femme s'embuèrent de larmes. Cette canne, même ennoblie d'un pommeau d'argent ciselé, n'en était pas moins la preuve de ce que le bon Agnolo avait subi pour le service de Fiora : la torture par le feu que lui avait infligée l'impitoyable Montesecco pour obtenir de lui l'adresse de la jeune femme [1]. C'était même une chance qu'il pût encore marcher ! Aussi rencontra-t-il des joues mouillées quand Fiora sauta à terre pour courir l'embrasser.

– Tu pleures, donna Fiora ? s'écria-t-il. En voilà une bienvenue ? Nous qui sommes si heureux de ta venue !

– Je pleure de honte, mon ami, et de regret, car c'est à moi que tu dois d'avoir tant souffert et...

– Chut ! Je n'ai pas été aussi vaillant que cela car ces bandits ont très vite pensé à s'en prendre à mon Agnelle... et là, bien sûr, j'ai dit tout ce que ce démon voulait. Si quelqu'un doit demander pardon, c'est moi !

– Plus un mot là-dessus dans ce cas ! Grâce à Dieu, Montesecco a payé pour ses crimes. Ou plutôt pour un crime qu'il a refusé de commettre.

– Comment cela ?

– Au moment de la conspiration des Pazzi, aux dernières Pâques, il a refusé de frapper les Médicis dans le Duomo, mais il a tout de même été arrêté et décapité.

– La justice de Dieu s'y retrouve toujours ! Entrez vite à présent ! Florent va mettre vos bêtes à l'écurie. Il doit se souvenir de son emplacement et...

Un cri de joie l'interrompit. Toujours aussi ronde, tou-

1. Voir *Fiora et le Pape*.

jours aussi blonde, Agnelle, grands yeux d'azur et robe de velours assortie, venait de surgir de la maison à son allure habituelle, celle d'un courant d'air, et se jetait dans les bras de Fiora qu'elle embrassa et réembrassa avant de tomber dans ceux de Léonarde.

— Pour une arrivée discrète, c'est réussi! marmotta Agnolo avec un coup d'œil aux fenêtres environnantes où s'était installée une guirlande de voisines.

— Qui a parlé de discrétion? protesta sa femme. Et pourquoi cacherions-nous la venue de notre donna Fiora que nous aimons comme notre fille?

Néanmoins, elle fit rentrer son monde dans la maison où le ballet des servantes chargées de préparer les chambres et de veiller à allonger le menu du soir était déjà commencé. Léonarde et Fiora retrouvèrent avec plaisir leur ancien logis tandis que Florent partait vers les bureaux afin d'y faire étalage de son nouveau rang d'écuyer d'une grande dame et de son élégant costume de fin drap gris porté sous un ample manteau doublé de vair. Il irait ensuite chez son père, le changeur Gaucher le Cauchois, pour y embrasser sa mère et ses sœurs et, très certainement, y passer la nuit.

Il était donc absent quand, après le souper et toutes portes closes, les servantes retirées chez elles, Fiora fit part à ses amis de l'embarras dans lequel elle se trouvait, sans chercher le moins du monde à se découvrir des excuses.

— Par les lettres de Léonarde et les miennes, vous avez su dans quelle aventure insensée je me suis trouvée entraînée avant de pouvoir, enfin, regagner Florence et y vivre quelques semaines de paix, je dirais presque de bonheur car, pendant ce séjour j'ai... j'ai aimé Lorenzo de Médicis et il m'a aimée. Je ne vous le cache pas, la tentation m'est venue alors de rester là-bas, d'y appeler mon fils et Léonarde. Bien sûr je me croyais veuve, mais, dussé-je mourir de honte devant vous, je crois que, sachant mon époux vivant, les choses se seraient passées de la même façon...

Fiora se tut un moment. Avant de commencer, elle avait reculé suffisamment pour que son visage ne fût pas trop éclairé par la lumière du grand chandelier posé sur la table. Elle avait en effet conscience de l'incongruité de telles paroles dans ce foyer d'époux honnêtes et fidèles l'un à l'autre. Agnolo et Agnelle se portaient un amour profond et, très certainement, la seconde n'aurait jamais l'idée de regarder seulement un autre homme que son époux. Pourtant, dans ces deux visages tournés vers elle, Fiora ne lut rien qui ressemblât à une quelconque condamnation. Au contraire, Agnelle lui sourit :

— Vous connaissez Monseigneur Lorenzo depuis toujours, n'est-ce pas ?

— Depuis toujours en effet...

— Alors, peut-être l'aimiez-vous déjà sans vous en rendre compte ? Agnolo n'a cessé de me répéter qu'il est l'homme le plus extraordinaire de ce temps et que son charme est extrême.

— Cela vous ressemble bien, chère Agnelle, de chercher tout de suite une excuse à ma faute, mais je n'aimais pas Lorenzo jadis. C'était de son frère Giuliano que j'étais amoureuse. J'ajoute que je l'ai oublié dès ma rencontre avec Philippe de Selongey. Et c'est là qu'en dépit de votre indulgence vous aurez peut-être quelque peine à me comprendre car, même auprès de Lorenzo, je n'ai jamais cessé d'aimer Philippe et quand j'ai su, par messire de Commynes, que le roi lui avait fait grâce et qu'il vivait toujours, ma seule pensée a été de revenir vers lui, ma seule espérance de le retrouver...

De l'autre bout de la table, la voix d'Agnolo, paisible et un peu sourde, se fit entendre.

— Qui de nous peut se vanter d'avoir vécu sans faiblesse ? Tu oublieras Monseigneur Lorenzo comme tu avais oublié son frère !

— Non. L'oubli est désormais impossible, et c'est pourquoi je suis venue demander votre aide... si vous ne me méprisez pas trop !

Le silence qui suivit ne dura guère. Agnelle se leva, vint derrière Fiora et, glissant ses bras autour de son cou, elle dit calmement :

— Je crois, Agnolo, que tu devrais t'assurer que les portes sont bien fermées.

Il leva un sourcil, sourit, puis se leva et quitta la salle. Le bruit de son pas inégal s'éloigna lentement. Alors, sans quitter sa pose affectueuse, Agnelle murmura à l'oreille de Fiora :

— Quand l'enfant doit-il arriver ?

— En avril, je pense, mais, Agnelle, je ne voudrais surtout pas vous mettre dans l'embarras.

— Chut ! Il n'y aura aucun embarras. Puisque votre époux est vivant, la naissance doit rester secrète.

— C'est ce que je souhaite et c'est aussi pourquoi j'ai voulu m'éloigner avant que les signes extérieurs ne deviennent visibles.

— Vous avez eu tout à fait raison. Ici, la maison est grande...

— Non, coupa Léonarde. Ce n'est pas davantage possible ici. Avez-vous oublié le remue-ménage causé par notre arrivée ? En outre, il y a vos servantes, les commis de votre époux. Le beau secret que nous aurions là ! Nous pensions plutôt vous prier de nous prêter votre maison de Suresnes où j'ai passé naguère l'agréable convalescence de ma jambe cassée.

Agnelle se redressa lentement et marcha quelques instants le long de la cheminée avant de s'y arrêter.

— Cela vous ennuie-t-il ? demanda Fiora.

— Cela m'ennuie pour vous. Une maison que nous n'habitons guère qu'en été, vous y faire passer un hiver avec l'humidité des bords de Seine...

— Les cheminées tirent parfaitement, reprit Léonarde, et à présent je connais bien la maison et ses entours. Je crois que nulle part nous ne serons mieux retirées. Bien sûr, il ne serait pas question de s'y installer en grand arroi. Fiora passera pour une cousine italienne de votre époux, ou une nièce, qui a eu des malheurs, et moi je fais une duègne très convenable. En outre, ni les travaux de la maison ni les soins d'un accouchement ne me font peur.

– Vous voulez y habiter seules ?

– Naturellement, dit Fiora. Le jeune Florent m'est dévoué, mais il ignore tout et je pense le renvoyer à la Rabaudière.

– C'est impossible ! fit Agnelle catégorique. La maison, vous le savez, se trouve un peu isolée. Il y faut un homme, ne fût-ce que pour le bois, l'eau et les gros travaux. Florent connaît l'endroit pour s'être occupé longtemps du jardin, et aussi les gens des environs. Si nous adoptons l'idée d'une nièce d'Agnolo, personne ne s'étonnera de le voir à Suresnes. Pourquoi ne voulez-vous pas le mettre au courant ? Aurait-il démérité ?

Fiora rougit et ne répondit pas. Ce fut Léonarde qui s'en chargea :

– En aucune façon, mais ce qui gêne Fiora, c'est – vous le savez d'ailleurs – qu'il est amoureux d'elle depuis leur première rencontre ici-même. Elle craint... de le choquer ; peut-être même de le blesser.

– Vous le connaissez mal. Il sera fier de votre confiance et plus encore de devoir veiller sur celle qu'il aime tant. Mais à présent, nous devons débattre sur l'heure d'un sujet plus important : l'enfant. Que comptez-vous en faire ? Vous ne pourrez pas le ramener chez vous...

– Je sais, dit Fiora. Et croyez que cela m'est cruel. Je ne peux accepter l'idée de m'en séparer à jamais. Pourtant, il va falloir trouver des parents nourriciers dignes de confiance...

– Et vous n'avez pas pensé à nous ? s'écria Agnelle sincèrement indignée. Où trouverez-vous de meilleurs parents qu'Agnolo et moi à qui le Ciel n'a pas accordé d'enfants ? Et où sera-t-il mieux que chez nous où il vous sera loisible de le revoir chaque fois que vous le désirerez ? Tenez ! Vous seriez sa marraine ?

A son tour Fiora se leva, alla prendre l'excellente femme dans ses bras et la serra sur son cœur :

– Autant vous l'avouer : j'espérais que vous parleriez ainsi.

– Mais vous n'en étiez pas certaine ? Pourquoi ?

– J'étais sûre de la femme que vous êtes. Mais il y a votre époux. Il peut s'y opposer. Je connais ses principes...

– Seulement vous ne connaissez pas assez son cœur. Décidément, mon amie, vous savez bien mal juger les hommes. Élever comme sien l'enfant de Monseigneur Lorenzo et de sa chère donna Fiora ? Mon Agnolo va être aux anges !

Il le fut en effet et, les larmes aux yeux, remercia la jeune femme de la preuve d'affection qu'elle allait leur donner.

– J'en ferai un homme digne de votre cher père, affirma-t-il.

– Et si c'est une fille ? Il faut envisager cette éventualité.

– Alors, elle sera la lumière de cette maison.

Quant à Florent, Agnelle le connaissait mieux que Fiora et l'avait parfaitement jugé. En apprenant ce que l'on attendait de lui, il mit genou en terre devant la jeune femme, comme un chevalier devant sa dame, et jura de veiller sur elle et sur l'enfant à naître, jusqu'à la mort s'il se devait. Dépositaire d'un secret aussi dangereux pour la paix à venir de celle qu'il aimait, il se sentait immensément fier, et en outre ravi : la perspective d'une longue et étroite cohabitation avec Fiora, sans autre témoin que Léonarde, l'enchantait. Du coup, il se sentit la force et la sagesse de tous les preux du grand Charlemagne réunis en sa seule personne. Certes, une inquiétude lui vint à la pensée de Khatoun et de son attitude devant une aussi longue absence, mais, même si, au retour, il devait affronter des scènes déplaisantes, le jeu en valait largement la chandelle.

Durant les trois jours qui suivirent, Fiora et Léonarde se comportèrent comme des étrangères en visite. Avec

Agnelle, elles se rendirent à Notre-Dame, à la Sainte-Chapelle, musèrent sur les marchés et au cimetière des Innocents. Là, elles effectuèrent de nombreux achats dans cette rue de la Lingerie qui jouxtait le fameux enclos des morts où se déversaient la majeure partie des défunts de Paris. Elles ne manquèrent pas de faire aumône à la recluse de l'endroit, la vénérable Agnès du Rocher, qui s'était fait murer soixante-quinze ans plus tôt, à l'âge de dix-huit ans, dans l'étroite logette sans porte ni fenêtre qui ne s'ouvrait que par une sorte de fente donnant sur le cimetière [1]. Il se trouvait toujours un grand concours de femmes agenouillées priant devant cette ouverture, qui ne permettait guère d'apercevoir qu'un paquet de chiffons nauséabonds dans lesquels il était impossible de distinguer un visage. Fiora laissa tomber deux pièces d'or de l'autre côté du mur lépreux :

— Elle ne les gardera pas, murmura Agnelle. Avant ce soir, quelque miséreux venu implorer son secours les aura reçus. De toute façon, vous aurez fait œuvre pieuse.

Et, en effet, de l'intérieur, une voix cassée, tremblante, qui n'appartenait plus tout à fait à la terre, fit entendre un remerciement au nom du Très-Haut et une bénédiction.

— Comment une jeune fille peut-elle se condamner à pareil supplice ? fit Léonarde impressionnée. Pourquoi n'avoir pas choisi plutôt le couvent ?

— Peut-être parce qu'il fallait une grande expiation. On dit qu'Agnès, qui était fille noble, a aimé un garçon qui n'était pas de son rang et qu'elle en a eu un enfant. Son père aurait tué de ses mains et l'amant et l'enfant nouveau-né. A peine remise de ses couches, Agnès a obtenu de l'évêque de Paris la permission d'entrer en reclusoir. Il en existait plusieurs autour du cimetière. Je vous montrerai tout à l'heure, parmi les tombes, celle de sœur Alix la Bourgotte, morte en 1466, et sur laquelle

1. Agnès vécut ainsi jusqu'en 1483 et mourut à quatre-vingt-dix-huit ans.

notre sire le roi a fait élever une statue grandeur nature
avec ces mots :

> *En ce lieu gist sœur Alix la Bourgotte*
> *A son vivant recluse très dévote*
> *Où a régné humblement et longtemps*
> *Et demeurée bien quarante-huit ans*

Mais Fiora n'avait pas envie d'aller voir l'effigie de
cette sainte femme. Les pénitences aussi démesurées lui
inspiraient une sorte de répulsion et, si elle comprenait
qu'une fille désespérée pût choisir l'asile d'un couvent,
elle avait de la vie, ce don de Dieu, une idée trop haute
pour admettre une forme de suicide qui, d'ailleurs, n'en
était pas un puisque, soumises durant des années à
l'humidité, au froid, au gel même ou à l'extrême chaleur,
les pénitentes s'accrochaient à la vie durant d'interminables années. Mieux valait, cent fois, mourir fou-
droyée par le soleil sur les chemins arides de Compostelle
ou périr noyée en voguant vers la Terre sainte !

Ses péchés d'amour, à elle, étaient bien plus graves que
ceux de cette Agnès qui, en fait, expiait le crime d'un
autre, mais l'idée de choisir ce tombeau entrouvert pour y
croupir interminablement dans la fange et l'ordure lui faisait horreur. Léonarde s'en rendit compte et l'entraîna :

— Ce n'est pas un spectacle pour une future mère, lui
chuchota-t-elle. Et Dieu n'en demande pas tant aux
pauvres humains car alors son Paradis, au jugement dernier, demeurerait tristement vide !

Fiora lui sourit et, sous son manteau, glissa sur son
ventre une main déjà protectrice. A mesure que les jours
passaient, elle s'attachait davantage à ce petit être inconnu
qui prenait vie dans ses entrailles, et elle en venait à penser que l'inévitable séparation ne serait peut-être pas une
délivrance, mais un arrachement plus cruel qu'elle ne s'y
attendait.

Cependant, tandis que les femmes parcouraient Paris,

Florent, suivant les ordres d'Agnolo, effectuait de nombreux voyages à Suresnes pour y mettre la maison en état d'offrir un hivernage à peu près confortable. Le village, dépendant de l'abbaye Saint-Leuffroy, elle-même vassale de la riche et puissante abbaye Saint-Germain-des-Prés, n'offrait pas de grandes ressources en dehors des vignes étalées sur les coteaux et des troupeaux de moutons qui, l'été, occupaient les pentes du mont Valérien. Grâce à ses soins et à la prévoyance attentive d'Agnelle, tout fut prêt en temps voulu et quand, le quatrième jour, Fiora et Léonarde firent à leurs amis des adieux aussi joyeux que bruyants, elles savaient pouvoir envisager l'avenir avec une certaine sérénité. En effet, quand l'enfant viendrait vivre chez les Nardi, jamais les bonnes gens de la rue des Lombards ne feraient un rapprochement entre la grande dame élégante venue passer quelques jours en octobre et la pauvre fille venue d'Italie cacher sa faute loin de son cadre habituel.

Les voisins en question auraient été fort surpris s'ils avaient pu assister, une grande heure plus tard, à la curieuse scène qui se déroula dans une hutte de bûcherons abandonnée de la forêt de Rouvray : la grande dame et sa suivante y changeaient leurs riches costumes de voyage pour des robes et des capes d'épais drap gris et noir et des coiffes de toile unie qu'elles rabattirent sur leurs visages, s'assurant ainsi un maintien modeste peu susceptible d'attirer l'attention des passants, à vrai dire assez rares. Après quoi, l'on reprit le chemin de Suresnes où l'on arriva à la fin du jour, en cette heure grise et indécise que l'on appelle « entre chien et loup », et alors que l'Angélus du soir était sonné depuis un bon moment au clocher de Saint-Leuffroy.

Situé entre les pentes du mont Valérien et la Seine dans laquelle son petit verger venait mourir, le clos d'Agnolo Nardi se composait dudit verger, d'une belle vigne qui remontait doucement le coteau, et d'un jardin entourant une maison basse construite en croisillons de bois et plâtre de Paris sur un soubassement de pierres qui renfermait le cellier et les caves. Un escalier extérieur menait à l'unique étage, encapuchonné d'un grand toit pointu. Deux ou trois petites dépendances, dont une écurie, formaient sur le derrière une cour irrégulière creusée d'une mare dans laquelle poules et canards s'ébattaient tout le jour. Un vieil homme noueux comme un cep de vigne et presque aussi causant, le père Anicet, assurait en principe la garde du domaine, protégé par son voisinage avec l'abbaye. Le père Anicet veillait à l'entretien de la vigne avec l'aide intermittente mais vigoureuse, surtout au moment des vendanges, de deux vieux garçons du village, les frères Gobert. Il habitait une maisonnette au bord de l'eau, ce qui lui permettait de s'adonner à ce qu'il aimait le plus au monde avec les vins du pays : la pêche. Enfin, il ne mettait jamais les pieds dans la maison principale où, en arrivant, Florent se hâta d'allumer les feux qu'il avait préparés.

Le logis se composait d'une grande cuisine qui servait de pièce à vivre, de quatre chambres et d'un réduit pour les commodités. Les meubles en étaient simples, mais solides et bien choisis comme les tentures qui réchauffaient les chambres où ne manquaient même pas les tapis. La main d'Agnelle se devinait dans l'abondance et la qualité du linge et des objets usuels. Rien de luxueux, bien sûr, mais tout ce qu'il fallait pour rendre confortable un séjour hivernal...

— A moins d'une très grosse crue, ajouta Florent qui faisait les honneurs, nous n'avons pas à craindre l'inondation. Il est déjà arrivé que l'eau vienne jusqu'à l'entrée de la cave, mais on peut toujours sortir par l'arrière puisque la maison est située sur une pente. Pensez-vous que vous serez bien ici, donna Fiora ?

Celle-ci le rassura d'un sourire.

— Très bien. J'en étais certaine, d'ailleurs, depuis le séjour de dame Léonarde. Regardez-la, Florent, elle est déjà chez elle.

La vie s'organisa très vite, rythmée par la cloche du

couvent Saint-Leuffroy qui sonnait les offices. Les deux femmes vaquaient aux soins du ménage et de la cuisine, cousaient, brodaient ou filaient le soir sous le manteau de la cheminée qui les réunissait tous trois. Florent, lui, veillait aux gros travaux et au ravitaillement. Fiora se sentait nettement plus alerte que durant sa première grossesse et sortait volontiers dans l'enceinte du domaine. Elle ne tenait pas à se montrer au village, afin d'éviter de susciter la curiosité. Mais, profitant de l'été de la Saint-Martin, elle obtint de Florent qu'il l'emmène avec Léonarde jusqu'au sommet du mont Valérien admirer la vue sur Paris que la renommée disait si belle. Il lui semblait que la contemplation de la nature l'aidait dans sa gestation. En outre, le mont était devenu un but de pèlerinage depuis qu'y vivait un ermite nommé Antoine. Pour figurer le Calvaire, il avait élevé trois croix de bois devant lesquelles il priait matin et soir.

Afin de ne pas déranger le saint homme dans ses oraisons, Fiora et Léonarde gravirent la pente boisée en début d'après-midi. De fait, elles ne rencontrèrent personne et c'est tout juste si elles aperçurent la hutte de branchages qu'il s'était construite à la lisière du bois.

De là-haut, le panorama était admirable. Paris enfermé dans ses murailles et coupé par le long ruban gris de la Seine, Paris hérissé par les flèches dorées de ses églises ressemblait à une grande coupe d'argent sertie dans l'or et dans le cuivre, car d'immenses forêts roussies par l'automne s'étendaient tout autour. Dans ces forêts, la main de l'homme avait taillé des clairières où poussaient des villages : Saint-Denis, Courbevoie et Colombes en bordure des prairies de Longchamp ; vers Saint-Germain, il y avait Vaucresson, Montesson et, dans la forêt de Montmorency, d'autres hameaux, Montmagny, Montlignon, Andilly ; et puis, vers la Marne, Montreuil, Chennevières, Vincennes, cependant qu'au sud apparaissaient les clochers d'Arcueil, de Sceaux, de Fresnes et de Villeneuve-le-Roi. Florent, qui connaissait bien l'endroit, prenait plaisir à renseigner Fiora, et celle-ci admirait le spectacle sans réserve. Au milieu de cette mer d'arbres, rougis, brunis, dorés, la ville capitale semblait, sous le soleil tardif, vibrer d'une vie bien à elle. Un brouillard nacré s'en dégageait, avant de se dissoudre dans le bleu léger du ciel. Et Fiora qui, si souvent, de sa villa de Fiesole, avait contemplé Florence en pensant qu'aucune cité au monde ne pouvait l'égaler en beauté, Fiora qui avait contemplé Rome brasillant des feux pourpres d'un couchant glorieux, demeurait admirative et muette en face de cette grande ville sereine et majestueuse que, cependant, son roi n'aimait pas.

– Pourquoi ? murmura-t-elle pensant tout haut sans même s'en rendre compte, pourquoi le roi Louis vient-il si rarement ici ? Paris est pourtant digne de lui...

– Oui, mais Paris a été anglais trop longtemps et le roi n'arrive pas à l'oublier, fit Léonarde. Les souvenirs en demeurent proches et il faudra peut-être un autre règne, une autre génération pour que Paris rentre enfin en grâce. Le roi en prend soin : ce n'est déjà pas si mal... Et, dans un sens, c'est une bonne chose pour nous. Nous ne risquons guère de le rencontrer.

Avec le temps de Noël, le froid s'installa et aussi la neige. Les nuits furent troublées par les hurlements des loups. Florent et le père Anicet veillaient aux clôtures avec plus de diligence que jamais. On disait aussi que, dans la forêt de Rouvray voisine, des brigands tenaient leurs quartiers, mais aucun n'osa s'approcher de la puissante abbaye et des quelques maisons abritées sous son aile de pierre.

Fiora se portait toujours aussi bien, mais l'ennui commençait à la gagner. Les nouvelles de Touraine étaient rares. Léonarde avait écrit à Étienne pour lui dire que Fiora avait contracté une maladie qui l'éprouvait beaucoup et lui interdisait d'entreprendre, surtout en hiver, le voyage vers la Loire. Elle ne reviendrait qu'au printemps, si tout allait bien... En retour, apportées une fois par Agnelle, une autre fois par Agnolo, on reçut quelques lignes brèves et maladroites. Le brave Étienne savait lire, mais l'écriture n'était pas son fort. Quant à Khatoun, à qui Fiora avait envoyé une petite lettre, elle ne répondit pas, ce qui ne laissa pas d'inquiéter la jeune femme car Khatoun savait parfaitement lire et écrire. Florent, pour sa part, pensa que la jeune Tartare boudait, mais se garda bien de le dire, se contentant de faire remarquer qu'en général une absence de nouvelles signifiait que tout allait bien. Et puisque Étienne disait que le petit Philippe poussait comme un champignon, il n'y avait aucun souci à se faire.

— J'ai quand même bien envie de vous envoyer là-bas, lui dit un jour Fiora. Ce silence n'est pas normal. Me sachant malade, peut-être pourrait-on au moins demander des nouvelles?

— Qui donc? Aucun des habitants de la Rabaudière ne peut se lancer sur les grands chemins par ces temps de froidure. Et messire Philippe le petit a besoin de tout son monde...

C'était l'évidence même. Néanmoins, Fiora ne pouvait s'empêcher de penser que Douglas Mortimer qui, en bon Écossais, ne craignait ni tempête ni froidure, aurait pu faire le voyage de Paris... Et elle souffrait de cette indifférence. C'était comme si, en quittant sa maison de Loire, elle avait effacé du paysage jusqu'à son souvenir. Et elle avait tellement hâte de repartir, à présent, qu'il lui semblait que le bébé attendu ne viendrait jamais...

Passé le temps des étrennes et celui de l'Épiphanie, les jours parurent se traîner plus misérablement encore. Léonarde souffrit de rhumatismes et la moitié des choux que l'on avait en réserve se transformèrent en cataplasmes. Le froid heureusement ne fut pas trop rigoureux, mais quand la neige fondit, la Seine commença à grossir. De la fenêtre de leur salle, les deux femmes la regardèrent monter len-

tement à l'assaut du verger, puis du jardin, et finalement
de l'escalier. Une marche, une autre marche... La cave se
remplit d'eau, ce qui ne risquait pas de porter tort aux
futailles, mais aux autres provisions, et Florent employa
une nuit entière à déménager le saloir, les jambons, puis
les pommes et les poires mises au fruitier, pour leur éviter
un naufrage total. Il en était même à envisager d'emporter
les meubles dans les vignes et de conduire les deux femmes
chez l'ermite du mont Valérien quand, brusquement, en
quelques heures et comme un baquet dont on a enlevé la
bonde se vide d'un seul coup, le flot boueux se retira. Le
verger cessa d'être une plantation de plumes d'oie dans de
l'encre grise pour retrouver ses assises. Des assises
boueuses, spongieuses, mais qui, tout de même, ressem-
blaient à de la terre ferme.

On eut d'autres alertes, lorsque à la fin de l'hiver des
rafales de pluie secouèrent les arbres et en arrachèrent des
brindilles. Florent vivait assis sur la berge, l'œil rivé au
niveau du fleuve. Quant à Fiora, qui atteignait un maxi-
mum de circonférence, elle en venait à nier tout danger en
vertu de cet adage antique qui veut que ce que l'on nie
n'existe pas. Mais il était impossible de nier les douleurs
de la pauvre Léonarde et, alors qu'elle était censée
s'occuper de la future mère, ce fut celle-ci qui passa de
longues heures à soigner ses jointures douloureuses. Elle
finit même par oublier son état : elle et ses deux compagnons se trouvaient enfermés au cœur d'une bulle de chaleur et de sécheresse qui voguait sur un flot instable dont
on ne pouvait savoir s'il n'allait pas, tout à coup, les
engloutir à jamais.

Et puis, d'un seul coup, tout rentra dans l'ordre. Aux
derniers jours de mars, le printemps fut exact au rendez-
vous. Des pousses, vite changées en boutons, surgirent sur
les arbres fruitiers, et la boue laissa percer de minces
lames vertes qui annonçaient l'herbe. Fiora pensa alors
que l'enfant n'allait plus tarder. En effet, dans la nuit du
4 au 5 avril, elle ressentit des douleurs, peu violentes,

mais assez rapprochées pour lui faire appeler Léonarde qui, de son côté, réveilla Florent, chargé de rallumer le feu dans la cuisine et de mettre de l'eau à bouillir tandis qu'elle-même préparait tout ce qui était nécessaire. Depuis longtemps déjà, une grande corbeille avait été accommodée pour servir de berceau.

Tout alla infiniment plus vite que l'on ne s'y attendait et c'est tout juste si la grande marmite eut le temps de chauffer : une demi-heure après avoir poussé son premier gémissement, Fiora stupéfaite donnait le jour à une petite fille. Elle ne ressentait aucune fatigue et, pour un peu, elle aurait quitté son lit pour aider Léonarde à s'occuper du bébé.

— J'ai tant souffert pour mon petit Philippe! Est-il vraiment possible de mettre un enfant au monde en si peu de temps?

— La preuve! fit Léonarde en riant. La venue d'un premier enfant est toujours assez longue, mais notre petite demoiselle avait, semble-t-il, grande hâte de voir le jour. Oh, mon agneau, elle vous ressemble tellement!

Et Léonarde qui venait de finir d'emmailloter la petite fille se mit à pleurer en la berçant dans ses bras. Florent, arrivant avec des bûches pour le feu, en laissa choir son bois.

— Pourquoi pleurez-vous ainsi, dame Léonarde? L'enfant n'est pas...

— Non, non, elle va très bien, mais elle vient de réveiller tant de souvenirs! Vous n'étiez pas beaucoup plus vieille, Fiora, quand on vous a mise dans mes bras pour la première fois, et il me semble que tout recommence!

— Grâce à Dieu, les circonstances ne sont pas les mêmes, dit Fiora doucement.

— Elles sont moins tragiques, sans doute, mais presque aussi tristes. Cette petite fille ne vous donnera pas davantage le nom de mère que vous ne l'avez donné à la vôtre.

A leur tour, les yeux de Fiora s'emplirent de larmes. Elle réalisa que, jusqu'à l'instant de son premier cri, l'enfant qu'elle portait lui était apparu comme une gêne, une punition et même un danger, puisqu'il risquait d'élever une infranchissable barrière entre elle et l'homme qu'elle aimait. Elle ne l'avait pas attendu avec la même joie, le même orgueil que son petit Philippe. Mais à présent, ce n'était plus une abstraction : c'était un petit être vivant, la chair de sa chair, le sang de son sang et quand Léonarde, doucement, vint le déposer au creux de son bras, ce fut avec une vraie tendresse, un véritable amour qu'elle posa ses lèvres tremblantes sur la minuscule tête ronde où de légers cheveux bruns formaient comme une petite crête...

— Oh Léonarde, balbutia-t-elle, qu'allons-nous devenir ? Comment ai-je pu penser un seul instant à m'en séparer ? Je l'aime déjà...

— Moi aussi, et je vous demande pardon d'avoir, à cette heure qui devrait être heureuse, donné libre cours aux sentiments que je me suis efforcée de vous dissimuler durant tout ce temps. Et pourtant, je ne savais pas que ce serait une fille. Mais là... tout a débordé d'un seul coup.

— Vous pensiez à ma mère. Et moi, à présent, j'y pense aussi. Comme elle a dû souffrir en sachant qu'elle allait quitter ce monde en m'y laissant !

— Ce ne sera pas la même chose pour vous. Cette enfant vous connaîtra et, même si elle ne sait pas que vous êtes sa mère, je suis sûre qu'elle vous aimera... Au fait, comment allez-vous l'appeler ? Il lui faut un nom florentin puisqu'elle est, en principe, la petite nièce de ce bon Agnolo.

— Cela coule de source : Lorenza... Lorenza-Maria en mémoire de ma mère.

En dépit des objurgations de Léonarde, Fiora refusa d'être séparée de sa fille. Jusqu'au lever du jour, elle la garda contre elle, lui murmurant des mots tendres, caressant tout doucement les mains minuscules et les petites joues rondes qui avaient la douceur et la couleur d'une pêche de vigne. Son cœur, pris par surprise, débordait d'amour et de chagrin. Et quand, au matin, Léonarde vint la lui enlever pour lui donner des soins et la nourrir d'un peu d'eau sucrée au miel, Fiora eut l'impression de perdre une partie d'elle-même.

— Vous me la rendrez tout de suite après, n'est-ce pas ?

— Non, Fiora. Vous avez besoin, vous aussi, de soins, sans parler du repos que vous vous êtes refusé. Lorenza va dormir un peu dans sa corbeille... mais je la mettrai tout près de votre lit, je vous le promets.

— Vous n'allez pas... faire prévenir tout de suite Agnolo et Agnelle, n'est-ce pas ? Vous allez me la laisser un peu ?

Il y avait tant d'angoisse dans sa voix que la vieille demoiselle sentit son cœur se serrer. Elle avait craint, depuis le premier jour, cette flambée d'amour maternel. Voir, à présent, ce visage douloureux où les larmes versées dans la nuit avaient laissé leur trace la bouleversait.

— Ce n'est pas raisonnable. Plus vous attendrez, plus la séparation sera cruelle. D'autre part, Agnelle a dû arrêter déjà une nourrice.

— Pourquoi ne nourrirais-je pas ma fille pendant quelque temps ? Après tout, rien ne nous presse ? Nous sommes bien ici...

— Oubliez-vous votre fils ? Voilà six mois que vous l'avez quitté et on ne peut pas dire que vous ayez beaucoup vécu avec lui. Est-ce qu'il ne vous manque pas ?

— Si, bien sûr... mais il me semble que, ce petit ange, je l'aime plus encore. Lui, il a tout...

— Sauf un père ! fit Léonarde gravement. Lorenza aura père et mère, sans compter vous-même qui ne la perdrez pas de vue. Enfin, n'oubliez pas qu'elle est de race illustre. C'est une vraie Florentine, elle...

— Certes, elle l'est plus que moi. Mais je vous l'avoue, je n'ai guère pensé à son père tandis que je l'attendais... et même maintenant. C'est la preuve que je n'ai pas aimé vraiment Lorenzo. Et elle a peu de chance de le connaître jamais...

— Vous n'en savez rien. Quelle chance aviez-vous vous-même de connaître Florence au jour terrible de votre naissance ? Laissez-moi envoyer le père Anicet à Paris avec une mule et un billet. Florent est trop connu dans le quartier. Mieux vaut qu'on ne l'y voie pas ces jours-ci.

Fiora pleura beaucoup, supplia même quand Léonarde, impitoyable en apparence mais déchirée dans le fond de son cœur, lui banda les seins bien serré pour empêcher la montée de lait, en alléguant d'ailleurs que c'était à peine utile car, à la naissance de Philippe, Fiora s'était montrée peu prodigue du précieux liquide maternel. Et, comme celle-ci passait des larmes et des supplications à la colère, elle se fit sévère.

— Cessez de vous comporter comme une enfant ! Il faut une bonne nourrice à cette petite et nous n'allons pas nous amuser à la changer de sein toutes les deux minutes. Pensez un peu à elle !

Il fallut se résigner. D'ailleurs, le lendemain matin, les Nardi, tout frémissants d'une joie qu'ils n'osèrent pas montrer devant le visage tragique de la jeune mère, accouraient à Suresnes avec chevaux et confortable litière pour que le bébé fît le court voyage dans les meilleures conditions. La nourrice, choisie avec soin, attendait déjà rue des Lombards. Comme les Rois mages de l'Écriture sainte, ils apportaient des présents – inutiles et charmants comme des dentelles et des onguents de beauté pour Fiora – qui traduisaient bien leur affection.

Lorsque Fiora, pleurant comme une fontaine, remit elle-même sa fille dans les bras d'Agnelle, celle-ci l'embrassa chaleureusement.

— Je sais ce qu'il vous en coûte, mon amie, mais soyez certaine que notre petite Lorenza recevra tout ce qu'un enfant peut souhaiter et que nous l'aimerons de tout notre cœur, Agnolo et moi. D'ailleurs, si vous ne pouvez venir la voir d'ici quelque temps, je vous promets que cet été nous vous l'amènerons...

— Je ne sais pas si ce serait très sage, soupira Léonarde. Il semble évident, dès à présent, que Lorenza-Maria va ressembler beaucoup à sa mère...

— Ce qui est heureux pour elle, fit Agnolo, car je la plaindrais de ressembler à son illustre père qui est fort laid ! Mais laissons faire la nature, nous verrons bien !

— Lorenza-Maria ! soupira Agnelle en berçant, les yeux pleins d'étoiles, le petit paquet blanc que Fiora regardait avec désespoir. C'est bien joli ! Et c'est donc sous ce nom qu'elle sera baptisée dès ce soir, en l'église Saint-Merri...

— Dès ce soir ? s'étonna Léonarde. Et quels noms allez-vous indiquer pour les père et mère ?

— Il n'existe pas cinquante solutions, fit Agnolo. Nous ne pouvons la déclarer que de père et mère inconnus, Agnelle et moi signant uniquement à titre de marraine et de parrain. Naturellement, deux de nos voisins nous accompagneront en guise de témoins.

— Ainsi, elle n'aura pas de nom réel ? murmura Fiora. Elle qui pourrait s'appeler Médicis ou au moins Beltrami.

— Me connaissez-vous si mal ? fit Agnolo. Le prêtre recevra de l'or, et je m'arrangerai pour qu'il me croie le père...

— Eh bien, s'insurgea Agnelle, comme c'est aimable pour moi ! D'autant qu'elle est, en principe, la fille de ta nièce ?

— Sois sans crainte, reprit le négociant en riant. Du moment qu'on les paie, les desservants de paroisse ne se montrent pas trop difficiles et cela permettra à ce petit ange d'avoir un nom : elle sera Lorenza-Maria dei Nardi. N'est-ce pas le principal ?

— Bien sûr que si ! C'est toujours toi qui as les meilleures idées...

Quand ils eurent quitté le clos, la maison parut vide. C'était comme s'ils avaient emporté avec eux toute sa lumière et toute sa chaleur. Adossée à ses oreillers que ses cheveux marquaient d'une épaisse tresse noire, Fiora, les yeux baissés, se taisait. Elle regardait ses bras étendus devant elle, ses mains abandonnées paume en l'air sur le drap de fine toile. Eux aussi étaient vides et, tout à coup, cela lui fut insupportable. Relevant les paupières, elle regarda tour à tour Léonarde, qui s'était laissée tomber sur un banc et pleurait, les coudes aux genoux et la tête dans ses mains, puis Florent adossé au manteau de la cheminée où il regardait sans le voir le feu qui s'éteignait. Tous deux, frappés d'une immobilité qui semblait ne devoir jamais finir, n'osaient pas se tourner vers le lit... C'était comme si leur vie, à eux aussi, s'était arrêtée avec le départ de cette litière dont on entendait encore le léger grincement des essieux s'éloignant vers le vieux pont romain.

Une soudaine bouffée de colère tira la jeune femme de son amère songerie. Elle n'allait pas rester là, immobile, à attendre stupidement que son cœur cessât de lui faire mal. Sa voix sonna, haute, claire, impérieuse, et fit tressaillir les deux autres.

— Donnez-moi une robe de chambre, ma chère Léonarde! Je veux me lever.

Tout de suite la vieille demoiselle fut près d'elle, mi-inquiète mi-fâchée :

— Vous n'y songez pas! Il y a seulement deux jours que vous êtes accouchée...

— Et alors? Péronnelle m'a parlé, un jour, d'une paysanne de ses amies qui avait ressenti les grandes douleurs alors qu'elle était en train de cueillir des cerises. Elle a fait son enfant et, deux jours après, elle allait vendre ses cerises au marché de Notre-Dame-la-Riche. Je ne crois pas être moins solide qu'elle.

— Encore un peu de patience! Rien que deux ou trois jours ?

— Pas même un seul! Comprenez donc que je ne peux plus supporter cette maison à présent... qu'elle est partie. Demain matin, nous reprendrons le chemin de chez nous. La seule chose que je vous demande, à tous deux, c'est que la maison soit rangée et que tout soit prêt à l'aube pour notre départ.

– Ce ne sera pas bien long, fit Léonarde tristement. Bien peu de choses nous appartiennent ici...

– Voulez-vous vraiment partir, donna Fiora ? demanda Florent dont le regard bleu scrutait le mince visage pâli et les yeux gris agrandis d'un cerne bleuté.

– C'est ma mine qui ne vous plaît pas ? Je crois au contraire qu'elle sera de circonstances, puisque je passe pour avoir contracté je ne sais quelle maladie. Il serait désastreux de rentrer avec une mine prospère et des joues rebondies. Chez nous, il me semble que j'aurai moins mal !

Réflexion faite, Fiora décida que l'on partirait avant que le jour soit levé afin que nul ne s'en aperçût, car elle n'avait aucune envie de changer de vêtements dans la première forêt venue. Personne ne l'avait vue durant ce séjour de six mois et elle estimait qu'il était bon qu'il en fût de même à présent. Tandis que Florent, le léger bagage chargé, achevait de harnacher les mules, elle demanda pourtant à Léonarde d'aller chercher le père Anicet.

Le bonhomme s'était montré d'une exemplaire discrétion et, quand Fiora descendait au jardin alors que lui-même s'y trouvait, il sifflait son chien et s'éloignait en tournant le dos. La jeune femme entendait l'en remercier.

– Je quitte cette maison, lui dit-elle, pour n'y plus jamais revenir. Vous ne me reverrez donc plus, mais je désire avant de partir vous prouver ma gratitude pour le silence et la solitude que vous m'avez permis de respecter.

Le père Anicet regarda la mince silhouette noire, enveloppée d'un grand manteau dont le capuchon doublé de renard fauve cachait la moitié du visage, puis les cinq pièces d'or qu'une main gantée venait de déposer dans la sienne. Un court instant, ses paupières aussi fripées que celles d'une tortue se relevèrent sur des prunelles singulièrement vives pour un homme de cet âge :

– Je ne vous ai jamais vue, dit-il enfin. Tenez-vous vraiment à ce que je me souvienne que quelqu'un a habité cette maison ?

– Non. Je préfère que vous l'oubliiez, mais un peu d'or n'a jamais nui à personne.

– C'est juste! Aussi, tout à l'heure, irai-je mettre un cierge à saint Leuffroy pour le remercier de l'aubaine trouvée grâce à lui dans cette maison vide...

Et, saluant gauchement mais serrant bien fort sa paume calleuse sur les pièces brillantes, il sortit de la maison et descendit en chantonnant jusqu'au fleuve pour y relever ses filets.

Un quart d'heure plus tard, les trois voyageurs s'éloignaient à leur tour et s'engageaient lentement sur l'étroit chemin bordant la Seine qu'ils allaient suivre jusqu'à Meudon pour, de là, rejoindre sans entrer dans Paris la grande route d'Orléans. Les croix du mont Valérien et les clochers de l'abbaye Saint-Leuffroy avaient disparu derrière les arbres d'un bois épais quand le soleil, bondissant comme un gros ballon rouge, s'élança dans le ciel gris et rose d'une aurore qui annonçait du vent.

La seule chose accordée par Fiora à Léonarde était que l'on n'irait pas trop vite. La vieille demoiselle avait allégué pour cela ses rhumatismes que l'humidité des jours derniers avait réveillés, sachant bien que, s'il n'était question que de sa propre santé, la jeune femme leur imposerait un train d'enfer. Aussi la journée était-elle avancée, trois jours plus tard, quand les voyageurs aperçurent le lourd donjon quadrangulaire, le clocher de Beaugency et la haute tour carrée de son abbatiale Notre-Dame.

Passée l'enceinte fortifiée – de justesse avant la fermeture des portes – ils virent que la ville était très animée, singulièrement la place du Martroi encombrée de valets, de chevaux et de chariots à bagages. Le tout débordait de la grande hôtellerie à l'enseigne de l'Écu de France où Fiora avait espéré descendre. Visiblement, l'établissement s'efforçait d'accueillir dans ses murs le train d'un grand seigneur.

– Qu'allons-nous faire ? dit Fiora. Il ne peut être question d'aller plus loin ce soir.

— Il n'y a que deux solutions, soupira Léonarde. Chercher une auberge moins agréable, ou demander l'asile pour la nuit aux moines de l'abbaye du bord de l'eau. Trouvez-nous cela, Florent, pendant que nous allons faire oraison dans la petite église que voilà. J'ai trop mal aux reins pour vous suivre dans vos recherches... Venez-vous, Fiora ?

Celle-ci ne répondit pas. Elle regardait avec intérêt un page, suivi de deux valets, qui transportaient l'un une cassette et les autres un coffre en direction de l'Écu. Tous trois portaient le tabard aux armes de leur maître et, justement, ces armes-là, Fiora se souvenait de les avoir vues bien souvent lorsque ses pas étaient attachés à ceux du Téméraire : c'étaient, frappées de la barre sénestre signant la bâtardise, les grandes armes de Bourgogne. Elle n'eut pas le temps de se poser la moindre question à ce sujet : un homme de haute taille, portant avec élégance et majesté une large cinquantaine, venait d'apparaître, son chaperon à la main, sortant de l'église et salué très bas par le clergé de ladite église. Il n'avait qu'à peine changé en deux ans et Fiora, presque machinalement, mit pied à terre pour le saluer : c'était celui que toute l'Europe appelait le Grand Bâtard, Antoine de Bourgogne, autrefois le meilleur et le plus fidèle des chefs de guerre du Téméraire, son demi-frère, pour lequel il avait combattu jusqu'au bout. Prisonnier après la fatale bataille de Nancy, il avait très vite retrouvé sa liberté et on le citait comme l'un des plus chauds partisans du retour de la Bourgogne à la France.

Il reconnut Fiora du premier coup d'œil et, soudain souriant, s'avança vers elle les deux mains tendues :

— Madame de Selongey ? Mais quelle heureuse fortune me vaut de vous rencontrer ici ?

— La fortune des grands chemins, Monseigneur. Je rentre chez moi, en Touraine après un séjour à Paris.

— En Touraine ? Vous ? Ne devriez-vous pas être en Bourgogne ? Ou alors votre époux s'est-il enfin rallié ?

— Voilà plus de deux ans que je n'ai vu Philippe, Monseigneur. Le destin s'est plu à nous séparer...

— Mais comment cela ?

— C'est une longue et triste histoire, bien difficile à raconter sur une place publique...

— Sans doute... mais pas autour d'une table. Vous me ferez, je l'espère, l'honneur de souper avec moi ? Il semble que nous ayons bien des choses à nous dire.

— Ce serait avec un vrai plaisir, Monseigneur, mais nous venons d'arriver dans cette ville, dame Léonarde, un serviteur et moi-même, et il nous faut trouver un logement.

— Alors que j'encombre les meilleurs ? fit-il en riant. La chose peut aisément s'arranger. L'un de mes officiers sera enchanté de céder sa chambre à deux dames. Quant à votre valet, il fera comme les miens : il couchera à l'écurie. Non, non ! Vous ne m'échapperez pas. Je vous tiens, je vous garde !

Et, tandis qu'un écuyer recevait l'ordre de guetter le retour de Florent, Fiora et Léonarde pénétrèrent dans l'hostellerie où l'une des meilleures chambres leur fut aussitôt offerte.

— Comme il est intéressant de posséder de hautes relations ! commenta Léonarde. Les voyages s'en trouvent agrémentés.

— Tout dépend des relations. Nous n'avons guère eu à nous louer d'avoir connu le cardinal della Rovere... et vous n'avez jamais rencontré le pape !

— Ne croyez pas que je le regrette ! En tout cas, je me demande vraiment ce que fait ici ce grand seigneur bourguignon.

Fiora l'apprit une heure plus tard tandis qu'assise en face de lui, elle dégustait un pâté de brochet, l'un de ses plats préférés. Ils soupaient seuls, servis par l'un des pages qui prenait les plats à mesure que l'aubergiste les faisait monter et les portait sur la table. Devinant, en effet, que son invitée pouvait avoir certaines confidences à faire, il avait choisi ce soir-là de la recevoir seule à sa table, ce dont Fiora lui fut reconnaissante. Pour la mettre en confiance, le Grand Bâtard Antoine commença par expliquer sa présence : il se rendait au château du Plessis-lès-Tours pour remercier le roi qui non seulement l'avait confirmé dans la possession de ses terres bourguignonnes annexées à ce jour, mais les avait augmentées.

— Je ne crois pas, ajouta-t-il, avoir mal choisi en reconnaissant Louis de France comme suzerain. Si ma nièce Marie avait décidé de régner seule sur les États de Bourgogne, j'aurais mis avec joie mon épée à son service, mais faire entrer dans l'empire allemand cet autre empire qu'étaient les possessions des Grands Ducs d'Occident, je ne peux l'admettre. Bourgogne est née de France, ses princes descendaient de saint Louis et les fleurs de lys ne peuvent servir de pâture aux aigles allemandes. En outre, Maximilien n'est qu'un oison décoratif alors que le Valois est un grand souverain, même avec tous ses défauts et même s'il est beaucoup moins décoratif. Il serait temps que Selongey s'en rende compte...

— Je ne suis pas certaine qu'il y parvienne jamais, Monseigneur, et j'ai bien peur de ne pas être étrangère à cet état d'esprit.

— Vous me disiez en effet ne pas l'avoir rencontré depuis deux ans ? Que s'est-il donc passé ? Vous disposez à présent du temps nécessaire pour me conter cette longue histoire, et croyez que je ne suis poussé par aucune curiosité déplacée, mais bien par l'amitié que j'ai toujours portée à votre époux et par l'estime qu'au cours de cette dernière année si terrible j'ai conçue pour votre courage. Quel âge avez-vous, donna Fiora ?

— Vingt et un ans, Monseigneur.

— J'en ai cinquante-huit. Je pourrais être votre grand-père et, si je tiens à le souligner, c'est pour que vous sachiez que vous pouvez attendre de moi compréhension... et indulgence.

— J'en aurai besoin car si nous nous sommes séparés, à Nancy, Philippe et moi, je crains d'en être la responsable. Alors que j'espérais en avoir fini avec une séparation qui n'avait que trop duré, il ne songeait qu'à m'enfermer à Selongey pendant qu'il continuerait à se battre pour Madame Marie. Je ne l'ai pas supporté et...

— Et la séparation s'est éternisée. Je vous ai promis indulgence, ma chère enfant, mais la femme est avant tout la gardienne du foyer. Madame Jeanne-Marie, ma belle épouse, n'a guère quitté, durant ces années difficiles, notre château de Tournehem qui lui vient de son père. Elle y a élevé nos enfants... mais je vous demande excuses : c'est à vous de parler et peu vous importent les histoires d'un vieil homme.

Ainsi mise en confiance, Fiora parla longtemps, sans chercher à minimiser ses torts envers son époux, mais en prenant soin tout de même de passer sous silence l'aventure passionnée vécue avec Lorenzo de Médicis et ses conséquences récentes. Son histoire s'arrêta à la chartreuse du Val-de-Bénédiction...

— La trace de Philippe s'efface au seuil du couvent et nul n'a pu me dire ce qu'il est devenu. Vous l'avouerai-je : je crains fort qu'il ne soit perdu à jamais. A-t-il suivi les pèlerins jusqu'au bout ? Est-il revenu avec eux ? Mais ensuite, où serait-il allé ? Quelqu'un aura-t-il eu pitié de cet homme sans mémoire ? La pensée qu'il ait pu mourir de misère sur quelque chemin perdu a hanté mes nuits bien souvent... mais où chercher à présent ?

Le page serveur ayant été renvoyé depuis un moment, le Grand Bâtard emplit la coupe de Fiora, se servit et, plongeant dans les grands yeux couleur de nuage son regard souriant :

— Pourquoi pas à Bruges ? proposa-t-il.

— A Bruges ? Mais il y a longtemps qu'il a quitté cette ville.

— Une excellente raison pour y revenir. C'est une fort belle cité, qui vous plairait, je pense...

Le cœur serré, Fiora, déçue et vaguement indignée, posa sur lui un regard assombri.

— C'est mal, Monseigneur, de vous moquer de moi.

— Mais je ne me moque pas de vous. Je considère même notre rencontre comme plus heureuse encore que je ne le pensais, et Dieu doit y être pour quelque chose. Je peux vous assurer, de source sûre, que Selongey se trouvait à Bruges à la Noël dernière.

— Ce n'est pas possible ?

— Pourquoi donc ? Quelqu'un qui me touche de près l'y a vu à la cour de la duchesse et lui a même parlé. Je vous assure qu'il semblait en pleine possession de sa mémoire, encore qu'il n'ait pas été très loquace, à ce que l'on m'a dit.

— Mais qui l'a vu ? Cette personne a pu être abusée par une ressemblance.

— Il aurait fallu pour cela ne pas le connaître. Or, Mme de Schulembourg, qui est la belle-mère de ma fille Jeanne et la meilleure amie de mon épouse bien que nous ne soyons plus dans le même camp, connaît Selongey depuis l'enfance. Elle l'a trouvé pâle et sombre et je dois dire qu'il n'a guère répondu à ses questions. Il est vrai que la chère dame est assez bavarde, mais je peux vous assurer que c'était bien lui.

— Philippe à Bruges ! balbutia Fiora sidérée. C'est invraisemblable...

— Peut-être, mais cela est ! Mme de Schulembourg a été si fort impressionnée par cette rencontre qu'elle s'est hâtée de venir à Tournehem pour la conter à mon épouse. Vous savez qu'il y a trêve, en ce moment, entre le couple Marie-Maximilien et le roi Louis ? Les rencontres sont donc facilitées... Mais qu'avez-vous ?

Renversée dans les coussins qui garnissaient son siège, Fiora, le nez pincé, les yeux clos et les joues pâles, semblait en train de perdre connaissance. En fait, elle luttait contre deux sentiments contradictoires : la joie et la colère. La joie pour cette certitude que Philippe était redevenu lui-même, la colère parce qu'à peine sorti du cauchemar qui avait failli l'ensevelir, il n'avait rien eu de plus pressé que de courir rejoindre sa précieuse duchesse! Et cela signifiait sans doute que jamais il ne reviendrait vers elle et qu'il avait définitivement tourné la page où s'inscrivait le nom de Fiora...

Une fraîcheur sur son front l'incita à rouvrir les yeux. Antoine de Bourgogne était en train de lui bassiner les tempes à l'aide d'une serviette mouillée, étreint d'une inquiétude si visible qu'elle la fit sourire :

— Grand merci, Monseigneur, mais ce n'est rien... Rien que la joie! C'est Dieu en effet qui m'a fait vous rencontrer.

— Je le crois aussi, mais buvez donc un peu de ce vin d'Espagne dont j'emporte toujours quelques flacons lorsque je voyage! Il vous fera du bien et le Seigneur n'y verra pas d'inconvénients.

Fiora but, mais, comme sa colère s'en trouvait augmentée, elle demanda la permission de se retirer, alléguant un besoin de repos trop naturel. Courtoisement, le prince la reconduisit jusqu'à sa porte, en la tenant par la main.

— Ferons-nous route ensemble demain, puisque nous suivons le même chemin?

Cette simple question modifia sur-le-champ les projets immédiats de Fiora qui, d'ailleurs, ne savait plus très bien où elle en était l'instant précédent.

— Non, Monseigneur, et j'en ai regret, mais je veux me rendre à Bruges. En revanche... si Votre Seigneurie voulait bien faire raccompagner dame Léonarde jusqu'à mon manoir de la Rabaudière, je lui en serais infiniment reconnaissante. Elle souffre de douleurs trop vives pour supporter à nouveau un long voyage...

— Avec plaisir, mais croyez-vous prudent de vous lancer ainsi sur les grands chemins?

— Mon serviteur me suffira comme garde, et je ne compte pas être longtemps absente.

Il fut plus difficile de faire accepter à Léonarde ce changement de programme. La vieille demoiselle jeta feux et flammes, adjurant « son agneau » de renoncer à ce projet insensé, mais elle connaissait trop la jeune femme pour ne pas savoir que rien ne modifierait sa décision et qu'elle était prête à faire au besoin le tour de la terre pour mener à bien son projet quelque peu vengeur.

— Vous êtes contente, mais vous êtes encore plus en colère, n'est-ce pas? demanda-t-elle.

— C'est vrai! Il est grand temps que Philippe se souvienne que j'existe et qu'il lui faut choisir, et sans plus tarder, entre sa duchesse et moi!

— Il n'est jamais bon de poser un ultimatum à un homme, surtout de ce caractère. Vous regrettiez déjà suffisamment le dernier.

— Oui, mais je croyais encore à son amour...

— Souvenez-vous de ce que vous m'avez raconté! Son délire quand il était malade à Villeneuve!

Fiora eut un petit sourire triste, vite balayé par une nouvelle flambée de colère :

— Eh bien, il faut croire que mon souvenir est tout juste bon à peupler ses cauchemars! Seulement, à présent, j'ai une petite fille, que j'aime et dont j'ai dû me séparer. Alors, j'entends qu'au moins mon sacrifice serve à quelque chose. Il est plus que temps que j'aie avec Philippe une explication définitive...

— Si définitive que cela? Dites-lui donc, surtout, qu'il a un fils! Je serais fort étonnée que cette nouvelle ne change pas sa façon de voir les choses! Mais... envisageons le pire : que ferez-vous s'il vous repousse?

Fiora ne répondit pas tout de suite. La question dans sa brutalité l'avait frappée de plein fouet et la douleur qu'elle en ressentit lui fit comprendre que jamais elle ne pourrait chasser de son cœur l'image de Philippe. Pourtant, à cet instant, elle eût mieux aimé mourir que d'en convenir. Avec une soudaine violence, elle lança :

— En ce cas, rien ne me retiendrait ici! Je prendrais

mes deux enfants dans mes bras et nous repartirions pour
Florence. Avec vous, bien sûr. Au moins, là-bas, je serais
entourée de gens qui m'aiment !

Le lendemain matin, laissant Léonarde poursuivre, en
compagnie du chapelain d'Antoine de Bourgogne, son
chemin vers la maison aux pervenches, Fiora, suivie d'un
Florent épanoui de bonheur, reprenait à grande allure la
route de Paris qu'elle voulait traverser sans s'arrêter afin
de gagner les Flandres.

CHAPITRE IX

A BRUGES...

Si Léonarde, de retour au logis, s'efforçait de calmer ses appréhensions en espérant que la longue course à travers le nord de la France calmerait la colère de Fiora, elle se trompait. Tandis que son cheval – elle avait, à Beaugency, troqué ses mules contre deux solides montures – l'emportait vers le palais de Marie de Bourgogne, la jeune femme ne cessait de remâcher ses griefs et sa déception. Cette fois, personne ne pouvait lui attribuer la moindre responsabilité dans l'étrange comportement de son époux. En fait, la vérité apparaissait, aveuglante de clarté, et tenait en quelques mots : Philippe ne l'avait jamais aimée réellement !

Il la désirait, oui, et de cela elle était sûre. D'ailleurs, quel était l'unique droit d'époux exigé lors de la conclusion de leur mariage : une seule nuit ! Certes, plus tard, en retrouvant Fiora captive du Téméraire, sa jalousie s'était éveillée en apprenant ce que la jeune femme appelait « l'épisode Campobasso » et, après la chute de Nancy, il l'avait aimée passionnément... pendant trois nuits. Mais ensuite ? Eh bien ensuite, il n'avait eu qu'une idée : aller se battre pour la duchesse Marie, rejoindre la duchesse Marie, se faire le chevalier de la duchesse Marie... cette insupportable duchesse Marie vers laquelle il s'était hâté de retourner dès qu'il avait pu fausser compagnie aux chartreux de Villeneuve ! Et à présent, c'était dans l'entourage de cette femme qu'on allait le retrouver ! C'était une vraie princesse, elle, née sous les plafonds dorés d'un palais et pas sur la paille d'une prison. En outre, on la disait ravissante et, comme si ces atouts ne suffisaient pas, elle possédait la plus incomparable des auréoles : elle était la fille du Téméraire, ce prince à présent quasi légendaire que Philippe vénérait autant et plus que s'il eût été son père !

A mesure que passait le temps et que défilaient les lieues sous les sabots du cheval, cette idée s'ancrait davantage dans l'esprit de Fiora et devenait évidence, irritante comme une brûlure en voie de guérison : on la gratte et, du coup, elle se creuse, pour finir par s'envenimer...

De son côté, Florent, sa première joie passée, se sentait envahi d'une inquiétude qui allait grandissant. La femme au visage fermé, aux yeux durs, qui chevauchait auprès de lui tout le jour sans dire un mot, qui, le soir venu, s'enfermait dans une chambre d'auberge pour y prendre l'indispensable repos en le laissant libre de sa soirée, n'était plus, ne pouvait être cette donna Fiora qu'il adorait en silence. Sans rien savoir de ce qui l'avait déterminée à ce voyage insensé alors qu'elle était à peine remise de ses couches, le jeune homme devinait qu'il s'agissait d'une chose grave, d'une chose qui la faisait souffrir. Aussi en venait-il à espérer et à craindre à la fois de voir surgir de l'horizon cette ville de Bruges qu'il connaissait un peu pour y avoir accompagné, jadis, Agnolo Nardi venu pour affaires. Une chose paraissait certaine : Fiora se rendait vers cette ville comme vers un ennemi.

Quand, au bout d'une plaine moirée de longs canaux dont l'eau irisée reflétait le ciel, piquée de moulins aux grandes ailes, Bruges apparut enfin, Fiora retint son cheval et s'arrêta pour mieux contempler l'ennemie. Elle dut s'avouer qu'elle était bien belle, et sa rancune puisa de nouvelles forces dans cette admiration...

Bâtie sur l'eau de la Reye et sur un lac comme Venise sur sa lagune, la reine des Flandres bordait le ciel changeant d'une dentelle de pierre blonde et rose. Sous la mince tour, un peu penchée, du beffroi où les veilleurs se trouvaient si haut qu'ils se croyaient à mi-chemin du ciel, ce n'étaient que pignons dorés dominant superbement les toits de tuiles couleur de chair qui, depuis le règne du duc Philippe le Bon, avaient remplacé le chaume et le bois pour une meilleure sécurité. Quant à la ceinture de défense posée sur l'eau profonde de la rivière, elle se parait de saules argentés, de lierre et de touffes de giroflées rousses. D'ailleurs, ainsi défendue par les eaux qui l'isolaient de la terre ferme, Bruges avait à peine besoin de ses murailles.

Dans le soleil déclinant, l'ensemble vivait, vibrait, chantait comme une forêt à l'automne. Le spectacle d'une beauté accablante que Fiora jugea insolente. Cette ville, l'une des plus riches du monde, se permettait en outre d'être l'une des plus magnifiques, c'était toute la splendeur des anciens ducs de Bourgogne qui s'étalait ainsi, intacte en apparence. La légende semblait s'être pétrifiée...

— C'est beau, n'est-ce pas ? hasarda Florent.

— Trop ! Je comprends qu'on ait envie de revenir ici, surtout quand tout vous y pousse. Mais ce n'est pas une raison suffisante...

Et, sur cette phrase sibylline qui acheva la déroute intellectuelle du malheureux garçon, Fiora piqua des deux et fonça vers Bruges comme si elle entendait la prendre d'assaut. La chevauchée dura jusqu'à la porte de Courtrai, qu'il fallut franchir à une allure plus paisible. Après quoi, Fiora s'arrêta carrément et, se tournant vers son compagnon :

— Où allons-nous à présent ?

— Mais... est-ce que ce n'est pas vous, donna Fiora, qui devriez me le dire ? J'ignore tout de vos projets...

— Sans doute, mais j'ai cru comprendre que vous connaissiez cette ville ? Ce qu'il nous faut, pour ce soir, c'est un logis, une auberge, une hôtellerie. Je suppose qu'il en existe ?

– Bien sûr, et de très bonnes. Maître Agnolo, lui, aime beaucoup la Ronce Couronnée qui se trouve dans la rue aux Laines, la Wollestraat comme on dit ici. Je crois même que c'est la meilleure.

– Va pour la Ronce Couronnée! Prenez la tête, Florent et guidez-moi!

Devant ce ton sans réplique, Florent pensa qu'il était heureux pour lui d'avoir une excellente mémoire, car donna Fiora ne semblait pas disposée à lui accorder un droit à l'erreur. Il retrouva son chemin sans trop de peine, ce qui était méritoire car Bruges, plaque tournante du commerce de l'Occident septentrional, grouillait encore d'activités en dépit de la guerre impitoyable que les vaisseaux français menaient à ses fournisseurs de laine anglaise ou de produits portugais.

Plus méritoire encore fut d'arracher au dernier descendant de la dynastie Cornélis qui, depuis plus de cent ans, veillait au renom de l'hôtellerie, un appartement digne d'elle pour Mme de Selongey et un logement convenable pour son serviteur. En effet, le mois d'avril tirait à sa fin et les préparatifs de la fameuse procession du Saint-Sang, qui avait toujours lieu le 2 mai, retenait à Bruges bien des voyageurs, sans compter ceux que l'on attendait.

– Je ne peux garder Madame la comtesse que deux jours, précisa Cornélis. Ensuite, je devrai la prier de libérer son logis pour un client qui l'a retenu.

– Bien que ce ne soit, j'imagine, qu'une question d'argent, fit la jeune femme avec dédain, je pense que deux jours devraient me suffire. A présent, répondez à deux questions : où demeure la duchesse Marie?

Les yeux de l'aubergiste s'arrondirent de surprise :

– Au Prinzenhof! Tout le monde sait cela!

– Pas moi, sinon pourquoi vous poserais-je la question? Et où se trouve ce... Prinzenhof?

– Pas loin d'ici. Près de l'hôtel des Monnaies.

– Voilà qui m'éclaire! Passons à ma seconde question : qui dirige ici le comptoir de la banque Médicis?

— Cela aussi, c'est facile : messer Tommaso Portinari. Il habite, dans la Naaldenstraat, l'ancien hôtel de messire Bladelin qui fut trésorier de l'ordre de la Toison d'or [1].

— Voyez avec mon serviteur s'il connaît ce chemin-là ! Je vais me rafraîchir un peu, puis me rendre chez messer Portinari avant le souper.

— Si je peux me permettre un conseil, noble dame, les affaires de messer Portinari ne vont pas au mieux depuis la mort de Monseigneur le duc Charles auquel il avait prêté beaucoup d'argent. Peut-être un autre banquier florentin serait-il plus intéressant...

— Qui vous dit que j'aie besoin d'un banquier « intéressant » ? Le mandataire des Médicis est le seul qui me convienne.

Ainsi remisé, Cornélis s'inclina et conduisit lui-même sa peu facile cliente à sa chambre. Un moment plus tard, Fiora, débarrassée de la poussière de la route et sévèrement vêtue de drap gris et de renard roux, se faisait annoncer chez le banquier en tant que Fiora Beltrami.

A l'empressement avec lequel on la reçut, elle pensa d'abord que le nom de son père défunt représentait encore quelque chose, mais elle ne tarda pas à comprendre son erreur, et aussi que les potins florentins se répandaient à travers l'Europe avec une grande rapidité. De toute évidence, l'accueil de Tommaso Portinari s'adressait davantage à la dernière favorite de Lorenzo de Médicis qu'à la fille de feu Francesco Beltrami.

Dans la grande pièce austère, habillée tout de même d'une tapisserie mais dont le meuble principal était un énorme coffre bardé de fer, Fiora vit s'incliner devant elle un gros homme aux cheveux rares et au teint brun, pourvu d'un double menton et dont le ventre emplissait une belle robe de fin drap ponceau garni de fourrure.

— Pourquoi ne m'avoir pas annoncé votre venue, donna Fiora ? reprocha-t-il en avançant un siège adouci de car-

---

1. Actuel couvent des sœurs de l'Assomption.

reaux de velours bleu. J'aurais eu le temps de mettre ma modeste maison en état de recevoir l'Étoile de Florence...

— Les nouvelles ne vous parviennent pas vite, fit Fiora avec un demi-sourire. Il y aura bientôt un an que j'ai quitté notre chère cité pour aller régler en France certaines affaires.

— C'était, je l'espère, avec l'accord du magnifique seigneur Lorenzo?

— Son plein accord, soyez sans crainte! Ces mêmes affaires d'ailleurs m'ont conduite ici un peu impromptu, mais, ne comptant pas séjourner longtemps, je viens vous voir dès mon arrivée. Non pour vous demander l'hospitalité, rassurez-vous, je me suis logée à la Ronce Couronnée. Cependant, vous pouvez tout de même me venir en aide.

— Ah! fit-il avec un coup d'œil vers le coffre qui en disait plus qu'un long discours? C'est que... je ne suis guère en fonds aujourd'hui. Je suppose, ajouta-t-il avec un visible embarras, que Monseigneur Lorenzo est mal disposé envers moi car, en dépit de ses ordres, ma banque a versé de l'or au défunt duc Charles de Bourgogne. Mais il devrait comprendre qu'habitant Bruges, je ne pouvais me dispenser de contribuer à l'effort de guerre que l'on a exigé d'elle.

— Et qu'elle a fermement refusé, ainsi que les autres cités flamandes! Il se trouve que j'ai approché le duc Charles dans les derniers mois de son existence...

Portinari devint très rouge, son visage prit une curieuse couleur de vieille brique:

— Moi, il m'était impossible de refuser, car le duc m'honorait d'une toute particulière amitié. D'autre part, je crois savoir que votre père lui-même a versé une forte somme... On a parlé de cent mille florins d'or...

— Ma dot! coupa Fiora sèchement, offerte par mon époux le comte de Selongey à son suzerain. De toute façon, et si dépourvu que vous soyez, messer Portinari, je suppose que vous pouvez tout de même honorer cette lettre de change, ajouta-t-elle en tirant de son escarcelle un papier soigneusement plié.

Après la naissance de Lorenza-Maria, elle s'en était fait établir deux par Agnolo Nardi, pensant qu'elle pourrait en avoir besoin car il n'était pas prudent de courir les routes avec beaucoup d'or.

Le banquier prit la lettre et la parcourut rapidement, après quoi son visage s'éclaira :

– Cent ducats ? Bien sûr ! Nos coffres contiennent toujours au moins cette somme.

– C'est donc parfait, mais ce n'est pas tout. Il me faut une robe !

– Une robe ? fit l'autre sans cacher sa stupéfaction. C'est que je ne suis pas tailleur...

– Sans doute, mais vous connaissez bien cette ville et vous pourrez convaincre n'importe quelle faiseuse de travailler pour moi cette nuit. Quant au tissu, je suis persuadé qu'en bon Florentin vous devez en posséder un certain choix...

C'était presque une tradition, en effet, chez les riches Florentins, de collectionner, à côté des objets précieux de toutes sortes, des étoffes rares que l'on gardait dans des coffres de santal ou de cèdre pour les exposer aux fenêtres les jours de grandes fêtes ou y tailler, à l'occasion, un vêtement de cérémonie.

– Certes, certes... mais pourquoi cette nuit ?

– Parce que je ne désire pas m'attarder et que j'entends obtenir dès demain une audience de la duchesse Marie...

– La duchesse ? fit le banquier avec un petit sourire vaguement méprisant. Je ne vois quel genre de faveur vour pourriez en obtenir. Sa puissance est autant dire nulle ici où le Conseil de ville ne songe qu'à retrouver son indépendance, comme Gand, Ypres et... les autres cités flamandes. Madame Marie et son époux aiment à résider dans cette ville et à y donner des fêtes. Ils sont aimables et entretiennent une atmosphère élégante et joyeuse, aussi aime-t-on assez les voir ici. Cependant, nombreux sont ceux qui n'oublient pas la brutale férule du Téméraire ni même la rudesse avec laquelle son père, le duc Philippe, a réprimé les dernières révoltes. A présent, c'est la ville qui détient le pouvoir.

Décidément, Portinari n'aimait pas la duchesse beaucoup plus que Fiora elle-même. Surtout, la curiosité le dévorait, et c'était pour inciter la visiteuse aux confidences qu'il venait de se livrer à ce long discours. En pure perte :

— Je dois la voir pour une affaire d'ordre privé qui n'intéresse pas le pouvoir, mais que j'estime urgente. Or, je ne saurais me présenter à la Cour vêtue comme je suis...

— Il vous serait, en effet, impossible d'obtenir une audience. Eh bien, si vous voulez m'accompagner, je crois que nous allons pouvoir vous donner satisfaction, mais...

— Y a-t-il encore un « mais » ?

— Bien modeste, croyez-le ! Consentiriez-vous à plaider ma cause auprès de Monseigneur Lorenzo ? Il semble qu'il m'en veuille terriblement de ma conduite durant les dernières guerres. Et puis... il y a toujours cette malheureuse affaire du *Jugement dernier* pour laquelle, bien qu'innocent, j'ai encouru sa colère.

— Le *Jugement dernier* ? Qu'est-ce que cela ?

— Un triptyque du grand peintre flamand Hugo Van der Goes que mon prédécesseur ici, Angelo Tani, avait acheté pour en faire don à l'église San Lorenzo de Florence. C'était il y a six ans, et j'ai été chargé de faire emballer et d'expédier le tableau... qui n'est jamais arrivé.

— Que s'est-il passé ?

— Le navire a été attaqué, peu après son départ de l'Écluse, par deux corsaires de la Hanse, et le *Jugement dernier* orne à présent l'église Notre-Dame de Dantzig. J'en ai été tenu pour responsable et même...

— On a... suggéré que l'attaque était prévue et que vous aviez vous-même vendu le triptyque ?

— Vous avez tout compris. Comment faire face à pareille accusation ? C'est pourquoi j'ai grand besoin qu'une voix s'élève en ma faveur, sinon je crains qu'il me soit impossible de retourner jamais à Florence. Et cette pensée m'est cruelle.

— Je vous comprends mieux que vous ne l'imaginez. Évidemment, je ne peux rien pour cette affaire de tableau volé, mais je peux faire savoir à Monseigneur Lorenzo que vous m'avez apporté une aide... précieuse. Ce ne sera d'ailleurs que vérité.

— Je n'en demande pas plus. Vous aurez votre robe... et j'espère même que vous me permettrez de vous l'offrir ?

Fiora fronça les sourcils. La phrase était plus que maladroite car, n'ayant aucun moyen de savoir si Portinari était un homme honnête et trop dévoué au Téméraire ou un simple coquin qui, croyant au triomphe du Grand Duc d'Occident, avait joué le mauvais camp contre la politique choisie par son pays, elle n'entendait pas recevoir de lui le moindre cadeau. Elle écrirait à Lorenzo, mais auparavant elle interrogerait Agnolo Nardi.

— Certainement pas ! fit-elle sèchement. Si vous voulez que je vous apporte une aide appréciable, il ne faut surtout pas que je sois votre obligée. A ce point, tout au moins.

— Ce sera comme il vous plaira.

Le lendemain matin, deux jeunes femmes envoyées par la meilleure couturière de Bruges apportaient à la Ronce Couronnée ce dont Fiora avait besoin pour figurer dignement devant la duchesse Marie, pendant que Florent courait la ville pour se procurer à lui-même un costume convenable. Vers la fin de la matinée, Fiora, vêtue de velours prune moucheté d'argent et de satin blanc, coiffée d'un hennin de satin blanc ennuagé de mousseline empesée, se dirigeait à cheval, suivie de son jeune compagnon, vers le palais de celle qu'elle jugeait sa rivale. Elle se sentait résolue et sûre d'elle. L'image renvoyée tout à l'heure par le miroir et l'admiration ingénue visible dans les yeux des deux jeunes femmes pendant qu'elles l'aidaient à s'habiller étaient plus que rassurantes. Fiora pouvait soutenir la comparaison avec n'importe quelle autre femme, fût-elle couronnée, et si d'aventure Philippe croisait sa route, elle serait en possession de toutes ses armes. Ce qui était le plus important...

Chemin faisant, elle s'accorda le loisir d'admirer Bruges. La ville était bien construite, avec de belles rues pavées et de nombreux jardins donnant presque tous sur un canal et, par quelques marches de pierre, descendant jusque dans l'eau où se miraient le feuillage argenté d'un saule, le tronc mince d'un bouleau ou d'épais massifs à la verdure encore trop tendre pour les identifier. Surgissant de ponts si bas qu'il semblait impossible de les passer autrement qu'à la nage, de grosses barges fendaient l'eau noire et le verdâtre bouillonnement des mousses. Ces canaux dont le lacis semblait inextricable fascinaient la Florentine. Ils posaient des reflets de moire sur les façades déjà grises d'un palais ou sur les murs nacrés d'un couvent neuf. Celui-là clapotait au pied d'un petit mur où dormait un chat, cet autre laissait divaguer une barque mal attachée, celui-ci reposait dans un fouillis de roseaux où pêchait un poisson-chat. Tout ici parlait de paix et de douceur de vivre et cependant Bruges, bâtie pour le simple bonheur, était une cité turbulente qui, dans ses jours d'agitation, en eût remontré à Florence elle-même...

Le Prinzenhof – la Cour du Prince – formait un large quadrilatère où s'inscrivaient le palais, la chapelle surmontée d'un haut clocher, les jardins et, bien entendu les dépendances. Passée la discrète entrée surmontée d'une statue de la Vierge entourée d'anges, la cour d'honneur s'ouvrait, entourée de galeries et précédant immédiatement le logis princier construit en briques rouges avec chaînages de pierres blanches, comme l'était le manoir de la Rabaudière.

Cette ressemblance encouragea Fiora. Franchi l'arrêt obligatoire du corps de garde où un sergent, impressionné par l'allure de la visiteuse, traversa la cour à toutes jambes pour avertir un chambellan, elle attendit patiemment en observant ce qui se passait dans la cour. En effet, des équipages s'y rassemblaient. Des palefreniers amenaient des chevaux richement harnachés, des seigneurs et quelques dames, en costumes de chasse, surgissaient d'un peu partout, cependant que des fauconniers apportaient, sur leurs poings gantés de gros cuir, faucons, vautours et éperviers encapuchonnés de velours brodé d'or ou d'argent. On se hélait joyeusement, on se saluait, on riait, on bavardait et le vaste espace s'emplissait de bruit et de gaieté.

— Nous arrivons mal, souffla Florent. Le prince doit se préparer à partir pour la chasse.

— Sans doute, mais ce n'est pas le prince que je veux rencontrer, c'est la princesse.

— Peut-être chasse-t-elle aussi ?

— C'est bien possible.

Le sergent revenait, escorté d'un chambellan très agité. Essoufflé aussi, et qui prit tout juste le temps de saluer la visiteuse :

— Cet homme a-t-il bien compris ? Vous seriez Madame la comtesse de Selongey ?

— Oui. Est-ce tellement extraordinaire ?

— Eh bien, c'est surtout inattendu. Madame la duchesse est sur le point de partir pour la chasse et...

— Et ne peut me recevoir. Dites-lui s'il vous plaît mes excuses et mes regrets, mais je ne pense pas la retarder longtemps. Une courte entrevue est tout ce que je souhaite.

— Ne pourriez-vous... remettre à plus tard ?

— Je regrette d'insister, mais je ne suis à Bruges que pour quelques heures et je viens de loin...

Le chambellan semblait très malheureux. Il eût peut-être atermoyé un moment encore si une dame d'un certain âge, magnifiquement vêtue, n'était apparue à son tour, relevant à deux mains, pour aller plus vite, ses jupes d'épais taffetas vert sombre à ramages gris et or. Son arrivée parut soulager grandement le chambellan :

— Ah ! Madame d'Hallwyn ! Est-ce Sa Seigneurie qui vous envoie ?

— Naturellement ! Il lui est apparu qu'il était indécent de faire attendre comme une marchande de modes une dame de cette qualité... s'il n'y a pas d'erreur !

— Qu'en pensez-vous ? dit Fiora avec une hauteur qui amena un léger sourire sur les lèvres de la dame d'honneur. Son regard bleu avait déjà jaugé la beauté, l'élégance de la nouvelle venue, et sa tournure pleine d'une fierté qui annonçait son noble lignage.

— Qu'aucun doute n'est possible. Seule une femme aussi belle que vous pouvait convaincre messire Philippe de se marier. Voulez-vous me suivre ? Madame la duchesse vous attend.

Derrière son guide, Fiora perdit le sens de la direction. On monta des escaliers, on suivit des galeries et de vastes salles tendues des plus belles tapisseries parfilées d'or qu'elle eût jamais vues. On descendit dans un jardin où un cyprès dominait une grande quantité de rosiers. On aperçut de grandes volières et, finalement, on aboutit à une construction isolée par un mur et dont les vastes toits et les tourelles étaient revêtus de tuiles vertes. Au-dessus flottaient des bannières vivement colorées. Jardins, cours et bâtiments bruissaient d'une grande quantité de serviteurs.

— Ce palais est immense ! remarqua Fiora. Bien plus vaste qu'il n'y paraît de prime abord !

— C'est à cause de la porte, qui est de peu d'aspect, mais le défunt duc Philippe estimait que, comme l'entrée du Paradis, celle de son palais devait être étroite pour plus de sécurité. Nous voici arrivées : ceci est l'Hôtel vert, ainsi nommé à cause de la couleur de ses toits. Madame Marie trouve le palais trop vaste et apprécie une demeure un peu plus intime...

Intime peut-être, mais tout aussi fastueuse que le reste. Si les guerres du Téméraire avaient ruiné sa famille et la Bourgogne, il n'y paraissait guère dans cette demeure où tout était d'un luxe extrême. Mme d'Hallwyn jouissait visiblement de la surprise de sa compagne :

— Encore n'aurez-vous pas l'occasion d'admirer les « baignoireries ». Elles sont uniques et l'on y trouve, outre des salles de bain, des étuves à vapeur chaude et des pièces de repos qui sont les plus agréables du monde. Mais nous arrivons.

Un instant plus tard, dans une galerie largement éclairée par de hautes fenêtres ogivales à vitraux de couleurs vives, Fiora saluait profondément une jeune femme assez grande et qui devait avoir à peu près son âge. Elle dut reconnaître, même si cela ne lui causait aucun plaisir, qu'elle était charmante : mince et gracieuse, Marie de Bourgogne possédait une peau d'une éclatante blancheur, un petit nez, de beaux yeux vivants d'un brun léger et une abondante chevelure d'un ravissant châtain doré qu'une coiffe de velours vert et de mousseline blanche contenait mal. De toute évidence, elle devait ressembler à sa mère, cette Isabelle de Bourbon morte quand elle était enfant et qui avait été le grand, le seul amour du Téméraire. De celui-ci, elle avait la bouche charnue, marquée d'un pli d'obstination, et le menton en pointe arrondie qui donnait un peu à son visage la forme d'un cœur.

Elle considéra un moment la jeune femme à demi agenouillée dans sa révérence, avec une curiosité qu'elle ne se donna pas la peine de dissimuler.

— Je me suis souvent demandé si je vous verrais un jour, Madame, fit-elle d'une voix nette. Ainsi, vous êtes cette Fiora de Selongey qui fut si longtemps l'amie de mon père ?

— L'otage serait plus juste, Madame la duchesse. Ce n'est pas de mon plein gré que j'ai dû suivre Monseigneur Charles !

— Relevez-vous ! On me l'a dit, en effet... néanmoins, vous avez eu la chance de vivre dans son entourage... jusqu'à la fin.

— Votre Seigneurie peut dire jusqu'à la dernière minute. J'ai vu le duc, au matin de Nancy, monter son cheval Moro et s'éloigner dans la brume vers sa dernière bataille. J'ai eu aussi le privilège d'assister à ses funérailles...

Tandis qu'elle parlait, le visage un peu figé de Marie s'animait, se colorait :

– Pourquoi n'être pas venue plus tôt ? Dieu ! J'aurais tant de questions à vous poser, tant de choses à vous dire ! Mon père, je le sais, estimait votre courage...

– Mon époux n'a jamais exprimé le désir de me conduire auprès de Votre Seigneurie, et je ne cache pas qu'un assez grave différend s'est élevé entre nous. Mais ceci est de peu d'importance à présent et, comme je ne veux pas retarder trop longtemps la chasse...

– C'est vrai, mon Dieu, la chasse ! Madame d'Hallwyn, veuillez dire à mon seigneur-époux qu'il parte sans moi. Je ne chasserai pas aujourd'hui.

– Mais, coupa Fiora, il est inutile que Votre Altesse se prive...

– Je peux chasser chaque jour s'il me plaît. Aujourd'hui, je préfère parler avec vous... à moins que vous ne préfériez vous installer dans ce palais pour quelques jours ?

– Non, Madame la duchesse ! Je vous rends grâces, mais, si mon époux ne se trouve pas à Bruges, je repartirai demain.

A nouveau, Marie de Bourgogne scruta le visage de sa visiteuse, y cherchant peut-être le reflet d'une émotion qu'elle n'y trouva pas.

– Venez avec moi ! Il faut vraiment que nous causions.

Suivant la duchesse, Fiora traversa une grande chambre somptueusement meublée où deux dames de parage, aussitôt plongées dans leurs révérences, s'affairaient à ranger du linge et des coiffures, puis gagna une petite pièce tendue de velours rouge à crépines d'or qui lui rappela, en réduction bien sûr, le grand tref d'apparat du Téméraire où elle avait rencontré le prince pour la première fois. L'ameublement s'en composait surtout de livres, d'un écritoire et, devant la cheminée en entonnoir, d'une bancelle garnie de coussins sur laquelle Marie vint s'asseoir en attirant Fiora auprès d'elle.

– Philippe de Selongey est un homme peu bavard, soupira-t-elle, et je n'ai pas compris grand-chose à votre histoire à tous deux, mais, comme je ne veux pas forcer vos confidences, dites-moi seulement depuis combien de temps vous n'avez pas vu votre mari ?

— Depuis deux ans, Votre Seigneurie. La vie s'est plu à nous séparer sans cesse et j'en ai beaucoup souffert. C'est pourquoi je voudrais tant le retrouver.

— Qu'est-ce qui a pu vous faire penser qu'il était ici ?

— Monseigneur le Grand Bâtard Antoine, que j'ai rencontré par hasard.

Un éclair de colère traversa le regard brun et la jolie bouche ronde se serra :

— Mon bel oncle qui, à peine mon père porté en terre, s'est hâté de rejoindre mon cher parrain, le roi Louis ! Nous formons en vérité une étrange famille où le parrain dépouille sa pupille et où les meilleurs amis de son père l'aident dans cette entreprise...

— Monseigneur Antoine pense que ce qui fut terre de France doit redevenir terre de France. Il est fort dommage que Votre Seigneurie n'ait pu épouser le dauphin Charles. Elle eût fait une grande reine...

— M'imaginez-vous épouser un enfant de huit ans ? s'écria Marie en riant. Évidemment, il était tentant de régner sur la France, mais je ferai, du moins je l'espère, une bonne impératrice d'Allemagne. Ceci dit, ce que l'on vous a rapporté est vrai : messire Philippe était ici à la Noël. Je suppose que c'est par Mme de Schulembourg que le Grand Bâtard l'a su ? Elle est fort amie de sa femme...

— C'est elle, en effet. Puis-je à présent demander où se trouve mon époux ?

La duchesse se leva et accomplit deux ou trois fois le tour de la pièce avant de s'arrêter devant Fiora.

— Comment pourrais-je le savoir ? Il n'est resté que deux ou trois jours. Vous autres, Selongey, semblez incapables de demeurer en place un temps raisonnable.

— Où est-il allé ensuite ?

— Mais je n'en sais rien ! Et je n'ai même pas compris

le motif de sa venue. Nous n'avons eu de lui qu'une figure longue d'une aune! En pleine période des plus douces fêtes de l'année!

Fiora retint un sourire dédaigneux. Cette petite princesse avait beau porter en elle le sang bouillant du Téméraire, du diable si l'on s'en serait douté! Avec son teint de lis, ses yeux rêveurs et ses robes taillées à l'allemande qui aplatissaient sa poitrine sous un paquet de broderies d'or et lui épaississaient la taille, elle n'évoquait en rien la légende tragique et grandiose qui auréolait le dernier des ducs de Bourgogne. Une figure longue d'une aune, en vérité? S'attendait-elle à ce qu'un homme qui avait souffert tant d'épreuves vînt à elle la mine réjouie et prêt à danser aux bals de cour?

— Je crois, Madame, dit-elle avec amertume, qu'il venait chercher quelque chose d'impossible. Quelque chose que vous étiez incapable de lui donner.

— Et quoi donc?

— De l'amour. Je pense qu'il aime Votre Seigneurie, qu'il l'a toujours aimée et qu'il n'a pu supporter de la retrouver mariée et heureuse, car vous êtes heureuse, n'est-ce pas, Madame?

— Infiniment! J'ai eu le bonheur de donner un fils à mon cher époux et il se peut que, bientôt, je lui en donne un autre.

— C'est tout naturel. Mais lui qui avait fait siens pendant tant d'années les rêves de votre père, il a dû comprendre qu'il n'y avait plus de place ici pour ces rêves-là! J'avoue ma déception, Madame la duchesse. J'espérais qu'au moins vous l'aviez envoyé remplir, au loin, quelque mission.

— Il n'en est rien. Nous sommes en trêve avec le roi de France. Quelle mission aurais-je pu lui confier?

— Je crois, dit Fiora froidement, que Monseigneur Charles, que Dieu ait en sa sainte garde, aurait su comment employer un homme de cette qualité, un homme qui, pour le service de Votre Altesse, a été jusqu'à affronter l'échafaud. La Bourgogne vous a échappé, n'est-ce pas ? Je pense que vous ne garderez rien de ce qui a failli être un royaume si vous ne savez pas apprécier vos serviteurs. On a ceux que l'on mérite.

La jeune duchesse dont le joli visage s'empourprait n'eut pas le temps de lui répondre : un jeune homme aux longues jambes, au visage assez rude sous une forêt de cheveux blonds taillés carrés à la mode germanique, venait de faire une entrée impétueuse et s'élançait vers Marie.

– Que me dit-on, mon cœur ? Vous renoncez à votre chasse ? Vous voulez me priver de vous ? Qu'est-ce que ce caprice ?

– Ce n'est pas un caprice, mon cher seigneur. Je désirais recevoir la dame que vous voyez ici. Elle est l'épouse du comte de Selongey.

Comprenant à qui elle avait affaire, Fiora saluait déjà le fils de l'empereur Frédéric comme il convenait. Celui-ci lui accorda un large sourire appréciateur :

– Bonjour, Madame. Votre époux, en vérité, a beaucoup plus de chance qu'il n'en mérite, car vous êtes fort belle ! Mais si vous le permettez, je reprends la duchesse, car je ne saurais chasser sans elle. Vous aurez tout le temps de causer quand nous reviendrons...

– C'est inutile, Monseigneur, dit Fiora. Madame la duchesse m'a dit tout ce que je pouvais espérer entendre d'elle.

Le sourire de Maximilien se fit plus large encore s'il était possible. Prenant la main de sa femme, il l'entraîna vers la porte.

– A merveille, alors ! Nous donnons un bal, après-demain. Venez donc danser au palais ce soir-là ! Je vous donne le bonsoir, Madame la comtesse.

Le couple disparut et Fiora se retrouva seule en compagnie de Mme d'Hallwyn, reparue en même temps que le prince. En dépit de la chaleur intime de cette petite pièce confortable et accueillante, elle se sentait glacée jusqu'à l'âme et demeura un moment immobile, contemplant les flammes qui montaient à l'assaut des grands chenets de fer forgé. La dame d'honneur toussota :

– Puis-je vous reconduire, Madame ? Tout au moins jusqu'au jardin ?

– Pourquoi jusqu'au jardin ? murmura Fiora surprise. Pourquoi pas jusqu'à l'entrée ?

– Parce qu'au jardin se trouve quelqu'un qui désire beaucoup vous parler... et qui se chargera de vous accompagner jusqu'à la porte.

– Qui donc ?

– Mme de Schulembourg. Elle vous a vue arriver tout à l'heure...

Fiora fit signe qu'elle avait compris. Elle pensait chercher cette dame en arrivant à Bruges, mais une entrevue avec la duchesse lui semblait plus importante et plus urgente. Devant le médiocre résultat de cette entrevue, peut-être serait-il bon de la rencontrer sans attendre. Tandis que derrière Mme d'Hallwyn elle descendait vers les parterres, l'écho joyeux du départ de la chasse lui parvint : le son des trompes, les abois des chiens, les cris des veneurs qui peu à peu se fondirent dans le bruit de la ville. Fiora pensa qu'on ne pouvait en vérité perdre plus gaiement un empire. Chez ce couple d'amoureux destiné à porter la couronne de Charlemagne, il ne pouvait y avoir place pour l'amère nostalgie des combattants de l'impossible...

– Que vous a-t-on dit ? fit une voix anxieuse, et elle s'aperçut qu'elle avait changé de compagne et se trouvait à présent au côté d'une femme déjà âgée, emmitouflée comme en plein hiver de velours et de renard noirs, une femme qui s'appuyait sur une canne et dont les yeux clairs l'enveloppaient d'un regard compatissant.

Elle s'efforça de lui sourire, sans y parvenir tout à fait :

– Rien que je ne sache déjà par Monseigneur Antoine : que mon époux était ici vers la fin de l'année. Ah ! si, tout de même ! Madame la Duchesse a bien voulu

m'apprendre qu'il est resté peu de temps, que sa mine
sombre était choquante dans un temps de fêtes et qu'il est
reparti sans dire où il allait.

— Pauvre enfant! C'est bien peu... Marchons, voulez-
vous? Et offrez-moi votre bras...

Elles firent quelques pas le long d'une allée admirablement sablée en s'éloignant des jardiniers qui, dans les parterres, taillaient des arbustes.

— On ne vous a pas parlé de la dispute, n'est-ce pas?

— Une dispute? Entre Philippe et...

— Et l'archiduc Maximilien! Celui-ci a trouvé votre
époux priant aux genoux de Madame Marie. Il est alors
entré dans une grande colère et il a exigé son départ, sans
vouloir entendre la moindre explication. Mais le comte
n'est pas de ceux qui se laissent ainsi chasser. Avant de
partir en claquant les portes, il a dit au prince qu'il était
tout à fait indigne d'être le gendre du défunt duc Charles
et qu'il aimerait mieux mourir que servir un tel maître. Il
n'a eu que le temps de sortir et, s'il n'a pas été arrêté, il le
doit uniquement aux prières de la princesse.

Mais Fiora ne s'attachait qu'aux premières paroles de
Mme de Schulembourg qui confirmaient douloureusement ce qu'elle pensait: Philippe aimait la princesse et
avait osé le lui dire. D'ailleurs, celle-ci n'avait pas pro-
testé quand, tout à l'heure, Fiora lui avait dit ce qu'elle
pensait des sentiments de Philippe.

Consciente de ce qu'un silence venait de tomber entre
elle et sa compagne, elle refoula ses larmes:

— Comme c'est étrange en vérité! fit-elle d'une voix
qu'elle s'efforça de raffermir. J'ai vu le prince et il a été...
fort aimable. Il m'a même invitée à danser au bal d'après-
demain!

La vieille dame se mit à rire:

— N'en soyez pas étonnée! Cela lui ressemble tout à
fait! Il n'a aucune suite dans les idées. En outre, s'il se
montre fort épris de sa petite duchesse, il n'en est pas
moins sensible au charme féminin. L'idée de danser avec

la femme d'un homme qu'il considère désormais comme son ennemi doit lui sembler plaisante. Ajoutez à cela qu'il aime à rire et qu'il adore donner des fêtes...

— Soit, je veux bien l'admettre, mais pourquoi Madame Marie ne m'a-t-elle rien dit ?

— Elle a sans doute craint que vous ne demandiez d'autres explications, ce qui l'aurait gênée. En outre, c'eût été risquer de réveiller la colère d'un époux qu'elle aime de tout son cœur. Le voir heureux auprès d'elle et du jeune prince Philippe est son seul désir. Alors, tout ce qui peut se mettre à la traverse de ce bonheur tranquille... N'oubliez pas qu'elle n'a pas connu de véritable vie familiale. Il n'était pas facile d'être la plus riche héritière d'Europe...

— L'héritage a fondu, dit Fiora sèchement, et elle ne paraît pas s'en soucier outre mesure. En vérité, je me demande pour quelle raison elle m'a reçue ?

— Et la curiosité, qu'en faites-vous ? Comment résister à l'envie de rencontrer la mystérieuse dame de Selongey, cette Florentine dont on disait merveilles et que le Téméraire traînait après lui de bataille en bataille comme une reine captive ? Je suis bien sûre qu'en ce moment les oreilles doivent vous corner, n'est-ce pas ?

— Pas vraiment, et c'est sans importance...

— Qu'est-ce qui en a donc ?

— Le sort de Philippe. Ce qu'il est devenu. Voilà des mois que je le cherche et il paraît fuir devant moi. Vous qui l'avez rencontré, à qui il a parlé, ne pouvez-vous me dire où il allait quand il a quitté Bruges ?

Mme de Schulembourg considéra la jeune femme avec une profonde commisération. Après l'avoir poussée à se faire connaître, sa sympathie pour cette belle créature en qui elle devinait une qualité de courage qu'elle avait toujours appréciée croissait d'instant en instant :

— Si je le savais, soupira-t-elle, je vous l'aurais déjà dit. Si vous êtes décidée à poursuivre votre quête, c'est vers la Bourgogne que vous devriez diriger vos pas.

– Vous pensez qu'il y serait retourné ? Ce serait folie,
car c'est miracle s'il a échappé à l'échafaud et, pour ce que
j'en sais, le roi Louis tient à présent tout le pays dans sa
main. On dit même que la Franche-Comté, ce dernier
bastion, est tombée elle aussi.

– Sans doute, mais la Bourgogne occupée par les
troupes françaises est fichée au cœur du comte de Selongey comme une épine qui ne cesse de le blesser.

En dépit de leur lenteur, les pas des deux femmes les
avaient conduites jusqu'au porche ouvrant sur les galeries
de la cour d'honneur, à peu près vide à présent.

– Puis-je vous demander un conseil ? fit Fiora. Que
feriez-vous à ma place ?

– Si vous voulez vraiment le retrouver ou tout au
moins trouver une trace, il faut aller jusqu'à Selongey.
L'homme désemparé cherche toujours à retrouver ses
racines, sa maison natale...

– J'y ai pensé, bien sûr, mais le sire de La Trémoille
doit faire surveiller le château.

– Ce n'est plus lui le gouverneur de la ville, c'est messire d'Ambroise qui est infiniment plus conciliant. Mais
où habitez-vous, vous-même ?

– En Touraine. Et s'il était venu à moi, je saurais où il
est. Il a coulé bien du temps, depuis Noël...

– Alors allez en Bourgogne et commencez par Selongey ! Il m'étonnerait bien que vous n'y trouviez pas au
moins un indice. Ceci dit, vous aurez sans doute du mal à
rencontrer votre époux car il doit se cacher. Et vous
n'allez pas manquer de courir des dangers, peut-être inutiles. Au fond, le plus sage serait de rentrer chez vous et
d'y attendre...

– Quoi ? Qu'il revienne ? Il ne reviendra pas.

– Dans ce cas, pourquoi vous obstiner ? Si encore vous
aviez des enfants !

– J'ai un fils ! dit Fiora qui ajouta avec amertume :
Dieu sait que nous n'avons guère passé de temps
ensemble, cependant ce mariage insensé a été béni par une
naissance. Seulement, Philippe l'ignore.

– Alors, il faut aller le lui dire. Cherchez-le, trou-
vez-le, mais, si vos recherches demeurent vaines, retour-
nez auprès de votre enfant afin qu'il ne reste pas orphelin.
Dieu vous garde, ma chère! Je prierai pour vous!

Attirant Fiora sur son vaste giron, Mme de Schulembourg l'embrassa, traça du pouce, sur son front, une petite
croix, puis, resserrant autour d'elle son manteau fourré,
reprit de sa démarche claudicante le chemin du jardin.
Fiora la regarda s'éloigner et, après un dernier coup d'œil
à ce palais splendide construit par les Grands Ducs
d'Occident mais qui n'était plus que le décor vide d'une
grandeur défunte, elle alla rejoindre Florent qui l'attendait en promenant les chevaux dans la cour.

Depuis leur départ, Fiora avait accoutumé le jeune
homme au silence. Sans oser la questionner lorsqu'elle
revint avec des yeux gros de larmes difficilement contenues, il comprit qu'elle avait hâte à présent de quitter
cette demeure princière où elle avait apporté sans doute
beaucoup d'espoirs. Sinon, pourquoi cette magnifique toilette? Il se hâta de l'aider à se mettre en selle et plaça
doucement les rênes entre ses mains gantées. Sautant sur
sa propre monture, il précéda la jeune femme pour lui
faire ouvrir la porte, s'écarta afin de lui laisser le passage
et se mit à sa suite. Lorsque l'on arriva devant la Ronce
Couronnée, il vit que de grosses larmes roulaient silencieusement sur son visage dépourvu d'expression. Elles
débordaient des grands yeux gris, largement ouverts, et
coulaient une à une en suivant le dessin délicat des traits.
C'était plus qu'il n'en pouvait supporter.

– Il faut que cela cesse! marmotta-t-il.

Aidant Fiora à mettre pied à terre, il héla un palefre-
nier, lui ordonna de s'occuper des bêtes puis, prenant le
bras de la jeune femme qui n'opposa aucune résistance et
semblait frappée de stupeur, il la conduisit jusqu'à sa
chambre, y entra avec elle, la fit asseoir, alla refermer la
porte et revint s'agenouiller devant elle, prenant entre les

siennes deux mains qui lui parurent froides comme de la glace :

— Donna Fiora! pria-t-il. Je croyais que vous aviez confiance en moi?

Comme sortant d'un rêve, elle posa sur le jeune homme un regard qui ne le voyait pas :

— J'ai confiance, Florent, fit-elle d'une voix blanche. Pourquoi me demandez-vous cela?

— Parce qu'il me semble être devenu pour vous non seulement un étranger, mais une sorte de meuble. Depuis que nous avons quitté Beaugency, vous paraissez ne même plus me voir. Nous avons couru, couru éperdument pour venir ici, sans que vous daigniez m'expliquer vos intentions.

— Le faut-il vraiment?

— Pas si je ne suis pour vous qu'un valet, mais vous savez à quel point je vous suis dévoué, et je refuse à présent de vous laisser souffrir seule et en silence. Si dame Léonarde était là — je n'ai jamais tant regretté qu'elle n'y soit pas! — aurait-elle droit, elle aussi, à votre mutisme? Non, n'est-ce pas? Vous vous confieriez à elle... Oh! je sais que je ne peux pas la remplacer, mais dites-moi comment vous aider, comment vous rendre moins malheureuse, puisqu'il est évident que vous l'êtes?

Fiora hocha la tête et, d'un doigt léger, caressa la joue du jeune homme :

— Quelles instructions pourrais-je vous donner alors que, moi-même je ne sais plus que faire? Relevez-vous, Florent!... et allez nous chercher quelque chose à boire, mais pas de bière, je vous en prie. Apportez-nous du vin et puis, ensemble, nous essaierons de dresser un plan, de prendre une décision...

— Est-ce que nous ne rentrons pas?

— Je ne crois pas. Pas maintenant, tout au moins.

— Où irions-nous?

— En Bourgogne. Il serait peut-être temps que j'aille jusqu'à Selongey. J'y suis passée... oh, juste un moment, quand je suis venue de Florence, il y a quatre ans.

— Vous n'y êtes jamais retournée?

— Non. C'est étrange, n'est-ce pas, de porter un nom, un titre, et de ne rien savoir ou presque de ce qu'ils recouvrent?

Un heure plus tard, stimulés par la chaleur d'un excellent vin de Beaune, Fiora et Florent décidaient d'un commun accord qu'une visite à Selongey s'imposait.

— C'est le seul endroit où aller! affirma le jeune homme, parce que c'est, je crois bien, le dernier refuge possible pour votre époux.

— Les hommes du roi surveillent sans doute le château?

— Peut-être, mais il reste le village et tout le pays alentour. Si messire Philippe était aimé là-bas...

— Je le crois. C'est du moins ce que m'en avait dit Léonarde qui est de par là...

— Eh bien alors? Je vous avoue que je ne comprends même pas que nous ne soyons pas déjà en route? Ni pourquoi vous semblez tellement désemparée?

— C'est difficile à expliquer, Florent, mais j'ai l'impression de courir après une ombre...

Elle n'ajouta pas qu'elle était lasse de ces chemins, petits ou grands, dans lesquels on s'engage l'espoir au cœur et qui ne mènent nulle part sinon à un peu plus de déception, à un peu plus de chagrin; de tous ces chemins sans issue qui avaient jalonné sa vie. Elle allait en suivre un de plus, mais pour apprendre quoi, à l'arrivée? Que Philippe ne l'avait jamais aimée et que sa vie de femme était achevée avant d'avoir commencé?

Troisième partie

LA JUSTICE DU ROI

CHAPITRE X

LE TOMBEAU DU TÉMÉRAIRE

Ce fut à Saint-Dizier que Fiora décida de changer de route.

A l'auberge où elle et Florent faisaient étape et où ils prenaient leur repas du soir dans la grande cuisine comme les simples compagnons de voyage qu'ils étaient à présent, Fiora ayant décidé de reprendre le costume masculin, elle s'intéressa à la conversation de marchands lorrains qui se rendaient à Troyes. Ces hommes, tout en satisfaisant les exigences de robustes appétits, couvraient de leurs louanges le jeune duc René II de Lorraine qui, depuis la bataille de janvier 1477 où le Téméraire avait trouvé la mort, s'efforçait de reconstruire Nancy, de relancer le commerce et de promulguer les lois les plus aptes à panser les cruelles blessures subies par la ville. Il voulait rendre à la fois le goût du travail et le goût de vivre à ses habitants.

– Jamais prince, disait l'un d'eux, ne fut plus aumônier ni plus généreux de ses deniers cependant qu'il vit, avec sa famille, dans un palais dont il ne reste plus qu'une partie. Mais la ville passe avant le palais. Il s'efforce aussi d'aider les couvents, dont certains ont été éprouvés, à reprendre vie.

– Il n'a pas beaucoup de mal à se donner pour les chanoines de la collégiale Saint-Georges. Ils sont toujours aussi gras, fit l'autre.

– Aussi aide-t-il davantage les quelques bénédictins

qui demeurent encore au prieuré Notre-Dame. Ils ont charge de prier pour les morts des guerres bourguignonnes, ce qui ne nourrit guère son homme.

— Ils prient aussi pour l'âme pécheresse du Téméraire qui, lui, a grand besoin de prières pour tout le mal qu'il a fait. On dit que Monseigneur René va assez souvent se recueillir sur sa tombe où des cierges brûlent nuit et jour. Ce sont les moines de Notre-Dame qui ont en charge cet entretien, mais il paraît que le duc songe à fonder un couvent de cordeliers dont la chapelle deviendrait sa propre sépulture et celle de ses descendants. Il ne veut pas être enterré auprès de son ennemi.

— On peut le comprendre, mais n'aurait-il pas été plus simple de renvoyer le Bourguignon à Dijon ?

— Pour réveiller là-bas les enthousiasmes ? Il est bon que, mort, le Téméraire reste prisonnier !

— Je ne suis pas sûr que ce soit une bonne solution. Des gens viennent de partout pour voir sa tombe. Bientôt, l'endroit deviendra un lieu de pèlerinage.

Les deux hommes avaient achevé leur repas et se levaient pour sortir après un salut à la compagnie. Fiora les suivit des yeux, puis appela l'aubergiste d'un geste :

— Le chemin est-il long d'ici à Nancy ? demanda-t-elle.

— Une vingtaine de lieues. Pas grand-chose pour les bonnes jambes de votre cheval, mon jeune seigneur. Vous avez envie, vous aussi, d'aller voir la tombe du duc Charles ?

— Peut-être...

Et comme Florent, surpris, la regardait avec de grands yeux, elle lui sourit gentiment :

— Je crois, lui dit-elle, que nous allons faire un détour par Nancy. Après tout, le temps ne nous presse pas tellement.

— Avez-vous vraiment envie de retourner là-bas ? fit le jeune homme abasourdi. Vous n'y avez pas été tellement heureuse, pourtant.

En effet, lorsque Léonarde et lui-même, guidés par

Mortimer, avaient rejoint Fiora dans la capitale lorraine alors aux mains du Téméraire, ils avaient trouvé Fiora non seulement prisonnière du duc, mais blessée et en assez triste état [1].

— Lorsque vous y êtes venu, je ne l'étais pas, en effet, cependant après la mort du duc, j'y ai connu trois jours de bonheur. Ce n'est pas beaucoup, trois jours, mais ceux-là me sont infiniment précieux. En outre, il y a là-bas quelqu'un à propos de qui j'ai fait, à Rome, une promesse. J'avoue que je l'avais un peu oubliée, cette promesse, mais puisque notre chemin passe si près, je serais impardonnable de ne pas la tenir.

Elle se tut. Florent comprit qu'elle n'en dirait pas davantage et ne posa pas d'autre question, sachant qu'elle n'y répondrait pas. Il se contenta d'escorter la jeune femme jusqu'à sa chambre et de lui souhaiter une bonne nuit. Le lendemain, au lieu de continuer sur Joinville et Chaumont, les voyageurs prirent la direction de l'est afin de gagner Nancy.

Un peu plus de deux années ne pouvaient suffire à guérir les innombrables blessures subies par le duché de Lorraine, et les traces en demeuraient nombreuses au long du chemin : villages incendiés où quelques maisons couvertes de chaume neuf repoussaient courageusement sur les ruines, châteaux à demi détruits, abbayes ou prieurés transformés en chantiers où les moines, perchés sur des échelles et les manches retroussées, travaillaient de la truelle, de la pioche ou du rabot ; chemins tellement défoncés par les charrois militaires que l'herbe, comme derrière le cheval d'Attila, ne repoussait pas et puis, dans les champs, un peu trop de femmes à l'ouvrage pour remplacer les hommes qui ne reviendraient plus. Trop de croix neuves aussi dans les cimetières ou même au bord des sentiers, là où des soldats sans nom étaient tombés, amis ou ennemis. Pourtant, sous le soleil de printemps, tout ce monde à l'ouvrage et les champs à nouveau ense-

1. Voir *Fiora et le Téméraire*.

mencés parlaient espérance et donnaient une nouvelle preuve du courage d'un peuple.

La vue de Nancy fut elle aussi réconfortante. On avait bouché les tranchées creusées par les Bourguignons et, dans les faubourgs qui avaient tant souffert comme aux remparts, de nombreux ouvriers travaillaient. Si les graves dommages subis par une ville qui s'était battue jusqu'à l'extrême limite de ses forces, et jusqu'à la victoire, restaient évidents, sous le ciel bleu piqué de légers nuages blancs, on voyait briller des toits naguère effondrés. Sur les murailles, les soldats du guet montraient des armes étincelantes, contrastant avec la mine paisible de gens qui savent n'avoir rien à redouter : aucun ennemi ne dévalerait plus des hauteurs de Laxou ou de Maxéville, aucun camp gigantesque n'étalerait ses pavillons somptueux dominés par une grande bannière violette, noire et argent. Les troupeaux qui ne seraient plus razziés paissaient tranquillement dans les prés et l'étang Saint-Jean, près de sa commanderie en ruine, était purifié des cadavres que la mort y avait semés.

La ville était bien gardée. Les voyageurs s'en aperçurent quand, en passant la porte de la Craffe qui ouvrait sur la principale rue de Nancy, ils furent arrêtés au corps de garde. Là, un grand diable armé de pied en cap leur demanda ce qu'ils venaient faire dans la ville.

— Un pèlerinage, répondit Fiora. Nous venons prier au tombeau du dernier duc de Bourgogne. Serait-ce défendu ?

— Non pas, non pas... Mais des gens comme vous, il en vient de plus en plus. Vous êtes de Bourgogne, bien sûr ?

— Presque. Je suis la comtesse de Selongey et Monseigneur René a fort bien connu mon époux. Moi aussi, d'ailleurs, mais je ne veux à aucun prix l'obliger à me recevoir. Je désire seulement prier au tombeau...

— Où comptez-vous demeurer ?

— Je n'en sais rien. Il n'y avait plus beaucoup d'auberges quand le duc René a reconquis sa ville, mais je suppose qu'il en existe une ou deux, à présent ?

– Ouais. Mais si vous avez vécu le temps du siège, vous connaissez quelqu'un ici ?

Cette forme d'inquisition commençait à agacer Fiora, déjà fatiguée par la route. D'autant que, pendant qu'on l'interrogeait, des gens qui semblaient avoir parcouru un long chemin entraient sans que personne leur demandât quoi que ce soit.

– Que signifient toutes ces questions ? fit-elle avec hauteur. Si je vous inspire le moindre doute, envoyez donc l'un de ces hommes qui jouent aux dés si tranquillement demander au palais si je peux me rendre à la collégiale Saint-Georges ! Je vous ai dit mon nom et c'est déjà une grande concession.

– L'ennui, c'est qu'il est difficile de vous croire. Vous avez l'air d'un garçon, et vous me dites que vous êtes... comment déjà ?

– La comtesse de Selongey. Je voyage habillée en homme parce que c'est plus commode, mais si vous ne me croyez pas...

Elle ôta le haut bonnet qui la coiffait, laissant dérouler au creux de son épaule une longue tresse de cheveux noirs et brillants que l'homme considéra avec intérêt.

– Cela vous suffit ? Peu d'hommes possèdent, me semble-t-il, des cheveux aussi longs ?

– Certes, certes, fit l'autre têtu, mais c'est que justement votre affaire est de moins en moins claire ! Une femme habillée en homme ! Qui a jamais entendu parler de cela ?

– Plus que vous ne pensez, mais apparemment vous n'êtes pas lorrain ?

– Pas lorrain, moi, alors que je suis né natif de Toul ?

– N'avez-vous jamais entendu parler de Jehanne la Pucelle ? Domrémy n'est pas si loin... On ne l'a pas souvent vue porter des cotillons, celle-là !

– Certes, certes ! fit le soldat qui devait affectionner cet adverbe, mais elle faisait la guerre, elle... tandis que vous, vous seriez une espionne que ça ne m'étonnerait pas !

– Nous n'en viendrons pas à bout! souffla Florent accablé.

Fiora n'entendait pas se laisser arrêter par un militaire aux idées courtes. Entrant dans le corps de garde, elle avisa du papier et une plume plantée dans un encrier et, le tout posé sur une table, s'assit de guingois sur un tabouret et griffonna quelques lignes qu'elle signa avant de revenir offrir le tout au cerbère :

– Voulez-vous me faire la grâce, fit-elle, suave, de faire porter ceci au palais qui est à deux pas et que je connais bien pour l'avoir habité. J'attendrai ici la réponse!

Indécis, le garde tournait et retournait la feuille quand un homme déjà âgé, élégamment vêtu de beau drap fin d'un rouge profond sous un grand manteau jeté négligemment sur ses épaules, entra au corps de garde :

– Sergent Gachet, fit-il, je suis venu vous prévenir que j'attends un convoi d'ardoises que j'ai commandé de compte à demi avec messire de Gerbevillers, bailli de Lorraine, et j'espère que vous le laisserez passer plus facilement que mes farines de la semaine dernière.

– Bien sûr, messire Marqueiz, bien sûr! fit l'autre déjà tout sourire et qui, sans son armure, se fût sans doute plié en deux. Je suis, vous le savez, tout dévoué à vos ordres...

Mais le nouveau venu ne l'écoutait plus. Il regardait le faux garçon et déjà, un large sourire sur son visage creusé de petites rides fines, tendait les mains en un geste de bienvenue :

– Donna Fiora! C'est bien vous, n'est-ce pas?

– C'est bien moi, messire Marqueiz, s'écria-t-elle en répondant spontanément, des deux mains, à cet accueil chaleureux. Très heureuse de vous voir...

– J'espère que vous veniez chez nous?

– Je ne me le serais pas permis. Je vous ai, jadis, beaucoup trop encombrés, vous et dame Nicole.

C'était en effet chez l'échevin Georges Marqueiz et sa femme qu'elle avait été transportée après la blessure reçue lors du duel entre Philippe de Selongey et Campobasso [1]. Elle y avait connu l'hospitalité la plus attentionnée et c'était dans leur maison qu'un an plus tard, elle avait vécu avec Philippe ces trois jours gravés si profondément dans son souvenir. Pendant ce temps, l'échevin ouvrait sa demeure, l'une des rares restées debout après le siège, à la dépouille mortelle du Téméraire dont le cadavre défiguré et à demi dévoré par les loups avait été retrouvé dans les roseaux gelés de l'étang Saint-Jean.

– Ne dites surtout pas cela à Nicole! dit l'échevin. Naturellement, je vous emmène! N'oubliez pas mon convoi, sergent Gachet?

– Certes, certes, messire Marqueiz! Il en sera fait comme vous le désirez!

Un instant plus tard, Fiora remontait la rue Neuve au bras de cet ancien ami, suivie de Florent qui menait les chevaux en bride. Peut-être eût-elle préféré passer inaperçue dans une ville qui avait joué un si grand rôle dans sa vie, mais cette rencontre lui apparut plus que bienvenue, inespérée quand elle apprit que le duc René était absent et s'était rendu à Neufchâteau. Jamais sa lettre ne serait parvenue à son destinataire et elle serait peut-être restée indéfiniment au corps de garde, à moins que le sergent Gachet ne l'eût tout bonnement refoulée.

La maison, proche de l'église Saint-Epvre, qui, au contraire de beaucoup d'autres, n'avait pas trop souffert de la guerre, offrit à Fiora l'image de ses souvenirs doux et amers sans qu'elle pût dire si les premiers l'emportaient sur les seconds. Elle y avait soigné une blessure à l'épaule, mais elle y avait retrouvé Léonarde venue contre vents et marées auprès de « son agneau ». C'était là qu'elle avait vécu le temps radieux de ses retrouvailles avec Philippe, mais aussi, hélas, sa rupture, cette rupture qu'elle ne cessait à présent de se reprocher comme la plus grande faute qu'elle eût commise.

Dame Nicole l'accueillit aussi naturellement que si

1. Voir *Fiora et le Téméraire*.

elles s'étaient quittées depuis peu. Cette grande bour-
geoise, assez froide et volontiers distante, l'embrassa
comme si elle eût été sa propre sœur et Fiora en conclut
qu'elle était vraiment la bienvenue. Pourtant quand son
hôtesse ouvrit devant elle la porte de la chambre dont elle
était partie, un matin de janvier, drapée dans un drap de
lit comme une reine de théâtre, elle éclata en sanglots.

Interdite, Nicole Marqueiz passa un bras autour de ses
épaules et voulut l'entraîner :

— Pardonnez-moi ! murmura-t-elle. Je vais vous loger
ailleurs.

— Non... non, je vous en supplie ! N'en faites rien ! dit
Fiora en s'efforçant de refouler ses larmes. Ceci n'était
qu'un premier mouvement que je n'ai pu maîtriser, mais
il est bon pour moi de revenir ainsi en arrière, même si
c'est un peu cruel. En fait, c'est un pèlerinage au passé
qui m'amène aujourd'hui à Nancy.

— Ne me dites pas que vous venez, vous aussi, faire
pèlerinage au tombeau du défunt duc Charles ?

— Pas vraiment, mais un peu tout de même. Vous souvenez-vous du jeune Battista Colonna, le page que l'on
avait commis à ma garde ?

— Et qui vous aimait tant ? Je m'en souviens d'autant
mieux qu'il n'a jamais quitté notre ville où il est entré au
Prieuré Notre-Dame...

— Savez-vous s'il a prononcé les vœux définitifs ?

— Il est difficile de savoir ce qui se passe dans un
couvent de bénédictins mais, en l'occurrence, je ne crois
pas. Certes, les moines sont moins nombreux qu'avant les
guerres, mais, si ce garçon avait reçu l'investiture sur
laquelle on ne revient pas, il ne pourrait plus sortir du
prieuré. Or chaque matin, il va prier à la collégiale où,
avec deux ou trois compagnons, il veille à ce que les trop
nombreux curieux venus voir la tombe ne causent aucun
dommage à la collégiale. Les chanoines, peu soucieux de
monter cette espèce de garde, sont trop heureux de leur
laisser ce soin. Si vous voulez le voir, vous pouvez aller à

Saint-Georges entendre la première messe. Vous serez
sûre de le rencontrer.

Le lendemain, la tête enveloppée d'un voile sombre,
Fiora se rendit à la messe de l'aube. Avant d'aller s'agenouiller devant le maître-autel, elle chercha des yeux la
tombe ducale et la trouva sans peine là où Nicole le lui
avait indiqué : une grande dalle gravée et légèrement
surélevée devant la chapelle Saint-Sébastien. Quelques
cierges, allumés sans doute par la piété d'anciens soldats,
la flanquaient d'une garde brillante et, sur le tombeau lui-
même, une lampe à huile rougeoyait. Il n'y avait personne
mais quand, l'office achevé, Fiora se tourna de nouveau
dans cette direction, elle aperçut une mince forme vêtue de
bure blanche agenouillée devant le tombeau et priant avec
ferveur, le visage dans les mains. Posé à côté du jeune
moine, se trouvait le flacon d'huile avec lequel il avait
renouvelé la provision de la lampe.

Fiora s'approcha sans bruit. Celui qui priait là était
plus grand que le souvenir gardé de son ancien page, mais
Battista devait avoir environ dix-sept ans et elle n'en fut
pas moins sûre que c'était lui.

Laissant glisser ses mains, il se pencha pour baiser la
pierre, et c'est quand il se redressa que la jeune femme
posa sur son épaule une main légère :

— Battista ! murmura-t-elle. Voulez-vous que nous par-
lions un instant ?

Il sursauta comme piqué par une guêpe, se releva si
vite qu'il se prit les pieds dans sa robe et faillit tomber.
Fiora, le retenant, sentit son cœur se serrer en face de ce
jeune visage qu'elle avait connu si gai, si ouvert, si beau
aussi, mais que deux années de pénitence avaient creusé,
pâli, vieilli. La voix non plus n'était plus la même quand
il s'écria :

— Donna Fiora !... Mais que faites-vous ici ?

— C'est à vous, mon ami, qu'il faudrait poser cette
question. Qu'est-ce qui vous a pris de vous enterrer ici

tout vivant au lieu de rentrer chez vous, à Rome où se trouve votre famille ?

— J'avais voué ma vie au service de Monseigneur Charles et je continue à le servir, tout simplement.

— Là où il est, il n'a plus besoin de vous.

— Qu'en savez-vous ? D'ailleurs je ne suis pas seul : regardez cette tombe, à côté ! C'est celle de Jean de Rubempré, qui fut gouverneur de Nancy pour lui et dont le corps fut retrouvé non loin du sien. La piété du duc René, qui est un vrai chevalier, a voulu l'entourer de ses hommes : les autres reposent dans le cimetière de la ville, quelques-uns même dans celui de notre prieuré.

— J'ai donc raison. Ombre gardée par d'autres ombres, il n'a que faire des vivants tandis qu'à Rome...

— Rome n'est qu'un cloaque ! lança le jeune homme avec une soudaine violence. Laissez-moi à présent, donna Fiora ! Je dois retourner à mes devoirs...

— Mais...

Elle n'eut pas le temps d'en dire plus : retroussant sa robe, Battista prit sa course à travers l'église et disparut comme si le diable lui-même était à ses trousses. Stupéfaite de cette réaction subite, Fiora regarda sa fuite éperdue, faillit se lancer à sa poursuite, mais y renonça. A son tour, elle s'agenouilla devant la dalle et pria pour le repos de celui qu'elle avait tant haï, mais dont, comme d'autres, elle avait finalement subi le charme au point d'avoir accepté son amitié et pleuré sa mort d'un cœur vidé de toute rancune. Elle le reverrait toujours tel qu'il lui était apparu pour la dernière fois, au matin du dernier combat : un chevalier d'or dont le heaume portait un lion dressé, et qui s'enfonçait lentement dans la brume glacée de l'hiver, levant le bras dans un geste d'adieu. Le brouillard dense ne s'était déchiré pour lui qu'au moment d'entrer dans les ténèbres de la mort...

Souvent, elle s'était demandé quel aurait été l'avenir si le duc Charles avait survécu. Aurait-il réussi à trouver les moyens de poursuivre ses guerres incessantes avec une

Bourgogne exsangue et des Flandres exaspérées ? Certainement pas, mais avec ses ultimes ressources, il aurait continué à se battre, à poursuivre ses rêves d'hégémonie jusqu'à ce que la mort le prenne et ses derniers fidèles avec lui. Au fond, tout était bien ainsi et la grandeur tragique de son trépas devait le satisfaire. Mais il n'était pas juste qu'un enfant restât prisonnier de ce drame et de l'auréole fascinante que confèrent les légendes.

Fiora décida que Battista n'en avait pas fini avec elle. Quittant l'église, elle rejoignit la place de la Halle et, arrêtant un passant, lui demanda le chemin du prieuré Notre-Dame. L'homme se contenta de lui indiquer une rue au fond de laquelle, en effet, apparaissait une chapelle dont le clocher avait été réduit de moitié par un boulet de canon.

L'entrée du couvent se trouvait au chevet de l'église et Fiora alla tirer une cloche qui pendait près d'une vieille porte rébarbative, bardée et cloutée de fer comme une entrée de prison, que perçait un guichet grillagé. A la figure replète qui s'y encadra, la jeune femme exposa qu'elle implorait au père prieur de cette sainte maison la faveur d'une courte entrevue. Le guichet se referma et elle dut attendre de longues minutes avant que la porte ne s'entrouvrît pour lui livrer un mince passage. De l'autre côté, le frère portier, aussi ample de corps que rond de visage, lui fit signe de le suivre et sans un mot la conduisit dans une petite salle basse et humide dépourvue du moindre meuble. Seul, un grand crucifix de bois noir indiquait que l'on ne se trouvait pas dans une cave. Toute la maison sentait le salpêtre et la moisissure, mais cette pièce à laquelle on accédait en descendant quelques marches avait un aspect misérable qui serra le cœur de la jeune femme. Le charmant Battista prisonnier de ce tombeau, depuis plus de deux ans, cela lui parut un invraisemblable non-sens ! Fallait-il qu'il eût aimé le Téméraire, pour se condamner à cette lente destruction !

Au grand moine noir et blanc brusquement apparu sans

qu'elle l'eût entendu venir, elle exposa sa requête : elle souhaitait s'entretenir un instant avec le jeune novice qui, dans le siècle, s'était appelé Battista Colonna :

— Je viens de Rome, assura-t-elle avec aplomb, et j'ai pour lui un message de sa famille.

Le mensonge lui était venu aux lèvres naturellement, pour la simple raison qu'elle était prête à employer toutes les armes afin d'enlever cet enfant à un univers sans espoir et pour lequel il ne pouvait avoir été créé. D'ailleurs, était-ce un mensonge ? Antonia [1] qui l'envoyait était réellement la cousine de Battista et, par l'amour qu'elle lui portait, elle lui était plus proche encore...

— Ne pouvez-vous me confier ce message ? fit le prieur en dévisageant la visiteuse avec une insistance que celle-ci jugea déplaisante.

— Il ne s'agit pas d'une lettre, mais d'un message verbal qui ne saurait prendre sa véritable signification en passant par votre voix, Votre Révérence. Veuillez me pardonner cette franchise.

Mais le religieux n'entendait pas se rendre si aisément.

— Une famille, cela peut être vaste. Je suppose qu'en l'occurrence, il s'agit d'un seul de ses membres. Me direz-vous au moins qui ? Comprenez, ma fille, que je suis comptable de l'âme de ce jeune garçon et que je ne souhaite pas voir troublée une paix qu'il a eu quelque peine à gagner, se hâta-t-il d'ajouter en voyant se froncer les sourcils de la jeune femme.

— Craignez-vous que cette paix ne soit fragile ? Si elle est réelle, profonde, aucun signe venu du monde des vivants ne saurait l'entamer. Je peux vous dire ceci : personne, chez les Colonna — et je vous accorde que la famille est vaste —, personne, dis-je, n'a compris pourquoi un enfant de quinze ans choisissait de rester ici, loin de tous les siens...

— Nous savons cela depuis longtemps, Madame. Le

1. Voir *Fiora et le pape*.

prince Colonna est venu ici en personne et Battista a refusé de le voir... Mais je suppose que vous le savez ?

— Ce n'est pas lui qui m'envoie.

— Alors qui ?

— Avec votre permission, Votre Révérence, je le dirai à Battista lui-même, dit Fiora qui commençait à perdre patience. Je veux lui parler, et il ne lui servira à rien de se cacher derrière ces murs ou de s'enfuir comme il l'a fait tout à l'heure. Ou alors, c'est qu'il n'est vraiment plus celui que j'ai connu et qu'il a perdu tout courage, même et surtout celui qui consiste à regarder la vérité en face !

L'imposante silhouette du prieur parut se dédoubler pour laisser voir une ombre blanche : Battista lui-même, qui avait dû entrer sans qu'elle s'en aperçoive et sans faire plus de bruit que son supérieur.

— Il est vrai que je ne suis plus le même, donna Fiora, mais je n'accepterai jamais que l'on m'accuse de manquer de courage...

En dépit de la pesante tristesse qui régnait dans cette salle basse, Fiora retint un sourire. S'il avait gardé la saine habitude d'écouter aux portes, le jeune Colonna avait beaucoup moins changé qu'il ne l'imaginait et peut-être restait-il de l'espoir.

— Pourquoi m'avez-vous fuie, tout à l'heure, dans l'église ? Nous étions amis, naguère...

— Vous devriez dire jadis. Il me semble qu'il y a très longtemps...

— Deux ans, Battista. Cela ne compte guère dans une vie humaine.

Elle se tut, fixant le prieur avec une insistance qui fit monter deux taches rouges à ses joues creuses. Comprenant qu'elle ne dirait rien de plus en sa présence, il se décida enfin à se retirer :

— Vous me trouverez à la chapelle, mon fils, murmura-t-il. Je vais y prier afin que le Seigneur éloigne de vous les pièges du monde.

— Je vous en remercie, mon père, mais j'espère avoir en moi assez de forces, avec l'aide de Dieu, pour les combattre seul !

— Voilà qui est aimable ! remarqua Fiora acerbe. Je ne me souviens pas vous avoir jamais tendu le moindre piège ?

— Je sais, donna Fiora, et je vous demande pardon si je vous ai blessée... mais vous ne m'avez jamais habitué non plus à vous entendre mentir.

— Mentir, moi ? Quand vous ai-je menti ?

— Mais... à l'instant et par personne interposée. N'avez-vous pas dit que vous veniez de Rome ? Vous, à Rome ? Et pour quoi faire ?

— Vous allez devoir vous excuser encore, Battista ! Je n'en viens pas directement, je l'avoue, mais j'y ai tout de même effectué un séjour, tout à fait involontaire d'ailleurs, de plusieurs mois. Sinon, où aurais-je pu rencontrer votre cousine Antonia ?

Une soudaine bouffée de sang rendit un instant au jeune novice sa bonne mine de jadis et ses yeux noirs se mirent à briller, mais ce ne fut qu'un instant...

— Antonia ! soupira-t-il. Se soucie-t-elle donc de moi ?

— Bien plus que vous ne le supposez.

— Voilà une affirmation elle aussi difficile à croire. J'ai appris que l'on allait la marier.

— Vos nouvelles ne sont plus de saison. Antonia porte à présent le nom de sœur Sérafina au couvent de San Sisto où nous nous sommes liées d'amité.

— Religieuse ? Antonia ? Mais c'est invraisemblable !

— Presque autant que de vous voir, vous, sous cette bure monastique. J'ajoute que, si elle est entrée au couvent, ce n'est pas de son plein gré. Le pape voulait la contraindre à épouser l'un de ses neveux, Léonardo, le moins réussi de la bande. Elle a préféré se faire nonne. Encore son père a-t-il dû, pour apaiser la colère papale, abandonner la majeure partie de sa dot. J'ajoute qu'elle n'a pas à ce jour pris le voile... et qu'il dépend de vous qu'elle ne le prenne jamais. C'est à sa demande que je suis venue.

S'éloignant de Fiora, Battista alla s'adosser au mur que barrait le grand crucifix, comme pour se mettre sous sa protection. Il était devenu plus pâle encore et la jeune femme se sentit envahie d'une pitié infinie.

— Vous lui écriviez, jadis ? fit-elle doucement. Pourquoi avez-vous cessé ?

— Je n'ai plus écrit quand j'ai su qu'elle allait se marier. Je l'aimais... beaucoup et j'ai préféré rompre tout lien entre nous. Il me semblait que ce serait plus facile et, effectivement, cela le fut un temps. Auprès de Monseigneur Charles, les choses étaient différentes et, avec lui, tout devenait possible, surtout les plus beaux rêves de chevalerie. Cette vie me convenait, je me sentais presque heureux. Et puis vous êtes venue et, auprès de vous, j'ai vécu mes jours les plus doux...

— Vous lui écriviez encore, à cette époque, puisque vous lui avez parlé de moi ? dit Fiora avec sévérité...

— C'est vrai. J'ai cessé peu après votre arrivée. Je n'avais plus de nouvelles depuis quelque temps et je l'ai crue mariée. Pourquoi ne m'a-t-elle rien dit ?

— Peut-être parce que vous lui avez chanté mes louanges avec un peu trop d'enthousiasme. C'est une belle sottise, mon ami !

— Mais je pensais chacun des mots que j'écrivais. Vous avez enflammé mon imagination... et mon cœur aussi. Un petit peu.

— Antonia, elle, a cru que c'était beaucoup, et c'est là votre sottise : car elle vous aime, elle vous aime de toute son âme, et une âme comme la sienne ne se reprend jamais !

Sans fausse honte, le jeune homme cacha sa figure dans ses mains. Au mouvement de ses épaules, Fiora comprit qu'il pleurait et elle s'approcha lentement de lui. Elle avait envie de le prendre contre elle, de le bercer comme l'enfant malheureux qu'il était, mais elle n'osa pas : il n'était plus tout à fait celui qu'elle avait connu et elle craignit de le choquer.

— Si je comprends bien, murmura-t-elle, c'est un affreux malentendu qui vous a poussé à entrer ici ? Vous l'aimiez, vous aussi ?

— Je n'en sais plus rien à présent. Ce que je sais, c'est qu'en ce maudit mois de janvier j'ai vu mourir mon prince alors que je restais en vie et vous... je vous ai perdue aussi. C'était trop pour moi et l'idée de revoir Rome me faisait horreur.

— Pourquoi n'avez-vous pas voulu recevoir votre père ?

— Pour la même raison. Retourner dans cette ville infâme... pour y faire quoi ?

— Peut-être pour vous battre aux côtés des vôtres, gronda Fiora décidée à le pousser dans ses derniers retranchements. La guerre sempiternelle entre les Colonna et les Orsini en arrive à une phase d'autant plus dangereuse que ces derniers ont l'appui total du pape. On met sa vie en péril en tuant un Orsini, mais on ne risque pas grand-chose en abattant un Colonna. Votre palais del Vaso a été donné, au mépris de tout droit, à un neveu de Sixte IV, et j'ai entendu dire que celui-ci est décidé à faire disparaître votre oncle, le protonotaire, qui se permet de le gêner...

— Mon Dieu ! J'ignorais tout cela.

— Vous l'auriez su si vous aviez consenti à entendre votre père. Aimez-vous Dieu au point de vous consacrer à lui dans ce trou à rats ? Vous n'en pourrez plus sortir si vous prononcez vos vœux... et vous serez obligé de les prononcer un jour. Alors, c'en sera fini de vos romantiques visites au tombeau du duc Charles. D'ailleurs, restera-t-il ici ?

— Savez-vous quelque chose à ce sujet ? balbutia Battista devenu blême.

— J'en sais ce qui court les rues et les auberges de Bruges, d'où je viens. La duchesse Marie souhaite vivement que le duc René lui rende le corps de son père pour le faire enterrer à la chartreuse de Champmol, près de Dijon [1].

— Vous étiez à Bruges? Vous voyagez donc beaucoup, donna Fiora?

— Plus que je ne le voudrais! J'étais à Bruges en effet, car ayant rencontré le Grand Bâtard Antoine, j'ai appris de lui que l'on avait vu mon époux, à la Noël dernière, chez la duchesse. Voilà des mois que je cours après Philippe. J'ai été le chercher près d'Avignon et à présent, ne sachant plus que faire, je me rends à Selongey dans l'espoir d'y retrouver peut-être une trace... Mais laissons cela! Je ne suis pas ici pour parler de moi, mais de vous. Avez-vous bien compris ce que je vous ai dit? Les Colonna ont besoin de toutes leurs forces et Antonia a besoin de vous. Elle vous aime, je ne me lasserai pas de vous le répéter.

Battista releva sur Fiora un regard où brillait quelque chose qui rendit l'espoir à la jeune femme, surtout quand il demanda :

— Est-ce que... est-ce qu'elle chante toujours?

— Les seules louanges de Dieu. Sa voix est le ravissement de San Sisto, mais je pense qu'elle préférerait mille fois fredonner des romances pour endormir... vos enfants!

Cette fois, le novice devint ponceau et détourna les yeux.

— Je vous remercie de ce que vous avez pris la peine de venir me dire, donna Fiora. A présent, voulez-vous me laisser? Je voudrais... prier, réfléchir un peu.

— C'est trop naturel, et je vais de mon côté prier Dieu qu'il vous éclaire et vous guide dans la meilleure voie. Peut-être ne nous reverrons-nous plus, mais... je vous aime bien Battista Colonna!

— Je commence à le croire. Ah, j'allais oublier! Où habitez-vous dans cette ville?

— Toujours au même endroit. Dans la maison de

---

1. Le duc, en fait, a été enterré dans l'église Notre-Dame de Bruges où il repose toujours, auprès de sa fille.

Georges Marqueiz. Je pense y rester encore deux ou trois jours.

— C'est bien...

Sans rien ajouter, il alla s'agenouiller au pied du grand crucifix et, cachant sa figure dans ses mains, s'y abîma dans une profonde prière. Fiora le contempla un instant avant de quitter la salle basse sur la pointe des pieds.

Le soir venu, comme les habitants de la maison Marqueiz allaient passer à table, un serviteur apporta un billet pour Fiora :

« Vous étiez ce matin à la messe de l'aube à la collégiale, écrivait Battista. Voulez-vous faire demain le même effort et me rejoindre au même endroit ? Je vous en saurai un gré infini... »

Rien de plus mais, cette nuit-là, Fiora eut toutes les peines du monde à trouver le repos tant elle craignait de manquer le rendez-vous donné par son jeune ami. Aussi la nuit commençait-elle juste à s'éclairer du côté du levant quand, escortée de Florent qui refusait de la laisser courir les rues seule dans l'obscurité, elle monta les marches de l'église Saint-Georges. L'air était plus que frais, une pluie fine et persistante dégouttait des toits et faisait briller fugitivement les pavés sous la lumière jaune d'une lanterne sourde. Elle dut même attendre un moment qu'un sacristain mal réveillé vînt ouvrir le vieux vantail cependant que se répondaient, à travers la campagne environnante, les appels enroués de la nouvelle génération de coqs, tous leurs prédécesseurs ayant connu une fin tragique dans une marmite bourguignonne.

En entrant dans l'église, Fiora chercha des yeux le tombeau. Entre ses cierges éteints, il semblait sommeiller dans une solitude hautaine sur laquelle veillait la lampe qui ne s'éteignait jamais.

— Que faisons-nous à présent ? chuchota Florent impressionné malgré lui par la majesté du lieu.

— Nous allons assister à la messe, fit Fiora, même jeu,

et vous, vous ne bougerez de votre place que lorsque je vous appellerai. C'est bien compris ?

– C'est assez clair, soupira-t-il résigné. Je ne bouge que si vous m'appelez...

Le son grêle d'une clochette d'argent annonça le prêtre qui marcha vers l'autel mal éclairé, abritant le Saint-Sacrement sous son étole verte ornée d'un galon doré. D'un même mouvement, Fiora et Florent s'agenouillèrent à même les dalles, et l'office commença.

Après l'Élévation, la jeune femme prit conscience d'une présence derrière elle. Se tournant légèrement, elle aperçut Battista, qu'elle faillit ne pas reconnaître car la robe blanche avait disparu, et avec elle la silhouette du novice. Le jeune homme qui se tenait là, modestement vêtu d'une tunique de drap gris usagée qu'une ceinture de cuir serrait à la taille, lui parut, sous cette pauvre vêture, plus superbe qu'un prince de roman – car prince il l'était de naissance. Elle dut faire appel à tout son empire sur elle-même pour ne pas lui sauter au cou. Elle avait réussi ! Battista quittait le couvent et peut-être que, dans quelques semaines, les portes de San Sisto s'ouvriraient devant une petite Antonia rose de joie. Ce bonheur serait son œuvre à elle, Fiora, qui n'avait jamais été capable de construire le sien, et ce fut d'un cœur plein de joie et de reconnaissance qu'elle reçut le corps du Christ.

La messe achevée, elle vint d'un geste tout naturel passer son bras sous celui du jeune homme pour marcher avec lui vers la sortie.

– Vous me donnez une grande joie, Battista... mais je vous vois mal équipé pour une longue route. J'espère que vous permettrez à votre sœur aînée de s'en occuper ? Ensuite, nous ferons un bout de chemin ensemble... au moins jusqu'en Bourgogne ?

– J'accepte volontiers car vous me voyez bien démuni, mais je ne crois pas que vous irez jusqu'en Bourgogne, donna Fiora.

– Pourquoi donc ?

– Je vous le dirai tout à l'heure. Pour l'instant, voulez-vous que nous allions, une dernière fois, prier au tombeau de Monseigneur Charles ?

Elle accepta d'un sourire et tous deux, suivis de Florent, se dirigèrent vers la chapelle. Les cierges étaient rallumés, la lampe brillait d'un éclat nouveau et un autre futur moine se tenait à la place exacte où Fiora avait, la veille, vu Battista. Mais celui-là semblait beaucoup plus grand et les épaules qui tendaient le grossier tissu blanc étaient larges et vigoureuses. De courts cheveux bruns casquaient une tête dont le port arrogant fit, sans qu'elle comprît pourquoi, battre plus vite le cœur de Fiora. Ensuite, tout se précipita.

Quittant son bras, Battista s'approcha de son ancien compagnon, ne dit rien, mais toucha son épaule. Alors, lentement, il se retourna et la main tremblante de Fiora chercha à tâtons l'appui d'un pilier. Ce moine, c'était Philippe...

Droit devant elle dans cette robe qui l'allongeait encore et soulignait le dessin hardi de son visage dont le hâle était trop profond pour que l'ombre du monastère réussît à l'éclaircir, il la regardait, mais dans les yeux couleur de noisette que les flammes des cierges doraient, Fiora ne trouva aucune trace de la passion d'autrefois. Et quand, oubliant le lieu où elle était, emportée par son amour, elle voulut s'élancer vers lui, il étendit un bras pour la maintenir à distance :

– Non, Fiora. Tu ne dois pas m'approcher.

Elle resta là comme frappée par la foudre, avec l'impression que son cœur se brisait et que sa vie s'écroulait.

– Mais pourquoi ?... pourquoi ? fit-elle d'une voix déjà lourde de larmes.

Il haussa les épaules et remit calmement ses mains au fond de ses larges manches :

– C'est l'évidence, me semble-t-il. Ce lieu ni ce vêtement ne permettent les effusions.

– Tu n'as pas toujours dit cela. As-tu oublié l'église Santa Trinita ? Tu te souciais peu de la sainteté du lieu, le matin où tu m'as appris ce que c'était qu'un baiser.

– Non, je n'ai pas oublié, mais je ne portais pas cette robe et l'église n'était que sainte : cette chapelle est sacrée par la présence de celui qui y repose...

– Faudra-t-il jusqu'à la fin des temps, murmura Fiora avec amertume, que le Téméraire se dresse entre nous ? Il est mort, Philippe, et ce culte dérisoire que tu t'obstines à lui rendre ne le fera pas revivre.

– Il est pour moi plus vivant que vous tous. Auprès de lui seul je respire librement !

– Quelle folie ! Battista, lui, a compris qu'il se devait à d'autres...

Se détournant, elle chercha le jeune homme pour en appeler à son témoignage, mais lui et Florent s'étaient éloignés, comprenant que leur présence était inopportune.

– Battista sait, à présent, que l'on a besoin de lui...

– Et moi, je n'ai pas besoin de toi ?

– Non.

– Et ton fils ? Car tu as un fils, Philippe. Crois-tu qu'il n'a pas besoin de son père ?

Pour la première fois, un éclair brilla dans les yeux froids de Selongey et la voix dure se radoucit :

– Dans ma prison à Dijon, à la veille de ce qui devait être mon exécution, j'ai su que tu attendais un enfant, mais j'ignorais que ce fût un garçon. J'en suis heureux... mais là où il est, il n'a pas non plus besoin de moi. Tu n'aurais pas dû m'en parler, je n'éprouve aucune joie à être le père d'un futur marchand florentin.

– Un futur marchand florentin ? Mais où crois-tu donc qu'il se trouve ?

– A Florence, bien sûr. Là où tu l'as emmené l'an passé.

– Moi, j'ai emmené mon petit Philippe en Toscane ? Sur cette tombe que tu sembles vénérer, je jure que notre enfant est à cette heure au manoir de la Rabaudière, près de Tours où ma vieille Léonarde, mon ancienne esclave Khatoun et un couple de braves gens dévoués veillent sur lui.

L'ironique sourire d'autrefois étira vers la droite la bouche dédaigneuse de Philippe :

– A Tours! C'est à peine moins affligeant! Tu te trompes, Fiora quand tu dis que Monseigneur Charles se dresse encore entre nous. Celui qui s'interpose, c'est le roi de France. Tu sais que je n'accepterai jamais de le servir, et tu élèves mon fils à sa cour.

– J'élève ton fils chez moi, dans la maison qui m'a été donnée...

– ... en remerciement de tes bons et loyaux services dans le lit de Campobasso!

– Mon Dieu! Oublieras-tu jamais cette affreuse histoire?

Avançant d'un pas vers le tombeau, Fiora se laissa tomber à genoux près de la lampe de bronze :

– Le roi a reporté sur moi l'estime qu'il avait pour mon père. Il m'a donné ce manoir parce qu'il savait que je n'avais plus rien.

– Tu avais Selongey. C'est là que tu aurais dû faire naître mon fils. Mais tu craignais trop de vivre loin de l'agitation et de la vie brillante que tu as toujours connue...

– Si j'avais accepté de t'y suivre, je serais peut-être à cette heure misérable et errante. Tu oublies que tu as été condamné à mort parce que tu ne rêvais que reprendre la guerre, que te dévouer au service de ta bien-aimée duchesse Marie. Moi, je ne comptais pas, et tu pouvais me ranger à Selongey comme un bagage encombrant... Ceci dit, j'ai profondément regretté d'avoir causé entre nous cette rupture. Parce que... Dieu m'en est témoin et vous aussi, Monseigneur qui dormez sous cette grande dalle... parce que je t'aime et n'ai jamais aimé que toi, Philippe. Voilà des mois que je te cherche!

– Des mois? Et pourquoi pas des années? Je crois

qu'en bonne Florentine, tu exagères un peu. Tu ne me cherchais pas en septembre dernier quand tu étais à Florence, auprès du Médicis, ton amant, où tu avais emmené mon enfant et toute ta maisonnée.

L'indignation et la stupeur relevèrent Fiora.

— Moi, j'étais à Florence en septembre dernier ? Mais qui a bien pu te dire une chose pareille ?

— Un homme que j'ai rencontré à deux pas de ta maison... celle qu'on appelle la maison aux pervenches. C'est bien cela ?

— Tu es venu... chez moi en septembre ? C'est impossible.

— Vraiment ? Alors écoute. Quand je me suis enfui du château de Pierre-Scize où ton roi m'avait enfermé...

— Grâce à la complicité de la fille du geôlier, je sais.

— On dirait que tu sais beaucoup de choses ?

— Plus que tu ne crois. Ce que je veux savoir, c'est ce que tu as fait quand tu as quitté la chartreuse du Val-de-Bénédiction où tu as été soigné et où l'on m'a dit que tu avais perdu la mémoire.

— Tu as vraiment été là-bas ?

— Escortée par Douglas Mortimer. Tu dois te souvenir de lui. Le dom prieur nous a dit le peu qu'il savait de toi... sauf que tu leur as menti. Tu n'as jamais perdu la mémoire, n'est-ce pas ?

— Non, mais tous les moines ne sont pas dignes de confiance et c'était la seule conduite à tenir pour un prisonnier évadé d'une prison royale. Que sais-tu encore ?

— Qu'à la fête des Rogations, tu as profité du passage de nombreux pèlerins en route vers Compostelle pour quitter la chartreuse.

Elle se tut. Le regard de Philippe, passant au-dessus d'elle, se fixait sur quelque chose qu'elle ne voyait pas. Elle en suivit la direction et aperçut un groupe d'hommes, le bonnet à la main, qui venaient vers le tombeau.

— Viens! murmura Philippe. Éloignons-nous! Le reste de l'église est vide à cette heure...

Répondant d'un signe de tête au salut respectueux des fidèles, il précéda la jeune femme dans le déambulatoire, puis attendit qu'elle l'eût rejoint. Alors, ils se mirent à marcher très lentement côte à côte et Philippe raconta comment il s'était joint aux errants de Dieu qui s'en allaient vers la lointaine Galice.

— J'ai marché avec eux jusqu'à Toulouse. C'était ma seule chance de survivre car je n'avais pas un liard et j'ai vécu de charité grâce à eux. Un moment, j'ai pensé les accompagner jusqu'au bout, mais quelque chose de plus fort que moi me retenait sur cette terre où je croyais que tu vivais. J'avais tant souffert que j'en oubliais ma haine pour Louis XI. Ce que je voulais, c'était te retrouver...

— Philippe!

— Tais-toi! Laisse-moi achever! A Toulouse, j'ai feint de souffrir d'une jambe et j'ai laissé partir mes compagnons. Je suis resté à l'hôpital Saint-Jacques, gagnant ma nourriture en rendant de menus services. J'attendais le passage d'autres pèlerins remontant vers le nord, de préférence vers Tours. Quand ils sont venus, j'ai repris la route avec eux et c'est ainsi que je suis enfin arrivé devant ... le repaire de l'Universelle Aragne! gronda-t-il d'un ton haineux qui effraya Fiora.

— La robe que tu portes n'incite-t-elle pas au pardon des injures et à la charité? reprocha-t-elle doucement.

— Sans doute!... mais je ne suis pas certain que la grâce de Dieu m'ait vraiment touché, fit-il avec un sourire amer. Néanmoins, je me suis approché des archers de garde. Je voulais parler à cet Écossais que tu évoquais tout à l'heure et dont je gardais le souvenir d'un vaillant compagnon, mais on m'a dit qu'il était absent. C'est alors qu'un homme s'est approché de moi et m'a demandé ce que je cherchais. Je le lui ai dit et il a proposé de me montrer ta maison... mais, chemin faisant, il a ajouté que tu n'y étais plus, que tu l'avais quittée sans espoir et depuis plusieurs mois pour regagner Florence avec ton fils et tes serviteurs. Et comme je m'étonnais que tu sois retournée

dans une cité qui t'avait si mal traitée, il s'est mis à rire :
« Il n'est rien qu'une femme aussi belle que cette donna
Fiora ne puisse obtenir d'un homme et Lorenzo de Médicis est tout-puissant. Il est son amant depuis longtemps... »

— Mon Dieu! souffla Fiora épouvantée. Mais qui a pu
te dire pareille chose ?

— Un homme qui apparemment te connaît bien, un
conseiller du roi, son barbier aussi, paraît-il... Ce qui ne
m'étonne pas de ce triste sire !

— Olivier le Daim! Ce misérable, qui me hait et a tenté
de nous tuer Léonarde et moi, a osé te dire cela ? Et toi tu
l'as cru ?

— J'ai failli l'étrangler, mais il a juré par tous les saints
du Paradis qu'il disait la vérité et, comme il ajoutait que
la maison en question lui appartenait désormais et que, si
je le souhaitais, il m'y offrait l'hospitalité, je l'ai lâché et je
me suis enfui en courant. Si j'étais resté, je crois que
j'aurais fini par le tuer et par aller mettre le feu à ce maudit manoir...

— Que ne l'as-tu fait ? Tu nous aurais évité à tous deux
bien des souffrances. En approchant de la Rabaudière tu
aurais vu les fenêtres ouvertes et Léonarde au jardin avec
notre enfant... Je jure que j'étais là! D'ailleurs, si tu ne
me crois pas, viens avec moi : le serviteur qui
m'accompagne répondra à tes questions sans que j'ouvre
la bouche! Viens, je t'en supplie!

— Non... Je ne m'abaisserai pas à questionner un serviteur. Je préfère te croire!

Fiora regarda avec désespoir ce visage fermé, ce profil
immobile qui se détachait avec une netteté de médaille sur
les bleus et les pourpres d'un vitrail. Son cœur battait à se
rompre, elle sentait qu'au lieu de le ramener à elle, chacune des paroles qu'ils échangeaient creusait un peu plus
le fossé qui les séparait. Pour se donner le temps de réfléchir, elle murmura d'une voix sourde :

— Qu'as-tu fait ensuite ?

– J'ai repris mon bâton et ma route, je n'avais plus envie de vivre. Le fleuve était là qui me tentait, mais un chevalier, même réduit à la misère, n'a pas le droit de se donner la mort. Je pouvais servir encore et je me suis souvenu alors d'un parent de ma mère dont le château se situait près de Vendôme. S'il vivait encore, peut-être me donnerait-il ce dont j'avais tant besoin : un cheval, une épée et le moyen de rejoindre les Flandres afin d'y reprendre le combat pour la duchesse Marie...

– Je suppose que ton désir a été exaucé, dit Fiora puisqu'à Noël, Mme de Schulembourg t'a vu à Bruges. Je l'y ai vue aussi et elle m'a dit ce qui s'était passé. Je pense que tu aimais Madame Marie depuis longtemps...

Ce fut au tour de Philippe de s'étonner.

– Moi ? J'aime la duchesse depuis longtemps ? Ah, c'est vrai, ajouta-t-il avec un sourire dédaigneux, je la priais à genoux quand ce rustre d'Allemand qu'elle a épousé est entré, mais je ne la priais pas d'amour.

– Vraiment ?

– Sur mon honneur ! Je la suppliais de reprendre le combat pour notre Bourgogne envahie par les gens du roi. Je la suppliais de me confier une troupe solide et des armes. Ainsi, j'aurais soulevé la région de Selongey et, sans nul doute, les autres auraient suivi...

A expliquer son rêve, la lumière revenait dans ses yeux, cette lumière que l'amour de sa femme ne suscitait plus. Une constatation qui, en réveillant sa jalousie, suscita la colère de Fiora :

– Folie ! Jamais tu n'aurais réussi. Les frères de Vaudrey qui ont gardé la Comté Franche si longtemps ont été finalement vaincus. Tu l'aurais été, toi aussi, et cette fois tu ne serais pas redescendu vivant de l'échafaud.

– Et après ? gronda-t-il. Tu n'imagines pas à quel point je regrette de n'y être point mort. De toute façon, la duchesse ne voulait pas entendre ma prière car elle ne pense, elle ne voit, elle ne respire que par son époux, ce blondin frisé, cet Allemand que seules les Flandres et l'Artois intéressent.

— Tu n'es pas logique, dit Fiora froidement. Si tu avais réussi, c'est pour cet Allemand que tu te serais battu. C'est à lui que tu aurais apporté ta chère Bourgogne. Le Grand Bâtard, lui, n'a pas supporté de voir les aigles noires écraser les fleurs de lys. Tes fameux princes, jusqu'à celui qui dort ici, étaient des Valois, tout comme le roi Louis, et la mère de ta duchesse Marie était française. Tu ne referas pas l'Histoire à ton gré, Philippe de Selongey et, à présent, c'est à ton fils qu'il faudrait songer, à ton fils qui n'est pas du tout en train d'apprendre à tenir boutique!

Comme, cette fois, Philippe gardait le silence, Fiora, sentant qu'elle avait touché une corde sensible, voulut pousser son avantage :

— Crois-tu que le propre frère du Téméraire et son plus fidèle capitaine, crois-tu que des hommes comme Philippe de Crèvecœur, comme les Croÿ et tant d'autres se rallieraient au roi Louis s'ils ne voyaient en lui un souverain digne d'être servi ? Je ne t'en demande pas autant, mais reviens-nous, Philippe! Tu ne seras pas contraint de vivre en Touraine. Nous irons à Selongey pour y passer, ensemble, les jours qui nous restent!

Ils avaient achevé le tour de la collégiale et retrouvaient le tombeau auprès duquel il n'y avait plus personne. Machinalement, Philippe ralluma un cierge qui s'était éteint...

— Je suis bien auprès de lui, Fiora! Quand j'ai quitté Bruges écœuré par ce couple altéré de vie familiale et ne pensant qu'à chasser ou à donner des fêtes, j'ai voulu venir prier sur cette tombe pour demander à Monseigneur de m'indiquer la voie. J'avais soif de grandeur, de sacrifice. Et j'ai vu venir Battista dans sa robe de novice. J'ai compris que c'était la réponse que j'attendais. Je suis resté...

— Tu ne m'aimes pas! Tu ne m'as jamais aimée! s'écria Fiora dont les larmes coulaient de nouveau. Si tu m'aimais...

Alors, pour la première fois depuis de longues minutes,

il la regarda et Fiora, à demi étranglée d'émotion, comprit qu'elle se trompait, que l'amour n'était pas mort. Lentement, Philippe étendit sur la dalle sa grande main nerveuse :

— Sur celui qui dort ici et sur la foi que je lui avais jurée, je n'ai jamais aimé que toi!

— Alors reviens, je t'en supplie! Reviens avec moi! J'étais en route pour Selongey, allons-y ensemble et nous enverrons chercher notre fils! Je ne retournerai pas à la Rabaudière, mais viens, je t'en supplie! Ne nous condamne pas tous les deux! Nous pouvons être si heureux encore...

— Tu crois?

— J'en suis sûre, mon amour...

Il y eut entre eux l'un de ces silences plus éloquents que toute parole parce qu'ils pansent les blessures et font naître l'espoir. Fiora n'osait pas bouger, attendant un geste, un sourire pour courir vers son époux.

— Alors, à ton tour tu vas jurer, ordonna Philippe. Tu vas jurer sur ce même tombeau et devant Dieu que tu n'as jamais été la maîtresse de Lorenzo de Médicis!

Le coup frappa la jeune femme si rudement qu'elle vacilla tandis que le sang refluait vers son cœur. La lumière qui venait de s'allumer s'éteignit. L'espoir s'évanouit... La tentation du faux serment n'effleura même pas Fiora : elle savait trop que le secret de la naissance de Lorenza pouvait lui échapper et que même les bruits venus de la lointaine Florence pouvaient atteindre un jour les oreilles de son époux.

— Eh bien? s'impatienta Philippe.

Elle ne répondit pas, détourna les yeux pour fuir ce regard qui, à présent, flambait à la fois de colère et de chagrin.

— Je... je ne peux pas! Mais...

— Pas de « mais »! Adieu Fiora!

— Non!

Ce fut un cri déchirant, mais Philippe ne voulut pas

l'entendre. Avec un geste qui repoussait la jeune femme dans les ténèbres du désespoir, il s'enfuit en courant et la porte de la collégiale retomba sur lui aussi lourdement qu'une pierre tombale.

Seule, désormais, Fiora se laissa tomber à terre, à genoux d'abord puis de tout son long, image désespérée de son cœur crucifié, comme si elle voulait s'intégrer à cette pierre froide, à ce tombeau sur lequel venait de se briser sa vie.

C'est là que, peu après, Florent et Battista la trouvèrent...

CHAPITRE XI

LA MAISON VIDE

Fiora n'aurait jamais cru qu'il était possible de tant souffrir. Inerte sur son lit, tandis que ses larmes ne cessaient de couler trempant ses cheveux et l'oreiller, incapable de dormir ou de se nourrir, elle laissait une pensée unique enfiévrer sa tête et la détruire lentement : Philippe la rejetait loin de lui, et pour toujours. Il lui préférait un couvent misérable et le tombeau auprès duquel il prétendait vivre le reste de ses jours. Le trop doux péché commis avec Lorenzo imposait à la coupable une impitoyable pénitence en éloignant à jamais le seul homme qu'elle eût aimé.

N'imaginant pas un instant, du fond de son humiliation, que Philippe luttait peut-être à présent contre tous les démons d'une jalousie furieuse, elle restait là sans rien vouloir entendre des consolations de ses amis, refusant de quitter cette chambre et surtout cette ville où, au moins, elle le savait présent, à deux pas de la maison où elle vivait une agonie.

Depuis qu'ils l'avaient ramassée dans l'église à peu près inconsciente, Battista et Florent ne savaient que faire, et pas davantage Nicole Marqueiz qu'en peu de mots ils avaient mise au courant. A peine Fiora réfugiée dans sa chambre, le jeune Colonna s'était précipité au couvent pour dire à Selongey ce qui se passait et tenter de le fléchir, mais il s'était heurté à un véritable mur.

— Cette femme est morte pour moi, jeta Philippe avec une violence qui surprit le jeune homme. Elle a mis l'irréparable entre nous. J'ai pardonné une fois, je ne pardonnerai pas une seconde.

— Elle vous croyait mort et, si j'ai bien compris, elle venait de subir de dures épreuves...

— Elle me savait bien vivant quand elle s'est donnée à Campobasso. Qu'elle m'ait cru défunt n'est pas une excuse. Si j'acceptais de vivre avec elle, pendant combien de temps me serait-elle fidèle ? Sa beauté attire les hommes et elle se laisse attirer par leur amour.

— Elle n'aime que vous.

— Peut-être parce qu'elle ne m'a jamais vraiment tenu à sa merci. Qu'en serait-il lorsque viendrait la monotonie de la vie quotidienne ? A qui permettrait-elle de la distraire ? Quel homme devrais-je alors tuer... à moins que je ne la tue elle-même ? Non, Colonna, je refuse de subir cela ! Je ne veux pas devenir fou...

— Ne le deviendrez-vous pas ici ? Vous n'êtes pas fait pour la vie monastique... pas plus que moi, d'ailleurs, et je sais à présent que je m'étais trompé.

— Vous aviez choisi le seul refuge digne d'un chevalier, mais vous avez d'autres raisons de vivre à présent. Moi, je vais continuer à monter ma garde silencieuse auprès du seul maître que j'aie jamais accepté. Si je ne trouve pas la paix, je repartirai et j'irai, comme j'en ai eu un moment l'intention, chercher la mort en combattant les Turcs.

— Et... votre fils ? Vous résignez-vous à ne jamais le connaître ?

Le regard de Philippe étincela soudain, puis s'éteignit sous l'abri de sa paupière :

— J'en crève d'envie ! gronda-il. Mais si je le voyais, si je le touchais, je n'aurais plus le courage de m'éloigner. C'est de sa mère alors qu'il me faudrait le priver. Je préfère de pas prendre ce risque... Allez-vous-en, Colonna ! Allez vers votre destin, laissez-moi à ma solitude...

— Ne m'accorderez-vous pas de lui apporter une seule

bonne parole ? murmura Battista navré. Elle est brisée, anéantie, et il se peut qu'elle ne se relève pas.

— Dites-lui... que je lui confie mon fils et que je compte sur elle pour en faire un homme digne de ses aïeux. Je la sais de cœur noble et vaillant. Ce n'est pas vraiment de sa faute si son corps est faible. Dites-lui enfin que je prierai pour elle... pour eux !

Ce fut tout. L'instant d'après, Philippe de Selongey franchissait la porte qui menait au cloître et disparaissait. Battista, découragé, revint auprès de Fiora, mais il n'eut pas le courage de lui délivrer le message austère et désolant dont il était chargé. Le lendemain, à son tour, Florent, emporté par une colère furieuse, courut au prieuré, décidé à faire entendre à l'obstiné ce qu'il appelait la voix de la raison et ce qu'il pensait de lui. Mais il ne fut pas reçu et dut repartir comme il était venu. Georges Marqueiz, qui tenta l'expérience par amitié pour Fiora, n'eut pas plus de chance. Philippe semblait avoir décidé de se murer dans le silence.

Au matin du quatrième jour de la réclusion de Fiora, dame Nicole, Battista et Florent décidèrent d'un commun accord qu'il fallait intervenir. De toute évidence, la jeune femme était résolue à se laisser mourir de faim.

— Je refuse, déclara l'épouse de l'échevin, de la regarder périr dans ma maison. Venez avec moi, tous les deux, et ne vous fâchez pas si mon langage vous paraît un peu rude.

Armée d'un plateau garni de mets légers et d'un flacon de vin, elle s'engagea, suivie des deux garçons, dans l'escalier qui menait chez la désespérée.

En dépit du feu allumé dans la cheminée pour lutter contre l'humidité due à la période de pluies qui trempait ce mois de mai, la chambre était obscure. Dame Nicole fit signe à Florent d'aller ouvrir les lourds rideaux. Le jour gris et triste qui pénétra n'était guère encourageant, mais c'était tout de même le jour. Il éclaira le lit dans lequel Fiora était étendue, aussi inerte que si elle était déjà morte. Avec ses traits creusés par les larmes incessantes, elle semblait plus vieille et les deux garçons sentirent leur cœur se serrer.

— Je l'étranglerais volontiers, moi, ce bourreau! grogna Florent. Quand je pense que depuis quatre jours elle consent seulement à boire un peu d'eau! C'est à se jeter la tête contre les murs!

— Cela n'arrangerait rien. D'ailleurs, tuer messire Philippe non plus, remarqua Battista. Elle n'en serait pas moins malheureuse.

Pendant ce temps, Nicole posait son plateau sur le lit et entreprenait de redresser Fiora en attrapant les oreillers à bras le corps.

— Vous avez assez pleuré! décréta-t-elle. A présent, vous allez manger, même si je dois vous donner la becquée comme à un bébé.

La voix qui se fit entendre parut surgir des profondeurs du lit. Elle était faible, mais cependant obstinée :

— Laissez-moi, Nicole!... Je ne veux pas manger! Je... je ne mangerai plus jamais.

— Vraiment? Alors écoutez bien ce que je vais vous dire! Vous voulez mourir, n'est-ce pas? Seulement, moi, je refuse d'avoir un jour prochain votre cadavre sur les bras. Allez trépasser où vous voulez, mais pas chez moi!

En dépit de sa faiblesse, Fiora ouvrit de grands yeux surpris et douloureux :

— Que voulez-vous dire?

— C'est clair, me semble-t-il? J'ai reçu, voici quelques jours, une amie que j'étais heureuse d'accueillir. Or, cette amie manifeste à présent la volonté de se laisser périr sous mon toit, et je ne peux l'accepter. Si je suis fière, avec quelque raison, de mon hospitalité, elle ne va pas jusqu'à permettre que l'on décide de se suicider chez moi. Il y a cent manières de mourir ici-bas, mais la maison de Georges Marqueiz ne peut convenir à ce projet. Alors, si vous tenez tellement à vous sacrifier à un homme obtus, allez exécuter cette décision ailleurs!

– Vous voulez que je parte ? Oh, Nicole !...

– Écoutez, Fiora, le choix est simple : ou bien vous acceptez de vous nourrir, et je vous accorde le temps nécessaire à la reprise de vos forces, ou bien nous vous faisons manger de force, ces garçons et moi, afin que vous soyez capable de supporter quelques lieues de chemin.

– Comment pouvez-vous être aussi cruelle ?

– Cruelle, moi ? Mais regardez-vous !

Vivement, dame Nicole alla chercher un miroir à main qu'elle mit sous le nez de la jeune femme :

– Voyez quelle mine vous avez après quatre jours à l'eau de douleur ! Quel homme mérite cette destruction volontaire ? De la plus jolie femme que je connaisse vous êtes en train de faire une loque. Et si vous pensiez un peu à votre fils ? Il n'a déjà plus de père et vous voulez à présent lui enlever sa mère ?

– Un père lui serait bien plus utile que moi !

– Libre à vous de penser cela ! Pour ma part, j'estime que vous avez assez pleuré messire de Selongey. S'il se plaît à se draper dans sa dignité et à continuer à pleurer un prince dont certains considèrent la mort comme une délivrance, libre à lui ! Mais vous, vous êtes jeune... belle pour peu que vous cessiez de faire l'imbécile, et vous avez toute une vie devant vous. Si vous écoutiez un peu ce que Battista peut vous dire de sa part ?

– Vous lui avez parlé, Battista ? Vous l'avez vu ?

– Je l'ai vu. Je lui ai parlé... mais je ne vous dirai rien tant que vous n'aurez pas absorbé quelque chose d'un peu consistant ! déclara le page, fermement décidé à suivre le chemin ouvert par dame Nicole.

– Vous tenez vraiment à m'obliger à vivre ?

– Essentiellement ! Alors mangez ! Ensuite, nous parlerons.

Soutenue par un Florent débordant de pitié et qui, ne sachant trop de quel côté se ranger, avait choisi de garder le silence, Fiora mangea quelques cuillerées d'une panade sucrée au miel dans laquelle Nicole avait battu deux

jaunes d'œuf, but quelques gorgées d'un vin de Nuits singulièrement chaleureux, grignota deux abricots confits et
se laissa retomber sur ses oreillers, à bout de forces. Un
peu de rose fardait à présent ses joues :

— Je vous ai obéi, soupira-t-elle. Parlez, à présent, Battista !

Élaguant de son mieux ce qui ne pouvait être entendu,
le jeune homme restitua le dernier message de Philippe et
conclut :

— Il faut lui obéir, donna Fiora, mais, surtout, il faut
penser à vous et à l'enfant ! Dieu m'est témoin que je
garde à votre époux un respect et une admiration absolus,
mais c'est un homme d'un autre âge et vous vous êtes
jeune. Vous devez vivre ! Tant de beaux jours peuvent
encore fleurir sous vos pas !

Un moment, Fiora garda le silence, écoutant résonner
en elle l'écho des sages paroles de son ancien page. Puis :

— Quel conseil me donnez-vous, alors ?

— D'abord, celui de rentrer chez vous. Si généreuse que
soit l'hospitalité de dame Nicole, vous ne guérirez jamais
chez elle ! Vous êtes trop près... de lui. Partez ! Quand
vous serez loin, vous redeviendrez vous-même et c'est tout
ce que nous souhaitons, nous qui sommes autour de vous
dans cette pièce.

Pour la première fois, un faible sourire détendit les
lèvres blanches :

— Vous devriez être déjà loin, Battista ! Ce n'est pas
pour vous occuper de moi que je vous ai conjuré de quitter
votre prieuré.

— Je sais, mais je ne vous abandonnerai qu'une fois en
route pour votre manoir de Touraine.

Du regard, la jeune femme embrassa les trois visages
anxieux qui entouraient son lit et chercha la main de
dame Nicole pour l'attirer à elle :

— Vous êtes de terribles amis ! soupira-t-elle. Mais je ne
remercierai jamais assez le ciel de vous avoir rencontrés...

Deux jours plus tard, après avoir remercié chaudement les Marqueiz de leur hospitalité comme de leur amitié, Fiora et ses deux compagnons quittaient Nancy. Les garçons s'étant opposés avec la dernière fermeté à ce que leur compagne effectuât une ultime visite à la collégiale Saint-Georges, on contourna les halles pour rejoindre, par la rue du Four Sacré, le Palais ducal et la longue rue Neuve que terminait la porte de la Craffe. Courageusement, Fiora s'imposa de ne pas tourner la tête quand on franchit le Fossé aux Chevaux sur lequel donnaient les murs du prieuré Notre-Dame. Il fallait qu'elle essaie d'oublier Philippe, même si elle savait que c'était impossible, mais elle pensait qu'avec le temps, l'image si chère et si cruelle consentirait peut-être à s'estomper.

Renseignés par Georges Marqueiz qui avait beaucoup voyagé, les trois compagnons devaient faire route commune jusqu'à Joinville, où leurs chemins divergeaient. Battista, rééquipé et nanti d'une bourse suffisante pour rejoindre Rome, piquerait vers le sud et, par Chaumont, Langres, Dijon, Lyon et la vallée du Rhône, irait s'embarquer à Marseille. Fiora et Florent prendraient vers l'ouest et, par Troyes, Sens, Montargis et Orléans, retrouveraient le grand chemin de la Loire qu'ils connaissaient bien.

Pour ne pas trop fatiguer Fiora, à peine remise de son jeûne volontaire, on mit deux jours pour parcourir les vingt-quatre lieues séparant la capitale lorraine des coteaux de Joinville. Les grandes pluies avaient cessé et le temps, s'il n'était pas rayonnant, était presque agréable.

— Vous allez retrouver la mer bleue et le soleil de Rome, soupira Fiora quand, au pied du château des princes de Vaudémont, ils échangèrent des adieux qu'ils espéraient bien ne pas être éternels...

— Il y a si longtemps que j'en suis déshabitué, fit le jeune homme. Il se peut que je ne les supporte pas.

— Alors, n'oubliez pas que vous avez en France des amis et si, quand vous aurez épousé Antonia, vous souhaitez retrouver un climat plus frais... ou échapper aux sbires du pape, n'hésitez pas à venir les rejoindre.

– Soyez sûre que je ne l'oublierai pas. Laissez-moi vous embrasser pour Antonia et pour moi ! Dieu vous bénisse, donna Fiora, et vous accorde enfin le bonheur que vous méritez !

– Il faudrait qu'Il se donne beaucoup de mal. Je crois que je ne suis pas faite pour cela, voyez-vous ? Mais j'essaierai de m'en arranger...

Debout à la croisée des chemins et tenant son cheval par la bride, elle regarda le jeune homme partir au galop le long de la Marne dont l'eau claire reflétait les nuages changeants d'un ciel pommelé. Elle songeait que les voies du Seigneur étaient vraiment impénétrables, puisqu'elles lui avaient permis de rendre le goût de la vie à Battista alors qu'Il brisait la sienne irrémédiablement.

– Eh bien ? dit Florent qui s'était tenu à l'écart par discrétion. Que faisons-nous à présent ?

– Mais... nous rentrons chez nous, Florent.

– J'entends bien, mais après ?

– Après ? Je ne sais pas. Je ne sais vraiment pas... Il faut que je réfléchisse et surtout que je me repose. Jamais je ne me suis sentie aussi lasse...

– C'est naturel. Aussi allons-nous rentrer doucement à petites étapes, puisque plus rien ne nous presse...

Fiora était sincère en disant qu'elle ignorait comment elle allait désormais conduire sa vie. Sa douleur se mêlait à présent de colère contre celui qui l'abandonnait ainsi à ses seules responsabilités avec une unique consigne : faire de son fils un homme digne de ses ancêtres, ce qui, dans son esprit, devait exclure le bon Francesco Beltrami qui n'avait jamais porté aucun titre de noblesse. Mais, en y réfléchissant bien, Fiora ignorait ce qu'avaient été les Selongey passés et, si elle aimait passionnément l'unique spécimen qu'elle eût rencontré, elle reconnaissait que ce n'était pas un modèle de charité chrétienne, ni même de simple humanité, en dehors des devoirs de chevalier qu'il respectait à la lettre. Quant à ses ancêtres à elle, les vrais, les Brévailles, l'échantillon qu'elle en avait eu avec le vieux Pierre [1] n'était pas plus encourageant.

En outre, il n'entrait certainement pas dans les plans de Philippe que son fils servît le roi de France. Alors que faire? Que décider? Que choisir?

Au long du chemin qui la ramenait chez elle à travers l'éclat chaleureux du printemps, Fiora petit à petit se mit à esquisser un projet d'avenir. Peu importait ce que Philippe pensait de son beau-père florentin, peu importait le mépris à peine déguisé qu'il portait à une noblesse considérant le négoce comme l'un des beaux-arts! La Florentine se réveillait en elle et elle pensa qu'il serait agréable, si Lorenzo de Médicis gagnait sa guerre contre le pape, de retourner là-bas avec « ses » enfants, Léonarde et ceux qui voudraient bien l'y suivre. L'idée de pouvoir reprendre sa petite Lorenza la remplissait de joie. Une voix secrète lui soufflait bien que l'enlever à présent aux bons Nardi serait d'une affreuse cruauté, mais elle la faisait taire en arguant qu'après tout Agnolo pouvait souhaiter finir ses jours dans sa ville natale et que, très certainement, Agnelle s'y plairait. Il faudrait étudier le problème. De toute façon, la guerre dont elle ne savait rien était peut-être loin d'être finie.

Ainsi méditait Fiora tandis que les routes glissaient sous les sabots de son cheval, mais, à mesure qu'elle approchait des pays de Loire, une hâte extrême lui venait de revoir son petit manoir dont le jardin allait être tout fleuri, tout embaumé, de se blottir douillettement dans ce paradis personnel et, surtout, de n'en plus bouger avant de longs, de très longs mois...

Aussi quand, franchie la porte orientale de Tours, elle quitta le « Pavé » qui menait au château royal du Plessis-lès-Tours pour s'engager dans le chemin de sa maison, Fiora, comme si elle menait une charge, poussa-t-elle un

---

1. Voir *Fiora et le Téméraire*.

grand cri de joie qui fit envoler les corneilles dans un champ et lança-t-elle son cheval au galop. Par-dessus le moutonnement vert des arbres, elle apercevait les toits d'ardoise et la poivrière qui couvrait la tourelle d'escalier. Sans ralentir, elle embouqua l'allée creuse bordée de chênes moussus, et c'est seulement en vue de « sa » porte qu'elle retint son cheval qui battit l'air des antérieurs.

– Léonarde! Péronnelle! Khatoun! Étienne!... Nous voici!

Personne ne répondit...

Et puis, tout à coup, surgissant de la cuisine, Péronnelle apparut et courut vers les arrivants en criant, et en pleurant :

– Sauvez-vous! Pour l'amour de Dieu, sauvez-vous! Ne vous laissez pas prendre!

Fiora ni Florent n'eurent le temps de lui poser la moindre question : deux archers de la prévôté sortaient sur ses pas, cherchant à la rattraper. Ils appelèrent et deux autres soldats apparurent, venant de derrière la maison. Bondissant à la tête des chevaux, ils s'emparèrent des brides en dépit des efforts des deux voyageurs pour les en empêcher.

– Qu'est-ce que cela veut dire? cria Fiora furieuse. Que me voulez-vous?

Les soldats avaient réussi à reprendre Péronnelle qu'ils traînaient, sanglotante et poussant des cris inarticulés, plus qu'ils ne l'emmenaient.

– Cela veut dire que vous êtes arrêtée... fit une voix dans laquelle Fiora crut entendre sonner toutes les joies du triomphe.

En effet, et même si, sur le moment, elle n'en crut pas ses yeux, c'était bien Olivier le Daim qui, suivi d'un sergent, venait de franchir la gracieuse porte cintrée et s'approchait sans se presser de Fiora. Deux archers, après lui avoir fait mettre pied à terre sans trop de douceur, la maintenaient debout entre eux.

– Arrêtée? Moi? Mais pourquoi? s'écria la jeune femme.

– Notre sire le roi vous l'expliquera... peut-être. Moi, je peux seulement vous dire que votre cas est grave... et qu'il s'agit au moins de trahison...

– Où est mon fils ? Où sont Dame Léonarde et Khatoun ?

– En lieu sûr, soyez sans crainte ! Et fort bien traités...

– Et moi, s'écria Florent qui essayait vainement de dégager Fiora. Suis-je arrêté aussi ?

– Toi ? fit le barbier royal avec dédain. Toi, tu n'es rien... qu'un valet. Va te faire pendre ailleurs...

– Jamais ! Jamais je ne quitterai donna Fiora et si vous voulez l'emmener, vous m'emmènerez avec elle.

– Sergent ! soupira le Daim en se donnant l'air accablé du grand seigneur que l'on importune. Débarrassez-nous de ce garçon ! Attachez-le dans l'écurie en attendant de voir ce que nous en ferons...

Tandis que l'on entraînait le jeune homme qui opposait une vigoureuse défense, Fiora, les mains liées, se retrouva encadrée par les archers. Le coup qui la frappait était si brutal qu'elle ne songeait même pas à opposer une quelconque résistance, mais elle s'accorda le plaisir de toiser dédaigneusement le petit homme chafouin et noir qui exultait de façon éhontée :

– Vous avez eu ce que vous vouliez, n'est-ce pas ? Si je comprends bien, vous voilà installé dans ma maison ?

– Votre maison ? Le roi a toujours le droit de reprendre ce qu'il donne quand on trahit sa confiance.

– Parce que vous, vous ne la trahissez pas ?

– Pas vraiment... non. Si cette nouvelle peut vous faire plaisir, je ne suis pas encore installé et je le regrette, car la maison est vraiment charmante. Et meublée avec tant de goût ! J'étais seulement venu faire un tour, mais soyez sûre que mon entrée définitive ne saurait tarder...

– Ne vous réjouissez pas trop vite ! C'est toujours une mauvaise affaire que vendre la peau de l'ours avant de l'avoir tué. Ceci dit, où me conduit-on ? A Loches ?

– Non, hélas ! Je l'aurais préféré, mais le roi a ordonné

que l'on s'assure de vous dès votre arrivée et que l'on vous conduise à la prison du Plessis. Je crois qu'il préfère vous avoir sous la main...

Une brusque angoisse serra le cœur de Fiora et abattit un peu son orgueil :

— Puisque vous pensez avoir gagné, vous pourriez au moins vous montrer, sinon généreux, du moins humain et me dire où est mon fils ? Vous devez comprendre que je m'inquiète ?

— Vraiment ? Vous ne vous en occupez guère, pourtant ? Pas plus d'ailleurs que de votre fille...

Fiora réussit à ne pas accuser le coup, mais il avait fait mouche. D'où ce démon pouvait-il savoir quelque chose de Lorenza ? Avait-elle été suivie, épiée depuis son départ de la Rabaudière et durant tout ce temps ? C'était presque impossible, et pourtant elle savait que, depuis longtemps, Louis XI avait rayé le mot impossible de son vocabulaire. Renonçant à poser d'autres questions qui eussent trop réjoui ce misérable, elle se tourna vers le sergent :

— Puisque je dois aller en prison, voulez-vous m'y conduire ? Là ou ailleurs, j'ai, de toute façon, grand besoin de repos...

On se mit en marche avec, en contrepoint, les cris furieux de Florent que l'on avait dû attacher dans l'écurie. Une demi-heure plus tard, Fiora et son escorte pénétraient dans la cour d'honneur du château. La jeune femme pensait qu'on l'enfermerait dans la grosse tour isolée de la première cour, celle que l'on appelait la « Justice du Roi », mais il n'en fut rien. On ne fit que traverser cette sorte d'esplanade où se trouvaient les logis de la Garde écossaise et où, au milieu des cris et des encouragements, plusieurs de ces vaillants fils des Hautes Terres se mesuraient aux armes. Elle chercha vainement la haute silhouette de son ami Mortimer et, ne l'apercevant pas, cessa de s'intéresser à ce qui s'y passait.

Une autre prison, plus petite, se trouvait à l'angle de la cour d'honneur et des jardins, prise dans l'épaisseur du

mur d'enceinte qui défendait le logis royal. Celle-là devait
être réservée aux prisonniers de marque et la nouvelle
venue, qui s'attendait à une basse-fosse, fut agréablement
surprise. La chambre dans laquelle on l'introduisit ne
possédait aucun luxe : le sol en était fait de grosses dalles,
la porte bardée de verrous et d'énormes pentures de fer
montrait un petit guichet grillagé. Quant à la fenêtre,
étroite et placée assez haut pour décourager l'escalade,
elle portait deux barreaux en croix gros comme un bras
d'enfant. Mais c'était tout de même une chambre avec un
lit à courtines, des draps et des couvertures, une table pour
la toilette, une autre pour prendre les repas, un coffre à
vêtements et deux sièges : une chaise à bras et un esca-
beau. Enfin, le geôlier qui accueillit la prisonnière ressemblait à un être humain et non à un molosse prêt à
mordre : lorsqu'il eut ouvert la porte, devant elle, il lui
offrit la main en lui recommandant de prendre garde au
« pas ». Elle l'en remercia d'un sourire puis, avisant le lit,
elle s'y jeta pour y dormir comme une bête harassée, plongeant d'un seul coup dans un profond sommeil qui fut
certainement une manifestation de la miséricorde divine :
ce coup tellement inattendu, ce coup affreux qui la frappait après le calvaire qu'elle venait d'endurer eût été
capable de la mener aux portes de la folie.

Elle ne s'éveilla que le lendemain matin, au vacarme
des verrous tirés, quand le geôlier pénétra dans sa
chambre pour lui apporter son repas :

— Vous devez avoir faim, lui dit-il dans ce langage élégant qui est l'apanage des gens de Touraine. Hier, je vous
ai monté un plateau, mais je vois que vous n'y avez pas
touché. Il est vrai que vous dormiez si bien...

— C'est vrai, dit Fiora. J'ai faim, mais si je pouvais
avoir de l'eau pour faire ma toilette, je vous en serais
reconnaissante.

Fouillant dans sa bourse, elle en tira une pièce d'argent
qu'elle voulut lui donner, mais il la refusa :

— Non, merci, noble dame ! Les ordres de notre sire le

roi sont de ne vous laisser manquer de rien. En m'occupant de vous, je ne fais que mon devoir...

– Manquer de rien ? Je crains que vous ne puissiez me donner ce qui me manque le plus : mon fils...

Le brave homme eut un geste navré :

– Hélas non ! Je ne peux donner que ce que l'on m'autorise à vous procurer. Croyez que je le regrette... Je vais vous apporter de l'eau chaude, des serviettes et du savon. Mangez, en attendant ! Votre repas va refroidir.

Le repas, c'étaient du lait chaud, du pain croustillant et encore tiède, du miel et une petite motte de beurre enveloppée dans une feuille de vigne que Fiora considéra avec une sincère stupeur :

– Est-ce que vous nourrissez aussi bien tous vos prisonniers ? Je sais peu d'auberges de bon renom où l'on vous traite de cette façon !

– C'est que vous êtes la seule pensionnaire en ce moment et que ma femme est autorisée à prendre notre nourriture aux cuisines du château. La vôtre aussi. Et puis, cette prison n'est pas comme les autres et elle reçoit peu de monde. C'est assez différent du donjon de la première cour. Enfin, je le répète, j'ai reçu des ordres.

– Suis-je autorisée à recevoir des visiteurs ? Je voudrais voir le sergent Mortimer, de la Garde écossaise.

– La Bourrasque ? fit le geôlier en riant. Tout le monde le connaît bien ici. Malheureusement, la chose n'est pas possible. D'abord parce que, Madame la comtesse, vous êtes au secret. Ensuite, parce qu'il n'est pas au Plessis... Je vais vous chercher votre eau.

– Encore un mot ! Dites-moi au moins votre nom ?

– Grégoire, Madame. Grégoire Lebret, mais le prénom suffira. Je suis tout à fait aux ordres de Madame la comtesse !

Et avec une sorte de petite révérence, le surprenant geôlier laissa Fiora dévorer ce petit repas encore plus surprenant. Tout en mangeant, elle s'efforçait de mettre de l'ordre dans ses idées. On la traitait évidemment avec une

certaine faveur, et pourtant on n'avait pas hésité à lui
arracher son enfant, sa chère Léonarde et sa maison. Et, si
elle se rappelait la brutalité avec laquelle, la veille, les
archers avaient empêché Péronnelle de lui parler et le ton
employé par l'abominable Olivier le Daim, il était certain
que le roi avait donné, la concernant, des ordres précis,
des ordres que le barbier se gardait de transgresser, quelle
que soit l'envie qu'il en eût, mais pourquoi ? Pourquoi ?
Quel crime avait-elle pu commettre ? Le Daim avait prononcé le mot de trahison et ajouté que le cas était grave.
Mais comment, en quoi avait-elle pu trahir le roi ou
même la France ? L'abominable personnage avait aussi
fait allusion à Lorenza et, sur le moment, Fiora avait
tremblé. Pourtant, cette naissance qu'il fallait essayer de
garder secrète ne pouvait avoir offensé Louis XI au point
de l'amener à une telle rigueur ? Il ne s'agissait que d'un
malentendu habilement exploité, sans doute, par le barbier ou toute autre personne lui voulant du mal. Ou alors
une calomnie ? Fiora savait le roi méfiant à l'extrême et
capable, quand il se croyait trompé, de passer d'une
grande bonhomie à une extrême rigueur. Si cela était, il
fallait pouvoir s'expliquer avec lui le plus vite possible...

Lorsque Grégoire revint avec les divers objets annoncés,
Fiora lui demanda s'il accepterait de faire dire au roi
qu'elle le suppliait de vouloir bien l'entendre dès que possible. Mais cela non plus, le geôlier ne pouvait le faire : le
roi ne se trouvait pas au Plessis, mais à Amboise, auprès
de Madame la Reine qui était en souci de la santé de
Monseigneur le Dauphin.

— Vous pensez qu'il va y rester longtemps ?

— En général, non, mais qui peut savoir, si le malaise
du petit prince venait à s'aggraver ? Prenez patience,
Madame la comtesse ! Je serais fort étonné si, dès son
retour, le roi ne vous faisait mander...

La patience ! Cette vertu tant vantée par Démétrios et
que Fiora n'était jamais parvenue à maîtriser, surtout
quand elle se trouvait dans une situation désagréable ! Elle

aimait à prendre des décisions et qu'ensuite les choses aillent vite. Les neuf mois d'attente d'un enfant lui avaient toujours paru neuf siècles. Une attitude qui amusait Léonarde. Cette fois, la patience ne pouvait être qu'une épreuve de plus. Quelle mère peut supporter longtemps d'ignorer le lieu où se trouve son enfant ?

Et pourtant, il fallut attendre. Chaque heure semblait interminable à cette jeune femme pleine de vie et réduite à l'inaction totale, Grégoire étant incapable de lui procurer des livres, la seule chose qui eût pu lui faire trouver le temps moins long. Ce n'était certes pas la première fois qu'elle se retrouvait captive, mais jamais elle n'en avait souffert à ce point, car alors ses angoisses ne concernaient qu'elle-même et non les siens. Où pouvaient être Léonarde, Khatoun et le petit Philippe ? Le roi savait qu'en la séparant d'eux sans lui dire le lieu de leur résidence, il lui infligeait la plus pénible des épreuves, ce qui rendait inutiles les sévices corporels et expliquait, en partie au moins, la chambre convenable, la bonne nourriture et même les vêtements – ceux qu'elle avait laissés à la Rabaudière et qu'elle avait retrouvés dans le grand coffre de sa prison. Une seule consolation : Louis XI aimait et respectait trop les enfants pour faire du mal au sien. Philippe était certainement encore mieux traité que sa mère. Mais que les heures parurent lentes durant les huit jours qu'elle dut passer en la seule compagnie de son geôlier !

Fiora s'obligeait à une tenue irréprochable, à une minutieuse toilette chaque matin, à porter du linge et une robe propres. La femme de Grégoire se chargeait du lavage et du repassage. C'était une façon comme une autre de garder sa propre fierté ; ensuite, elle ne voulait pas être surprise en négligé lorsque, enfin, on viendrait la chercher pour la conduire devant son juge... ou devant ses juges...

Au soir du neuvième jour, Grégoire accourut, tout essoufflé :

– Le roi, Madame la comtesse! Le roi! Il arrive!...

Fiora le savait déjà. Elle avait entendu les roulements de tambours, les trompettes d'argent et tout le bruit que peut produire une forte troupe de cavaliers, surtout quand elle est escortée de chiens et du déménagement que représentait alors le moindre déplacement d'un souverain. Et son cœur avait battu plus fort. Enfin, enfin, elle allait savoir de quoi on l'accusait!

Cependant deux jours, deux jours encore plus interminables que les autres, s'écoulèrent sans qu'elle pût savoir si l'on avait l'intention de s'occuper d'elle ou si on n'allait pas simplement l'abandonner au fond de sa prison.

Ce soir-là, après une courte toilette et ses prières, elle se coucha le cœur infiniment lourd, ne sachant plus que penser. Son esprit tendu lui refusait le sommeil. Allongée dans son lit, triturant nerveusement la longue natte noire qui glissait sur sa poitrine, elle écoutait les heures sonner au petit couvent qui, dans la première cour, jouxtait les murs du château proprement dit. Comme tous les prisonniers, elle vivait par ce que lui apportaient ses oreilles... Soudain, elle sursauta et s'assit brusquement : on était en train d'ouvrir sa porte, alors qu'il ne devait pas être loin de minuit.

En effet, Grégoire parut, armé d'une lanterne et, avant qu'il eût repoussé le battant, Fiora put voir qu'au-dehors, il y avait au moins deux hallebardiers éclairés par des torches...

– Vite, vite! s'écria Grégoire. Passez un vêtement, Madame, le roi vous demande!

Fiora, sautant à bas de son lit, se trouva nez à nez avec la figure effarée du geôlier, la lanterne qu'il levait éclairant leurs deux visages.

– A cette heure ? fit-elle.

– Oui. Grâce à Dieu vous ne dormiez pas! Mais je vous en supplie, pressez-vous!

En hâte, Fiora enfila une robe, se chaussa et, renonçant

à se coiffer, noua un voile autour de sa tête. Le tout ne demanda pas plus de deux minutes et elle se dirigea vers la porte où, en effet, l'attendait un piquet de soldats. Deux marchèrent devant elle, deux la suivirent et, dans cet équipage, elle descendit les deux étages qui séparaient sa prison du niveau du sol avant de déboucher dans la cour d'honneur, vide et silencieuse à cette heure tardive. On n'entendait que le pas cadencé des sentinelles de garde sur les murailles et les bruits de la campagne proche. La nuit était belle, claire, pleine d'étoiles et Fiora, après sa réclusion, en respira les fraîches odeurs avec un plaisir inattendu. Comme cela sentait bon le tilleul et le chèvrefeuille!

A l'exception d'une lumière brillant dans l'appartement du roi et de deux torches allumées à l'entrée de la tourelle octogone où se logeait l'escalier, le Plessis était plongé dans l'obscurité. Un chien aboya, quelque part de l'autre côté de la Loire, et, dans l'intérieur même du château, un autre chien, puis deux, puis trois lui répondirent.

Quelques instants plus tard, la porte de la chambre royale devant laquelle veillaient deux Écossais s'ouvrit sous la main d'un valet qui invita Fiora à entrer et s'éclipsa aussitôt, refermant sur lui le vantail de chêne ouvragé.

Emmitouflé, en dépit de la température assez douce, dans une houppelande de drap noir fourrée de martre, un bonnet de laine enfoncé jusqu'à ses épais sourcils, Louis XI était assis dans sa grande chaire de bois garnie de coussins, au coin de la cheminée monumentale où brûlait un feu clair. Avec le chandelier de fer forgé à cinq branches posé près du roi, ces flammes fournissaient tout l'éclairage de la vaste pièce qui, ainsi plongée aux trois quarts dans les ténèbres, parut immense à la prisonnière.

Le roi ne la regardait pas. Il regardait le feu et son terrible profil au long nez pointu, au lourd menton têtu et à la bouche dédaigneuse se découpait sur le fond flamboyant qui accusait ses pommettes osseuses et ses paupières pesantes, plissées comme celles des tortues, entre lesquelles filtrait l'éclat sourd du regard. Il tendait vers les flammes ses longues mains nerveuses miraculeusement épargnées par l'âge et, de temps en temps, les frottait l'une contre l'autre.

Comme il ne tournait toujours pas les yeux vers elle, Fiora fit quelques pas, étouffés par l'épaisseur des tapis sur lesquels étaient couchés les chiens. Tous avaient redressé la tête; humant l'air que modifiait cette présence étrangère, attendant peut-être un ordre qui ne vint pas, de même que Fiora attendait une parole qui, elle non plus, ne vint pas.

Sachant combien sa colère pouvait être redoutable, elle n'osa pas rompre ce silence qui devenait étouffant. Elle salua profondément puis attendit, un genou en terre, qu'on lui permît de se relever. Le roi se taisait toujours. Alors, à demi étranglée par l'angoisse, elle murmura, en dépit de l'orage qu'elle pouvait déchaîner sur sa tête :

– Sire!... J'ignore pourquoi le Roi détourne de moi son regard et quelle faute j'ai pu commettre pour encourir sa colère, mais je le supplie humblement de me dire... au moins ce qu'il est advenu de mon fils?

A nouveau l'effrayant silence. Elle sentit sa gorge se nouer et des larmes qu'elle s'efforça de refouler monter à ses yeux. Et puis, brusquement, Louis XI tourna la tête vers elle, et elle reçut en plein visage le regard aigu, étincelant d'une colère que seule la volonté réprimait :

– Votre fils? gronda le roi avec un mépris qui souffleta la jeune femme. Il est bien temps de vous en soucier! Depuis bientôt deux ans qu'il est né, combien de jours avez-vous passés auprès de lui?

– Bien trop peu, mais le Roi sait bien...

– Rien du tout! Et relevez-vous! Vous ressemblez trop à la condamnée que vous n'êtes pas encore!

– Dois-je vraiment l'être? Mais en quoi ai-je offensé le Roi?

A nouveau, il détourna son regard de cette mince silhouette noire, trop gracieuse peut-être, et de ces grands yeux gris trop brillants pour n'être pas humides.

– Offensé? Le mot est faible, Madame! Vous m'avez insulté, trahi autant que souverain peut l'être, vous avez comploté ma mort?

– Moi?

Ce fut un cri si spontané que le roi tressaillit. Un tic nerveux tiraillit sa bouche et agita ses narines sensibles de grand nerveux.

– Oui, vous! Vous que j'ai accueillie quand Florence vous rejetait, vous que j'ai reçue en mon domaine, voulue dans mon voisinage, et à qui, Dieu me pardonne, j'accordais quelque amitié! Comme si un homme sain d'esprit pouvait accorder un semblant d'amitié à une femme!

Il avait craché le mot avec tant de mépris que Fiora sentit qu'un début de colère séchait ses larmes.

– Sire! Le ventre qui a porté le Roi n'était-il pas celui d'une femme?

Le regard qu'il tourna vers elle était lourd de rancune, peut-être aussi de chagrin:

– Madame la Reine, ma mère, était une sainte et noble femme qui n'a guère connu ce bonheur après lequel vous courez toutes, et cela pour une seule raison: elle était laide. Mais ma grand-mère, Ysabeau la Bavaroise, n'était rien d'autre que ce que vous appelez dans votre langue italienne « una gran'putana » et, non contente de cela, elle a vendu, en son temps, la France à l'Anglais! Et moi, qui ne voulais pas de femmes dans mon entourage, j'ai agi comme un fou en vous permettant d'y vivre. C'est pourquoi je vous ai repris la Rabaudière...

– Mais mon fils, mon fils?

– Il sera élevé comme il convient au nom qu'il porte. Je le confierai au Grand Bâtard Antoine qui saura en faire un homme...

– Je respecte profondément Monseigneur Antoine, mais je lui dénie le droit, moi vivante, de s'occuper de mon enfant!

– Vous vivante ? Êtes-vous si sûre de l'être pour longtemps ?

– Ah !... Le Roi songe donc à me donner... la mort ?

– Vous avez bien comploté la mienne, Madame !

– Jamais ! J'en jure sur le salut de mon âme, jamais je
n'ai seulement souhaité votre mort. Il aurait fallu que je
sois folle !

– Ou trop habile ! Vous n'êtes pas née Florentine,
Madame, mais vous l'êtes devenue et il semble que
l'intrigue n'ait plus de secrets pour vous. Nierez-vous
avoir, l'été dernier, écrit une lettre que vous avez confiée
au légat du pape à Avignon ?

– Au cardinal della Rovere ? Sans doute, Sire, et je n'ai
aucune raison de le nier.

– A qui cette lettre était-elle adressée ?

– A une amie chère, à celle qui m'a permis de sortir
vivante de Rome, de gagner Florence et, d'une certaine
manière, de sauver la vie de Monseigneur Lorenzo en lui
donnant l'épée dont il avait si grand besoin : à madonna
Catarina Sforza, comtesse Riario...

– Qu'aviez-vous donc de si urgent à lui dire ?

– Ma reconnaissance tardive. C'est d'ailleurs à la
demande instante du cardinal que j'ai écrit cette lettre.

– Comme c'est vraisemblable ! fit le roi en haussant les
épaules. Pourquoi della Rovere vous aurait-il demandé
cela ?

– C'est assez simple. Il voue à sa cousine une profonde
affection et il semble que celle-ci ait eu beaucoup à souffrir de l'aide qu'elle m'a apportée. Le cardinal-légat souhaitait qu'en assurant donna Catarina de ma profonde
affection, je lui promette d'agir auprès du roi pour qu'il
fasse cesser la guerre entre Rome et Florence...

– Et ceci d'une façon bien simple : en assassinant le
« vieux diable ! » – car c'est ainsi que votre plume me
traite –, ce qui privera Florence d'une aide précieuse en or
et en canons...

– Je n'ai jamais rien écrit de semblable ! cria Fiora hors

d'elle. Et pour quelle raison aurais-je imaginé cette horreur ?

— Dans l'espoir que le pape vous rendrait beaucoup plus que ce que la mort de ce pauvre Beltrami vous a fait perdre ! Tenez !

D'une de ses grandes manches, il tira un grand papier déplié qui avait dû voyager, car les cassures en étaient salies et le sceau de cire verte brisé. Il le tendit à Fiora :

— Cette lettre est bien de vous ? C'est bien votre écriture n'est-ce pas ? Et aussi votre sceau : cire verte frappée de ces trois pervenches que vous avez choisies comme emblème personnel ?

La lettre, en effet, ressemblait au moindre détail près à celle qu'elle avait remise à Giuliano della Rovere. C'était en effet son écriture, son petit sceau vert, mais le texte était loin d'être le même et Fiora en le lisant se sentit blêmir, car c'était sa propre perte qu'elle tenait entre ses mains. Elle lut et relut plusieurs fois les terribles phrases pour se convaincre que ses yeux ne la trahissaient pas et qu'elle n'était pas en train de devenir folle :

« ... et je puis assurer Sa Sainteté et Votre Excellence d'un dévouement sur lequel ils peuvent compter absolument. Dans quelques mois – car il me faut prendre langue avec certains éléments rebelles à l'occupation française sur nos terres de Bourgogne – je ferai en sorte que le vieux diable qui mérite les flammes de l'enfer cesse de nuire à la haute réputation du Très Saint-Père. La France tombée aux mains d'un enfant cessera alors d'importuner les princes dont ce roi misérable n'est que la grotesque copie... »

Suivait, bien sûr, la demande de récompense pour un si grand service. Fiora, alors, releva vers le roi un regard épouvanté, mais cependant clair, et lui rendit la lettre d'une main qui ne tremblait pas.

— Le Roi me croit-il vraiment capable d'écrire pareille infamie ? Moi qui hais le pape et son entourage à la seule exception de donna Catarina ?

— Vous êtes une femme, et une femme très belle. Celles de votre sorte sont capables de tout pour obtenir la fortune qui leur permet de soigner cette beauté cependant si vaine et de lui assurer un cadre digne d'elle.

— Je suis riche et n'ai pas besoin des dons du pape. Monseigneur Lorenzo m'a rendu la quasi-totalité de ma fortune. Et j'irais à présent pactiser avec ceux qui veulent sa perte ?

— La guerre est loin d'être terminée entre le pape et Florence. On escarmouche beaucoup, sans doute, mais la cité du Lys rouge perd des forces alors que Rome en acquiert. La balance, d'ailleurs, n'était pas égale au départ et je crains fort...

— Alors, s'écria Fiora emportée par une colère brutale, qu'attendez-vous pour les aider davantage ? Envoyez des troupes, envoyez plus d'or encore, mais ne laissez pas périr Florence !

Un mince sourire étira les lèvres épaisses de Louis XI en même temps que ses mains se mettaient à applaudir vigoureusement :

— Bravo ! Quelle comédienne vous faites, donna Fiora ! En vérité, je pourrais m'y laisser prendre. C'est très tentant !

Ce dédain souriant brisa Fiora plus sûrement que ne l'eût fait une violente colère. Elle se laissa tomber à genoux :

— Alors tuez-moi, Sire ! Tuez-moi sur l'heure... mais ne m'insultez pas ! Sur cet enfant que je vous réclame avec des larmes, je jure que cette lettre n'est pas de moi !

— Vous oubliez que vous m'avez déjà écrit ? La comparaison est facile...

— Un faux ne le serait-il pas ? Le pape et sa clique sont capables de tout et les copistes habiles ne manquent pas... Comment... avec quels mots, en quelle langue puis-je vous jurer que je n'ai jamais écrit ce... cette ordure ?

Soudain, une idée lui vint, montée des profondeurs de sa mémoire :

— Sire! Quelqu'un était auprès de moi quand j'ai écrit la lettre que l'on me demandait...

— Et qui donc?

— Dame Léonarde, qui m'a élevée sans doute, mais que je n'ai pas rencontrée depuis plusieurs semaines et dont je ne sais ce qu'elle est devenue. Je l'avoue, j'ai eu beaucoup de mal à rédiger cette épître, non à cause des sentiments d'amitié et de reconnaissance que j'y laissais parler, mais parce que je savais qu'essayer de vous inciter à mettre fin à la guerre était hors de mon pouvoir. Comment m'auriez-vous reçue si j'avais tenté d'intervenir dans votre politique?

— Très mal. Je vous aurais priée de vous mêler de ce qui vous regardait... Dame Léonarde, dites-vous?

— Oui, Sire!

Il frappa dans ses mains, ce qui réveilla tous les chiens et fit apparaître le valet qui avait introduit Fiora. L'appelant auprès de lui d'un geste impérieux, il lui murmura quelques mots à l'oreille. L'homme fit signe qu'il avait compris et ressortit aussi vite qu'il était venu. Le roi semblait un peu calmé, mais mordait sa lèvre inférieure en considérant la jeune femme toujours agenouillée entre un épagneul blond et une levrette blanche qui formaient avec elle une figure héraldique d'une surprenante beauté:

— En tout cas, fit-il au bout d'un instant, il vous est déjà arrivé de m'adresser au moins une lettre mensongère. Vous souvenez-vous de celle que vous écrivîtes avant de partir pour Paris? Si ce n'est pas un tissu de mensonges, je veux bien être pendu!

Fiora baissa la tête sans répondre se souvenant des paroles d'Olivier le Daim. Si le barbier savait qu'elle avait donné le jour à une petite fille, le roi certainement le savait aussi.

— Je le confesse, Sire. J'ai menti.

— Ah! fit-il d'un ton de triomphe. Il arrive tout de même que vous l'admettiez? Alors dites-moi à présent où vous étiez durant ce long hiver?

Fiora releva la tête : elle n'allait pas à présent renier ses entrailles, même si cet aveu devait lui coûter la vie.

— A Paris d'abord, et en cela je n'ai pas menti. Puis à Suresnes, dans un petit domaine appartenant à mon vieil ami Agnolo Nardi, le frère de lait de mon père... J'y ai donné le jour à une petite fille dont Agnolo et son épouse Agnelle vont désormais s'occuper.

— Ah! Nous y voilà! s'écria le roi qui jaillit de son siège comme si un ressort y était caché et se mit à marcher de long en large devant sa cheminée. Une petite fille! Et de qui cette enfant? Ne prenez pas la peine de me le dire, je vais le faire pour vous : elle est de votre époux, Philippe de Selongey, qu'en dépit de ce que vous racontiez vous avez rejoint secrètement. Et c'est en cela que cette maudite lettre ne ment pas! Vous avez bel et bien pris langue, comme vous l'annonciez, « avec des éléments rebelles », en d'autres termes votre cher époux, mais évidemment il vous était difficile de m'annoncer que vous étiez enceinte alors que j'ignorais où se trouvait ce démon de Selongey. C'est pourquoi vous êtes allée vous cacher... Vous voyez que je sais tout!

Abasourdie, Fiora se laissa tomber assise sur ses talons au mépris de tout protocole :

— Qu'est-ce que cette ânerie? s'écria-t-elle avec plus de sincérité que de politesse. Moi, je me serais donné la peine de cacher la naissance d'une fille de mon époux? D'une fille que j'ai nommée Lorenza-Maria?

— Lorenza?

— Bien sûr. Tous ceux qui m'ont approchée pourront vous le dire : non seulement cette enfant n'est pas le fruit de mon union avec un rebelle qui se cache, mais encore c'est à lui que je désire la dissimuler le plus ardemment... puisqu'elle est née de mes amours avec Lorenzo de Médicis. Je ne vous ai pas celé que j'ai été sa maîtresse?

— En effet, mais...

— A l'heure qu'il est, mon époux n'ignore plus rien de mes relations avec Lorenzo et, comme il est à jamais

perdu pour moi, je n'ai plus aucune raison de me priver
de l'amour de ma petite fille et mon intention est de la
reprendre.

— Il est donc vrai que vous avez rencontré le comte de
Selongey ? Où ? Quand ?

— Il y a trois semaines environ, à Nancy, au prieuré
Notre-Dame...

— Pâques-Dieu ! C'est donc là qu'il se cache ?

Instantanément Fiora fut debout, relevée par une poussée d'orgueil.

— Si je l'ai dit au Roi, c'est parce qu'il ne se cache pas !
Il a choisi d'y vivre désormais pour pouvoir, chaque jour,
prier au tombeau de Monseigneur Charles, dernier duc de
Bourgogne et le seul maître qu'il ait jamais accepté. Un
jour, peut-être prochain, il y prononcera des vœux perpé-
tuels.

Lentement, Louis XI retourna vers son siège et s'y
étendit à moitié, coiffant de ses deux mains les lions de
chêne sculpté qui en formaient les bras. Il semblait plongé
dans une profonde méditation. Puis :

— Il veut se faire moine, lui ? Ne vous aime-t-il donc
plus ? ajouta-t-il avec une ironie cruelle qui blessa la
jeune femme.

— J'aurais pu l'emmener avec moi, soupira-t-elle.
Mais... c'était au prix d'un parjure.

— Lequel ?

— Il m'a demandé de jurer... devant Dieu que je n'avais
jamais appartenu à Lorenzo. Je n'ai pas pu...

Reprise par le souvenir de cet instant cruel, Fiora ne
tourna même pas la tête lorsque la porte s'ouvrit à nouveau avec un léger grincement, mais aussitôt, un cri
éclata :

— Mon agneau !

L'instant suivant, Fiora se retrouvait serrée dans les
bras de Léonarde où elle se blottit avec une merveilleuse
sensation de délivrance et d'apaisement :

— Léonarde ! Ma Léonarde !... Oh, mon Dieu !

– Je vous ordonne de vous séparer! tonna Louis XI. Femme, je ne vous ai pas fait venir pour assister à une scène d'attendrissement, mais pour que vous répondiez à mes questions?

– Moi, je vais vous en poser une, Sire, s'écria Léonarde. Que lui avez-vous fait pour la mettre dans cet état?

Sidéré, Louis XI resta sans voix en face de cette vieille demoiselle qui osait l'interroger sur le ton qu'aurait employé le lieutenant du guet envers un tire-laine ramassé dans la rue.

– Pâques-Dieu, commère, vous oubliez un peu qui je suis?

– Non... et vous êtes un grand roi. Mais elle, cette pauvre petite à qui tout bonheur semble refusé sur cette terre, elle est plus encore pour moi que si elle était la chair de ma chair! Alors, posez les questions que vous voulez... mais ne nous séparez plus!

– Comment parvenir à la vérité? marmotta le roi. Enfin! Essayons toujours!... Et d'abord, que savez-vous de la petite fille née à Suresnes au début de ce printemps?

– Ce que l'on peut en savoir, Sire. Elle s'appelle Lorenza. Cela dit tout!

– Soit, soit! Passons à autre chose! Avez-vous connaissance d'une lettre écrite, il y aura bientôt un an, par madame de Selongey à donna Catarina Sforza et, par elle, confiée à Sa Grandeur le cardinal-légat...

– A Monseigneur della Rovere? Je pense bien! Elle lui a donné assez de mal à ce pauvre ange...

– Alors, vous la reconnaîtrez facilement. La voici!

Léonarde, obligée de lâcher Fiora, prit avec respect la lettre qu'on lui tendait, la lut, puis la rejeta aux pieds du roi avec dégoût...

– Pouah! La laide chose que voilà! J'espère, Sire, que vous n'avez pas cru donna Fiora responsable de ce papier déshonorant?

– C'est son écriture, c'est son sceau et...

— Et c'est surtout l'œuvre d'un fameux faussaire! Si vous le trouvez, sire, envoyez-le sur l'heure brancher au gibet le plus proche. Quant à celui qui vous a remis ce torchon, je vous conseille fort de le lui donner pour compagnon.

— C'est l'un de nos plus fidèles conseillers!

Sans la moindre retenue et à la grande frayeur de Fiora, la vieille demoiselle se mit à rire :

— Je gage que ce bon conseiller est votre Olivier le Daim... ou le Diable, comme disent les bonnes gens de par ici ?

— Le... Diable ? fit le roi en se signant précipitamment deux ou trois fois avant de baiser la médaille qui pendait à son cou.

— Il faut dire que le mot lui convient assez bien. En outre, il ferait n'importe quoi pour obtenir cette belle maison aux pervenches où nous avons été si heureuses. Il a même tenté de nous faire tuer!

— Laissons cela pour le moment. Prétendez-vous que cette lettre soit un faux ?

— Ma main au feu, Sire! D'ailleurs... si vous voulez bien m'excuser, je reviens dans un instant.

Et, ramassant ses longues robes de velours prune, elle quitta la chambre royale aussi vite que le permettaient des jambes ayant perdu la jeunesse depuis longtemps, laissant le roi et Fiora aussi stupéfaits l'un que l'autre.

— Mais... où va-t-elle ? murmura la jeune femme, se parlant à elle-même plus que posant une question.

Et Louis XI répondit, lui aussi avec un grand naturel :

— Là où je l'ai logée avec votre fils : dans l'appartement qui est celui de mes filles quand elles sont au Plessis, ce qui est rare.

Puis, soudain furieux :

— Vous ne me pensiez pas assez cruel, j'espère, pour jeter en prison un enfant de deux ans ?

Une grande joie inonda Fiora, lui faisant oublier ce que sa propre situation pouvait avoir d'incertain, et même de

dangereux, avec un homme du caractère de cet étrange
souverain. Son petit Philippe était tout près d'elle, peut-
être réussirait-elle à obtenir la permission de l'embrasser
au moins une fois ?

Le temps lui manqua pour s'interroger davantage. Léonarde revenait avec une liasse de papiers. Les délivrant du
ruban qui les retenait, elle les offrit au roi avec une révérence, un peu tardive peut-être.

– Moi, Sire, expliqua-t-elle, je ne jette jamais rien.
Surtout ce qui est écrit.

– Qu'est-ce que cela ? On dirait des brouillons ?

– Ce sont des brouillons, Sire ! Ceux de donna Fiora
quand, cette fameuse nuit, elle s'acharnait à écrire cette
maudite lettre. Vrai Dieu ! Elle n'en sortait pas ! Mais le
Roi peut voir qu'il n'y a là rien d'offensant pour Sa
Majesté ! Tenez, Sire ! Celle-ci surtout ! Il n'y manque
que les salutations... mais il y a un pâté d'encre ! Alors, on
l'a refaite.

Soigneusement, le roi examina ce qu'on lui apportait,
reprit la lettre et compara, puis roula le tout :

– Je garde ceci... mais vous avez dit, il y a un instant,
dame Léonarde, que messire le Daim avait tenté de vous
faire tuer ?

– Sans messire Mortimer et messire le grand prévôt,
nous y passions et nous serions en train de pourrir sous
quelques pieds de terre dans la forêt de Loches.

– Comment se fait-il que Tristan l'Hermite ne nous en
ait rien dit ? fit le roi avec sévérité.

Léonarde haussa les épaules :

– Parce qu'il est comme nous autres, Sire : il n'a pas de
preuves. Rien que les aveux d'un bandit qui ignorait le
nom de son client.

– Je vois ! Eh bien... vous pouvez vous retirer, dame
Léonarde. Le roi vous remercie...

– Puis-je l'emmener avec moi ?

Elle avait entouré de son bras les épaules de Fiora qui,
accablée de fatigue à présent, appuyait sa tête contre elle.

– Non. Il faut que nous réfléchissions à tout ceci. Pour l'heure présente, donna Fiora va être ramenée dans sa prison...

– Sire! supplia la jeune femme, laissez-moi au moins embrasser mon fils! Ou alors... permettez à Léonarde de venir avec moi. Khatoun suffira à s'occuper de l'enfant.

– Khatoun a disparu! dit Léonarde le visage soudain fermé. Je ne sais pas où elle est.

– Ah? En ce cas, allez vite, chère Léonarde. Mon petit a besoin de vous plus que moi... Allez, vous dis-je! Il ne faut pas contrarier le Roi. N'oubliez pas que mon sort est entre ses mains.

– C'est bien ainsi que nous l'entendons! Gardes! dit-il d'une voix forte qui fit rouvrir aussitôt la porte de sa chambre.

Fiora salua profondément puis, la mort dans l'âme, suivit les soldats qui allaient la ramener chez elle. Elle emportait l'image de Louis XI, un coude posé sur le bras de son fauteuil et le menton dans la main. Jamais elle ne lui avait vu visage aussi dur ni regard aussi glacé. Avait-il seulement compris quelque chose à ce qu'elle avait dit? Elle ne l'aurait pas juré...

Et encore moins quand, dans l'après-midi du lendemain, les gardes sous le commandement d'un sergent vinrent à nouveau la chercher. Cette fois, ce fut dans la grande salle d'honneur du château qu'on la conduisit. Quand elle en franchit le seuil, elle s'arrêta un instant, interdite devant le spectacle qui s'offrait à elle.

Le roi, habillé avec plus d'élégance que de coutume, siégeait sur son trône au dais fleurdelisé, le grand collier de Saint-Michel au cou. Auprès de lui ses familiers et sa cour, cette cour exclusivement masculine qui l'entourait lorsque la reine Charlotte n'y était pas. Pourtant, elle éprouva un peu de joie en reconnaissant Philippe de Commynes debout sur l'une des deux marches qui soutenaient le trône. Un piquet de la Garde écossaise veillait aux fenêtres et, à la porte, le capitaine Crawford se tenait à quelques pas du souverain, appuyé sur une grande épée...

Le silence se fit quand parut la prisonnière et l'on eût entendu voler une mouche tandis que, lentement, elle s'avançait vers le roi, ne s'arrêtant qu'à trois ou quatre pas de l'estrade royale pour saluer comme il convenait. Son cœur battait la chamade dans sa poitrine, elle était certaine que c'était son jugement qui allait se dérouler au milieu de cet apparat. Une audience aussi solennelle ne pouvait être que menaçante...

Pourtant, un petit incident vint détendre un peu l'atmosphère si lourde. Cher Ami, le grand lévrier blanc, le chien favori de Louis XI qui se tenait, comme d'habitude, couché à ses pieds sur un coussin, se leva et, de son pas nonchalant, vint jusqu'à Fiora dont il lécha doucement la main.

Touchée par cette marque d'amitié, elle caressa la tête soyeuse cependant que des larmes montaient à ses yeux. Ce beau chien était donc son dernier, son seul ami dans cette assemblée ? Commynes lui-même regardait avec obstination le bout de ses souliers...

— Venez çà, Cher Ami! ordonna Louis XI mais, au lieu d'obéir, le grand lévrier, comme s'il entendait se faire l'avocat de la jeune femme, s'assit tranquillement à côté d'elle.

Le roi ne réitéra pas son commandement. Du geste, il fit signe à Fiora de se relever, puis toussota pour s'éclaircir la voix et enfin :

— Messeigneurs, nous vous avons réunis ici, en cette noble assemblée, pour être les témoins du grand souci que nous avons de notre justice. La dame comtesse de Selongey, née Fiora Beltrami, ici présente a été accusée de trahison envers notre couronne et d'intention de meurtre envers notre personne. Une lettre est le principal chef d'accusation et, cette lettre, la dame de Selongey nie absolument l'avoir jamais écrite. D'autres éléments nous ont été fournis par une tierce personne et lesdits éléments tendraient à innocenter ladite dame.

Il prit un temps, tira un mouchoir et se moucha avec un bruit qui résonna dans le silence comme un coup de tonnerre. Personne ne souffla mot. Alors, il reprit :

— Étant donné les marques d'amitié que nous avions données à la dame de Selongey, étant donné aussi le fait que son époux, chevalier de la Toison d'or, a toujours agi comme un rebelle obstiné à notre gouvernement, notre esprit est grandement troublé et ne saurait trancher sainement dans une affaire si singulière. Aussi nous sommes-nous résolu à en appeler au jugement de Dieu !

C'était tellement inattendu que le silence s'éparpilla en murmures divers et Commynes, relevant la tête, s'écria :

— Sire ! Le Roi veut-il vraiment s'en remettre à ces pratiques d'un autre âge ?

— Si vous voulez dire, messire de Commynes, que le Dieu tout-puissant est passé de mode, vous ne serez pas longtemps de mes familiers ! fit Louis XI avec un regard meurtrier. Paix donc et ne nous interrompez plus ! Par jugement de Dieu, nous n'entendons pas l'ordalie. La dame comtesse ne sera pas jetée à l'eau ni invitée à marcher en tenant dans ses mains un fer rougi au feu, ni livrée à aucune de ces pratiques dont nous n'avons jamais pensé grand bien. Mais les accusations qui pèsent sur elle nous ont été portées par deux personnages... Messire l'ambassadeur de Florence, voulez-vous venir par devant nous ?

Il y eut un mouvement dans cette foule que Fiora ne regardait pas et Luca Tornabuoni, magnifiquement vêtu à son habitude, s'inclina devant le roi qui lui sourit gracieusement. A son aspect Fiora ne tressaillit même pas. Que son ancien amoureux fût là, devant elle, et qu'il fît partie de ses accusateurs ne la surprenait pas. Il avait dû se donner beaucoup de mal pour obtenir d'être l'envoyé de Lorenzo auprès du roi de France, mais, lors de leur dernière rencontre, elle avait senti qu'il était devenu son

ennemi et ferait tout pour se venger d'avoir été par elle
dédaigné... Et, comme il jetait vers elle un regard
accompagné d'une ombre de sourire, elle détourna les
yeux avec un écrasant dédain...

— Vous nous avez bien dit tenir de source sûre, messire
ambassadeur, que la dame de Selongey — que vous
connaissez depuis longtemps ?

— Depuis l'enfance, Sire, et...

— Que la dame de Selongey, disions-nous, a mis au
monde secrètement, à Paris, une fille qui serait en fait
tout à fait légitime si sa conception ne prouvait qu'elle a
pu joindre en grand secret et pour comploter avec lui, ce
rebelle notoire qu'est son époux ?

— En effet, Sire. Je l'ai dit et le répète, car ma source
est des plus sûres...

— Une servante, semble-t-il ? Une ancienne esclave qui
aurait eu... des bontés pour vous ?

— C'est de Khatoun que vous parlez ? s'écria Fiora
incapable de se contenir. De Khatoun que vous avez failli
massacrer à Florence et qui serait à présent votre maîtresse ?

Le sourire railleur de Tornabuoni lui donna envie de
lui sauter à la gorge :

— Pourquoi pas ? Elle est charmante et experte aux
jeux de l'amour. Je l'ai rencontrée un jour par ici, fort
dolente car vous l'aviez abandonnée pour courir les routes
avec un valet. Seulement, elle savait pourquoi vous alliez
à Paris...

— Elle le savait, en effet, mais elle savait aussi que je
n'avais pas rencontré mon époux depuis deux ans.
J'ignore pourquoi elle a fait ce mensonge...

— Mensonge ? Il vous plaît à le dire, belle Fiora. Pour
ma part...

— Pour votre part, reprit le roi d'une voix tout à coup
sévère, nous espérons que vous êtes prêt à soutenir votre...
vérité les armes à la main et contre tout champion qui se
présentera pour défendre la cause de la dame de Selongey...

– Un duel ? mais je suis un ambassadeur, Sire !

– Un ambassadeur qui s'est mêlé de ce qui ne le regarde pas doit subir nos lois comme nos sujets. De toute façon, nous comptons bien prévenir notre bon cousin le seigneur Lorenzo de Médicis de notre intention de vous envoyer soutenir vos dires en champ clos.

– Sire !

– Rassurez-vous ! vous n'irez pas seul. J'ai parlé de deux personnages et je pense, messire Olivier le Daim, que vous aurez à cœur, vous aussi, de soumettre au jugement divin cette fameuse lettre que vous nous avez vous-même remise en certifiant son authenticité... et en réclamant certain manoir pour prix de ce service.

A son tour, le barbier effaré apparut sur le devant de la scène :

– Mais, Sire notre roi... je ne suis pas chevalier et ne saurais me battre !

– Pas chevalier ? Vous dont j'avais fait mon ambassadeur auprès de la ville de Gand ? Voilà une faute grave que nous nous reprocherons longtemps, mais, soyez en repos, nous avons le temps de vous adouber avant la rencontre...

– Le Roi veut vraiment... m'envoyer en lice ?

– En compagnie de messire Tornabuoni. Vous serez deux contre un champion unique. Nous faisons ce choix étrange justement parce que vous êtes peu expérimenté à l'épée...

– En revanche, au poignard et de préférence dans le dos, il ne craint personne ! clama Douglas Mortimer qui, abandonnant son poste de garde, vint se placer devant Fiora. Avec votre gracieuse permission, Sire, je serai le champion de donna Fiora ! Et je tuerai ces deux misérables aussi vrai que je m'appelle Douglas Mortimer des Mortimer de Glenlivet... Et davantage encore s'il plaît au Roi de m'envoyer cinq ou six ribauds de cette sorte !

Oh ! la joie de sentir auprès de soi cette force tranquille, cet ami sûr ! Fiora leva vers Louis XI un regard plein d'espérance... mais celui-ci fronça les sourcils :

— Paix, Mortimer! Pâques-Dieu, vous êtes à notre service, pas à celui des dames! Votre sang ne doit couler que pour la France. Aussi récusons-nous votre proposition... Il faudra qu'un autre champion se présente. De l'issue du combat dépendra le sort de la dame de Selongey... Restez à votre place!

D'un geste impérieux, Louis XI arrêtait net l'élan de Philippe de Commynes, visiblement prêt à offrir ses armes...

— Dans une affaire aussi grave, reprit le roi, il ne faut pas de précipitation. Celui qui se présentera devant nous, dans un mois jour pour jour, devra savoir que, s'il est vaincu, la dame de Selongey sera exécutée, et que le combat sera à outrance. Ainsi donc, messeigneurs, examinez et pesez bien votre décision...

— C'est tout décidé, marmotta Mortimer entre ses dents. Aucune force humaine ne m'empêchera de combattre pour elle, même si je dois donner ma démission!

Proche cependant de l'Écossais, le roi, comme s'il n'avait rien entendu, reprit :

— Que l'on ramène la dame de Selongey dans sa prison! Personne n'est autorisé à lui parler.

Le silence était encore plus profond qu'à l'entrée de Fiora lorsqu'elle se dirigea vers la porte au milieu de ses gardes. Un silence où entrait sans doute beaucoup d'étonnement devant une aussi étrange décision : un duel judiciaire dans lequel un seul homme devrait affronter deux adversaires? Même peu habiles, c'était tout de même comprendre de curieuse façon l'égalité des chances, sans parler du Seigneur qui, dans cette affaire, voyait son rôle quelque peu diminué.

La seule consolation de Fiora, avant de quitter la salle, fut d'entendre le roi ordonner que Tornabuoni et Olivier le Daim fussent gardés nuit et jour en leurs logis jusqu'au matin du combat. Consolation bien mince, car si ni Mortimer ni Commynes n'étaient autorisés à se battre pour elle, il ne lui restait plus qu'un mois à vivre...

CHAPITRE XII

LE DERNIER JOUR

Le roi, néanmoins, semblait accorder quelque pitié à sa captive. Le lendemain, après que le geôlier Grégoire eut enlevé le plateau du premier repas – auquel Fiora n'avait guère touché – il revint, tout joyeux :

– Je vous annonce une visite ! s'écria-t-il. Une bonne visite...

Rouvrant en grand la porte qu'il avait simplement rabattue derrière lui, il s'effaça pour livrer passage à Léonarde, portant dans ses bras le petit Philippe. Le cri de joie de la prisonnière fit monter à ses yeux de brave homme une larme d'attendrissement et il resta un instant à contempler le joli tableau que formait Fiora serrant son fils dans ses bras.

– Mon tout petit ! Mon amour !.. Mon petit trésor !

Elle couvrait de baisers passionnés le petit visage, les menottes et les courts cheveux bruns qui bouclaient autour de la tête ronde de Philippe, lui donnant l'air d'un angelot... ce qu'il n'était pas tout à fait car, peu habitué à des effusions aussi intenses, il se mit à protester. Fiora s'affola :

– Est-ce que je lui ai fait mal ?

– Non, dit Léonarde en riant, mais vous êtes en train de l'étouffer... Là, posez-le par terre à présent !... Et vous, messire Philippe, saluez donc votre mère comme je vous ai appris à le faire !

L'enfant prit un solide appui sur ses petites jambes et
esquissa une sorte de révérence assez maladroite qui
enchanta Fiora.

— Le bonjour, Madame ma mère, fit-il avec gravité.
Allez-vous bien ?

Mais, comme Fiora s'était accroupie pour être à sa
hauteur, le petit garçon se jeta dans ses bras en criant :

— Maman, maman !.. Je m'ennuyais tellement de vous !

— Il me connaît bien peu, pourtant ! dit Fiora par-
dessus la tête de son fils.

— Il vous connaît bien mieux que vous ne pensez. On
lui a parlé de vous tous les jours et, dans ses prières, il ne
manque jamais de demander à Dieu de lui rendre sa
maman...

— Mon papa aussi ! rectifia l'enfant. Quand pensez-
vous qu'il viendra, maman ?

— Je n'en sais rien, mon chéri. Ton papa est parti pour
un long voyage, mais tu as raison de prier le bon Dieu
pour qu'il en revienne...

— Ne nous attendrissons pas ! fit Léonarde. Et d'abord,
laissez un peu ce jeune homme pour m'embrasser. Vous
n'y avez pas encore songé !

Les deux femmes s'embrassèrent chaleureusement,
d'autant plus que la vieille demoiselle apportait une autre
bonne nouvelle : le petit Philippe et elle étaient autorisés à
venir chaque jour visiter Fiora dans sa prison, et même à
prendre en sa compagnie le repas du milieu du jour.

— Le roi veut adoucir mes derniers moments ? soupira
Fiora. C'est une attention à laquelle je suis sensible...

— Vous ne croyez tout de même pas que l'on va vous
trancher la tête et que ceux qui vous aiment laisseront
faire ?

— Ceux qui m'aiment n'auront pas la permission de me
défendre et je ne vois pas qui pourrait prendre, pour une
inconnue, un risque aussi considérable.

— Et messire Philippe, votre époux ? L'avez-vous
retrouvé ?

– Oui et non. Je l'ai vu, en effet, mais il est à jamais perdu pour moi...

Et, avec une grande sobriété, Fiora raconta ce qui s'était passé à Bruges, puis par quel hasard extraordinaire elle avait rencontré Philippe là où elle ne l'attendait pas. Enfin, ce qu'ils s'étaient dit et comment il avait décidé de demeurer au couvent.

– Au couvent! Lui!.. C'est insensé! Ne vous aime-t-il donc plus?

– Si... du moins il le dit, mais je ne suis pas certaine que ce soit la vérité. Il s'abuse lui-même ou il le prétend pour me ménager. Voyez-vous, Léonarde, je n'ai été qu'un épisode dans le grand rêve chevaleresque du comte de Selongey. Un épisode qui d'abord lui a fait honte, mais qu'il acceptait par dévotion envers son duc. Celui-ci mort et la Bourgogne perdue, plus rien ne l'intéresse. N'en parlons plus, voulez-vous Léonarde! J'aimerais bien mieux que vous me disiez ce qui s'est passé avec Khatoun?

– Si je le savais! soupira Léonarde...

La jeune Tartare avait disparu de la Rabaudière le soir du retour de Léonarde. En apprenant que Fiora ne revenait pas, mais au contraire se rendait en Flandre en compagnie de Florent, elle était allée s'enfermer dans sa chambre, refusant d'en sortir même pour le repas. Et le lendemain matin, on s'aperçut qu'elle s'était enfuie le plus classiquement du monde, en nouant ensemble les draps de son lit.

– Et elle n'a pas laissé un mot, quelques lignes?

– Rien! Péronnelle m'a dit que, dans les derniers temps de notre longue absence, elle rencontrait – secrètement disait-elle, mais dans un village il est difficile d'empêcher les langues de marcher – un jeune et beau seigneur...

– Luca Tornabuoni, mon ancien soupirant qui, après la conspiration des Pazzi, a manqué la faire écharper par les bouchers de Florence. Si je n'avais entendu ce misérable de mes propres oreilles, je ne le croirais pas...

– Oh!... J'ai appris bien des choses qui peuvent expliquer ce fait surprenant. Cette pauvre Khatoun et Florent
étaient... disons très bons amis. En outre, je crois qu'elle
pensait n'avoir pas, dans votre maison, la place qui lui
revenait de droit et jalousait un peu tout le monde.

– Ne lui avais-je pas confié mon fils ? Quelle plus
grande marque d'estime pouvais-je lui donner ?

– L'estime, l'estime! Elle voulait de l'amour... et surtout pas de responsabilités! Que vous le croyiez ou non,
Khatoun est faite pour la vie paresseuse d'un harem, une
vie de sucreries et de caresses...

– J'ai peine à croire qu'elle les trouve auprès de Luca!
C'est un égoïste fieffé. Si nous pouvions seulement savoir
où elle est ?

– Non, Fiora! Ne comptez pas sur moi pour la chercher, même si je le pouvais. Elle est assez âgée à présent
pour se conduire seule et elle vient de vous faire du mal!

– C'est peu de chose en comparaison de tant d'années
de dévouement! Oh, Léonarde! Je me tourmente pour
elle...

Léonarde ne dit pas qu'elle préférait voir Fiora se tourmenter pour Khatoun que pour elle-même. Cette affaire
de jugement de Dieu ne lui plaisait pas du tout. Néanmoins, l'angoisse ne l'étreignait pas encore, car une idée
lui était venue : faire tenir une lettre à la princesse
Jeanne, au château de Lignières, pour lui demander
d'intervenir. Certes, la princesse n'avait pas grand pouvoir sur son terrible père, mais la vieille demoiselle savait
que devant son regard véritablement céleste, il arrivait au
roi de se sentir mal à l'aise. A ce cœur angélique on pouvait tout demander. A défaut de Mortimer, paraît-il
envoyé en mission par le roi dès la veille au soir, à défaut
de Commynes expédié de la même manière, sans doute
pour leur ôter toute envie d'entrer en lice pour Fiora,
Léonarde pensait confier sa lettre à Archie Ayrlie, cet
Écossais qui avait enseigné l'équitation à Florent. C'était
un brave garçon, venu plus d'une fois vider quelques pots

à la maison aux pervenches. S'il ne pouvait aller lui-même à Lignières, il trouverait le moyen d'y envoyer Florent. Quant au moment de le rencontrer, Léonarde n'était pas en peine, elle le voyait souvent quand elle descendait Philippe au jardin où le petit garçon avait la permission de se promener.

Le combat devait avoir lieu le mardi 29 juin, fête de saint Pierre et saint Paul. Avec sa parfaite connaissance du calendrier, Louis XI avait choisi ce jour-là parce que le pape, successeur de saint Pierre, semblait plus ou moins impliqué, en la personne de son neveu, dans cette sombre histoire. Le roi ne manquait jamais une occasion de se concilier le ciel ou de l'appeler à son secours. De son côté, Léonarde, presque aussi pieuse que le souverain, avait ajouté les deux princes des Apôtres à la longue liste des hôtes du Paradis qu'elle invoquait chaque jour pour la paix et le bonheur de « son agneau »...

Néanmoins, à mesure que glissaient les jours, le sommeil fuyait Léonarde. Elle avait écrit sa lettre et Archie Ayrlie s'en était chargé volontiers. Encore avait-elle dû prendre mille précautions pour n'être vue de personne en la lui remettant dans le jardin, le seul endroit où elle bénéficiât de quelque liberté. Elle n'avait pas revu l'Écossais par la suite et ne possédait aucun moyen de savoir si sa missive était parvenue à bon port.

En effet, Léonarde se trouvait elle-même soumise à une sévère surveillance, ne pouvant quitter son logement que sous la garde d'un archer et en compagnie du petit Philippe. Il lui était défendu de sortir seule. Et, en dehors de ce garde qui la menait chaque jour à la prison rejoindre Fiora ou au jardin pour les sorties du petit garçon, elle n'avait de rapports qu'avec les deux servantes chargées de la servir. Pas une seule fois elle ne rencontra le roi dont, cependant, l'écho des trompes de chasse retentissait souvent dans la cour d'honneur. De ses fenêtres, elle pouvait apercevoir ceux qui entraient ou sortaient, mais comme elle ne les connaissait guère, ces allées et venues ne lui apprenaient pas grand-chose. Alors, quand elle n'était pas auprès de Fiora et que l'enfant dormait, elle passait des heures à regarder, dans l'austère bâtiment d'en face, la petite fenêtre barrée d'une croix de fer qui éclairait la prisonnière et elle priait, elle priait pour qu'un homme de bien, un chevalier digne de ce nom accepte de jouer sa vie afin que la jeune femme ne perde pas la sienne...

Pour sa part, Fiora s'inquiétait beaucoup moins, parvenue à une sorte de fatalisme qui lui ôtait toute crainte de cette mort – celle-là même qu'avaient subie son père et sa mère – à laquelle il lui restait peu de chance d'échapper. Elle n'en voulait même pas à Louis XI du jeu cruel qu'il avait inventé. Le roi, elle le savait, craignait d'autant plus la mort qu'il avançait en âge et, si son courage physique demeurait entier quand il allait en guerre, l'assassinat sournois, perfide, lui causait une véritable frayeur. Peut-être parce que, depuis dix-huit ans qu'il régnait – et même avant lorsqu'il n'était qu'un dauphin farouchement hostile à son père Charles VII – son intelligence aiguë lui avait permis d'éviter maints traquenards, trahisons et chausse-trappes. Or, la malheureuse lettre évoquait son assassinat. Au fond, le roi avait montré une grande mansuétude en proposant ce duel judiciaire, il aurait pu faire exécuter en secret la pseudo-coupable ou l'envoyer pourrir, les os brisés, au fond de quelque oubliette...

Alors, Fiora s'efforçait de rejeter loin d'elle l'évocation de ce jour menaçant pour se consacrer tout entière à son fils. Elle n'avait pas vécu longtemps auprès de lui et le découvrait avec délices, s'enchantait de sa beauté et de sa précoce intelligence.

N'ayant jamais vu autour de lui que des sourires et n'ayant reçu que des caresses, c'était un enfant très gai. En dépit d'un caractère déjà affirmé, il rayonnait d'une grande joie de vivre et débordait de tendresse pour sa mère qu'il appelait parfois « ma belle dame ».

Afin d'expliquer le fait que Fiora ne l'accompagnait

jamais au jardin, on lui avait dit qu'elle venait d'être malade et qu'il lui fallait un grand repos. S'il avait accepté l'explication sans la combattre, il ne parvenait à comprendre pourquoi sa mère ne vivait pas avec Léonarde et lui dans le château, mais dans « la vilaine chambre » qui, dans sa logique enfantine, ne devait guère être propice à une convalescence. Il n'en dit rien, mais montra à Fiora encore plus d'amour. Lui, si turbulent, restait des heures assis sur les genoux de sa mère, blotti contre sa poitrine à quêter des histoires et des baisers...

– Mon Dieu! priait intérieurement Léonarde. Faites qu'après ce combat idiot, notre Fiora recouvre sa liberté. Sinon... oh, je n'ose même pas penser à ce qui se passerait!

Le mois de juin s'écoula, doux et fleuri, avec les manifestations joyeuses de la Fête-Dieu qui dépouillèrent les rosiers des environs du moindre pétale et la Saint-Jean d'été qui alluma, la nuit tombée, de grands feux sur la place de chaque village et dans la cour de chaque château. Au Plessis, Fiora, si elle entendit les chants et les cris de joie, n'aperçut même pas le reflet de l'immense feu que la Garde écossaise avait allumé dans la première cour, en face de ses logis. Sa chambre demeura obscure comme si on voulait lui faire sentir qu'elle était l'antichambre du tombeau.

Quand elle pensait au roi, c'était avec plus de tristesse que de colère car elle s'était attachée à cet homme vieillissant, dont le grand front abritait un esprit si subtil, une intelligence si universelle. Et voilà que ce cerveau exceptionnel avait laissé sa crainte du meurtre l'emporter sur l'amitié, presque l'affection qu'il portait naguère à « donna Fiora ». Cette amitié, après avoir aidé la jeune femme à vivre, s'était brisée sur une simple feuille de papier, sur quelques lignes d'une écriture dont le roi n'avait pas voulu voir la contrefaçon. Pire encore, il avait refusé les deux champions qui s'étaient spontanément offerts pour défendre sa cause et, pour être bien sûr qu'ils ne viendraient pas troubler sa fête macabre, il les avait envoyés au loin. Alors, quand ces pensées lui venaient, Fiora s'agenouillait et priait...

Vint le dernier jour...

Quand Léonarde amena le petit Philippe, elle eut beau dire que la poussière irritait ses yeux, il fut évident qu'elle avait pleuré toute la nuit. Et, de fait, les nouvelles n'étaient guère rassurantes : ni Commynes ni Mortimer n'avaient reparu et Archie Ayrlie avait confié à la vieille demoiselle qu'à sa connaissance, aucun champion ne s'était présenté. Il avait ajouté qu'ils étaient nombreux, dans la Garde, à souhaiter offrir leurs armes à la captive, mais qu'il était à craindre que le roi les déboutât comme il avait débouté Mortimer.

La journée fut longue et pénible pour les deux femmes. Pour l'enfant, elles s'efforçaient à une attitude habituelle, lui souriaient et jouaient avec lui. Fiora y réussissait mieux que Léonarde, peut-être parce qu'elle n'avait pas vraiment peur. Elle ne souffrait que d'abandonner ceux qu'elle aimait, de ne pouvoir au moins embrasser une dernière fois sa petite Lorenza qui, elle, ne connaîtrait jamais sa mère.

Au moment de se séparer, elle embrassa Léonarde avec une infinie tendresse.

— Vous, si pieuse, chuchota-t-elle en sentant des larmes couler contre sa joue, vous devriez accorder plus de confiance à Dieu. C'est lui qui va décider demain et, s'il ne veut pas que je meure, le roi ni personne n'y pourra rien...

— C'est vrai, mon agneau, vous avez raison et je ne suis qu'une vieille bête. Mais je vais prier, prier, prier si fort qu'il faudra bien que le Seigneur m'entende! J'ai confiance à présent et si, demain soir, je ne peux vous serrer dans mes bras comme je le fais en ce moment, cela voudra dire que Dieu n'existe pas. Mais, sur ce sujet, je suis tranquille...

Fiora, alors, prit son fils contre son cœur et l'y garda un instant, couvrant de baisers légers les boucles soyeuses et le petit front si doux.

— Sois bien sage, mon cœur! Si tu ne me vois pas demain c'est que je serai partie faire un voyage... pour ma santé!

— Vous irez voir mon papa?

— Oui, mon ange, je te le promets : j'irai voir ton papa et peut-être qu'alors je te le ramènerai...

Les larmes étaient trop proches et elle ne voulait pas que l'enfant les vît. Elle le remit à Léonarde et, doucement, les poussa vers la porte que Grégoire tenait ouverte. Le garde attendait sur le palier.

Quand la porte se fut refermée, Fiora demeura figée à la même place, écoutant décroître, sur les degrés de pierre, les pas curieusement alourdis de Léonarde. Et puis, il y eut le bruit du lourd vantail donnant sur la cour... Fiora était seule à présent, seule en face d'elle-même, de son passé, de ses fautes, de ses amours réelles ou simulées.

Tout cela, se dit-elle, n'était qu'un affreux gâchis et il eût mieux valu qu'au lendemain de la mort de son père, elle subît l'ordalie par l'eau que Hieronyma, sûre de s'en sortir indemne, avait réclamée pour elles deux. Il y aurait beau temps que son corps, emporté par les eaux jaunâtres de l'Arno, se serait fondu dans la mer bleue. Philippe ne serait pas né... Lorenza non plus, mais Fiora était moins inquiète pour sa petite fille que pour son fils. Lorenza vivrait protégée par le double amour d'Agnolo et d'Agnelle et peut-être aussi par la puissance de son père... si toutefois Lorenzo de Médicis venait à bout de la guerre impie à laquelle le contraignait le pape. Tandis que Philippe, si son père ne quittait pas le refuge illusoire de son prieuré pour veiller lui-même sur son fils, n'aurait que Léonarde, déjà vieille, et aussi les braves gens de la Rabaudière. Mais le roi aurait-il pitié de cet enfant doublement orphelin?

Lorsque le supérieur du petit couvent enfermé dans les

murs du Plessis-lès-Tours pénétra dans sa prison pour entendre sa confession, il trouva Fiora assise sur son lit, les mains posées calmement sur ses genoux.

La confession dura longtemps. Pour être comprise de cet homme simple qui n'avait guère à juger que les péchés des gardes du château et des serviteurs, Fiora dut lui raconter une grande partie de sa courte vie. En passant par les mots, cela paraissait tellement étrange, tellement anormal, qu'elle comprit parfaitement l'air effaré du moine...

— Êtes-vous sûre, ma fille, de ne rien inventer ? fit-il horrifié quand elle évoqua ses étranges relations avec le pape. Notre Saint-Père ne saurait observer si noir comportement ?

— Je ne suis pas surprise de votre réaction, sire abbé. Mais vous n'êtes pas italien. De là vient toute la différence. J'essaie simplement de vous faire comprendre pourquoi j'ai dû commettre tant de fautes et je vous demande de les pardonner aussi sincèrement que je les regrette. Songez que demain, peut-être, je vais comparaître au tribunal de Dieu. Mais Lui n'aura pas besoin d'explications...

Le religieux reparti, Fiora, tout son courage revenu, mangea de bon appétit la fricassée de canard et de pâté de veau que le bon Grégoire lui servit avec une belle salade et des pâtes sucrées et frites accompagnées d'un pichet de vin d'Orléans frais. Un petit panier de cerises achevait ce festin auquel la jeune femme fit honneur en refusant d'entendre les reniflements de son geôlier et de voir ses yeux, presque aussi rouges que ceux de Léonarde. Après quoi, elle se coucha et s'endormit aussi tranquillement que si le lendemain devait être un jour comme les autres...

Levée avec l'aube pour une longue et minutieuse toilette, Fiora revêtit une robe qu'elle aimait particulièrement, faite d'épais cendal blanc brodé de petites branches vertes et d'entrelacs dorés. Incapable de se faire à elle-

même une de ces coiffures pour lesquelles il faut l'aide
d'une suivante, elle lissa soigneusement ses épais cheveux
noirs, puis tressa deux nattes qu'elle épingla sur sa nuque
en un lourd chignon qu'aucune lame ne pourrait traverser. C'était sa façon à elle de défier la mort. Après quoi,
elle prit un voile blanc, le posa sur sa tête et l'enroula
autour de son long cou mince, comme autrefois, au cours
de ses longues chevauchées, lorsqu'elle voyageait en robe.
Après quoi, elle attendit qu'on vienne la chercher.

Fiora savait qu'elle était autorisée à entendre la messe
dans la petite chapelle dédiée à Notre-Dame de Cléry,
l'oratoire préféré du roi, qui se trouvait à l'ouest de la
première cour, près du donjon. Tornabuoni et le Daim,
eux, l'entendraient dans celle du château qui faisait suite
aux appartements royaux.

Fiora appréciait cette disposition qui la mettait à l'abri
d'une rencontre avec ces deux hommes acharnés à sa
perte. En traversant la cour d'honneur pour passer dans
la première, elle aperçut devant le logis royal une tribune,
tendue aux couleurs de France. Un vaste espace, délimité
par des cordes de soie reliant quatre lances fichées en
terre, avait été préparé. Le combat, en effet, aurait lieu à
l'épée et à la dague afin que l'on sût bien qu'il ne s'agissait pas d'un tournoi. Sous ce beau soleil matinal, les tentures bleu et or donnaient tout de même à ces préparatifs
un air de fête.

Cependant, des ordres avaient dû être donnés pour qu'à
l'exception de son escorte armée, Fiora ne rencontrât personne. Dans la chapelle, ne se trouvaient qu'un vieux
prêtre et son acolyte devant qui elle s'agenouilla pour
suivre pieusement l'office divin et recevoir la Sainte
Communion. Après quoi, par le même chemin, on la
ramena dans sa chambre, sans rencontrer davantage âme
qui vive. Le château, en dehors des sentinelles qui veillaient aux murs d'enceinte, semblait plongé dans une profonde torpeur.

Un repas léger de miel, de lait, de pain et de beurre

l'attendait, et elle en consomma une bonne partie pour
s'assurer qu'aucune défaillance ne viendrait la trahir. Le
combat devait avoir lieu en fin de matinée, à la dernière
heure avant le milieu du jour, et il ne restait plus beaucoup de temps. Aussi vérifia-t-elle sa coiffure, puis elle se
lava les mains. Elle était prête maintenant à subir son sort
quel qu'il fût... Et elle se sentait l'âme en paix. Il ne lui
fallait plus qu'un peu de courage et elle pensa à sa mère,
Marie de Brévailles, montée à l'échafaud le sourire aux
lèvres. Il est vrai qu'elle partait avec celui qu'elle aimait
et les choses en avaient sans doute été facilitées. Elle allait
devoir mourir seule sans montrer de faiblesse. Fiora pensait qu'elle le devait au nom qu'elle portait, à la mémoire
de ses parents réels comme à celle de son père adoptif.

L'aspect de la cour cernée par les bâtiments rose et
blanc du château lui parut bien différent de ce qu'il était
un peu plus tôt lorsqu'à l'heure prescrite, elle fut conduite
à la place préparée pour elle : un siège élevé d'une marche
situé à la droite et un peu à l'écart de la tribune royale, à
présent emplie d'hommes vêtus de sombre entourant le
fauteuil surélevé de Louis XI. Si celui-ci portait encore le
collier de Saint-Michel, ses vêtements, par extraordinaire,
étaient de velours noir comme le chapeau orné de
médailles dont le bord baissé à l'avant accusait la ligne de
son nez.

Fiora le salua comme il convenait, puis se dirigea vers
sa place. C'est alors seulement qu'elle aperçut le bourreau. Tout vêtu de rouge, sa longue épée sur l'épaule, il
avait dû prendre la suite du petit groupe quand il avait
quitté la prison, mais Fiora ne l'avait pas remarqué.

En dépit de son courage, elle se sentit pâlir quand il
s'installa à deux pas d'elle, les mains appuyées sur la poignée de l'arme dont la pointe était plantée en terre. Alors,
elle s'obligea à regarder droit devant elle l'espace délimité
par les cordes de soie. L'un des côtés, vers l'entrée du château, restait ouvert, mais, à l'exception de ce passage, la
lice était entourée par une file de gardes écossais dont les

armures polies étincelaient au soleil sous la cotte d'armes aux fleurs de lys. Hélas, Mortimer n'y figurait pas, et pas d'avantage Philippe de Commynes dans la troupe réduite des conseillers du roi. Aucun public en dehors de ceux-ci, même la herse était baissée entre les deux cours du Plessis. Enfin, debout devant la tribune elle-même adossée au logis royal, il y avait le grand prévôt, juge du combat... Auprès de lui quatre trompettes et, un peu plus loin, quatre tambours habillés de crêpe noir.

Tristan l'Hermite se tourna lentement vers le roi qu'il salua avec la raideur d'un vieux soldat :

– Plaise au Roi ordonner que les combattants entrent en lice ?

D'un signe de tête et d'un geste de la main, Louis XI approuva. Un instant plus tard, annoncés par un roulement de tambour, Luca Tornabuoni et Olivier le Daim effectuaient leur entrée et venaient mettre genou en terre devant le souverain. Tous deux avaient revêtu la tunique de cuir et la demi-armure qui convenaient au combat à pied. Derrière eux, un écuyer portait deux épées et deux dagues. Leurs cuirasses leur avaient été prêtées car ils n'en possédaient pas, du moins en France pour Tornabuoni, dont les armoiries aveint été peintes sur le petit bouclier qui lui servirait à se défendre. Le Daim, n'étant pas noble, avait fait peindre un daim sur champ d'azur constituant des armes parlantes. Tous deux affichaient une affreuse pâleur.

A ce moment, la herse se releva pour donner passage au petit cortège du prêtre et du Saint-Sacrement devant lequel les assistants s'agenouillaient au fur et à mesure. Mais, à quelques pas derrière les religieux, une jeune femme marchait en priant. Son grand hennin ennuagé d'azur et sa robe fleurdelisée comme les cottes des Écossais contrastaient avec les tenues funèbres de l'entourage royal. Fiora la reconnut avec un battement de cœur : c'était la seconde fille du roi, Jeanne de France, duchesse d'Orléans. Et, de toute évidence, cette venue contrariait fort son père :

— Pâques-Dieu, ma fille, que venez-vous faire céans ? s'écria-t-il après que l'ostensoire eut été déposé sur un autel portatif drapé d'or et installé par deux moines.

La jeune princesse, pliant le genou avec humilité, leva courageusement vers son père son visage ingrat et ses yeux magnifiques dont la couleur était celle du grand ciel bleu de ce matin.

— Je n'en sais rien encore, Sire mon père, mais il m'a semblé que je devais venir vers vous dès l'instant où vous en appeliez à Dieu pour vous assister dans votre jugement.

— Comment, diantre, avez-vous appris ceci au fond de votre château ?

— J'ai reçu une lettre, Sire, fit Jeanne qui ne savait pas mentir.

— De qui, cette lettre ?

— Souffrez que je diffère ma réponse jusqu'à l'issue de ce combat...

— Comme il vous plaira ! D'ailleurs, je m'en doute. Eh bien, puisque vous voilà, venez prendre place auprès de moi et passons à ce qui nous occupe ce matin.

Son regard sombre revint se poser sur les deux hommes toujours à genoux :

— Maintenez-vous vos accusations contre la dame de Selongey ici présente ?

Seul Tornabuoni répondit « oui » d'une voix assez ferme. Son compagnon, dont les dents claquaient en dépit de la douceur de cette matinée, se contenta d'un signe de tête, incapable de parler.

— Vous vous êtes confessés, vous avez ouï messe et avez reçu la Très Sainte Communion ? Et, néanmoins, vous maintenez vos dires ?

Ils répondirent de la même façon. L'œil du roi fulgura, mais il permit aux coins de sa bouche d'esquisser un sourire :

— Nous croyons savoir pourquoi vous montrez tant d'assurance et tant de courage, bien aventuré, d'ailleurs, fit-il narquois. Vous pensez que messire Mortimer et messire de Commynes ayant été refusés comme champions de celle que vous accusez, personne ne viendra aventurer sa vie pour une si mauvaise cause? Alors, regardez! Et vous trompettes, sonnez! Je crois qu'il nous vient là un chevalier!

La herse, en effet, se relevait encore et laissait passer trois cavaliers : l'un en tenue de voyage, les deux autres en armure... et une immense joie inonda le cœur de Fiora : car si le premier était Commynes, celui des deux autres qui, sur sa cotte d'arme, portait des aigles d'argent, c'était Philippe de Selongey...

Les trois hommes mirent pied à terre la porte franchie et marchèrent ensemble vers la tribune devant laquelle Tornabuoni et Olivier le Daim les regardaient approcher avec une vague épouvante, persuadés sans doute que les règles du combat allaient se retourner et qu'ils auraient au moins à affronter les deux guerriers. Parvenus devant le roi, tous trois saluèrent d'un même mouvement et Commynes parla :

— Sire, messire Mortimer et moi-même avons accompli la mission dont le Roi nous avait fait l'honneur de nous charger. Plaise à notre Sire que je lui présente le comte Philippe de Selongey, chevalier du très noble ordre de la Toison d'or qui vient par-devers vous, de sa libre volonté, pour défendre la cause et la vie de son épouse injustement accusée. Il accepte naturellement le combat à outrance.

De sa place, apercevant le profil acéré de Philippe, Fiora sentait son cœur fondre d'amour. Jamais il ne lui était apparu plus magnifique ni plus fier! Louis XI se pencha vers lui, un coude appuyé sur l'un de ses genoux :

— Il nous plaît de vous accueillir en cette lice, comte de Selongey. Nous estimions, en effet, que vous deviez apprendre le grave danger couru par la comtesse... du fait de son imprudence.

— Si ce que l'on m'a dit est exact, Sire, et je n'ai aucune raison d'en douter, je ne vois ici aucune imprudence mais innocence surprise et c'est avec joie que je vais combattre, avec la permission du Roi – et ensemble – ces deux hommes qui ont osé l'accuser pour les motifs les plus bas : la jalousie et la cupidité...

– Un instant! Avant que vous n'entriez en lice, il est bon que nous éclairions votre position par-devers nous. Vous avez été condamné à mort une première fois pour nous avoir tendu un piège et avoir tenté de nous assassiner.

– Le mot est rude, Sire, protesta Philippe. Nous nous trouvions en guerre et vous étiez le plus mortel ennemi de mon maître, Monseigneur Charles de Bourgogne que Dieu veuille tenir en son giron!

– Admettons-le! La comtesse a obtenu non seulement votre grâce mais encore votre liberté qui vous a été rendue sans conditions. Une seconde fois, à Dijon, notre gouverneur vous a frappé d'une sentence de mort pour avoir tenté de soulever le peuple... Accordez-nous de parler sans être interrompu, s'il vous plaît! gronda-t-il comme Philippe ouvrait déjà la bouche. Cette fois, c'est notre seule volonté qui vous a épargné la vie pour ne pas faire pleurer de trop beaux yeux, mais vous avez été emprisonné en notre château de Pierre-Scize... d'où vous vous êtes évadé. Est-ce bien exact ?

Selongey esquissa un salut pour montrer qu'il était d'accord.

– Donc, reprit le roi, vous êtes à nos yeux un prisonnier en fuite et, comme tel, nous sommes en droit de vous punir si d'aventure vous remportez ici la victoire. Nous espérons que nos messagers vous ont clairement exposé la situation...

Un étroit sourire étira la bouche altière de Philippe :

– Je n'ignore rien de ce qui m'attend. Messire de Commynes, en particulier... que je n'avais pas eu le plaisir de rencontrer depuis qu'il a quitté... un peu vite le service de Monseigneur Charles, s'est montré on ne peut plus clair sur ce point. Aujourd'hui une seule chose m'importe : arracher à ce bourreau que je vois auprès d'elle la femme qui porte mon nom et qui m'a donné un fils...

— Un fils que vous ne semblez pas autrement pressé de connaître ? Non seulement vous faites un étrange époux, seigneur comte, mais vous êtes aussi un curieux père...

— Ceux qui entendaient rester fidèles à leur serment féodal et à la mémoire du défunt duc vivent des temps cruels, Sire Roi ! Pour ma part, las des accommodements boiteux et des concessions trop faciles, j'ai choisi de servir Dieu ! Lui seul me semblait assez grand...

— Pour avoir droit à votre hommage ? Encore que ce ne soit guère aimable pour notre personne, nous sommes loin de vous reprocher d'avoir choisi si haut seigneur, un seigneur dont nous, rois et princes, ne serons jamais que les humbles valets. Mais nous ne sommes pas certain que ce choix si noble efface le serment prêté devant un autel à une damoiselle qui était en droit d'attendre de vous amour et protection.

— Je n'ai pas oublié et c'est pourquoi je vais combattre pour elle...

— Deux adversaires à la fois, songez-y ? Nous savons que ce n'est guère conforme aux règles de la chevalerie mais, ne doutant pas de votre venue et connaissant votre valeur, il nous apparut qu'ainsi les forces seraient plus égales...

En regardant ses adversaires, le sourire de Philippe se chargea d'un indicible dédain :

— Il y a quelques années, j'ai vu jouter à Florence messire Tornabuoni et je crois lui avoir dit alors ce que je pensais de... ses talents guerriers. L'autre, je ne le connais que pour l'avoir entendu mentir...

— Insupportable prétentieux ! rugit le Florentin, je vais te montrer de quoi je suis capable. Souviens-toi que seule la volonté de mon cousin Lorenzo de Médicis m'a empêché alors de te couper les oreilles !

— Une volonté qui tombait bien à propos. Quant à mes

oreilles, elles n'ont pas grand-chose à craindre. Quand
vous voudrez, messires ?

Des mains de Mortimer, Selongey prit son casque puis,
de celles de Commynes, son épée et son écu. Après un dernier salut au roi, il alla s'agenouiller brièvement devant le
Saint-Sacrement pour recevoir la bénédiction du prêtre.
Les deux autres le suivirent, le malheureux barbier sur
des jambes mal assurées qui firent sourire Tristan l'Hermite. Enfin, tous trois vinrent se mettre aux ordres du
prévôt qui devait diriger le combat pour en recevoir les
règles strictes. A ce moment, la voix de Louis XI se fit
entendre :

— Encore un instant ! Revenez ici, Messeigneurs !

Quand ils furent à nouveau alignés devant lui, le roi
s'accorda le plaisir de les dévisager à tour de rôle puis,
arrêtant son regard aigu, si difficile à soutenir, sur Selongey, il dit doucement :

— Messire Philippe, il n'y a jamais eu d'amitié entre
nous, mais vous êtes de trop haut lignage et nous estimons
trop votre bravoure pour vous infliger l'affront de
combattre maître Olivier le Daim qui n'est rien d'autre
que notre barbier et dont nous n'avons pas pu nous résigner à faire un chevalier. C'est un pleutre indigne de porter les armes. Vous n'affronterez donc que l'ambassadeur
de Florence qui est de noble naissance...

Le soulagement du barbier fut tellement évident qu'un
rire discret parcourut l'assemblée. Mais Selongey ne rit
pas :

— S'il a insulté ma dame, il mérite la punition que je
vais lui infliger en lui coupant la gorge. Pour cela, la
dague seule suffira et je ne souillerai pas mon épée...

— Tout beau, tout beau ! Pâques-Dieu, sire comte, nous
comprenons votre colère, mais ne nous privez pas de notre
barbier ! Néanmoins, ajouta-t-il avec une soudaine dureté,
les vilenies prouvées de maître Olivier lui vaudront d'être
emprisonné en notre château de Loches pour autant qu'il
nous plaira. Ensuite, si nous décidons de le rendre à la

lumière, il devra expier le parjure dont il s'est rendu coupable devant Dieu en allant prier au tombeau de Monseigneur saint Jacques à Compostelle de Galice. Emmenez-le, Mortimer, en attendant que notre grand prévôt ait loisir de s'occuper de lui!

— Ce sera une joie, Sire! soupira Tristan l'Hermite. Plaît-il au Roi que le combat commence, à présent?

Le roi fit un geste signifiant qu'il n'avait plus rien à dire tandis que l'on emmenait le barbier hurlant et gigotant. Sa joie avait été de courte durée. Cependant, Philippe se dirigeait vers Fiora et, prenant son épée par la pointe, la lui tendit pour qu'elle posât un instant ses doigts sur le pommeau, comme le voulait une tradition ancienne. Peu s'en était fallu qu'on ne la respectât pas, il semblait que, ce matin, les traditions n'eussent pas la part belle. Philippe tenait à celle-ci :

— Madame, fit-il à voix très haute pour être entendu de tous, m'acceptez-vous pour votre champion?

Elle toucha l'arme d'une main tremblante et, à travers les larmes qu'elle ne pouvait retenir, offrit à son époux un regard rayonnant d'amour.

— Oui... mais pour l'amour de Dieu, veillez sur vous-même car, s'il vous arrivait malheur, ce serait moi qui appellerais la mort...

Selongey eut un bref sourire et ajouta, à voix basse :

— Je vous en supplie, même si vous me voyez tomber, ne venez pas vous jeter entre les épées comme vous fîtes à Nancy jadis [1]. Je n'aimerais pas revivre une telle scène...

Puis il rejoignit son adversaire, tandis que les tambours faisaient entendre un roulement lent et tellement sinistre qu'il glaça le sang de Fiora. Tornabuoni, elle le savait, n'était pas un ennemi négligeable. A Florence, n'ayant rien de mieux à faire, il pratiquait les armes, art que Philippe n'avait sans doute guère approché depuis plusieurs mois. Une prière fervente et silencieuse jaillit de son cœur vers le ciel bleu :

---

1. Voir *Fiora et le Téméraire*.

– Pas pour moi, Seigneur, mais pour Vous puisqu'il Vous a choisi, faites qu'il vive !

Cependant, à l'instant où les tambours s'arrêtèrent le grand prévôt cria :

– Laissez aller les bons combattants et que Dieu y ait part !

Le combat commença avec une extrême violence. Sans même prendre la peine de s'étudier mutuellement, Selongey et Tornabuoni se jetèrent l'un sur l'autre résolus à s'exterminer. Sous les coups d'épée, les boucliers sonnaient comme des cloches, mais il fut vite évident que Philippe avait l'avantage de la taille et aussi de la force. Ayant esquivé avec adresse une botte sournoise dirigée vers son ventre, il se rua sur son adversaire et ses coups se mirent à pleuvoir aussi drus que grêle en avril. Luca reculait, reculait, s'efforçant de protéger sa tête et ne parvenant même plus à porter le moindre coup. Il fut sauvé lorsqu'il toucha les cordes d'enceinte : le juge ordonna à Philippe de lui laisser reprendre un peu de champ. Celui-ci obéit et sauta en arrière. L'autre en profita pour se ruer derrière son épée comme un bélier avec l'intention évidente de reprendre le coup manqué un moment plus tôt : lui transpercer le ventre au défaut de protection. Ce fut si soudain que Fiora ne put retenir un cri, mais Philippe avait trop l'expérience des diverses formes de combat pour se laisser surprendre. Il esquiva le coup avec la souplesse d'un danseur et le Florentin, emporté par son élan, faillit transpercer Tristan l'Hermite qui le repoussa avec vigueur. Luca marmotta une excuse puis tourna les talons pour faire de nouveau face à Philippe, mais déjà celui-ci était sur lui. Lâchant son épée, il envoya à son adversaire un coup de poing qui le jeta à terre. Puis il bondit sur lui et, tirant sa dague, s'apprêta tranquillement à lui trancher la gorge :

– Je t'avais bien dit qu'un joueur italien n'était pas de taille contre un chevalier bourguignon, ironisa-t-il. Fais ta prière !

– Grâce! Grâce!... Pitié! Oui, j'ai menti pour que le roi croie que vous complotiez ensemble, toi et Fiora... Mais...

– Si tu as encore beaucoup de choses à dire, dépêche-toi car je n'ai plus de patience pour toi...

– L'enfant... existe... mais c'est le Magnifique qui en est le père! Grâce!

Philippe venait de lever sa dague. Un cri du roi le retint...

– Halte!

Sans lâcher son ennemi vaincu, Philippe tourna la tête vers la tribune.

– Le combat devait être à outrance, Sire, je le rappelle. La vie de cet homme m'appartient.

– Alors accordez-la nous! C'est un misérable et Dieu a bien jugé, mais c'est un ambassadeur qui, en outre, touche à la famille Médicis d'assez près. Nous n'aimerions pas offenser plus qu'il ne faut le seigneur Lorenzo qui a notre amitié.

Selongey se releva, mais il ne remit pas sa dague au fourreau et garda un œil sur le vaincu :

– A la volonté du Roi! Mais puis-je lui demander ses intentions?

– Il va repartir pour Florence sous bonne garde et muni d'une lettre de nous exposant ce qui vient de se passer. Nous serions fort surpris si le seigneur Lorenzo ne lui réservait pas quelques manifestations de mécontentement. Gardes! Ramenez-le à sa chambre où il restera au secret jusqu'au départ.

Pendant ce temps, comprenant qu'il n'avait plus rien à faire céans et que sa présence n'était plus souhaitable, le bourreau s'inclinait devant Fiora et, son épée sur l'épaule, repartait vers la tour de la Justice dans la première cour. Fiora, elle, mourait d'envie de s'élancer vers Philippe, mais elle n'osait bouger sans la permission du roi. Elle répondit d'un gracieux mouvement de tête au salut de l'exécuteur et attendit. Philippe, cependant, s'avançait tout près de la tribune royale, mais sans mettre genou en terre comme l'usage l'eût exigé :

— La vie et l'honneur de donna Fiora sont saufs, Sire, comme Dieu l'a voulu. Quant à moi, je suis à présent le prisonnier du Roi !

— C'est bien ainsi que nous l'entendons, mais, avant d'en décider, répondez à une question ! Si nous vous rendions la liberté à présent, qu'en feriez-vous ?

— Je retournerais d'où je suis venu, Sire !

— Oh !...

Bien que légère, la plainte de Fiora fut perçue par le roi qui, d'un geste, lui imposa silence.

— Vous retourneriez au couvent ?

— Oui, Sire. Je n'ai plus envie de servir quelque maître que ce soit sinon Dieu. Que le Roi me pardonne !

— Nous ne pouvons vous reprocher un si haut dessein, mais cette liberté n'était qu'une supposition. En fait, nous vous donnons le choix entre deux perspectives : ou bien vous regagnez vos terres bourguignonnes qui vous ont été conservées avec votre épouse et votre fils et vous promettez de vous y tenir tranquille, ou bien vous avez devant vous de longues et joyeuses années au château de Loches, dans l'une de nos cages ! Venez çà, donna Fiora !

La jeune femme s'avança lentement auprès de son mari qu'elle n'osa pas regarder.

— Sire ! fit-elle en levant sur le souverain ses yeux emplis de larmes courageusement contenues, je supplie le Roi de ne pas contraindre messire de Selongey à un choix pénible. Qu'il lui accorde permission de retourner au prieuré Notre-Dame !

— Et vous, Madame, que deviendrez-vous ?

— Ce qu'il plaira au Roi que je devienne, mais je le conjure de m'accorder de vivre en paix. Je suis infiniment lasse...

— On le serait à moins ! De toute façon, vous conserverez la Rabaudière qui vous est donnée à titre définitif pour vous-même et vos descendants. Mais... voyons un peu ce qui nous arrive là !

Ce qui arrivait, c'était la princesse Jeanne qui, à la fin du combat, avait quitté la tribune après que son père lui eut parlé à l'oreille. Par la main, elle tenait le petit Philippe, et Léonarde venait derrière elle.

Comme tout le monde, Philippe avait tourné la tête dans la direction où regardait le roi. Le groupe, assez charmant, formé par l'enfant et la petite princesse boiteuse qu'il semblait soutenir, le figea. Jeanne, alors, s'arrêta :

— Voulez-vous aller embrasser messire votre père ? dit-elle doucement.

Le bambin, regardant avec émerveillement ce grand chevalier en armure tellement semblable à l'image qu'il s'en faisait, n'hésita pas un instant. Tendant ses petits bras, il courut vers lui cependant que Philippe s'agenouillait pour le recevoir, sans le serrer trop fort car le contact de l'acier n'avait rien d'agréable. Mais il l'embrassa avec une ferveur qui fit sourire Louis XI. Celui-ci se garda de souligner les deux larmes qui glissaient sur les joues de l'intraitable seigneur de Selongey.

— Je crois, soupira-t-il, que la cause est entendue !

Se levant péniblement de son trône, il descendit les trois marches qui joignaient la tribune au sable de la cour.

— Nous ne vous demanderons pas de nous prêter serment d'allégeance, dit-il sévèrement à Philippe. Mais nous exigeons de vous promesse formelle de ne plus chercher à nous nuire et, le temps venu, de ne pas apprendre à vos fils à détester la France, mais au contraire de leur permettre de la servir. N'oubliez pas que Selongey est en Bourgogne et que la Bourgogne a fait retour à notre couronne comme le veut la loi féodale au cas où un prince valois mourrait sans héritier mâle.

Philippe, qui s'était relevé, posa son fils à terre et l'enfant en profita pour courir vers sa mère. Il considéra un instant ce petit homme étrange qu'il dépassait de la tête, ce petit homme qui avait si peu l'air d'un roi... sauf à certains moments comme celui-là où il irradiait une incroyable majesté. Philippe, lentement, mit un genou en terre et tendit le bras :

— Sur mon honneur et le nom que je porte, Sire, j'en fais serment. Jamais plus ceux de Selongey ne porteront les armes contre le roi de France.

— Nous vous en remercions! Eh bien, donna Fiora, vous voilà en famille. C'est à vous que nous confions ce rebelle! C'est vous qui en serez la gardienne et nous ne doutons pas...

— Non, Sire, par pitié! Je ne veux pas de cette responsabilité...

— Vous en ferez ce que vous voulez! Nous vous donnons le bonsoir. Eh bien, ma fille, ajouta-t-il en se tournant vers la duchesse d'Orléans, êtes-vous contente de nous ?

— Oui, Sire! En vérité, je n'ai jamais douté de votre justice. Mais pourquoi avoir infligé à donna Fiora cette longue pénitence, cette angoisse aussi de craindre pour sa vie ? Aviez-vous vraiment besoin d'en appeler à Dieu ?

Tout en parlant, elle et Louis XI s'éloignaient vers le logis royal. Le roi sourit et, baissant la voix, se pencha pour être mieux entendu :

— Bien sûr que non! J'ai vite compris que cette malheureuse était victime d'une conspiration, mais il fallait que tous la crussent en danger de mort pour obtenir de son entêté de mari qu'il sorte de sa tanière...

— Mais elle ? Pourquoi ne pas l'avoir avertie ?

— Parce que, tout de même, elle a commis assez de sottises pour mériter une petite leçon. Et je vous défends bien de lui dire quoi que ce soit. Je n'aime pas beaucoup expliquer les méandres de mes pensées! A présent, ma fille, allons nous mettre à table! En vérité, tout ceci m'a donné grand appétit!

Fiora, avec Philippe, son fils et Léonarde, revenaient à cheval vers la maison aux pervenches, mais les deux époux n'avaient pas encore échangé une seule parole.

Selongey tenait son fils devant lui sur sa selle et ne se lassait pas de le contempler. Néanmoins, Fiora se sentait triste car son époux n'avait pas eu le moindre élan vers elle. Lui et le petit semblaient s'enfermer dans un monde à eux, un monde où il n'y avait guère de place pour elle...

Aussi, quand on atteignit la fraîche allée de chênes moussus qui menait au manoir, se rapprocha-t-elle de son époux.

— Philippe! dit-elle d'une voix qui ne trembla pas, ce dont elle lui fut reconnaissante, avant que tu ne pénètres dans cette maison et puisque le roi m'a donné tous pouvoirs sur ton destin, je veux te dire...

— Quoi donc?

— Je veux te dire que tu es libre, entièrement libre! Si tu veux retourner à Nancy, tu n'auras aucune explication à me donner!

— Si je comprends bien, tu ne tiens pas à m'offrir l'hospitalité?

— Tu es fou! Bien sûr que si! C'est mon vœu le plus cher!

— Mais tu entends en jouir seule, comme d'ailleurs de Selongey et aussi de cet adorable bout d'homme? Tu me chasses, en quelque sorte? Il est vrai que je l'ai largement mérité et que tu as tous les droits de refuser de vivre avec moi.

Il avait mis pied à terre et, confiant l'enfant à Léonarde, il offrait la main à Fiora pour l'aider à descendre de cheval. Elle eut comme un éblouissement. Il la regardait comme autrefois avec, dans ses yeux noisette, cette tendresse un peu railleuse qu'elle aimait à y voir et, surtout, surtout, il lui souriait...

— Je n'ai jamais souhaité que vivre auprès de toi, Philippe!

Il ne lâcha pas sa main et l'attira à lui :

— Tu sais que je suis un homme impossible?

— Je le sais, mais je ne suis pas, moi non plus, un modèle de patience...

– Il y a longtemps que je m'en suis aperçu. Veux-tu tout de même que nous essayions de former un couple et de vivre ensemble... jusqu'à ce que la mort nous sépare ?

Pour toute réponse, elle se blottit contre lui, tandis que les habitants de la Rabaudière accouraient joyeusement pour leur souhaiter la bienvenue.

– Jusqu'à ce que la mort nous sépare, répéta-t-elle avec ferveur.... Crois-tu que nous pourrions y arriver ?

– Je viens de te le dire : on peut toujours essayer...

Et, serrés l'un contre l'autre, ils pénétrèrent dans la maison embaumée par l'odeur des roses fraîchement cueillies et des gâteaux que Péronnelle venait de sortir du four.

Mais il ne fut jamais possible de savoir ce qu'était devenue Khatoun...

Saint-Mandé, septembre 1989.

TABLE

PREMIÈRE PARTIE : LA PIERRE ARRACHÉE

CHAPITRE I.	Un printemps pourri...........	9
CHAPITRE II.	Le visiteur de la Saint-Jean	39
CHAPITRE III.	Il ne faut jamais dire adieu	66

DEUXIÈME PARTIE : LES CHEMINS SANS ISSUE

CHAPITRE IV.	Conversation sous un cerisier ...	95
CHAPITRE V.	La forêt de Loches............	123
CHAPITRE VI.	La trace d'une ombre..........	150
CHAPITRE VII.	Une situation difficile..........	181
CHAPITRE VIII	La halte de Beaugency.........	210
CHAPITRE IX.	A Bruges....................	243

TROISIÈME PARTIE : LA JUSTICE DU ROI

CHAPITRE X.	Le tombeau du Téméraire......	269
CHAPITRE XI.	La maison vide	298
CHAPITRE XII.	Le dernier jour	333

Bénis par les dieux, maudits par les hommes

Tragédies impériales
Juliette Benzoni

Que sait-on vraiment du tsar Nicolas II et de son
épouse Victoria d'Angleterre sinon qu'ils furent
assassinés par les Rouges lors de la révolution russe ?
Pourtant, avec le dernier des Romanov, c'est tout un pan
des dynasties impériales qui disparaît. Dans cet ouvrage,
Juliette Benzoni redonne vie à ces grandes familles
princières que furent les Habsbourg, les Hohenzollern
ou encore les Bourbon. Au fil de leurs tumultueuses vies
amoureuses, elle retrace les destinées tragiques de ces
êtres hors du commun.

(Pocket n° 11884)

Il y a toujours un Pocket à découvrir

Au cœur de la Terreur

Le jeu de l'amour et de la mort
Juliette Benzoni

20 juin 1792 : un drame étrange se joue au cœur de la forêt de Brocéliande. Venue enterrer son fils en compagnie de l'homme de confiance de son mari, Anne-Laure de Laudren, jeune marquise de Pontallec, apprend que son époux a donné l'ordre de l'assassiner. Par amour, son bourreau lui laisse la vie sauve. Accablée et traquée, Anne-Laure fuit seule à Paris, happée par le cours tragique de l'Histoire...

t. 1 - Un homme pour le roi...
(Pocket n°11007)

t. 2 - La messe rouge
(Pocket n°11008)

t. 3 - La comtesse des Ténèbres
(Pocket n°11009)

Il y a toujours un Pocket à découvrir

Les feux de la passion

Catherine
Juliette Benzoni

27 avril 1413, un vendredi matin, dans la période la plus noire de la guerre de Cent ans, Catherine, fille d'un orfèvre du Pont-aux-Changes, assiste à l'attaque des émeutiers contre la maison du Roi. La rencontre d'un homme au cœur du drame entraîne Catherine dans une terrible aventure. Il suffit d'un amour...

t. 1 - Il suffit d'un amour 1re partie
(Pocket n°11180)
t. 2 - Il suffit d'un amour 2e partie
(Pocket n°11181)
t. 3 - Belle Catherine
(Pocket n°11182)
t. 4 - Catherine des grands chemin
(Pocket n°11183)
t. 5 - Catherine et le temps d'aimer
(Pocket n°11184)
t. 6 - Piège pour Catherine
(Pocket n°11185)
t. 7 - La dame de Montsalvy
(Pocket n°11186)

Il y a toujours un Pocket à découvrir

Achevé d'imprimer sur les presses de

BUSSIÈRE
GROUPE CPI

à Saint-Amand-Montrond (Cher)
en novembre 2004